Miriam Gebhardt

Die Weiße Rose

Wie aus ganz normalen Deutschen
Widerstandskämpfer wurden

Pantheon

In Erinnerung an George S. Kauders (1928–2016)

Verlagsgruppe Random House FSC® N001967

Der Pantheon Verlag ist ein Unternehmen der
Verlagsgruppe Random House GmbH.

Erste Auflage
Pantheon-Ausgabe Februar 2018

© 2017 by Deutsche Verlags-Anstalt,
in der Verlagsgruppe Random House GmbH,
Neumarkter Straße 28, 81673 München
Umschlaggestaltung: Büro Jorge Schmidt, München
Umschlagmotiv: »Sophie Scholl – Die letzten Tage«;
© Goldkind Film/Broth Film, Jürgen Olczyk;
ullsteinbild/United Archives
Satz: DVA/Andrea Mogwitz
Druck und Bindung: CPI books GmbH, Leck
Printed in Germany
ISBN 978-3-570-55369-5

www.pantheon-verlag.de

 Dieses Buch ist auch als E-Book erhältlich.

Inhalt

»Jeder einzelne Mensch hat einen Anspruch auf einen brauchbaren und gerechten Staat.«

Flugblätter der Weißen Rose III[1]

Einleitung

18. Februar 1943, siebzehn Uhr, Berlin, Großveranstaltung im Sportpalast. An der Stirnseite des Saals hängt neben Standarten und Hakenkreuzen ein riesiges Transparent: »Totaler Krieg – kürzester Krieg«. Kurz fühlt sich dieser Krieg nach dreieinhalb Jahren längst nicht mehr an. Erst recht nicht nach der Niederlage von Stalingrad, die in diesen Tagen offiziell eingestanden wurde. Doch die Menschen sind heute Abend nicht zum Grübeln gekommen, sie sind hier, um sich aufputschen zu lassen. Vierzehntausend Menschen warten gespannt. Es sind Verwundete von der Ostfront, Rot-Kreuz-Schwestern, Arbeiter aus den Berliner Panzerwerken, altgediente Parteikämpen. Joseph Goebbels tritt ans Mikrofon. Er packt das Rednerpult mit der einen Hand und reckt die andere mit spitzem Zeigefinger in die Luft. »Es ist also jetzt die Stunde gekommen«, schreit der Propagandaminister in den Saal, »die Glacéhandschuhe auszuziehen.« Da reißt es das Publikum vom Sitz. Das Brüllen kommt wie aus einem Mund.

Zur selben Zeit in München. Noch einmal setzt das blasse Mädchen an und rechtfertigt sich. Nein, sie habe die Blätter nicht absichtlich in den Lichthof der Universität geworfen, beteuert sie, sie sei nur versehentlich an einen Papierstapel gestoßen. Doch der Gestapomann lässt nicht locker: Woher die Flugblätter stammten, will er wissen. Das könne sie beim besten Willen nicht sagen, antwortet sie. Das Verhör dauert nun fast sechs Stunden. Sie ist müde und hungrig, aber sie muss konzentriert bleiben. Nebenan beantwortet ihr Bruder dieselben Fragen. Für die Geschwister kommt es darauf an, dass sie auch dieselben Antworten geben. Warum die beiden an diesem Morgen einen leeren Koffer mit an die Uni gebracht haben? Um nach der Vorlesung die Wäsche bei den Eltern in Ulm abzuholen, sagt er. Mit Flugblättern habe er sicher nichts zu tun.

Zurück in Berlin: Neun Mal fragt Goebbels seine Zuhörer: »Wollt ihr den totalen Krieg?« Und jedes Mal schallt es tausendfach zurück: »Ja!« »Vertraut ihr dem Führer?« »Ja!« Und nun die letzte Frage: »Ist jeder und jede Einzelne bereit, die Last des Krieges zu schultern, unbesehen von Alter, Geschlecht und sozialem Stand?« Die Menge schreit begeistert. Jetzt ist sie reif für den letzten Stoß. Goebbels ruft: »Der Führer hat befohlen, wir werden ihm folgen. Und darum lautet von jetzt ab die Parole: Nun, Volk, steh auf, und Sturm, brich los!« Und er bricht los, der Sturm. In das akustische Inferno mischt sich das Deutschlandlied.

Im Münchner Gestapogefängnis ist es still geworden. Das Mädchen sitzt allein in einer Zelle, erschöpft. Aber es war kein Zusammenbruch, tröstet sich Sophie Scholl, keine Niederlage, sondern ein aufrechtes Bekennen. Ja, hat sie dem Mann, der sie verhörte, ins Gesicht gesagt, ihre Aktionen liefen auf die Beseitigung des nationalsozialistischen Staates hinaus. »Wenn die Frage an mich gerichtet wird, ob ich auch jetzt noch der Meinung sei, richtig gehandelt zu haben, so muss ich hierauf mit ja antworten.« Sophie hat der Gestapo ihre Antwort gegeben. Jetzt bleibt nur noch eine Frage: ob die Botschaft der Geschwister und ihrer Gefährten von der Weißen Rose in der Welt gehört wird.

Die Gleichzeitigkeit der Ereignisse verblüfft: Die einen sitzen inmitten einer aufgeputschten Menge in Berlin und lassen sich von einem zwergenhaften Propagandaminister anstacheln, bis das Blut kocht, die anderen müssen in existentieller Einsamkeit Verhöre über sich ergehen lassen, über deren Ziel und Endpunkt sie sich keine Illusionen machen dürfen. Denn sie haben die hasserfüllten Parolen nicht mitgegrölt, sondern in Wort und Tat dagegengehalten.

Wie kommt es zu solch unterschiedlichen Entscheidungen? Was trennt einen, sagen wir, Oskar Gröning von einer Sophie Scholl? Eine gar nicht so kurze Wegstrecke sind ihre Leben parallel verlaufen. Gröning wird am 10. Juni 1921 in einer Kleinstadt in ein kleinbürgerliches Milieu geboren und protestantisch getauft. Er legt die mittlere Reife ab, tritt der Hitlerjugend bei, absolviert eine Banklehre. Dann geht er zur SS und wird der »Buchhalter von Auschwitz«. Sophie Scholl ist nur einen Monat und einen Tag älter. Sie wird ebenfalls in einer Kleinstadt in ein kleinbürgerliches Milieu hineingeboren, sie wird ebenfalls protestantisch getauft, kommt auf die höhere Schule, tritt einer nationalsozialistischen Jugendorganisation bei und beginnt eine Kindergärtnerinnenausbildung. Dann geht sie in den Widerstand.

Gröning, der Buchhalter des Todes, wird, wenn man so will, für sein Tun noch belohnt. Nach Kriegsende hat er weitere siebzig Jahre Leben in Freiheit und Wohlstand vor sich und wird, wie wir vermuten können, mit einem durchschnittlichen Maß an Glück und Unglück bedacht. Erst im Juli 2015, im Alter von dreiundneunzig Jahren, muss er für seine Beteiligung am Holocaust büßen. Wegen Beihilfe zum Mord in dreihunderttausend Fällen wird er vom Landgericht Lüneburg zu vier Jahren Haft verurteilt. Sophie Scholl hingegen, die aufrechte Studentin, muss für ihren Heldenmut sofort die Konsequenzen tragen. Im Februar 1943 wird sie beim Verteilen von Flugblättern in der Münchner Universität auf frischer Tat ertappt, vier Tage später in einem Schauprozess zum Tode verurteilt und enthauptet. Sophie wurde einundzwanzig Jahre alt. Zwei Leben, begonnen unter ähnlichen Vorzeichen, mit denselben Handlungsspielräumen, aber ganz gegensätzlichen Entwicklungen. Warum wird der eine zum Mittäter, die andere zur Widerstandskämpferin?

Wir wissen heute so viel über die unheimliche Verwandlung »normaler« Deutscher in Mitläufer und Täter zur Zeit des Nationalsozialismus. Die Diskussion, ob eher strukturelle oder eher ideologische Ursachen für die Menschheitsverbrechen verantwortlich waren, ob die Deutschen schon immer Juden hassten und wie viel jeder Einzelne zu Vernichtungskrieg und Schoah beigetragen hat, füllen ganze Bibliotheken. Wir haben zu einem gewissen Maß verstehen gelernt, warum sich die Gesellschaft nach Hitlers Ernennung zum Reichskanzler so schnell und widerstandslos an das neue Regime gewöhnen, sich in einem Klima moralischer Gleichgültigkeit und Menschenverachtung einrichten konnte und immer extremere Gewalt sowie staatlichen Terror zu tolerieren bereit war – oder sogar selbst daran mitwirkte. Sozialpsychologen, Gewaltforscher und Historiker haben ausgiebig über die Psychologie der Täter und Mitläufer geforscht und darüber nachgedacht, welche Lehren das Leben dieser Menschen den nachkommenden Generationen erteilt.

Doch was wissen wir von den anderen? Von den Menschen, die immun blieben gegen die Indoktrination, die den Gehorsam verweigerten und gegen das Unrecht kämpften? Wenn es um die Psychologie des Widerstands geht, wird die Forschungslage schnell dünn. Versuche wie das Milgram- und das Stanford-Prison-Experiment, mit denen die Bereitschaft zu blindem Gehorsam bis hin zur Gewaltausübung gegen Unschuldige getestet wurden, sind allseits bekannt und werden häufig zitiert. Sie hinterlassen ein ernüchterndes Bild vom menschlichen Verhalten in Gehorsamssituationen. Doch über die wenigen, die in diesen Experimenten nicht auf den Knopf drückten, die den Sinn der Versuchsanordnung hinterfragten oder gleich aufstanden und gingen, haben sich die Forscher wenig Gedanken gemacht.

Ähnlich steht es um die Erforschung der Gerechten im Nationalsozialismus. Himmlers, Goebbels' und Hitlers Gehirnwindungen werden alle Jahre wieder in großen Biographien durchleuchtet, sodass die Befürchtung, dass wir bald mehr über Hitlers Hund wissen als über uns selbst, nicht ganz unbegründet scheint. Gemessen daran hat die Geschichtswissenschaft erstaunlich wenig Kraft in die Erforschung der persönlichen Voraussetzungen des Widerstands investiert. Die meisten Bücher über die Weiße Rose stammen von Amateurhistorikern, Journalistinnen oder Lehrern. Sie haben uns zwar viel Wissenswertes und Anschauliches über die Weiße-Rose-Aktivisten beschert, doch die Analyse der persönlichen Voraussetzungen des Widerstands blieben uns Publizistik wie auch wissenschaftliche Forschung schuldig.

Der Befund der unbefriedigenden Forschungslage zur Weißen Rose mag auf den ersten Blick überraschen, scheint doch die Geschichte der Münchner Widerstandsgruppe gut ausgeleuchtet: Im Sommer 1942 verfassen Hans Scholl und Alexander Schmorell innerhalb von nur zwei Wochen vier Flugblätter unter dem Decknamen »Die weiße Rose«. Darin prangern sie die allgemeine Entrechtung und Freiheitsberaubung im Führerstaat an und rufen das Volk auf, nicht länger zu der Ermordung von Juden und zu anderen nationalsozialistischen Verbrechen zu schweigen. Dass sie den Holocaust ausdrücklich als Anlass zum Widerstand nehmen, macht sie einzigartig unter den deutschen Widerstandsgruppen, die in aller Regel von anderen, selbstbezüglicheren Motiven geprägt waren.

Im Spätherbst verschärfen die Verschwörer die Gangart. Sie weihen andere in ihre Aktionen ein: Sophie Scholl, Willi Graf, Christoph Probst und Kurt Huber, einen Münchner Professor für Philosophie und Musikpsychologie. Mit ihm gemeinsam schreiben sie weitere Flugblätter und beschwören die Deutschen, sich rechtzeitig vor dem militärischen Untergang

Deutschlands vom Nationalsozialismus zu distanzieren, um die Zukunft für ein freies Europa frei zu machen. Ermutigt durch die Niederlage von Stalingrad, werden ihre Aktionen zu Jahresbeginn 1943 immer tollkühner. Sie rekrutieren mehr Helfer in ganz Deutschland, knüpfen Kontakte mit anderen Widerstandsgruppen und bringen Parolen an Hauswänden an: »Freiheit!«, »Nieder mit Hitler«. Am 18. Februar 1943 folgt das letzte große Wagnis: Hans und Sophie Scholl streuen am helllichten Tag das sechste Flugblatt in der Münchner Ludwig-Maximilians-Universität. Dabei werden sie erwischt und von der Gestapo verhaftet. Roland Freisler, der berüchtigte Präsident des Volksgerichtshofes, reist eigens aus Berlin an, um ihnen den Prozess zu machen. Am 22. Februar 1943 endet kurz und kompromisslos die erste Verhandlung mit der Verurteilung der Geschwister Scholl und Christoph Probsts zum Tod durch das Schafott. Im Verlauf der nächsten Monate werden die anderen Mitwirkenden und zahlreiche Helfer der Weißen Rose zu Haftstrafen verurteilt oder ebenfalls hingerichtet.

Ausstellungen, Straßennamen, Schulbenennungen, Stiftungen und Preise, Filme, Briefmarken und Comics erinnern uns seither an diese Geschichte. Es mangelt nicht an Detailstudien zu den genauen Abläufen der Flugblattaktionen, an Analysen der intellektuellen Heimat der Widerständler oder an biographischen Skizzen der ein oder anderen Figur im Umfeld der Weißen Rose.[2] Und doch, bei aller populären Inszenierung, bei aller Kärrnerarbeit der Doktoranden, gibt es bis heute keine bündige und zeitgemäße Darstellung der persönlichen Hintergründe und Voraussetzungen der Aktionen der Weißen Rose.

Dabei hatte die deutsche Gesellschaft in ihrem Fall im Gegensatz zu anderen Widerstandskreisen frühzeitig mit der Erinnerungsarbeit begonnen. Den Männern vom 20. Juli 1944 nahm man in den ersten Nachkriegsjahren noch den Bruch des Fahneneides übel, den religiös motivierten Aktivisten wie Bonhoeffer oder Niemöller die kirchliche Einmischung in staatliche Belange, den kommunistischen Aktivisten die ideologische Stoßrichtung ihres Widerstands. Die Taten der Weißen Rose erhielten hingegen rasch breite Zustimmung, was sich schon wenige Monate nach Kriegsende in politischen Reden und in der Einrichtung von Gedenkorten niederschlug.

Das war auch starken Advokaten der Weißen Rose zu verdanken. Zunächst übernahm Inge Scholl, die Schwester von Hans und Sophie, die Deutungshoheit über die Münchner Gruppe und stellte mit ihrem Weltbestseller »Die Weiße Rose« ihre Geschwister auf ein nicht immer ganz solides Podest.[3] Später veröffentlichten auch andere Familienangehörige ihre Interpretationen der Ereignisse. Die durchaus kontroversen Erinnerungsstrategien führten dazu, dass sich heute allein in München zwei Institutionen, die Weiße Rose Stiftung und das Weisse Rose Institut, ganz der Erforschung und Würdigung des studentischen Zirkels widmen können.

Nicht zuletzt dieser Konkurrenzsituation verdanken wir inzwischen umfängliche Familiennachlässe und eine ganze Reihe von Editionen, die einen unerschöpflichen Fundus für Dokumente und Selbstzeugnisse der Widerstandsgruppe bereitstellen: Briefe und Tagebücher lassen uns die Welt von damals aus Sicht der Aktivisten betrachten, Kalender erzählen von Tagesabläufen, Lektürelisten, was die Akteure gelesen, Studienbücher, was sie gelernt, Feldpost, was sie an der Front erlebt haben. Neue Quellen aus der Sicht der Gestapobeamten und der unbarmherzigen NS-Juristen, nach dem Mauerfall wieder aufgetaucht, beleuchten die Sicht des Gegners und lassen ahnen, wie qualvoll die Verhöre gewesen sein müssen. Gerade in den letzten Jahren haben die Diskussionen über die Hergänge und Motive des Widerstandszirkels dadurch neue Nahrung bekommen.

Was geforscht und dargestellt wird, hat immer mit gesellschaftspolitischen Interessenlagen zu tun. In den ersten Jahrzehnten nach Kriegsende wurden die Widerständler der Weißen Rose zu archetypischen Helden und Märtyrern verklärt und damit zu Männern (und Frauen) ohne Eigenschaften. Indem sie die Suche nach den lebensgeschichtlichen Voraussetzungen vermieden hat, konnte die Nachkriegsgesellschaft der schmerzhaften Frage entgehen, warum nicht viel mehr Menschen den Mut aufgebracht haben, gegen die Naziideologie anzukämpfen. Zum Helden und Märtyrer ist nun einmal nicht jeder geboren, diese Überzeugung entlastete die unzähligen normalen Deutschen, die der Diktatur nichts entgegensetzen konnten oder wollten. Der Phase der Heiligsprechung schloss sich eine Phase der Entmystifizierung der Weißen Rose an. Neuere Arbeiten haben sich bemüht, aus den jungen Heroen fehlbare, ja sogar moralisch zwielichtige Personen zu machen. Vielleicht standen die Akteure unter Drogeneinfluss? Vielleicht finden sich bei ihnen sogar antijüdische und antidemokratische Tendenzen? Auch diese Herangehensweise verstellte jedoch den Blick auf die viel grundsätzlichere Frage der Widerstandsforschung, nämlich: Warum gerade diese Menschen? Wo lagen ihre Ressourcen? Wie tickt jemand, der sein junges, bequemes Leben aufgibt, um gegen das Unrecht zu kämpfen?

Die neueste Tendenz in der Weiße-Rose-Forschung ist, die Aktivisten als zutiefst gläubige Menschen zu interpretieren und sie den jeweiligen christlichen Kirchen zuzuschlagen. Auf Tausenden von Seiten wird nun versucht zu begründen, warum zum Beispiel Hans Scholl zwar Protestant war, aber eigentlich doch dem Neukatholizismus zugeordnet werden müsse. Nachdem sich die Kirchen erst lange Zeit schwer damit getan hatten, die Auflehnung gegen den NS-Staat gutzuheißen, sollen die Aktivisten nunmehr umso fester umarmt werden. Eine weitere aktuelle Entwicklung in der Rekonstruktion der Geschichte der Münchner Studierenden und ihres Professors ist die Erklärung ihrer Taten mit dem Schlüsselereignis ihres Einsatzes als Soldaten an der Front. Genauer gesagt als Sanitätssoldaten. Auch diese Interpretationen müssen wir weiter unten noch ausführlich diskutieren. Ein großes Manko beider Deutungsansätze wird allerdings schon auf den ersten Blick sichtbar: Millionen junger Männer waren im Krieg und haben dort schreckliche Dinge erlebt, Millionen junge Leute waren sehr gläubig – warum haben nur so wenige daraus die richtigen Konsequenzen gezogen? Waren die Kriegserfahrungen der Männer der Weißen Rose besonders einschneidend? War ihr kritisches Ringen mit Kirche und Glauben etwa exklusiv? Eher nicht, wie sich zeigen wird. Weder ihr persönlicher Glaube noch ihre Fronterfahrungen können erklären, warum gerade sie sich offen gegen das NS-Regime stellten.

Eine weitere problematische Entwicklung des Weiße-Rose-Gedächtnisses der letzten Jahre ist die zunehmende Ungleichbehandlung der Aktivisten. Die Geschwister Scholl sind zum Synonym der »Weißen Rose« geworden, was beispielsweise am Wortgebrauch bei Meinungsumfragen oder bei der überproportional häufigen Benennung von Schulen nach den Ulmern abzulesen ist. Die Erinnerung an den Freundeskreis wird heute von den Namen Hans und Sophie Scholl derart beherrscht, am meisten wohl von Sophie Scholl, dass die anderen Protagonisten im kollektiven Vergessen unterzugehen drohen. Sophie Scholls Schicksal ist längst von den anrührend und kongenial mit Lena Stolze und später mit Julia Jentsch besetzten Filmen (»Die Weiße Rose«, 1982, und »Sophie Scholl – Die letzten Tage«, 2005) überlagert, und es strahlt einen besonderen Glanz aus durch das Faszinosum der jungen Frau in der Männerwelt des Widerstands. Doch so beeindruckend die Studentin war, so emanzipiert, klug, sensibel, eigenständig, so wenig entspricht ihr historischer Beitrag dem ihrer Wiedergängerinnen in Film und Literatur. Sophie Scholl wurde erst nachträglich zur Ikone des Münchner Studentenwiderstands gemacht; für die Aktionen der Widerstandsgruppe waren andere Mitstreiter genauso wichtig oder sogar wichtiger als sie.

Alexander Schmorell, Christoph Probst, Willi Graf und Kurt Huber – für die Nachfahren dieser Aktivisten der Weißen Rose knüpft sich an den Scholl-Kult eine bittere Erfahrung: In Gedenkreden, auf Standbildern und Plaketten wurden und werden ihre Angehörigen immer wieder übergangen. Ein Beispiel: An der Münchner Ludwig-Maximilians-Universität, dem Hauptort des Geschehens, gibt es einen Geschwister-Scholl-Platz und ein Geschwister-Scholl-Institut für Politikwissenschaft. Die anderen, auch sie an der Münchner Universität eingeschrieben, werden nicht im gleichen Stil gewürdigt. Nur Kurt Huber bekommt gegenüber dem Geschwister-Scholl-Platz einen nach ihm benannten Platz. Noch ein Beispiel: In der bei Regensburg gelegenen Ruhmeshalle Walhalla stehen aktuell 129 Büsten deutschsprachiger Berühmtheiten. Eine – nur eine – davon ehrt die Weiße Rose: Es ist die der Sophie Scholl. Diese Ungerechtigkeit ist vor allem für die Nachfahren der anderen Aktivisten eine unverheilte Wunde. Deshalb ist es bis heute kaum möglich, die Familien der Widerständler zusammen an einen Tisch zu bringen. Zumal in der internen Erinnerung an die Widerstandsgruppe der letzte Akt im Lichthof der Münchner Ludwig-Maximilians-Universität ein Streitpunkt geblieben ist: War es purer Leichtsinn, am helllichten Tag Flugblätter in die Aula fallen zu lassen? Haben Hans und Sophie Scholl damit nicht nur leichtfertig ihr eigenes, sondern auch das Leben anderer riskiert? Hätte Christoph Probst, der gerade zum dritten Mal Vater geworden war, überlebt, wenn Hans Scholl nicht einen Beweis für seine Mittäterschaft bei sich getragen hätte? Hätten die Geschwister nicht wenigstens ihre

Mitstreiter warnen müssen, bevor sie mit den Flugblättern zur Universität zogen?

Für die Angehörigen sind das keine akademischen Fragen, es sind Fragen persönlicher Schuld, Trauer, Reue. Wenn wir in der Geschichte der Weißen Rose heute neu ansetzen, müssen wir daher versuchen, auch den anderen Beteiligten so gut es geht gerecht zu werden. Neben den sechs Mitgliedern der Weißen Rose, auf die wir uns in diesem Buch konzentrieren wollen – Hans und Sophie Scholl, Alexander Schmorell, Christoph Probst, Willi Graf und Kurt Huber –, gab es noch mehr wichtige Mitstreiter, Hans Leipelt zum Beispiel oder Traute Lafrenz, doch diese stießen erst später dazu und leisteten »nur« noch materielle und logistische Hilfestellung. Dass die Geschichte dieser weniger bekannten Mitglieder hier nur am Rande erzählt werden wird, soll ihren Beitrag zum Widerstand jedoch nicht schmälern, haben doch auch sie ihr Leben riskiert und oftmals verloren.

Im Zentrum dieses Buches steht jedoch die Frage nach der Widerstandskraft. Menschen werden nicht als Revoluzzer geboren, sie werden dazu – durch die Sozialisation im Elternhaus, durch Adoleszenzkrisen, durch Erfahrungen. Sie bringen Ressourcen mit wie einen liebevollen Rückhalt in der Familie, die Fähigkeit, Konflikte auf produktive Weise auszutragen, die Empathiefähigkeit, sich über das eigene Leben zu stellen, den kritischen Verstand und natürlich Mut. Diesen Quellen ihres Handelns wollen wir hier nachgehen.

Hans und Sophie Scholl kamen aus einer politisch liberalen Familie, die sie bedingungslos unterstützte. Christoph Probst wuchs in einem freireligiösen Bohème-Umfeld auf, verlor früh den geliebten Vater und hatte, als er sich dem Widerstand anschloss, selbst schon drei kleine Kinder. Alexander Schmorells innere Konflikte bezogen sich auf die eigene Herkunft aus einem russisch-deutschen Elternhaus. Willi Graf war vom Reformkatholizismus geprägt und richtete seine erste Kritik an den angepassten Vater. Kurt Huber faszinierte die Idee einer ursprünglichen deutschen Volkskultur, verehrte die Wehrmacht und entschied sich doch dafür, die jungen Leute in ihrem Widerstand zu unterstützen. Schon dieser kurze Überblick macht klar: Wenn wir danach fragen, welche Voraussetzungen die Mitglieder der Weißen Rose mitbrachten, um zusammen gegen den NS-Staat zu kämpfen, werden wir so schnell keine gemeinsame Formel finden.

Die fünf Freunde und der Professor hatten ganz unterschiedliches biographisches Gepäck und unterschiedliche Orientierungspunkte, um mit einer für sie unhaltbaren politischen Situation umzugehen. Die »DNA« des Widerstands lag weder in ihrem sozialen Status noch in ihrem christlichen Hintergrund verborgen, auch wenn beide Faktoren wichtig waren. Wir werden auch keine gemeinsamen Erziehungsgeschichten und Persönlichkeitsausprägungen identifizieren können, die das Rezept für moralische Unbestechlichkeit wären. Stattdessen müssen wir versuchen, die Mitglieder der Weißen Rose in ihrer Individualität angemessen zu würdigen. Erst dann werden wir ganz ähnliche Sozialisationserfahrungen entdecken, ganz ähnlich verlaufende Lernkurven bestimmen können, die für unsere Protagonisten prägend waren.

Dabei wollen wir uns vor allem auf ein Grundmotiv in ihren Biographien konzentrieren: auf ihre Fähigkeit zur inneren Autonomie. Denn innere Autonomie, das von eigenen Werten geleitete Denken und Handeln, war die eigentliche Grundlage ihrer mutigen Taten. Sie ist der gemeinsame Nenner des Widerstands und zugleich Anknüpfungspunkt der Geschichte der Weißen Rose für uns heute. Denn Widerstandsforschung muss sich auch mit dem Gegenwartshorizont auseinandersetzen.

Fragen nach den Voraussetzungen und Folgen widerständigen Verhaltens stellen sich heute in einer grundsätzlich anderen historischen Situation als zur Zeit des Nationalsozialismus. Die Verhältnisse von damals sind auf die Gegenwart nicht übertragbar, selbst wenn es gute Gründe gibt, sich antidemokratischer Gefährdungen ständig bewusst zu sein. Falls es in Deutschland jemals wieder zu einem Unrechtsregime kommen sollte, wird es in jedem Fall anders aussehen als im Nationalsozialismus, und es wird im Zeitalter der Digitalisierung und Globalisierung auch andere Widerstandsformen brauchen. Was sich jedoch niemals ändern wird, ist der Bedarf an Menschen, die sich trauen, widerständig zu denken und zu handeln; die autonom bleiben, das heißt, die ihre innere Distanz und ihren moralischen Kompass auch unter großem sozialen Druck nicht verlieren.

Wenn aktuelle soziologische und sozialpsychologische Diagnosen zutreffen, sind Konformismus und soziale Kaltherzigkeit in unserer Zeit des fortgeschrittenen Konsumkapitalismus nicht weniger weitverbreitet als zur Zeit der NS-Diktatur. Die historisch in langen Jahrhunderten erworbene Fähigkeit des modernen Menschen, von individuellen Entscheidungsspielräumen Gebrauch zu machen, steht heute oft genug im Widerspruch zum allgegenwärtigen Bedürfnis, auf »dem Markt« gut auszusehen und es den Freunden auf Facebook recht zu machen. »Autonomie ist gefährdet«, schreiben etwa der Sozialpsychologe Harald Welzer und der Philosoph Michael Pauen. Sie sehen in sozialen Netzwerken und in »Überwachungsritualen, Big Data, Transparenzidealen, Shit Storms und Skandalisierungen« eine Gefährdung der inneren Freiheit, des selbstbestimmten Lebens in einer freien Gesellschaft.[4] Wohlstand und Konsum fördern nicht nur bei der Generation der Millennials eine Haltung, die sich weniger für Politik als für Lebensstilfragen interessiert. Im Internet können wir tagtäglich erleben,

wie flüchtig die Wahrheit ist: Gerüchte und Verschwörungs-
theorien gerinnen im Minutentakt zu unhinterfragten Gewiss-
heiten. Fakten und alternative Deutungen dringen nicht mehr
durch. Sobald sich eine Meinung gebildet hat, scheint die
Bereitschaft zum eigenständigen Denken wie ausgelöscht. Der
Boden für antidemokratisches, fremdenfeindliches und chau-
vinistisches Denken ist fruchtbar.

Auch die Mitglieder der Weißen Rose kannten die Versuchung des kurzfristigen kleinen Glücks. Sie waren vergleichsweise gut gestellt, gesund, pflegten einen für damalige Verhältnisse privilegierten Lebensstil. Trotz Arbeits- und Kriegsdienst
blieb ihnen Zeit und Geld für Konzertsaal, literarische Zirkel
und Skiausflüge. Hans und Sophie Scholl, Willi Graf, Alexander
Schmorell und Christoph Probst durften studieren, die jungen
Männer waren Sanitätsoffiziere, wodurch ihnen die allergrau-
samsten Seiten des Krieges erspart blieben. Trotzdem trafen sie
eine persönliche Entscheidung, die für sie das ultimative Ende
des schönen Lebens bedeutete.

In dieser Hinsicht ragt die Weiße Rose aus dem Gesamtbild
des deutschen Widerstands heraus. Ihre Mitglieder mussten
nicht um das eigene Leben kämpfen, auch nicht um ihre
Standesehre. Sie hatten keine Gruppeninteressen zu verteidigen wie die Zeugen Jehovas, die im Nationalsozialismus gegän-
gelt wurden. Ihnen ging es nicht, wie den Offizieren um Stauf-
fenberg, in erster Linie um die bevorstehende militärische
Blamage. Sie wollten auch nicht, wie der kommunistische
Widerstand, den Kapitalismus treffen, indem sie den Faschismus bekämpften. Die Aktivisten aus München hatten keine
starken Parteien, Sozialbewegungen oder Verbündete im Ausland hinter sich. Als unauffälliger Teil der deutschen Jugend,
als Mitglieder der »arischen Volksgemeinschaft«, begründeten
sie ihren Widerstand mit nichts weiter als mit ihrer persönlichen Einsicht in das Unrecht der nationalsozialistischen Dik-

tatur. Sie haben als Privatmenschen gehandelt. Ihr einziges Kapital war ihre innere Autonomie. Wie der Historiker Andreas Wirsching gesagt hat: »Es handelt sich um die Größe jener inneren Freiheit zum Handeln, die der Selbstüberwindung entspringt.«[5]

Diese Darstellung stellt die lebensgeschichtlichen Motive der Weißen Rose in den Mittelpunkt ihrer Untersuchung. Warum waren es ausgerechnet diese Menschen, die auf die Frage, was schwerer wiegt, das eigene gute Leben oder die moralische Schuld des Wegschauens, die einzig richtige Antwort wählten?

Teil I
Wachstum

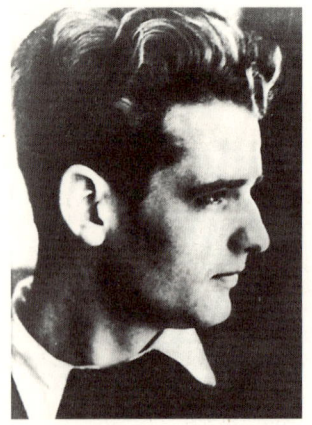

Hans Scholl

Sophie Scholl

Alexander Schmorell

Christoph Probst

Willi Graf

Kurt Huber

Fünf Freunde, ein Professor
und die Suche nach dem Stein des Anstoßes

»Jetzt sind ihre Augen geöffnet und sie legen ihr junges Haupt auf den Block für ihre Erkenntnis und Deutschlands Ehre, legen ihn dorthin, nachdem sie vor Gericht dem Nazi-Präsidenten ins Gesicht gesagt: ›Bald werden Sie hier stehen, wo ich jetzt stehe.‹«[1]

Es ist ein starkes Bild, das Thomas Mann kurz nach dem ersten Weiße-Rose-Prozess im Frühjahr 1943 im britischen Rundfunk BBC den Menschen in aller Welt vor Augen gestellt hat. Wir sehen die jungen Leute, wie sie den erbarmungslosen Richter konfrontieren, wir sehen das Geschwisterpaar, das traut wie Hänsel und Gretel auf das Schafott zugeht. Viele Darstellungen und Gedenktage nehmen seither den 22. Februar 1943, also den Tag der Ermordung der Geschwister Scholl und Christoph Probsts, zum Anlass der Erinnerung an die Weiße Rose. Doch ist es das richtige Bild, um diese Geschichte zu beginnen? Welche Auswirkung hat es, wenn wir mit dem Tod der drei jungen Leute beginnen, was sind die Kosten der dramatischen Erzählweise vom Ende her? Rücken wir damit nicht ungewollt die Geschwister Scholl wieder einmal in den Vordergrund (Christoph Probst spielt meist eine Statistenrolle) und übergehen die anderen Mitstreiter, die erst im zweiten Weiße-Rose-Prozess verurteilt wurden? Die Geschichte vom Ende her zu erzählen heißt, der Logik des Scharfrichters zu folgen – als wäre die Hinrichtung das eigentliche Motiv zur Erinnerung. Doch es sind die Taten der Widerstandsgruppe, die im Vordergrund stehen sollten.

Die letzten Stunden der Weißen Rose am Anfang eines Buches zu beschwören hat einen hohen Preis, denn dadurch erhalten die Schicksale der Menschen, um die es hier gehen soll, eine Zwangsläufigkeit – als wären sie schon als Widerstandskämpfer geboren worden, als hätten sie auf ihrem Lebensweg keine Optionen gehabt und keine Entscheidungen getroffen. Alexander Schmorell, Christoph Probst, Willi Graf, Hans und Sophie Scholl, Kurt Huber, um nur die wichtigsten Mitwirkenden zu nennen, wurden nicht als Märtyrer des deutschen Widerstands geboren. Sie mussten erst ein Leben haben, bevor sie es in die Waagschale werfen konnten.

Ihr Engagement im Widerstand dauerte nicht lang. Sie begannen sich im Mai 1942 zu sammeln und wurden bereits ein Dreivierteljahr später verhaftet. Es war eine intensive und für die deutsche Geschichte folgenreiche Zeit, als sich die Leben dieser Menschen kreuzten, als aus einem mehr oder weniger losen Freundeskreis ein weltberühmter Zirkel von Widerständlern wurde. In diesem Frühjahr hat Hans Scholl im Medizinstudium gerade wenig zu tun. Seine Studentenkompanie wird zwar mit morgendlichen Appellen drangsaliert, zu denen alle in die Kaserne kommen müssen, auch wenn sie in Privatunterkünften geschlafen haben, aber immerhin wird sie aktuell nicht an die Front gerufen. Scholl hat Zeit nachzudenken, zu viel Zeit. Darum ist er froh, dass seine Schwester Sophie endlich nach München kommt, nachdem sie die Ausbildung zur Kindergärtnerin, der Reichsarbeitsdienst und der Kriegshilfsdienst quälend lange vom Studium abgehalten haben. Hans sorgt energisch dafür, dass sie nun nicht auch noch als helfendes Familienmitglied im Ulmer Elternhaus verkümmert so wie ihre ältere Schwester Inge, die in der Steuerkanzlei des Vaters und im Haushalt der Mutter mitarbeiten muss. Hans braucht Sophie in diesem Moment mehr.

Genauso wie Alexander Schmorell, seinen engen Freund.

»Ich habe gesehen, wie angewiesen Hans in gewisser Beziehung auf Alex war, den er am liebsten Tag und Nacht nicht mehr losgelassen hätte«, wird sich eine Zeitzeugin später an diese besondere Bindung der beiden Medizinstudenten erinnern.[2] Wenn sie nicht zusammen lernen, musizieren oder lesen, gehen sie in die Berge. Auf den Wanderungen diskutieren sie Professor Kurt Hubers Vorlesungen, die gerade erst wieder angelaufen sind. Was Leibniz dachte über die Erbsünde und das Böse auf der Welt, das interessiert sie. Auch die Begegnungen im Hause des katholischen Schriftstellers Carl Muth liefern ihnen Gesprächsstoff. In der Sollner Villa empfangen sie intellektuelle Anstöße, und sie treffen auf andere Menschen, denen das nationalsozialistische System schwer auf der Brust liegt: Akademiker mit Publikationsverbot, Wissenschaftler in der Karrieresackgasse, Katholiken zumeist, die an der materialistischen Weltsicht der Nazis verzweifeln, und junge Menschen wie sie selbst, die sich von Staat und Militär ums eigene Leben gebracht sehen. Wann war ihre Zeit zuletzt planbar gewesen? Gibt es überhaupt noch so etwas wie die Freiheit der Lebensführung?

Einer ihrer neuen gemeinsamen Kumpane ist ein langjähriger Freund Schmorells, Christoph Probst aus Murnau, auch er Medizinstudent. Er ist empört über die Judenverfolgung, das Massensterben im Osten, die Ermordung kranker Menschen. Und noch ein neuer Gleichgesinnter ist aufgetaucht: Willi Graf, der ebenfalls an seinen Zweifeln zu ersticken droht. Wie Hans Scholl ist er schon als Teenager mit dem NS-Staat aneinandergeraten. Jetzt treibt ihn die Frage um: Darf ich mich vergnügen, wenn ringsum die Welt verrücktspielt?

Die fünf Freunde vertiefen sich in Bücher und Diskussionen. Wenn sie genug vom Grübeln haben, genießen sie das pralle Leben. Irgendwie gelingt ihnen das Kunststück, sich bei aller ernsthaften Sorge nicht um ihr jugendliches Recht auf Vergnügungen betrügen zu lassen. Sie gehen ins Konzert, wandern, musizieren, trinken Wein, verlieben sich. Ihre Tage sind randvoll. Sophie, die gleichsam mit beiden Beinen ins kulturelle und intellektuelle Leben Münchens springt, das ihr der Bruder erschließt, schreibt schon nach wenigen Tagen ihrer Freundin Lisa Remppis: »Hier habe ich jeden Tag etwas Neues zu verdauen. Gestern trank ich mit Herrn Prof. Muth und Sigismund von Radecki zusammen Tee, und am Abend waren Hans und ich noch bei einem Bekannten, den wir bloß den ›Philosophen‹ nennen. Da wurde nun ein dreistündiges, pausenloses und anstrengendes Gespräch geführt. Eigentlich habe ich eher das Bedürfnis, für mich zu sein, denn es drängt mich danach, durch ein äußeres Tun das in mir zu verwirklichen, was bisher nur als Gedanken, als richtig Erkanntes in mir ist. Aber ich bin doch froh, wenn ich aufnehmen kann. Wenn ich auch noch auf schwankendem Boden stehe.«[3]

In dieser Zeit erweiterte sich der Kern der Weißen Rose wie die konzentrischen Kreise, die sich in einem See bilden, nachdem ein Stein die Wasseroberfläche durchbrochen hat. Der erste Impuls ging von Hans Scholl und Alexander Schmorell aus, für den wiederum die Unterstützung seines Freundes Christoph Probst sehr wichtig war. Der Kreis teilte und breitete sich netzartig aus, bis schließlich an die hundert Personen eingeweiht und mehr oder weniger bewusst und aktiv mit eingebunden waren. Hans Scholl lernte im Winter 1940/1941 Josef Söhngen in dessen Münchner Buchhandlung kennen. Sie tauschten sich über religionsphilosophische Fragen aus. Söhngen würde ihnen seinen Keller als Versteck anbieten und Kontakt mit italienischen Antifaschisten herstellen. Im Frühsommer 1942 lernte Hans Scholl außerdem Manfred Eickemeyer kennen, der ihm von den Gräueltaten der Wehrmacht im Osten berichtete und sein Atelier für konspirative Treffen zur Verfügung stellen würde. Alexander Schmorell führte Traute Lafrenz mit Hans Scholl zusammen. Traute Lafrenz sollte das Bindeglied zur Hamburger Dependance der Weißen Rose werden. Auch Lilo Fürst war eine Freundin Alexander Schmorells, sie malten zusammen. Lilo Fürst würde die Verbindung zu dem Dresdner Widerständler Falk Harnack herstellen. Ein Kontakt führte zum nächsten, bis die ursprünglichen Akteure das Gefühl bekommen mussten, es gäbe überall nur Widerständler wie sie. Ein gefährlicher Trugschluss.

Die Ausdehnung des Kreises folgte persönlichen Freundschaftslinien. Die Beteiligten kannten sich von der Schule, vom Studium, vom Militär, über die Familie. Schnittmenge der heterogenen und losen Gruppe war ihr Faible für Kunst, Literatur, Musik, Philosophie – und die Ablehnung des Naziregimes. Die soziologische Einordnung der Weißen Rose als bürgerlich-studentisch ist zwar formal korrekt, führt jedoch in die Irre, wenn dahinter ein *kollektives* ideologisches und ständisches Interesse vermutet wird, wie das etwa für kommunistische oder militärische Widerstandskreise angenommen werden kann. Die Weiße Rose entsprang gerade keinem geschlossenen Weltbild und keinem gruppenspezifischen Überlebensinteresse, sondern dem lebensweltlichen Zufall. Das macht sie für unsere Gegenwart, in der Milieus und traditionelle Bindungen erodiert sind, so besonders spannend. Denn ihr Kitt war nicht das soziale Umfeld, sondern die verzweifelte Suche nach dem eigenen, dem privaten und moralisch richtigen Leben, ein Leben, das innere Autonomie zuließ.

Eine Losung, kein Club

Im Frühsommer 1942 muss Hans Scholl auch auf die Idee mit
der weißen Rose gekommen sein. Der Name wurde jedoch
keine Selbstbezeichnung einer Gruppe von Widerständlern –
erst nach dem Zweiten Weltkrieg haben wir uns angewöhnt,
die Münchner Widerstandsgruppe »Weiße Rose« zu nennen.
Die weiße Rose war vielmehr eine Art Losung, die auf den ersten vier Flugblättern benutzt wurde, eine Unterschrift, und die
auch andere junge Leute in Deutschland aufgriffen, zum Beispiel eine Widerstandszelle in Hamburg, die in losem Kontakt
mit den Münchner Studierenden stand und sich ihren Aktionen anschloss. Hans Scholl hat in den Gestapoverhören, so
diese denn glaubwürdige Quellen sind, angegeben, er habe
den Begriff willkürlich in Anlehnung an Clemens Brentanos
»Romanzen vom Rosenkranz« gewählt.[4] Darin geht es um die
katholische Bekehrung des romantischen Schriftstellers. In
»Rosablankens Traum« schildert er, wie durch Adam und Evas
Sünde die Schuld in die Welt kam: »Sei verflucht, du Geist der
Lügen, Dich zertrat des Weibes Samen; O Maria, sei gegrüßet,
Mutter Gottes, voller Gnaden!« Eine Anspielung auf Hitler als
großer Geist der Lügen?

Doch es kursieren auch andere Thesen zur Namenswahl der
Widerstandsgruppe. Der Name könnte auf den Roman »Die
Weiße Rose« des deutschen Schriftstellers B. Traven verweisen,
den Hans Scholl gekannt hat. Der Roman spielt in den Zwan-
zigerjahren auf der mexikanischen Hazienda »La rosa blanca«,
auf der Besitzer und Arbeiter seit Generationen harmonisch
zusammenleben, bis eines Tages Öl entdeckt und dem Idyll ein
Ende gesetzt wird. Nimmt die Namensgebung vielleicht hier
eine Anleihe? Wolfgang Huber, der Sohn des Weiße-Rose-Mit-
streiters Kurt Huber, besteht jedenfalls darauf, dass die Weiße
Rose als politische Anspielung vor dem Hintergrund des mexi-

kanischen Freiheitskampfes verstanden werden müsse.[5] Wie auch immer, wichtig war Hans Scholl nach eigenen Worten vor allen Dingen, »dass in einer schlagkräftigen Propaganda gewisse feste Begriffe da sein müssen, die an und für sich nichts besagen, einen guten Klang haben, hinter denen aber ein Programm steht«.[6]

Mit der Namensgebung der Weißen Rose ist es wie mit vielen anderen Details zum Widerstand dieser Gruppe: Wir können uns nie ganz sicher sein. Nicht nur haben die Akteure selbst ihre politischen Äußerungen zensiert oder gar vernichtet, als ihre Gefährdung immer größer wurde. Sie haben auch bewusst Fehlinformationen über ihre Entstehung und Rekrutierung gestreut, um die Verfolger möglichst lange zu täuschen. Die Wahl der Selbstbezeichnung könnte deshalb auch einen ganz simplen privaten Grund gehabt haben: Hans Scholl hatte zeitweilig eine sehr wichtige Beziehung zu Rose Nägele. Gerade in der Zeit, als er sich entschloss, in den Widerstand zu gehen, scheint sie seine Ansprechpartnerin gewesen zu sein. Wie dem auch sei, die weiße Rose wurde, ähnlich wie die rote Nelke für die Arbeiter, zum Signet einer inneren Haltung junger Menschen, die von ihrer Freiheitssehnsucht getrieben die Unfreiheit im NS-Regime bekämpften.

Psychologie des Widerstands

Das Hauptproblem der Erforschung der Weißen Rose sind jedoch nicht Details der Namensgebung und auch nicht die Frage, wer genau wann in welchem Ausmaß an den Aktivitäten beteiligt war. Das Hauptproblem ist und bleibt vielmehr die schon eingangs aufgeworfene Frage, wie jemand (plötzlich?) zum Widerstandskämpfer wurde. Um diesen Punkt muss letztlich jede Beschäftigung mit den großen mutigen Ausnahme-

erscheinungen im Nationalsozialismus kreisen. Bei manchen
Akteuren fällt die Antwort leichter: Sie wollten ihre militärische Ehre verteidigen, sie gehörten einem politisch immunen
Milieu an, oder sie hatten als Männer der Kirche eine starke
Glaubensmacht im Rücken und gewissermaßen den Befehl
»von oben«, für Menschlichkeit auf Erden zu sorgen. Weil all
diese Kriterien auf unsere Aktivisten jedoch nicht zutreffen, ist
es in der Weiße-Rose-Forschung üblich geworden, nach Schlüs-
selereignissen in den Biographien der Beteiligten zu suchen.
Was könnte das für ein Ereignis gewesen sein, das den jungen
Leuten die Augen öffnete und sie, allen voran den engagierten
Hitlerjugendführer Hans Scholl, zu der äußerst riskanten Entscheidung für den Widerstand veranlasste? Inge Scholl, die
älteste Schwester von Hans und Sophie, hat die Erinnerung an
die Weiße Rose am nachhaltigsten geprägt, auch sie bemüht
das Erzählmuster der Erweckungsgeschichte. Eine Fahrt zum
Nürnberger Parteitag, bei der Hans Scholl als Hitlerjunge seine
Altersgenossen als unförmige Masse, als Kollektiv im Gleichschritt, ohne jede Individualität und Eigenständigkeit erleben
musste, habe ihm die Augen geöffnet, so Inge Scholl. Auf einmal sei ihm klar geworden: Nicht geistiges Wachstum und Verantwortung seien das Jugendideal der Nationalsozialisten, sondern Gehorsam und »Uniformierung bis ins persönliche Leben
hinein«.[7] Aus dieser plötzlichen Erkenntnis sei bei ihm und bei
seinen Geschwistern die bessere Einsicht gereift. »Wie da der
Zweifel, der bisher nur ein Funke war, erst zu tiefer Trauer
wurde und dann zu einer Flamme der Empörung«, das ist der
Erklärungsversuch der bekanntesten Darstellung der Weißen
Rose.[8]

Es war also die Geschichte einer geistigen Umkehr – ein
Topos, der übrigens auch gut in Inge Scholls eigenes Leben
passte, denn schließlich war sie selbst als Jugendliche eine
große Hitler-Verehrerin gewesen und hatte dann tatsächlich

eine Wende vollzogen: Inge Scholl zog es, während ihre Geschwister in den Widerstand gingen, mehr und mehr zum Katholizismus hin, bis sie schließlich am 22. Februar 1945 zum katholischen Glauben konvertierte – ausgerechnet am Todestag von Hans und Sophie. Sie wollte damit »an ihre Heimkehr die meine knüpfen«.[9] Also stellte sie, so können wir vermuten, ihren Heilsweg in die Nachfolge ihrer Geschwister und überhöhte den Tod ihrer Geschwister zum Martyrium. Allerdings müssen wir bei dieser Interpretation im Auge behalten, dass Inge Scholl in den moralischen Entwicklungsprozess ihrer Geschwister hin zum Kampf gegen Hitler in keiner Weise einbezogen gewesen war. Doch davon einmal abgesehen, ist die Erweckungsgeschichte, die zum Widerstand geführt haben soll, überhaupt plausibel?

Die Idee, die Geschichte der jungen Widerstandsgruppe mit einem Schlüsselereignis beginnen zu lassen, hat die Forschung seit Inge Scholls Darstellung immer wieder beschäftigt. Eine entsprechende Deutung will den Wandel der jungen Leute mit der kurzen Haft Hans Scholls im Jahr 1937 erklären. Hans habe in der Gefängniszelle notgedrungen Gelegenheit bekommen, über seine Haltung zum Nationalsozialismus nachzudenken. Doch warum dauerte es nach seiner Haft noch weitere fünf Jahre, bis er im Widerstand aktiv wurde?

Eine weitere geläufige Sichtweise ist, dass Hans Scholl und seinen Freunden als Soldaten die Augen geöffnet wurden, als sie im Osten die Verbrechen der Deutschen miterleben mussten. Wieder andere sagen, erst die intensive Beschäftigung mit dem Christentum beziehungsweise der katholischen Lehre habe aus indifferenten Protestanten mutige christliche Widerstandskämpfer gemacht. Doch auch diese Herleitungen können nicht ganz überzeugen. Sie erscheinen willkürlich und vermögen mehr über die Präferenzen der Beobachter als über die Beweggründe der Aktivisten zu erzählen.

Der entscheidende Moment, in dem aus ganz normalen Menschen ganz außerordentliche Widerstandskämpfer wurden, ist schwierig zu fassen. Das für Heiligenviten so typische Narrativ – die plötzliche Bekehrung durch ein »Damaskuserlebnis« – hat zwar großen erzählerischen Charme, aber wenig Überzeugungskraft. Modernen Menschen gehen nun einmal nicht plötzlich die Augen auf. Bloße Erkenntnis oder gar Erleuchtung wird wohl niemanden so weitreichende Entscheidungen treffen lassen.

In den Kognitionswissenschaften, der Psychologie und der Soziologie gibt es daher auch kein Modell, das moralische Entscheidungen wie die, in den Widerstand zu gehen, mit Schlüsselerlebnissen begründet. Es wird vielmehr davon ausgegangen, dass gravierende Erfahrungen, Begegnungen oder Ereignisse nur dann ihre Wirkung entfalten können, wenn sie auf vorhandene Werte, Haltungen und Persönlichkeitsmerkmale treffen; Psychologen würden sagen, auf eine Lerngeschichte oder eine Moralentwicklung. Eine Erfahrung allein stiftet noch keine Bedeutung, denn jeder Mensch zieht aus ihr andere Lehren.

Politische Haltungen und moralische Entscheidungen fußen vielmehr auf Grundüberzeugungen, die bereits früher im Leben angelegt wurden. Anders gesagt, sie sind Ergebnis einer *kumulativen* kognitiven Entwicklung, die nicht ohne Sozialisationsprozesse denkbar ist.[10] Ob das ein universelles Prinzip ist, sei dahingestellt, doch wir können davon ausgehen, dass die Moralvorstellungen, die bei den Kämpfern der Weißen Rose wirksam wurden, weder eigennützig noch instrumentell entstanden noch aus Gehorsam geboren wurden und dass sie auch keine Ergebnisse rein rationaler Entscheidungen waren. Vielmehr sind sie durch Sozialisation und wiederkehrende Erfahrungen im Leben erworben worden.

Die Bedeutung des Aufwachsens

Die erste und wichtigste Sozialisation geschieht in der Kindheit und findet seit dem bürgerlichen Zeitalter vor allem im Rahmen der Familie statt. Das familiäre Klima, die Erziehungsstile und Vorbilder der Eltern bilden Strukturen, auf die später politische Rahmenbedingungen, Ereignisse, auch besonders prägnante Erfahrungen und Begegnungen stoßen. Mit anderen Worten, die Sozialisationsinstanz Familie legt den Grundstein, zu dem später andere Sozialisatoren wie Schule, Freundeskreis, Vereine, Kirche, Partei und so weiter kommen. Das ist nicht nur in unserer heutigen Gesellschaftsform so, das traf sogar in noch höherem Maße in sogenannten Erziehungsdiktaturen wie dem nationalsozialistischen Deutschland und in der DDR zu. Damals, als der Staat versuchte, frühzeitig Kontrolle über die Sozialisation der Kinder zu erlangen, war der Einfluss der elterlichen Werte – übrigens auch als Negativfolie – besonders groß.[11] Deshalb waren diese Systeme auch so darauf erpicht, Kinder frühzeitig aus der Einflusssphäre ihrer Familie loszueisen und sie stattdessen staatlich zu indoktrinieren.

Eltern, besonders Väter, hatten zu dieser Zeit mehr Autorität als heute, die freilich auch stärker bekämpft werden konnte. Zugleich spielten andere Einflussfaktoren, die heute eine so große Bedeutung haben (Popkultur, Internet …) noch keine oder eine geringe Rolle, die Gesellschaft war kulturell homogener und weniger pluralistisch, sprich, es kursierten weniger Meinungen. Deshalb müssen wir auf der Suche nach den Gründen für die mutigen Entscheidungen der Weißen Rose in die Familien zurückgehen.

Dazu kommen individuelle persönliche Faktoren. Nach Lawrence Kohlberg, dem amerikanischen Moralpsychologen, gibt es verschiedene Grundvoraussetzungen für die Entwicklung eines besonderen Moralempfindens, wie es die Aktivisten der Weißen Rose ausgezeichnet hat: logische Denkfähigkeit, Empathiefähigkeit und eine positive Beziehungs- und Erziehungsgeschichte in der Familie. Das heißt natürlich nicht im Umkehrschluss, dass gebildete und geliebte Menschen besonders moralisch werden, aber zumindest erleichtert es die Ausbildung moralisch hoher Standards. Weitere hilfreiche Faktoren sind Vorbilder und Erfahrungen mit Ungerechtigkeit. Um vorhandene Ressourcen wirklich ausschöpfen zu können, braucht es dazu noch ein mutiges und selbstbewusstes Temperament.[12]

Wie wir sehen werden, waren bei den Aktivisten der Weißen Rose die allermeisten dieser Voraussetzungen gegeben. Sie durchliefen ein größtenteils selbst gewähltes und anspruchsvolles Bildungsprogramm, sie konnten sich in die Perspektive anderer einfühlen, sie wurden geliebt – und diese Liebe überstand auch Belastungsproben. Sie fanden ältere Vorbilder und Helfer, und sie haben frühzeitig Unrecht am eigenen Leibe erfahren.

Ein eng damit verbundener Faktor bei der Entscheidung, den Weg in den Widerstand zu gehen, war ihre Jugendlichkeit. Aus der Forschung über junge Menschen, die sich radikalisieren, wissen wir, dass ihr Alter dabei eine große Rolle spielt. Das hat mit Entwicklungsphasen zu tun: Die Bewältigung alterstypischer Entwicklungsaufgaben wie familiale Ablösung, soziale Neuorientierung und die Ausprägung einer eigenen (auch politischen) Identität schaffen den Nährboden für politisches Engagement – in all seinen Ausprägungen.

Ins Negative gewendet kann auf solch einem Nährboden dann die Bereitschaft junger Männer gedeihen, sich zu radikalisieren und Terrororganisationen wie dem »Islamischen Staat« anzuschließen, um die Welt in ein Kalifat zu verwandeln. Im Positiven kann daraus aber auch, wie bei der Weißen Rose, die Bereitschaft entstehen, gemeinsam für eine gute Sache zu kämpfen. Etwas salopp formuliert lässt sich die Anziehungskraft einer politischen Aktion auch aus dem jugendtypischen »Bedürfnis nach Action und Nervenkitzel, nach Protest und Provokation« ableiten.[13]

Eine besondere Schubkraft scheinen dabei adoleszenztypische Krisen zu entfalten. Interessanterweise haben alle jungen Hauptakteure der Weißen Rose schon früh biographische Krisen wie den Selbstmord oder den Verlust eines Elternteiles, den sozialen Absturz der Familie oder starke Identitätskonflikte erlebt. Das entspricht ebenfalls Erkenntnissen über typische Verläufe politischer Radikalisierung.[14] Neben solchen individualpsychologischen Faktoren müssen aber auch die sozialen Erklärungsmodelle berücksichtigt werden: der Kontext und das Momentum.

Besonders bekannt wurden vor diesem Hintergrund sogenannte Gehorsamsexperimente: Das Milgram-Experiment und das Stanford-Prison-Experiment sind Klassiker der Sozialpsychologie geworden, um zu erklären, warum so viele Menschen dazu bereit sind, Unschuldige zu schädigen oder gar zu quälen, nur weil es von ihnen erwartet wird. Wenig diskutiert wurden indes die Ausnahmen, die es bei solchen Experimenten immer gibt. Im berühmtesten Gehorsamsexperiment, dem Milgram-Experiment, bei dem Versuchspersonen andere Versuchspersonen auf Befehl mit Stromstößen bestrafen sollten, haben immerhin ein Drittel der Probanden und Probandinnen den Befehl verweigert. Warum haben sich genau diese Personen gegen entsprechende Befehle ausdrücklich gewehrt, allgemein gesagt, warum gelingt es manchen Menschen, moralische Standards auch unter sozialem Druck aufrechtzuerhalten? Inwieweit sind die Kenntnisse der Psychologie über diese Leute auf die Weiße Rose übertragbar?

Der unter dem Namen Stanford-Prison-Experiment bekannt gewordene Versuch wurde im Nachhinein auch unter dem

Gesichtspunkt Gehorsamsverweigerung ausgewertet. In dem Setting waren nach dem Zufallsprinzip unter Studierenden aus der Mittelschicht »Gefangene« und »Wärter« ausgesucht und wirklich in ein Gefängnis gesperrt worden. Die »Wärter« bekamen Gummiknüppel und sollten bald ihre Macht in aller Brutalität gegenüber den »Gefangenen« ausleben, was schließlich zu Nervenzusammenbrüchen und letztlich zum Abbruch des von Psychologen kontrollierten und beobachteten Experimentes führte. Dabei hatte sich auch eine Gruppe von »Widerständlern« gebildet, die ihre Gefangenenrolle zurückwiesen und im Gefängnis einen Aufstand anzettelten.

Im Nachhinein haben Wissenschaftler einige Faktoren herausgefiltert, die womöglich psychologisch verallgemeinerbar sind für Widerstandssituationen. Dazu gehört: Es müssen sich Anführer finden. Die müssen alternative Konzepte haben, eine soziale Identität miteinander teilen sowie gemeinsame Erfahrungen. Sie brauchen Zeit, um ihren Entschluss zu entwickeln, sich dazu legitimiert fühlen und von Außenstehenden Unterstützung erfahren.[15]

Auch wenn die Situation der Weißen Rose mit der einer Aufständigengruppe in einem psychologischen Experiment an einer amerikanischen Universität natürlich nur sehr begrenzt vergleichbar ist, scheinen doch dieselben Faktoren bei der Weißen Rose eine Rolle gespielt zu haben: Es fanden sich mit Hans Scholl und Alexander Schmorell zwei Anführer, die die Initiative ergriffen haben.

Die Aktivisten fühlten sich als Bildungsbürger legitimiert, und sie hatten nicht zuletzt aufgrund ihrer gemeinsamen philosophischen und belletristischen Lektüre alternative Konzepte, sprich: Sie hatten eine politische Alternative zum Nationalsozialismus im Kopf. Sie teilten Werte, und sie hatten durch ihr gemeinsames Studium und die Zeit in der Armee einen ähnlichen Erfahrungshintergrund. Schlussendlich hatten sie

Zeit, sich zu entwickeln, und wurden von außen durch ältere Freunde unterstützt.

Eine weitere Untersuchung zur Psychologie des Widerstands hat retrospektiv die historischen Geschehnisse in dem berühmt gewordenen Ort Le Chambon-sur-Lignon untersucht. Die Menschen in dem Cevennenort haben sich während der Zeit des Nationalsozialismus der Anordnung des Vichy-Regimes widersetzt, alle Juden auszuliefern. Stattdessen haben sie fünftausend Juden und andere Verfolgte unter Lebensgefahr versteckt und damit vor dem sicheren Tod gerettet.

Die psychologische Studie kam zu dem Ergebnis, dass die Widerstandsaktion nicht einem Vorsatz entsprungen war. Hinter der Weigerung, ihre jüdischen Mitbürger auszuliefern, stand kein kollektiver, rationaler Entschluss, sondern ein Prozess. Die Widerstandshandlung war nicht die Antwort auf eine staatliche Repressionsmaßnahme, vielmehr führte eine schleichende Entwicklung dazu, dass aus kleinen Unangepasstheiten und Befehlsverweigerungen schließlich höchst riskante aktive Zuwiderhandlungen gegen das Regime wurden. Das heißt auch, die Aktivisten wussten zu Beginn ihres Ungehorsams nicht, was daraus folgen würde – und dass ihr Handeln eines Tages in einen ernsten Konflikt auf Leben und Tod mit der Obrigkeit münden würde. Ein weiterer Aspekt der Voraussetzungen von Widerständigkeit schien auch der Zeitpunkt gewesen zu sein. Je weniger Zeit das Unterdrückerregime zur Etablierung seiner menschenfeindlichen Normen hatte, desto günstiger.

Auch diese Erkenntnisse lassen sich auf die Weiße Rose übertragen. Hans und Sophie Scholl sowie Willi Graf waren bereits in jungen Jahren in einem relativ frühen Stadium der nationalsozialistischen Repression zum Opfer gefallen. Sie und die anderen Aktivisten der Weißen Rose haben sich situativ in eine Widerstandsdynamik begeben. Insofern waren die Flugblattaktionen und die späteren Wandparolen, mit denen sie den Nationalsozialismus bekämpften, keine kollektiven und rationalen Beschlüsse gewesen, sondern haben sich graduell aus der äußeren Situation entwickelt.[16] Davon handelt der zweite Teil dieses Buches.

Die Scholls:
Eine Familie probt den Aufstand

Wenn gleich zwei Geschwister einer Familie in den Widerstand gehen, ist es naheliegend, ihre Herkunft als einen wichtigen Erklärungsfaktor zu betrachten. An der Familie Scholl lässt sich gut zeigen, wie sich Widerständigkeit im Spannungsverhältnis elterlicher Prägung und pubertärer Distanzierung entwickeln konnte.

Dabei darf nicht übersehen werden, dass jedes Geschwisterkind eine eigene Position innerhalb eines Familiensystems besetzt. So nimmt es nicht wunder, dass von den fünf Scholl-Kindern »nur« zwei gegen das NS-System aktiv wurden. Auch dürfen wir uns kein harmonisches Familienmodell vorstellen, in dem quasi am Mittagstisch mit der Suppe die politischen Haltungen ausgeteilt wurden. Es ist falsch, wie die Scholl-Forschung vielfach behauptet, in dieser Familie eine Art Widerstandsgen zu vermuten. Die politische Haltung ging nicht in einem Akt der Eins-zu-eins-Übertragung von den Eltern auf die Kinder über. Die politische Sozialisation der Kinder war vielmehr ein Ergebnis liebevollen, aber konfliktreichen Aushandelns.

Hans Scholl

Hans Scholl wurde in eine brisante politische Großwetterlage hineingeboren. Er kam am 22. September 1918 als erster Sohn der Familie in Ingersheim nahe Crailsheim auf die Welt, nur wenige Tage nachdem General Ludendorff im Angesicht der unheilvollen militärischen Situation, in der sich Deutschland befand, einen Nervenzusammenbruch erlitten hatte. Wenig später kam es zur Revolution, zur »Dolchstoßlegende«, zum als ungerecht empfundenen Versailler Frieden, der eine schwärende Wunde bleiben sollte, in die besonders nationale und völkische Kreise immer wieder Salz streuen würden. Die Umstände, unter denen der Erste Weltkrieg zu Ende ging, die Monarchie abdankte und ein Friedensvertrag zustande kam, haben die politischen Verhältnisse der Weimarer Republik, aber auch die nationalsozialistische Bewegung nachhaltig geprägt und nicht zuletzt das sogenannte Dritte Reich ermöglicht.

Auch die Familie Scholl war vom Ersten Weltkrieg in mancher Weise betroffen. Zwei Brüder des Vaters Robert Scholl fielen im Kampf, er selbst sah die Folgen des Krieges aus der Warte des Sanitätssoldaten und zog daraus die Konsequenz: Nie wieder Krieg! Pazifismus und Universalismus wurden seine politische Utopie. Auch nach 1945 wehrte er sich öffentlich gegen die Wiederaufrüstung Deutschlands. Seine Tochter Inge, seine Schwiegersöhne Otl Aicher, der berühmte Designer, und Fritz Hartnagel, Richter in Stuttgart, engagierten sich ebenfalls in der deutschen Friedensbewegung. Der Erste Weltkrieg hatte auf diese Familie einen sehr langen Schatten geworfen.

Heute ist Ingersheim ein Stadtteil von Crailsheim im Landkreis Schwäbisch Hall. Damals, in Hans Scholls Geburtsjahr, war die alte, um 1300 erstmals urkundlich erwähnte Frankensiedlung noch selbstständig, von einer überwiegend evangelischen Bevölkerung und einigen wenigen Juden bewohnt, deren Crailsheimer Synagoge in der Reichspogromnacht 1938 geschändet werden sollte. Die Scholls lebten am Schollenberg 6 im Dorfkern unweit des Flusses Jagst. Die Wohnverhältnisse waren beengt, dafür lagen Felder und Flussauen nur einen Steinwurf entfernt. Es war eine sehr überschaubare, ländliche Gegend, in die die jung vermählten Eheleute gezogen waren, nachdem Robert Scholl im Juni 1917 zum »Schultheißenamtsverweser« ernannt worden war. Der bisherige Bürgermeister hatte wegen Unfähigkeit seinen Stuhl räumen müssen, und mit Scholl sollte frischer Wind in die kleinstädtische Verwaltung kommen. Dass er der Richtige dafür war, hatte er zuvor als Verwalter eines Lazaretts bewiesen, wo er durch Intelligenz und Arbeitseifer aufgefallen war. Es war die erste gemeinsame Wohnung der Eheleute und Geburtsort von Inge und Hans.

Das ungleiche Elternpaar

Die Eltern Scholl gehörten einer Generation an, die sich zielstrebig aus kleinen bäuerlich-handwerklichen Verhältnissen zu einem bürgerlichen Leben in behaglichem Wohlstand hocharbeiten konnte. Mutter Magdalena, »Lina« Müller wurde am 5. Mai 1881 in Künzelsau als Tochter des Schuhmachermeisters Friedrich Müller und der dominanten und sehr frommen Sophie Hofmann geboren, nach der Sophie Scholl benannt wurde (die ihren Namen selbst übrigens fast immer mit »f« schrieb: Sofie). Im Alter von dreiundzwanzig Jahren trat Lina Müller der evangelischen Diakonie in Schwäbisch Hall bei, einer im Glauben verankerten Arbeits- und Lebensgemeinschaft für unverheiratete Frauen. Viele berufliche Optionen hatte sie als Frau ihres Standes ohnehin nicht, die Wahlmöglichkeiten bewegten sich im engen Rahmen helfender Tätigkeiten in den klassischen Bereichen Gesundheit, Erziehung und Fürsorge.

Entsprechend der Maxime der Diakonie, Selbstlosigkeit und Sorge für andere, lernte Lina Müller Kranken- und Familienpflegerin. Damit deuteten sich bereits Werte und Traditionen an, die auch für Hans und Sophie später eine Rolle spielen würden: protestantisches Pflichtbewusstsein und Sorge für andere. Am 18. Juli 1909 wurde Lina Müller eingesegnet, in die schwarze Diakonissentracht mit weißem Kragen und weißer Haube gekleidet und auf eine Zukunft in Armut, Gehorsam und Ehelosigkeit verpflichtet.

Neun Jahre lang arbeitete sie vor allem in der Gemeindekrankenpflege an verschiedenen Orten in Schwaben, bis sie nach Kriegsausbruch im Ludwigsburger Lazarett in der Verwundetenpflege eingesetzt wurde. Nur erfahrenen Frauen von über dreißig Jahren traute man diese harte und riskante Arbeit zu. Sie meldete sich freiwillig für die Pflege von Typhuskranken und wurde dafür mit einer Militärverdienstmedaille geehrt. So lernte sie als berufstätige und eigenständige Frau den zehn Jahre jüngeren Robert Scholl kennen.

Robert Scholl kam aus einer armen Kleinbauernfamilie in Steinbrück, Gemeinde Geißelhardt, die ebenfalls zum Landkreis Schwäbisch Hall gehört. Er hatte zehn Geschwister und wenig Aussicht auf Bildung und sozialen Aufstieg, doch ein Pfarrer erkannte seine Begabung und schickte den Bauernsohn in Privatunterricht. Die Rechnung ging auf – Robert Scholl legte 1909 im Stuttgarter Eberhard-Ludwig-Gymnasium die mittlere Reife ab und konnte eine Verwaltungslaufbahn antreten. Er lernte in Rathäusern und auf dem Amtsgericht in Öhringen, besuchte Verwaltungskurse und arbeitete nach bestandener Verwaltungsdienstprüfung zunächst im Polizeipräsidium und im Steueramt von Stuttgart.

Das heute eher ungewöhnliche Altersgefälle von fast zehn Jahren zwischen Frau und Mann war damals nicht so unüblich. Bei der Partnerwahl ging es primär um rationale Kriterien, und, bei aller Romantik, auch die Scholls verließen sich auf wichtigere Attribute wie Fleiß, Gesundheit, Fruchtbarkeit und guten Leumund als auf das »passende« Alter. Auch die Erwerbstätigkeit der Braut war keine Seltenheit in dieser Schicht, sondern eine Art Rückversicherung und Vorbereitung auf das Eheleben, wurde jedoch so bald als möglich zugunsten einer eigenen Familiengründung aufgegeben. Dafür sprach, abgesehen vom erwünschten Lebensmodell, dass Lina Scholl als Frau rechtlich erst mit der Ehe unabhängig vom Elternhaus werden konnte. Sie musste dafür freilich die alte gegen eine neue Art von Abhängigkeit und Unterordnung eintauschen, denn viele Rechte, Eigentum, Geschäftsentscheidungen, Erziehungsrecht, Wohnort oder Berufstätigkeit gingen damals vom Vater auf den Staat (wenn der Vater tot war) beziehungsweise auf den Ehemann über. Robert Scholl schien die Voraussetzungen mitzubringen, um ihm ihr weiteres Leben anzuvertrauen.

Lina Müller und Robert Scholl heirateten am 23. November 1916 in Geißelhardt-Steinbrück, übrigens am selben Tag, an dem Robert Scholls Mutter beerdigt wurde, die zuletzt von ihrer zukünftigen Schwiegertochter gepflegt worden war. Das zeigt, wie eng verzahnt und durch Loyalitätsbeziehungen verbunden die Generationen lebten. Man kann in der opferbereiten Liebe von Lina Scholl aber auch eine Grundmelodie der Ehe vernehmen. Lina Scholl würde auch im weiteren Leben eine zurückhaltende, fürsorgliche und nachgerade aufopferungsvolle Rolle innehaben. Die zahlreichen Briefe, die in dieser Familie ausgetauscht wurden, behandelten immer auch die unermüdliche Hausarbeit der Mutter. Sie wusch die Wäsche ihrer studierenden Kinder, nähte ihnen Kleidung, wenn sie im Arbeitsdienst oder im Feld standen, kochte und schickte ihnen Essen zum Studium nach München, steckte ihnen Geld zu, damit sie sich Bücher, ein Untermietzimmer oder eine kurze Reise leisten konnten. Menschen, die Lina Müller noch kannten, beschrie-

ben sie als eine typische Schwäbin, die immer »geschafft« habe.
Ihr fester Glaube hat sie in dieser Haltung sicher begleitet; wir
wissen aber auch, dass die Mutter der Geschwister Scholl über
viele Jahre ihres Familienlebens an chronischen Magen- und
Darmkrankheiten litt, die auf ihre psychische Belastung hindeuten könnten.

Inge Scholl, die älteste Tochter, kannte ihre Mutter als eine
Frau, die übertrieben bescheiden war. »Vielleicht entsprachen
ihr die bequemen und modisch unabhängigen Schwesternklei-
der, die sie einmal getragen hatte, am meisten. Vielleicht verbarg sich auch dahinter eine etwas problematische Anspruchs-
losigkeit, die eine Frau überwinden sollte. Mutter hatte viel
Phantasie, aber sie verschwendete sie in der Hinneigung an
andere, nicht für sich. […] Zweifellos spielte hier die Mentali-
tät der Diakonisse herein, die in puritanischer Frömmigkeit das
Äußere mehr oder weniger für belanglos hielt.«[17]

Die älteste Tochter glaubte, dass Hans das bevorzugte Kind
der Mutter gewesen sei. Sie hätten eine »intensive Bindung
und Zuordnung« gehabt. Er habe schon als kleines Kind einen
»bezwingenden Charme« gehabt. Er muss aber auch ein besonders gefährdetes Kind gewesen sein. Bei einer Eisschmelze
nach dem harten Winter 1928 geriet er beinahe zwischen die
sich fortwälzenden Eisschollen des Kochers und konnte gerade
noch gerettet werden. »Vielleicht entsteht auch dadurch eine
besondere Hinneigung bei einer Mutter. Beide ähnelten sich,
große dunkle Augen.«[18]

Das Leben der Lina Scholl war eine Aneinanderreihung
schwerster Schicksalsschläge. Ihr jüngstes Kind verlor sie mit
neun Monaten an die Masern. Sie musste, wie wir noch sehen
werden, soziale und wirtschaftliche Abstürze bewältigen. Sie
erlebte, dass ihre Kinder das erste Mal von der Gestapo verhaftet wurden, als sie noch Teenager waren, ihr Mann ins Gefängnis kam, weil er von einer Sekretärin denunziert worden war,

ihr Mann überdies Berufsverbot erhielt, zwei ihrer Kinder von
Roland Freisler des Hochverrats angeklagt wurden, ein drittes
Kind im Krieg vermisst wurde und die ganze Familie in Sippenhaft geriet. Wie diese Frau das alles überstehen konnte, bleibt
rätselhaft. Der protestantische Glaube wird ein Teil der Erklärung sein.

Über die Ehe ihrer Eltern äußerte sich Inge Scholl naturge-
mäß zurückhaltend. Sie schrieb, Robert Scholl sei die große
Liebe ihrer Mutter gewesen. Ob das auch umgekehrt der Fall
war, ließ sie offen. Nicht ohne Grund. »Es hieße jedoch eine
unwahrhaftige heile Welt vorgaukeln, wollte man den Eindruck vermitteln, als habe es zwischen den beiden keine Span-
nungen und nicht auch Ungereimtes und Schweres gegeben.
Aber sie haben dies nie vor ihren Kindern ausgetragen, dies galt
als ungeschriebenes Gesetz für beide.«[19] Hinter der Andeutung
verbirgt sich womöglich ein Hinweis darauf, dass Robert Scholl
ein Frauenheld war – so wie sein ältester Sohn auch.

Das Ehepaar sollte sechs Kinder bekommen: Inge (geboren
1917), Hans (1918), Elisabeth (1920), Sophie (1921), Werner
(1922, seit Mai 1944 in Russland vermisst) und Thilde (1925;
gestorben an Masern 1926). Nur zwei von ihnen haben die
Eltern überlebt. Barbara Beuys, die Biografin Sophie Scholls,
hat darüber hinaus auf ein uneheliches Kind von Robert Scholl
hingewiesen, über das kaum Erkenntnisse vorliegen, die über
das Hörensagen hinausgehen. Als Beleg führt Beuys frühere
mündliche Aussagen der Bewohner Forchtenbergs an und ein
Foto, auf dem das »Pflegekind« Ernst Gruele zu sehen sei. Fer-
ner bezieht sich die Journalistin auf ein Schreiben Scholls nach
seiner Entlassung aus dem Amt des Bürgermeisters, in dem er
beklagte, er sei durch einen Seitensprung nun in diese Lage
gekommen. Hintergrund des Schreibens war eine Auseinandersetzung mit der Gemeindeverwaltung um die Pensionsansprüche nach seiner Entlassung aus dem Amt. Ob sich der

Begriff Seitensprung jedoch wirklich auf ein sexuelles Abenteuer bezog oder nicht eher im übertragenen Sinne gemeint war, denn Scholl bewarb sich in seiner Amtszeit erfolglos auf einen anderen Bürgermeisterposten, ist unklar.

Bei meinen Recherchen stellte sich heraus, dass der Pflegesohn 1914 geboren wurde und mithin keinem Seitensprung, sondern einer früheren Beziehung Scholls entstammte. Aussagen von Forchtenbergern zufolge war die leibliche Mutter bei der Geburt gestorben. Er hatte nach außen hin den Status eines »Pflegekindes« bei den Scholls, und es ist gut möglich, dass die ehelichen Geschwister nicht wussten, dass Ernst ihr Halbbruder war. Er sei, so heißt es, später noch mit der Familie nach Ulm gezogen, habe eine Schlosserlehre absolviert und eine Tochter bekommen. Die Scholl-Familie habe ihn nach dem Krieg jedoch verleugnet, was ihm schwer zugesetzt habe. In dem der Öffentlichkeit einsehbaren Nachlass der Familie ist von dem Pflegesohn tatsächlich keine Rede. Es sind allerdings noch nicht alle Akten der Familie für die Forschung zugänglich.[20]

Zur Zeit der Eheschließung der Scholls waren Familie, Sex und Fortpflanzung nicht nur Moralfragen, an denen sich Ehre und Ansehen der Menschen erwiesen. Ein starker Geburtenrückgang in den ersten zwei Jahrzehnten des 20. Jahrhunderts hatte die Kinderfrage auch zu einem politischen Thema gemacht, denn die Ängste vor einem nationalen Aderlass waren groß. Auch die Kirchen sorgten sich um die abnehmende Zahl ihrer »Schäfchen« und machten sich nicht zuletzt deshalb für die bürgerliche Familienmoral und das Verbot von Verhütung und Abtreibung stark. So verwundert es nicht, dass sich die Scholls damals in diesem Punkt verschlossen zeigten. Jedenfalls war klar, dass sie eigene Kinder wollten. Am 1. Februar 1916 schrieb Robert Scholl an die schwangere Lina: »Nun, wir wollen keine Kinder jemand zu Liebe, auch nicht aus Patriotismus. Sie sollen nur der Ausdruck unserer Liebe zueinander sein. Verzeih, wenn ich in der Mehrzahl spreche, denn Du kennst ja meinen Standpunkt. Aber ich freue mich sehr auf unser gemeinsames Geschöpf, das kannst du Dir denken und auch das ist ein Ziel, dem wir zustreben und das uns enger noch miteinander verbindet.«[21]

Diese Äußerung sagte zweierlei: Robert Scholl als unabhängiger politischer Kopf und Liberaler war gegen den Zugriff des Staates, der Kirche und des Militärs auf Ehemoral, Familie und Kinder eingestellt. Außerdem gab er als Ehemann die gemeinsamen Ziele und den Ton vor, ohne dabei die Tatsache, dass seine Frau eventuell eigene Wünsche haben könnte, ganz aus den Augen zu verlieren. Nicht zuletzt wird deutlich, dass die Geschwister Scholl in keiner »heiligen« Familie aufgewachsen sind, wie es die Biographen heute gerne aussehen lassen.

Ein Wechsel auf die Zukunft

Dass Tochter Sophie und Sohn Hans später einmal ein naturwissenschaftliches Studium aufnehmen würden, ist ein Indiz für die soziale Dynamik der Familie Scholl. Lina und ihr Mann glaubten fest an den Aufstieg durch Bildung und zwar nicht nur für Söhne, sondern auch für Töchter. Zwischen den Generationen der Eltern und der Kinder lag der entscheidende bildungshistorische Bruch – vom mittleren Schulabschluss und der praxisnahen Berufsausbildung hin zur allgemeinen Hochschulreife und zum Studium. Manche Historiker behaupten, dass angesichts der Beschleunigung und des technischen Fortschritts die Alten die Welt der Jungen damals kaum mehr wiederzuerkennen vermochten. Robert Scholl war ein untypischer Fall. Er war modern. Er setzte sich mit den Themen seiner Kinder genauso wie mit den Veränderungen der Lebenswelt intensiv auseinander. Neben den generationellen Brüchen ist außerdem die Verwandtschaft der Berufe der Kinder und der Eltern bezeichnend: Beide, Hans und Sophie, strebten, wie die Mutter einst, in den medizinisch-naturwissenschaftlichen Bereich. Aber auch das gesellschaftspolitische Engagement, die Fürsorge für Kinder, die Auseinandersetzung mit Religion und Philosophie, die Musik und Kunst hatten sie früh im Elternhaus schätzen gelernt.

Die Eltern beschäftigten sich auch theoretisch mit dem Thema Kindererziehung und lasen etwa Pestalozzis »Wie Gertrud ihre Kinder lehrt«. Ihr Erziehungsstil war dennoch nicht mit dem heutiger Helikopter-Eltern vergleichbar: Die Kinder mussten morgens um fünf Uhr das Haus verlassen, um zur Schule zu kommen, sie wurden nicht ständig gefördert, überwacht und kontrolliert, sie hatten in Robert Scholl einen sehr strengen und manchmal auch harten Vater – trotzdem wurden sie für die damaligen Verhältnisse tatsächlich sehr bewusst und empathisch erzogen. Es gab feste Rituale, gemeinsame Gespräche und Vorlesen, Theaterspiele, Musik. Die Briefwechsel der Familie spiegeln eine erstaunliche Teilnahme der Eltern am Leben ihrer Kinder und umgekehrt.

Nicht nur ein Mädchen

Die Eltern von Sophie und Hans Scholl waren auch in der Auslegung der Geschlechterrollen für ihre Zeit fortschrittlich. Während die älteste Tochter Inge noch als helfendes Familienmitglied gebraucht wurde, durfte Sophie für teures Geld in München studieren, obwohl die Zeit des Frauenstudiums in Bayern gerade erst begonnen hatte und Biologie und Philosophie gewiss kein frauentypisches Metier waren. Vielleicht wurde durch diese gleichwertige Sozialisation ein Weg zur

Beteiligung Sophies an den Aktionen der Weißen Rose geebnet. Das emanzipierte Wesen der Sophie Scholl wirkte sich auch in der Liebe aus – sie hatte schon im Alter von fünfzehn Jahren einen Freund und spielte jahrelang mit ihm Katz und Maus. Auch das muss dem liberalen Elternhaus zugeschrieben werden. Die Mutter war bei aller Frömmigkeit und Fürsorglichkeit kein Heimchen am Herd. Inge Scholl schrieb, ihre Mutter habe nie so recht in ein bürgerliches Schema gepasst. »Sie hat auch nie prüde oder in negativer Geheimniskrämerei über Liebe oder Erotik geredet, zumal auch Worte wie Erotik und Sexualität eher zum Bestand des Vokabulars heutiger Generationen gehören. Aber wenn man Mutter danach fragte, hat sie mit einem verhaltenen Enthusiasmus und in ausgesprochen positiver Weise von der Liebe gesprochen, in die das Körperliche miteinbezogen war. ... Als wir einmal auf das Klimakterium zu sprechen kamen, sagte sie in höchster Ungezwungenheit: ›Weißt du, es bleibt alles beim alten, nur dass man keine Kinder mehr bekommen kann.‹«[22]

Wer von Euch ist ohne Fehl!

Sein erstes Amt als Ortsvorsteher von Ingersheim-Altenmünster hatte Robert Scholl zu vollster Zufriedenheit ausgefüllt. Er plante eine neue Brücke über die Jagst, um zwei Ortschaften zu verbinden. Der Steg, von dem heute nur noch ein Holzpfeiler sichtbar ist, wurde unter dem Namen »Robertsteg« oder »Schulzensteg« zu einem Erinnerungszeichen an Scholls Amtszeit. Weil Robert Scholl auf seinem Posten gute Arbeit leistete, wurde er bald für andere Gemeinden interessant. Im Herbst 1919 ließ er sich überreden, im mittelalterlichen Forchtenberg zur Wahl anzutreten. Der alte »kaiserliche« Bürgermeister war vom Arbeiter- und Bauernrat aus dem Amt gejagt worden, und die Neuwahl am 19. Oktober 1919 sollte dem veränderten Zeitgeist Rechnung tragen. Das Abschiedszeugnis von Ingersheim pries neben seinen Verdiensten um die Modernisierung und die Sozialfürsorge des Ortes ausdrücklich Robert Scholls freundlichen und soliden Charakter. Ein Attest, das die Bevölkerung seiner neuen Gemeinde so nicht unterschreiben sollte.

Das württembergische Forchtenberg im fränkischen Hohenlohe, wo die Kupfer in den Kocher mündet, wurde der Geburtsort von Sophie Scholl und für zehn Jahre die neue, schwierige Heimat der Familie. In dem romantischen Städtchen mit Burg und Weinbergen sammelten die Scholls Erfahrungen, die für Kinder wie für Eltern einen massiven Einschnitt bedeuteten und für die spätere Entwicklung prägend sein sollten. Die Familie wohnte im Rathaus, einer Trutzburg mit dicken, kalten Mauern. Die Fenster des Ratssaales zeigten auf die Hauptstraße, die der Wohnung auf enge Gassen, Steintreppchen, Dächer ins Kochertal und auf Weinberghügel und Wald. Dazu gehörten Gärten, Wiesen mit Äpfeln und Zwetschgen, und es gab einen eigenen Weinberg.

Robert Scholl war nicht der Typ jovialer Kommunalpolitiker. Er spazierte zwar gerne durch das Dorf, aber mit der Bevölkerung bei einem »Viertele« Wein zusammensitzen, war seine Sache nicht. Die Bevölkerung von Forchtenberg fremdelte mit ihrem neuen Bürgermeister, auch wegen dessen persönlicher Ecken und Kanten.

Zwar versetzte Scholl während seiner Amtszeit Berge: Er realisierte den Bahnanschluss, modernisierte die Kanalisation und ließ eine Halle erbauen. Als i-Tüpfelchen zahlte er auch noch die Bahnhofsuhr aus eigener Tasche. Aber er hatte ein Problem, das soziale Aufsteiger öfter haben – er investierte alles in seine Qualifikation und vernachlässigte dabei die sozialen Aspekte seiner Position. Vater Scholl war ein Streber, ein Aufsteiger, der immer alles richtig machte und besser wusste. Für seine Leistungen wollte er gewürdigt werden – und nur dafür. An seinem unangepassten persönlichen Lebensstil hielt er strikt fest und dachte gar nicht daran, den engen Moralvorstellungen der ärmlichen bäuerlichen Bevölkerung etwa bei so banalen Dingen wie Nacktbaden im Kocher Rechnung zu tragen. Er war schließlich der Bürgermeister.

Seine Kinder gehörten zur örtlichen Elite. Wenn die Passanten vor ihrem Vater den Hut zogen, so galt das gewissermaßen auch ihnen. So muss es über die ganze Familie wie ein großer Temperatursturz hereingebrochen sein, als sich die Bevölkerung von Forchtenberg von ihrem engagierten Bürgermeister abwandte. Gerade noch waren die Scholls die Honoratioren gewesen, dann jagte man sie aus dem Rathaus, so wie alte Hunde vom Hof. Die Kinder, vor allem Sophie Scholl mit ihrem wenig mädchenhaften Wesen, wurden plötzlich von den Mitschülern gehänselt. Bei der entscheidenden Versammlung im Rathaus, bei der Robert Scholl um sein Verbleiben im Amt kämpfte, wurde die Auseinandersetzung so schneidend, dass man die Kinder vorher wegschickte, damit sie die Demontage ihres Vaters nicht unmittelbar miterleben mussten.

Was war geschehen? Nach zehn Jahren verdienstvoller Arbeit für die Gemeinde wurde Scholl auf einmal die Rechnung präsentiert. In Forchtenberg hatte sich viel Groll gegen den Bürgermeister angehäuft. Dazu gehörte neben den Unannehmlichkeiten, die eine Modernisierung eines Städtchens nun einmal mit sich brachte, auch die Frage seiner Lebensführung, nicht zuletzt die Etikettierung des erstgeborenen Sohnes als »Pflegekind«.

In dem Rechenschaftsbericht, den Robert Scholl bei der Wahlversammlung in der Turnhalle am 15. Dezember 1929 vor seiner Gemeinde ablegte, schilderte er wortreich, wie er zehn Jahre zuvor Forchtenberg vorgefunden habe – verfeindet, »überall Erregung, Kampf und Hass« – und wie es ihm gelun-

gen sei, die Bevölkerung zu beruhigen, die Infrastruktur bei
Straße, Bahn, Telefon, Kultur, Bildung, Wirtschaft und Finan-
zen zu modernisieren. Diese Leistungen beschrieb Scholl in der
Ich-Form, als habe er allein sie vollbracht. »Bis jetzt habe ich in
Forchtenberg nur arbeitsreiche, schwere und sorgenvolle Jahre
verlebt, dabei ganz wenig Freude und Anerkennung erfahren.
Hier wird der Ortsvorsteher für alles verantwortlich gemacht,
während die Behandlung entsprechend ist. Hier sucht man
immer nach Schuld, nicht nach Ursachen. Ich habe seiner Zeit
Forchtenberg nicht gebraucht, da ich eine gute und gesicherte
Stellung hatte. … Heute habe ich keine Existenz in Aussicht
und kann mich mit meiner Familie nicht auf die Straße setzen. Die Wiederwahl ist für mich nicht nur eine Prestigefrage,
sondern auch eine nackte Existenzfrage. … Ich habe noch nie
einen leichten Lebensweg gehabt, aber kein Abschnitt meines Lebens war so schwer als der bisher in Forchtenberg zuge-
brachte. Ich habe im Konkurrenzkampf meinen Mann gestellt
und war nie einer von den hinteren, nur in Forchtenberg soll
das anders sein. … Meinen Gegnern aber sage ich: ›Wer von
Euch ist ohne Fehl, der wirf den ersten Stein auf mich!‹«[23]

Und sie haben ihn geworfen. Robert Scholl wurde nach der
Brandrede nicht wiedergewählt, er musste gehen und schließlich auch noch um seine Pensionsansprüche kämpfen. Während
er sich selbst offenbar als eine Art Heilsbringer für Forchtenberg
empfunden hatte, fügte ihm die Gemeinde die größtmögliche
Niederlage zu. Interessanterweise musste er diese Erfahrung
zweimal machen: Als Scholl nach Ende des Zweiten Weltkriegs
von der amerikanischen Besatzungsmacht als Bürgermeister
von Ulm eingesetzt wurde, jagten ihn auch dort die Bürger
nach nur kurzer Amtszeit, in der er entscheidend für den Wie-
deraufbau der Stadt gewirkt hatte, aus dem Amt.

Robert Scholl war offensichtlich ein Mann, der sich von der
Welt schnell ins Unrecht gesetzt sah. Er hat es selbst einmal als

eine Art Überschrift über sein Leben formuliert: »Undank ist
der Welten Lohn.« Er zog daraus den Schluss, dass Menschen,
die »nicht über den allgemeinen Leisten geschlagen« seien,
auch ein besonderes Schicksal zu tragen hätten. »Ich bin überzeugt, dass das Unvermögen der Deutschen, in allgemeinen
öffentlichen Angelegenheiten die Wahrheit zu erkennen, lange
noch Ursache sein wird, dass wir immer wieder einen Leidensweg gehen müssen.«[24] Auch nach der zweiten Wahlniederlage
in Ulm verließ Scholl fluchtartig die Stadt und zog nach München, wo er in der Nähe der Gräber seiner hingerichteten Kinder wohnen wollte. Nach seiner Wahlschlappe in Forchtenberg
hatte er ähnlich angefasst reagiert. Er strengte Beleidigungsver-
fahren an. Offenbar war Robert Scholl fest davon überzeugt, im
Recht zu sein, im Besitz der Wahrheit – eine Haltung, die ihm
übel genommen wurde. So viel Autoritätsanspruch reizte zum
Widerspruch.

Diese Erfahrung mit Volkes Zorn muss die Kinder beeindruckt haben. Sie erlebten in jungen Jahren, welche Folgen es
hatte, wenn die Gemeinschaft einzelne Mitglieder wieder aus-
spuckt. Ihr Umgang waren die Kinder der Lehrer, des Pasto-
ren und der Apotheker gewesen, sie hatten Klavierunterricht
erhalten, ein kleinstädtisches Bürgerleben wie im Bilderbuch
geführt. Doch dann drehte sich der Wind, und auf einmal stand
ihr Vater ohne Lohn und Brot da, das Rathaus als Wohnung
wurde ihnen gekündigt, die finanzielle Existenz war bedroht.
Sophie musste zeitweise zu einer befreundeten Familie nach
Langenburg gegeben werden. Und all das während der großen
Wirtschaftskrise im Jahr 1929.

Zehn Jahre Forchtenberg hatten Hans und Sophie gelehrt:
Ihr Vater war nicht nur ehrgeizig, fleißig und von vorbild-
licher Haltung, sondern auch rechthaberisch, fehlbar und ein
schlechter Verlierer. Eine Erfahrung, die sicherlich dazu beitrug,
den Vater als Autorität vom Sockel zu stoßen. Sie lernten aber

auch, dass es Konsequenzen hatte, wenn man politisch eine andere Haltung einnahm als der Mainstream. Robert Scholl war den Forchtenbergern nicht zuletzt deshalb suspekt geworden, weil er das Kriegsende und den Versailler Vertragsschluss nicht als persönliche Kränkung erlebt hatte, weil ihm Begriffe wie »Schandfrieden« und »Versailler Verdikt« nicht gefielen. Scholl war Universalist und Liberaler, er verstand sich als Paneuropäer. Ihm wurde die Bemerkung zugeschrieben, ihm sei es egal, ob er in Deutschland oder in Frankreich Bürgermeister sei. Mit solchen unpatriotischen Gefühlen konnte man Menschen damals ernsthaft vor den Kopf stoßen.

Churchill, meine Kinder und ich

Im Dezember 1953 schrieb Robert Scholl an Winston Churchill. Nachdem er dem Premierminister von Großbritannien seine Bewunderung ausgedrückt hatte, schilderte er einen Abend im Juni 1940. Er habe mit seiner damals achtzehnjährigen Tochter Sophie am Radio gesessen und versucht, über ausländische Sender die Wahrheit über die Kriegsereignisse in Frankreich in Erfahrung zu bringen. Nach einigem Suchen hörten sie, wie ein französischer Sender die Kapitulation Frankreichs bekannt gab. »Wir waren beide erstarrt. Meine Tochter fragte mich: ›Vater, ist nun alles aus? Wird Hitler Sieger über Europa und die Welt bleiben?‹ Ich antwortete: ›Nein! Es gibt noch einen Winston Churchill. Der wird nicht feige nachgeben. Er wird sicher seine Nation zum Widerstand aufrütteln. Und letzten Endes, wenn vielleicht auch nach sehr langer Zeit, wird das wilde Tier Hitler erlegt werden.‹ Meine Tochter erwiderte nur: ›Ach Vater, dann ist mir wieder leichter, denn ich glaube, was du sagst.‹«[25]
    Die Anekdote erzählte Scholl dem berühmten Mann Churchill, um darum zu bitten, dass Deutschland für weitere fünf

bis zehn Jahre entmilitarisiert bleibt. Die Rhetorik war ganz typisch für sein politisches Engagement nach dem Zweiten Weltkrieg, das sich von Detailfragen der Münchner Stadtentwicklung bis hin zur Weltpolitik erstreckte. Er war und blieb jemand, der sich überall einmischte, gefragt und ungefragt. Für manche dürfte er ein Querulant gewesen sein, wenn er beispielsweise der Münchner Stadtverwaltung den U-Bahn-Bau ausreden wollte, da doch jeder wisse, dass die Zeit für Schienen vorbei sei. Bei all seinen Interventionen berief sich Scholl grundsätzlich auf das Schicksal seiner Kinder, betonte, dass sie ihre Haltung im Dritten Reich von ihm gelernt hätten und stellte seine politischen Positionen somit in die – moralisch richtige – Tradition der Weißen Rose. Dieses lebensgeschichtliche Konstrukt ist nachvollziehbar und hat zu der Sichtweise geführt, der Apfel sei bei der Familie Scholl nicht weit vom Baum gefallen.

Das Bild hat jedoch einen Schönheitsfehler: Hans und Sophie wie auch die anderen Geschwister waren als Jugendliche überzeugte Mitglieder der Hitlerjugend und – sie haben ihre Eltern damit provoziert und ihnen offen Widerstand entgegengebracht. Hans, der erstgeborene Sohn, dessen Geburt mit Böllerschüssen gefeiert worden war, und vermutlich auch seine Schwester Sophie haben erst durch die politische Distanzierung vom hypermoralischen und lehrmeisternden Vater zu ihren eigenen politischen Anliegen gefunden.

Die Vorstellung einer einspurigen Prägung in einem politisch harmonischen Elternhaus ist daher zu einfach. Robert Scholl hat seine Kinder nicht dazu erzogen, sich in der Jugendorganisation der Nazis zu engagieren, er hat ihr Engagement in den Naziorganisationen sogar heftigst bekämpft. Sein Autoritätsanspruch reizte offenbar nicht nur seine Mitbürger, sondern auch seine Kinder zum Widerspruch. Das will nicht heißen, dass die Scholl-Kinder nur deshalb in die Hitlerjugend eintraten, weil ihr Vater dagegen war, aber es hat wohl dabei geholfen, das eigene Profil zu schärfen und zu lernen, Positionen auch gegen Widerstand durchzusetzen. Zwischen Vater und Sohn kam es regelrecht zum Kampf. Unter Tränen hängte Hans ein Hitlerporträt in seinem Zimmer auf, sein Vater nahm es ab, er hängte es wieder auf.

Hitlerjugend und Charisma

Nach dem Debakel in Forchtenberg zog die Familie eine Weile nach Ludwigsburg bei Stuttgart, wo Scholl als Syndikus eines Handwerkerverbandes Arbeit fand. Die Kinder vermissten ihre alte idyllische Umgebung und erlebten erstmals ernsthafte materielle Not. Ihre Situation besserte sich, als der Vater Teilhaber eines Steuerberatungsbüros in Ulm wurde. Die Familie bezog dort erst ein Einfamilienhaus in der Kernstraße, später eine Wohnung in der Olgastraße, schließlich eine große Wohnung in einem Jugendstilhaus am Münsterplatz. Es gelang ein neuer Aufstieg.

In Ulm trat Hans Scholl als Erster der Geschwister schon im März 1933 der Hitlerjugend bei, die Schwestern sollten bald folgen. Zu Hans' Zeit war die Beteiligung an der Hitlerjugend noch freiwillig. Die braune Bewegung genoss den Nimbus der jugendlich-dynamischen Erneuerung, die dem Kommunismus und dem Parlamentarismus Paroli bieten würde.[26]

Der Nationalsozialismus trug für viele anfangs noch nicht die hässliche Fratze von Terror und Unterdrückung, sondern zeigte, im Gegenteil, für viele Menschen eine schöne Maske des nationalen Aufbruchs, der gesellschaftliche Verkrustungen zu lösen und Grabenkämpfe zu schlichten versprach. Das neu installierte System griff die antibürgerlichen Haltungen der alten Jugend- und Reformbewegungen auf – als Angebot wohlgemerkt, denn erst ab 1936 wurde die Hitlerjugend (HJ) zur »Staatsjugend«, nachdem alle anderen Jugendverbände bis auf die katholischen zerschlagen oder angegliedert worden waren. Im Jahr 1939, beim Höchststand, waren schließlich 8,7 Millionen Jugendliche organisiert, zunächst als Pimpfe beim Jungvolk beziehungsweise als Jungmädel im Jungmädelbund, später als Hitlerjungen in der HJ und als Mädel in der HJ-Unterorganisation Bund Deutscher Mädel (BDM).

Erst allmählich zeigte sich, dass es den nationalsozialistischen Jugendorganisationen nicht nur um die Erziehung zu Volksbewusstsein und Gehorsam ging, sondern auch um das Einüben von Geschlechterrollen sowie die Vorbereitung auf den Wehrdienst. HJ sowie der Arbeitsdienst warben damit, Kinder aus allen sozialen Schichten zusammenzubringen und sie durch körperliche Arbeit in der Landwirtschaft, der Kriegsindustrie oder auch als Helferinnen in kinderreichen Familien zu produktiven Mitgliedern der Volksgemeinschaft zu erziehen. Dahinter steckte freilich der Plan, die gesamte Gesellschaft und Wirtschaft auf einen Krieg vorzubereiten. Oberste Erziehungsziele waren Diensteifer, Kameradschaft, Ächtung von »Standesdünkel«, Anti-Elitismus und Anti-Intellektualismus. Doch die ideologischen Inhalte waren das eine – die suggestive Kraft, die von Gruppenformationen im Gleichschritt ausging, das andere. Auch auf Hans, Sophie und Inge Scholl wirkten »die kompakten Kolonnen der Jugend mit ihren wehenden Fahnen, ihren vorwärts gerichteten Augen, und dem Trommelschlag und Gesang« anziehend.[27]

Die Scholl-Kinder, liberal, individualistisch und universalistisch erzogen, hatten anfangs Spaß an Lagerfahrten, an den Heimabenden, am gemeinsamen Vorlesen, Singen, Spielen und Basteln. Es war jedoch eine ambivalente Lockung: Einerseits musste es gerade einem Hans Scholl reizvoll erscheinen, nach dem Prinzip »Jugend führt Jugend« Leitungsfunktionen zu übernehmen und sich – wie sein Vater – in der Rolle des sozial Verantwortlichen zu bewähren, ja, vielleicht sogar besser zu sein als der Vater. Es war attraktiv, in der Pubertät auf Abstand zu den liberalen Prinzipien im Elternhaus zu gehen und dafür in der Außenwelt Meriten zu sammeln. Die NS-Jugendorganisation bot die Gelegenheit, einmal nicht dem eigenen Vater gehorchen zu müssen, sondern andere der eigenen Autorität zu unterwerfen. Andererseits mussten den selbstbewussten Scholls früher oder später die geforderte blinde Gefolgschaft nicht akzeptabler Autoritäten und vor allem die anti-intellektuelle Stimmungsmache in der HJ zum Problem werden. Und so kam es.

Scholls Eintritt in die Hitlerjugend fiel in die Zeit, als die NS-Jugend die bündischen Reste der Jugendbewegung aus dem Kaiserreich und der Weimarer Republik zu absorbieren begann. Deshalb ist es nicht richtig, Hans Scholl einfach als einen begeisterten Hitlerjungen zu beschreiben. Er engagierte sich in einer Gruppe der Hitlerjugend, die noch von den älteren bündischen Traditionen gefärbt war. Eine besondere Rolle spielten in der Ulmer Hitlerjugend dj.1.11, ein am 1. November 1929 gegründeter Jugendbund, der bis heute existiert. Er betonte die gesellschaftsverändernde Utopie der Gemeinschaftserfahrung, die Naturnähe, die Volkstraditionen des Nordens, insbesondere Lapplands, wozu Vogelkunde, Volkslieder und Volkstanz und das Übernachten in der Kohte, einer Art Zelt nach Art der Samen, an einsamen Flecken in der Natur gehörten. Der Norden wurde als Ort der mythischen Größe und Einsamkeit, der Sagen und heroischen Mensch-Natur-Begegnung idealisiert. Natürlichkeit war das Schlagwort, mit dem schon die Wandervogelbewegung im Kaiserreich bürgerliche Konventionen bekämpft hatte. Wie andere Jugendbewegungen pflegte der dj.1.11 eigenes Liedgut und eigene Lektüre, prägte eine eigene Kultur. Das ambivalente Verhältnis von Individualismus und

Gemeinschaftsgeist sollte durch die Selbstbestimmung bei frei-
williger Gefolgschaft eines durch seinen überlegenen Charakter ausgezeichneten Führers realisiert werden. In Scholls aktiver Zeit bei der HJ vermischten sich die alten jugendbewegten
Traditionen des dj. 1.11 mit den neuen Normen der NS-Jugend-
organisationen, denn das Ulmer Jungvolk, zu dem Hans Scholl
im Oktober 1933 stieß, war von einem ehemaligen Mitglied der
dj.1.11 in deren Stil aufgebaut worden, der Scholl prägen sollte.

Der Höhepunkt in Hans Scholls Zeit bei der Hitlerjugend war
eine Lapplandfahrt im Sommer 1936 im Stil des dj.1.11, die er
anführte: »Finden wir dort, was wir suchen, oder werden wir
enttäuscht und gedemütigt zurückkehren?«[28] Die Gruppe
machte sich mit Zug und Bus über Frankfurt, Hamburg, Schles-
wig, Flensburg und Kopenhagen auf den Weg nach Schweden,
einzelne Etappen legten sie per Anhalter zurück. Teil des Ver-
gnügens war die Improvisation, die Suche nach Fahrzeugen,
Essen, Schlafplätzen, und die Begegnung mit fremden Menschen. Die zufällige Bekanntschaft mit einem Russen bewegte
Hans Scholl besonders. »Ich weiß nicht, was ich sagen soll, ist
es nicht verrückt, dass sich Erwachsene so mit mir unter-
halten?«[29]

In Dänemark sprangen die Jungs von Dünen, gingen jagen,
sangen zur Gitarre. Sie nannten sich »Trabanten« nach den
Reitern, die an der Spitze des Heeres für ihren König kämpften.
»Jeder von uns ist anders gestaltet, und es ist gut so, schön ist es
aber, wenn eine Jungenschaft zusammenklingt wie eine Harmonie. Wir wollen uns verstehen lernen.« Hans Scholl notierte
auch einen Text von Stefan George in das Reisetagebuch:

»Wer je die Flamme umschritt, bleibe der Flamme Trabant.
Wo er auch wandert und kreißt, wo noch ihr Schein ihn
erreicht, irrt er zu weit nicht zum Ziel! Nur wenn sein Blick
sich verlor, eigener Schimmer ihn trügt, fehlt ihm der Mitte
Gesetz, treibt er zerstiebend ins All!«[30]

Diese gemeinsame Fahrt ins Ungewisse in seiner persönlichen Verantwortung weist schon auf Scholls künftige Rolle in der Weißen Rose hin. Er war ein Anführer-Typ, er konnte andere prägen und die Richtung vorgeben, gewissermaßen ohne Fahrplan und Anleitung. Als Fähnleinführer hatte er bis zu einhundertsechzig Jungen unter seinen Fittichen. »Hans und Inge waren nicht nur dem Rang nach Führer, sie hatten ein anderes Auftreten. Beide waren sie groß und ragten auch so über die anderen hinaus«, erinnerte sich ein Zeitgenosse.[31]

Doch genau diese Befähigung zum freien Führen war nicht im Interesse der Hitlerjugend, die ab 1937 »bündische« Traditionen in den eigenen Reihen konsequent ausmerzte. Die HJ wollte nicht länger weltanschauliche Konkurrenten dulden, und vor allem widersprach das elitäre und individualistische Führerprinzip, in das Hans Scholl so leicht hineingefunden hatte, dem ideologischen Alleinvertretungsanspruch des NS-Staates.

Die dunkle Seite der Macht

Ausgerechnet in dem Moment, in dem die HJ-Zeit ausgestanden war, als Hans das Abitur hatte und nach Göppingen zum Reichsarbeitsdienst musste, bekam er im Zusammenhang mit seinen Aktivitäten bei der Hitlerjugend Ärger. Es ist schon paradox, dass sein erster Zusammenstoß mit dem NS-System passierte, weil er sich *innerhalb* des NS-Systems angeblich nicht einwandfrei verhalten hatte. Die Anklagepunkte lauteten auf bündische Betätigung und Verstoß gegen Paragraph 175, homosexuelle Unzucht an Schutzbefohlenen. Ihm wurde vorgeworfen, er habe einen Jungen im HJ-Dienst sexuell berührt. Man könnte diesen Vorwurf als reine Polemik gegen die Bündischen interpretieren, denen die Nationalsozialisten gerne einen Hang

zur Homoerotik nachsagten, um sie zu diskreditieren.[32] Scholl
hat das vermeintliche Vergehen allerdings nicht bestritten. So
war der Vorwurf, mit einem abhängigen Jungen »Unzucht«
betrieben zu haben, nicht nur bloße Verleumdung. Die Verhandlung im Juni 1938 legte offen, dass er mit dem fast gleichaltrigen Rolf Futterknecht intim geworden war, für den er Liebe
verspürt habe.[33] Die These, die Gestapo habe den Vorwurf
benutzt, um einen charismatischen jungen Mann abzustrafen,
ist dennoch nicht falsch, denn Scholl fiel einer reichsweiten
Verfolgung der bündischen Traditionen durch den NS-Staat
zum Opfer. Mit ihm wurden insgesamt zwanzig Personen verhaftet, darunter auch Inge und Werner Scholl, die ebenfalls
mehrere Tage lang in Haft kamen. Anklage erhoben wurde
letztlich gegen sechs von ihnen. Hans Scholl musste vier Wochen
im Gefängnis in Stuttgart ausharren und erhielt Mitte 1938 ein
Verfahren vor einem Sondergericht, das für ihn glücklich mit
einem Freispruch endete. Der Staatsanwalt hatte ein Jahr
Gefängnis gefordert, doch letztlich kam Hans Scholl mit einem
blauen Auge davon, da er vom Straffreiheitsgesetz vom 30. April
1938 zur Feier des österreichischen »Anschlusses« profitierte.

Aus heutiger Sicht klingt die Affäre wie eine Jugendsünde.
Unter den damaligen Bedingungen war die Erfahrung einer
Hausdurchsuchung durch die Gestapo, abgeholt und mit einem
offenen Lkw bei Wind und Wetter nach Stuttgart ins Gefängnis
gebracht zu werden, sicherlich einschneidend. Sophie Scholl
hat später in einem Gestapoverhör dieses Ereignis als Meilen-
stein ihrer ideologischen Entfremdung vom Nationalsozialismus bezeichnet: »Ich bin heute noch der Auffassung, dass das
Vorgehen gegen uns sowohl als auch gegen andere Kinder aus
Ulm vollkommen ungerechtfertigt war.«[34]

Das Kapitel der HJ-Mitgliedschaft der Scholl-Kinder endet
mit einer gemischten Bilanz. Sie waren ihrem Bedürfnis gefolgt,
Teil einer Gemeinschaft zu werden, sich für eine politische

Sache einzusetzen. Ein wichtiger Faktor war sicher das Angebot der Menschenführung in jungen Jahren. Die Scholls gefielen sich in der Rolle der Anführer. In die HJ trieb sie eine Por-
tion Sendungsbewusstsein und auch das Selbstverständnis, zu
Höherem geboren zu sein. In mündlichen Erinnerungen an die
Rolle von Hans und Sophie wurde bisweilen betont, die beiden hätten sich sogar als besonders strenge und prinzipientreue
HJler hervorgetan. Immerhin durfte Hans Scholl beim Reichs-
parteitag in Nürnberg im Jahr 1935 als Fahnenträger an Hitler
vorbeiziehen. Er soll sich manchmal als harter Hund gegeben
haben, der sich im einen Moment vom Wipfel einer Fichte her-
unterfallen ließ und im nächsten Moment katholische Jugendliche verprügelte, die lieber zur Pfarrjugend gingen als zum HJ-
Dienst.[35] Auch Sophie Scholl wurde besondere Begeisterung
für die NS-Jugendorganisation nachgesagt. So habe sie sich als
Einzige ihres Jahrgangs in der BDM-Uniform konfirmieren lassen. Von Inge Scholl wissen wir, dass sie konsequent die Anwesenheit der Kinder und auch deren Mütter bei BDM-Aufmär-
schen eingefordert hat.

Diese Vignetten sind plausibel. Die Kinder eines vermeintlich
moralisch untadeligen, mit hohem Sendungsbewusstsein aus-
gestatteten Vaters stürzten sich mit Feuereifer in eine der väter-
lichen Welt unzugänglichen Organisation, wo sie Proben ihrer
eigenen Autorität ablegen konnten und wo andere zu ihnen
aufblickten. Die Liebe zu den NS-Nachwuchsorganisationen
erkaltete, als ihre Interessen sich veränderten und sie aus der
auf Befehl und Gehorsam basierenden Gruppe herauswuch-
sen. Sie erkannten, dass mit einem individualistischen Verant-
wortungsbegriff darin kein Staat zu machen war, und sie bekamen zum ersten Mal die Härte des Systems zu spüren, wenn
es Abweichler witterte.

Ich möchte bezweifeln, dass die Distanzierung von den NS-
Jugendorganisationen nur einer rationalen Dynamik folgte.

Sowenig es rein intentionale Gründe beim Eintritt gegeben haben dürfte, so wenig führten rein intentionale Absichten zur Abkehr. Schließlich traten weder Hans noch Inge oder Sophie dezidiert aus der Hitlerjugend aus und riskierten ernsthafte Konsequenzen für ihr weiteres Leben: Sie gingen einfach nicht mehr zu den Versammlungen. Das fehlgeschlagene Engagement in der HJ war wohl eher eine enttäuschende Episode in jungen Jahren als ein Schlüsselerlebnis auf dem Weg in den Widerstand.

Inge Scholl zwischen Hitlerliebe und Geschwisterliebe

Wenn wir die familiale Sozialisation als Voraussetzung für Werthaltungen und politische Grundüberzeugungen würdigen, heißt das im Umkehrschluss nicht, dass alle Mitglieder einer Familie dieselben politischen Haltungen teilen. Familien, in denen sich Geschwister in diametral entgegengesetzte politische Richtungen entwickelt haben, gab es immer wieder. Auch bei den Scholls war das nicht anders. Inge, die älteste Schwester und Lordsiegelwahrerin des Gedenkens an ihre Geschwister Hans und Sophie, reagierte mit besonderem Enthusiasmus auf den braunen Machtantritt. Das mag nicht zuletzt an ihrem Alter gelegen haben. Sie war fünfzehn, als Hitler im Januar 1933 Reichskanzler wurde, also genau in dem Alter, in dem sich Kinder von ihren Eltern abnabeln und ein eigenes politisches Bewusstsein zu entwickeln beginnen.

Sie war geradezu schwärmerisch verliebt in den »Führer«, und das nicht nur verschämt im Tagebuch, sondern auch in aller Öffentlichkeit. Am Tag der Ernennung Hitlers zum Reichskanzler schreibt sie: »Jetzt ist Hitler ans Ruder gekommen. Ich glaube, dass sich im ganzen Volk eine furchtbare Spannung gelöst hat. Ich weiß nicht, ob das wirklich so ist, aber ich habe so ein Gefühl.« Die Seite im Tagebuch ist mit Blumen verziert. Am 30. April 1933 folgte der Eintrag:»Hitler wird jetzt die einzelnen Jugendverbände auflösen. Die Hitlerjugend erstürmt ein Heim nach dem anderen. Das ist gut, da wird Deutschland immer einiger.« Zwei Wochen später hält sie einen Vortrag über Hitler in der Schule. »Die ganze Klasse war begeistert. Ich hatte zuerst ein bisschen ein Drücken im Hals, aber dann konnte ich's ganz frei sprechen. Bei einigen Stellen musste ich die Tränen unterdrücken. Nachher in der Pause kommen die einzelnen Mädels her: Prima, Inge! ... Das ist sooo herrlich, wenn man sich so öffentlich zu diesem großen Mann bekennen darf.«[36] Drei Tage später bekräftigte sie:»Mit Leib und Seele gehöre ich Hitler. Natürlich noch Gott.«

Die Interessenskonflikte zwischen Hitler und Kirchen bedrücken sie. »Aber wenn ich dann wieder Hitler in die Augen sehe (auf dem Bild), da kann ich wieder aufatmen. Dann könnte ich mehr für ihn tun. Hitler wird uns nicht enttäuschen. Es kann doch einfach nicht sein. Ich habe jetzt auch Bücher über Hitler, Göring, Partei u. vieles, was ich erwischen kann. Das Andenken des SA-Mannes, der mir einmal im Traum das Leben gerettet hat, will ich heilig halten.«[37]

Inge Scholl vertraut ihrem Tagebuch auch einen Traum von Adolf Hitler an: Er ist krank, und sie mit ihm in einem Zimmer. Zum Abschied drückt er ihr die Hand und sieht ihr fest und vertrauend in die Augen.»Nein, ihn darf ich nicht enttäuschen, das wäre Verrat. Ich will mir wahnsinnig Mühe geben.« Im Juni 1933 beschließt sie, dem BDM beizutreten, das sei für sie eine Frage des Gewissens.»Warum soll das deutsche Mädel nicht in diesen Bund treten? Damit es mal alle die anderen kennenlernt. Die Dienstmädchen, Volksschülerinnen, alle Stände. Das ist so gut u. verbindet einen u. pflegt die Kameradschaft.« Sie glaubt der Propaganda aufs Wort.

Nach einer Versammlung der Hitlerjugend in einer Kirche

von Ulm bricht bei den Scholls darüber ein Familienstreit aus. Mutter Lina Scholl hat offenbar ihre Hintergedanken über die Hitlerbegeisterung ihrer Tochter. Sie fragt Inge, ob wohl Hitler selbst auch einmal ein Opfer für das Vaterland bringen werde. Darauf Inge: »Ich sagte: ›Hitler hat schon so viele Opfer gebracht. Hat er nicht sein ganzes Leben auf Spiel gesetzt.‹ Da zuckte sie ganz geringschätzig die Schultern. Und das tut mir weh. Immer wieder wollen kleinliche Leute einen Fehler von Hitler entdecken.«[38]

Von den Schwestern Sophie und Elisabeth und von Hans und Werner Scholl sind keine vergleichbaren Führer-Bekenntnisse erhalten. Das könnte ein Problem der Quellenüberlieferung sein, aber es scheint doch so, als habe Hans Scholl etwas anderes in der HJ gesucht als Inge. Ihm könnte es weniger um die braune Ideologie als um die Autonomie des jugendbewegten Lebens in der Tradition der bündischen Jugend gegangen sein. Er und vermutlich auch Sophie praktizierten »im Gewand der Nazi-Jugendorganisation Methoden der Jugendarbeit, die von der dj.1.11 als einem avancierten Zweig der Jugendbewegung Anfang der 30-er Jahre entwickelt worden waren«, so auch der Sozialisationsforscher Ulrich Herrmann. In Hans und Sophie schlummerte womöglich bereits ein Keim zur Opposition gegen das NS-System, gegen die Normierung und Gleichschaltung und eine Tendenz zu Autonomie und Selbstdenken und -handeln. »In der langsamen, aber prinzipiellen und irreversiblen Veränderung der Einstellung von Hans Scholl gegenüber dem Nationalsozialismus wird das Befolgen einer inneren Selbstgesetzlichkeit sichtbar, die den Kern der bündisch-jungenschaftlichen Erziehung ausmachte. Die ethischen Grundsätze dieser Erziehung wurden nicht von außen aufgepfropft, sondern im Prozess der Eigenentwicklung selbst entdeckt und altersadäquat angewandt.« Die Verarbeitung der Widersprüche, die Hans Scholl als Jungvolkführer erlebte und die ihn in den

Jahren seiner Jugendführertätigkeit vom gläubigen Hitleranhänger zum »wütenden Hitlergegner« machten, mündeten, so Herrmann, in den Widerstand.[39]

Bei Inge Scholl setzte sich eine andere Entwicklung in Gang. Sie entpuppte sich nicht als Widerstandskämpferin, auch wenn sie sich nach dem Verfahren gegen ihren Bruder und vor allem nach der Denunziation ihres Vaters von der Ideologie der Nationalsozialisten abwandte, sondern sie entflammte für den katholischen Glauben. Der katholische Glaube bot ihr eine geistige Alternative zum Nationalsozialismus, aber auch eine besondere Position in der Familie. Ihre Mutter war pietistisch-protestantisch, ihr Vater ein Agnostiker – mit ihrer Entdeckung des katholischen Glaubens hatte Inge Scholl etwas, von dem sie versuchen konnte, ihre Familie zu überzeugen, was ihr freilich nicht gelang.

Inge Scholls Verwandlung

Später, mit der Erfahrung der Hinrichtung ihrer Geschwister und der Sippenhaft der ganzen Familie, hat Inge Scholl die Familie Scholl immer als homogen dargestellt. Das ist psychologisch verständlich, aber historisch nicht ganz richtig. Es haben sich nur zwei von fünf Kindern zusammengetan, um gegen Hitler zu kämpfen. Nach außen galt die Familie Scholl als Bastion, nach innen war sie es nicht. Bruder Werner dürfte in die Weiße Rose nicht einbezogen worden sein, weil er zu der entscheidenden Zeit an der Front war, Elisabeth war womöglich zu unbedarft, um mitzumachen. Bei Inge dürfte es an ihrer Persönlichkeit gelegen haben, dass sie nicht zu einer Mitstreiterin ihrer Geschwister Hans und Sophie wurde. Ihren Anteil an der Geschichte der Weißen Rose hatte sie erst, als es die Widerstandsgruppe nicht mehr gab.

Schon als junges Mädchen war Inge Scholl wie eine Sonnen-
blume auf ihre Familie und ihre Geschwister ausgerichtet. Das
sollte sich ihr Leben lang nicht ändern. Sie war die Älteste unter
den Kindern, die frühzeitig auch Verantwortung für die anderen übernehmen musste. Ihre Stellung glich mehr der einer
Mutter als der einer Schwester. Sie litt unter dieser Rolle, wie
viele Tagebucheintragungen zeigen. Wenn überhaupt, konnte
sie erst sehr spät ein eigenes, von der Familie getrenntes Leben
anfangen. Sie arbeitete im Büro ihres Vaters mit, musste der
Mutter im Haushalt helfen, hatte ständig Liebeskummer und
fühlte sich einsam, als Werner, Hans und Sophie von zuhause
ausgezogen waren. Die Zusammenarbeit mit dem Vater muss
sehr strapaziös gewesen sein, weil er sie viel kritisierte, und das
nicht nur wegen der Arbeit, sondern auch wegen ihres Wesens.

Sie kam in ihrem Tagebuch immer wieder auf ihre Meinungs-
verschiedenheiten und Konflikte mit Hans und Sophie zu sprechen. Mit ihrem ältesten Bruder habe sie in ihrer verträumten
und »unnüchternen« Art nicht dieselbe Sprache gesprochen.
Er habe sie für ängstlich und abgespannt gehalten. Zu der
Zeit, als ihre Geschwister intensiv auf der Suche nach Sinn
und einem Ausweg aus den moralischen Zwangslagen waren,
fühlte sich Inge Scholl traurig und ungeliebt, die Probleme mit
ihrem Vater und ihr Liebeskummer raubten ihr jedes Selbstbewusstsein. Im Oktober 1941 schrieb sie, sie sei an die Menschen in ihrer Umgebung wie mit Ketten gebunden. Sie wisse
auch nicht, was sie mit ihrer Schwester Sophie anfangen solle.
»Das Verhältnis zwischen uns ist so verändert, vielmehr ist es
so, wie es vor einem halben Jahr einmal war. Sie ist so seltsam
vergesslich mit Aufräumen, was immer wieder zu kleinen Dis-
harmonien führt. Und ich bin wahrscheinlich zu ungeschickt,
es ihr im rechten Ton zu sagen. Es macht mir richtig Kummer. [...] Vielleicht liegt es auch tiefer. O, wenn ich doch was
Rechtes finden kann in diesem Schweigen. Die größte Mühe

will ich mir geben, will Gott bitten, dass er mir Geduld gebe und Liebe, Liebe, immer Liebe! Dass er die Missgunst gegen Sofie von mir wegmache! Dass ich dabei doch nüchtern bleibe und nicht in Enthusiasmus verfalle. Dass ich sie recht erkenne und würdigen kann, damit ich ihrer Seele nicht weh tue. […] Vater sagte heute im Büro zu mir bei einem Fall, den ich selbst behandele, mir fehle jegliches Gefühl für's Leben. Ich war sehr niedergeschlagen, weil ich immer denken muß, daß bei den Vorwürfen, die mir gemacht werden, auch wenn sie maßlos übertrieben sind, doch etwas Wahres sein könnte. So bleibt mir allmorgendlich nichts anderes übrig, als von vorne anzufangen.«[40] Inge Scholls Loyalitäten zu den Geschwistern wechselten natürlich, aber sie hatte doch mehr Sympathie für ihren Bruder Hans als für ihre Schwester Sophie.

Ab Herbst 1942, als Sophie begann, alleine für die Weiße Rose aktiv zu werden, weil ihr Bruder und seine Freunde wieder an die Front mussten, wurde Inge Scholl immer frömmer. Ihre Tagebucheinträge wurden zu Gebeten, zur direkten Zwiesprache mit Gott. Man muss fast an einen religiösen Wahn denken, bei all der Selbstbespiegelung und Selbstzüchtigung im Namen des Glaubens. Sie wollte auch, dass sich ihre Familienmitglieder stärker dem Glauben zuwandten. Schlussendlich konvertierte Inge Scholl zum katholischen Glauben, und zwar ausgerechnet am Todestag ihrer Geschwister Hans und Sophie. Kann man sagen, dass bei Inge Scholl Gott an die Stelle von Hitler getreten ist? Und dass er ihr nun dabei helfen musste, mit dem Loyalitätsbruch an ihren Geschwistern fertigzuwerden? Vielleicht sogar mit ihren Schuldgefühlen?

Inge Scholl muss nach der Verurteilung und Hinrichtung ihrer Geschwister vor einer immensen Verarbeitungsaufgabe gestanden haben. Denn sie hatte nicht nur zu verdauen, dass sie in deren Aktivitäten nicht eingeweiht worden war, dass sie der Verantwortung für die Jüngeren letztlich nicht gerecht geworden war, sie musste sich auch eingestehen, dass sie noch kurz vor ihrem Tod höchst ambivalente Gefühle gegenüber ihrer Schwester Sophie gehegt hatte. Und dass sie für den Mann, der nun für den Tod von Bruder und Schwester verantwortlich war, einmal regelrecht geschwärmt hatte. Diese fatale Kombination widersprüchlicher Gefühle dürfte mit dafür verantwortlich sein, dass Inge Scholl anders als die jüngere Schwester Elisabeth nach 1945 mit aller Vehemenz ihr weiteres Leben in den Dienst der Erinnerung an Sophie und Hans gestellt hat.

Liebes-Leben

Mit dem abgekühlten Interesse an männlicher Vergemeinschaftung in der Hitlerjugend, die offenbar auch homoerotische Komponenten hatte, wuchs bei Hans Scholl rasant das Interesse an Mädchen. Er wurde zum Frauenheld. Er brach offenbar mancher jungen Frau das Herz und wechselte die Beziehungen häufiger, als seinen Schwestern lieb war, die immer wieder hinter ihm aufräumen und seine Verflossenen trösten mussten. Wir wissen von Liebschaften mit der anfangs erst vierzehnjährigen Lisa Remppis, mit Rose Nägele, Traute Lafrenz, Mathilde Pflanz, Ute Borchers und Gisela Schertling und einer platonischen Liebelei mit der ebenfalls sehr jungen Erika Reiff. Aus heutiger Sicht ist das Sexualleben des Hans Scholl sicher nicht besonders spektakulär. Damals war es sehr wohl ein Thema. Vielleicht war Hans Scholl nicht nur in politischer Hinsicht von Zweifeln geplagt, sondern auch in der eigenen Lebensführung unruhig, skeptisch und anspruchsvoll. Er suchte viel in der Liebe: Gleichgesinnte, Unterstützung, Bindung, aber auch intellektuelle Herausforderung, und er bezog die Freundinnen in sein Leben ein, schrieb lange Briefe, weihte sogar die letzte Geliebte, Gisela Schertling, in seine geheimen Aktionen gegen

den Staat ein, obwohl sie aus einer Familie überzeugter Nationalsozialisten stammte. Trotz der Enttäuschungen, die er
Frauen bereitete, versuchte er, mit allen befreundet zu bleiben,
was auf eine Person hindeutet, die von allen geliebt werden
will. Zumindest eines kann sicher festgehalten werden: Hans
Scholl wirkte ausgesprochen anziehend auf Menschen, und
das kam ihm eben nicht nur als Akteur der Weißen Rose, son-
dern auch beim anderen Geschlecht gelegen. Das wirft die
Frage auf, wie groß sein Einfluss auf seine jüngere Schwester
Sophie war. Folgte sie ihrem großen Bruder, als sie sich an der
Weißen Rose beteiligte, oder fand sie ihren eigenen Weg in den
Widerstand?

Sophie Scholl

Das Mädchen mit dem Bob-Haarschnitt meint jeder zu kennen. Sie ist – nicht zuletzt dank der Verfilmungen ihres Lebens –
im allgemeinen Bewusstsein fast omnipräsent. Ihr Name ziert
mehr Schulen als die irgendeines anderen Widerständlers
und wird am häufigsten als wichtiges Vorbild der Deutschen
genannt. Sie wurde vor allem durch das Buch ihrer Schwester Inge über die Weiße Rose die Protagonistin des deutschen
Widerstands. Die Zuschreibungen an ihre Persönlichkeit rei-
chen von engelhafter Süße (»Sophie Scholl – die Seele des
Widerstands«) über weibliche Märtyrerqualitäten, da sie sich
angeblich vor der Gestapo für ihren Bruder und die Freunde
opfern wollte, bis hin zur Protofeministin, die sich gegen den
Ausschluss der Frauen aus der politischen Sphäre gewehrt habe
und sich nicht von Gefühlen leiten ließ, nicht in der Politik, aber
auch nicht in der Liebe. Nicht alle diese Attribuierungen können gleichermaßen zutreffen; die zeitgenössischen Geschlech-
tervorstellungen haben einen erheblichen Anteil daran, wenn

ihr gleichzeitig Frömmigkeit, Opferbereitschaft und Emanzipationsstreben nachgesagt wurden.

Sophie war knapp drei Jahre jünger als Hans, und ihr Leben verlief natürlich in mancher Hinsicht ähnlich. Sie wurde im Jahr 1935 bei der HJ aktiv: erst als Jungmädelschaftsführerin, 1936 als Scharführerin und 1937 als Gruppenführerin. Wie ihr Bruder Hans geriet sie mit der Organisation in Konflikt. Offizieller Grund war ein Verstoß gegen die »Treue«. Sie hatte mit Freundinnen einen Jungmädel-Wimpel statt mit dem vorgeschriebenen Hakenkreuz mit einer Rune bestickt. Sophie Scholl blieb dennoch bis zu ihrem Staatsexamen als Kindergärtnerin beim BDM eingeschrieben und leistete pflichtschuldig den inzwischen für sie langweilig gewordenen Dienst. Fahrten und Urlaube verbrachte sie allerdings lieber ohne die »Mädels«.

Im Jahr 1940 bestand sie das Abitur und begann in der Hoffnung, so dem Reichsarbeitsdienst zu entgehen, eine Ausbildung am evangelischen Kindergärtnerinnen-Seminar in Ulm-Söflingen. Die Rechnung ging nicht auf, sie konnte sich dem Zugriff des nationalsozialistischen Staates nicht entziehen: Sie musste den vollen Reichsarbeitsdienst und Kriegshilfsdienst ableisten und durfte erst zwei Jahre nach der Hochschulreife, im Sommersemester 1942, ihr Studium der Biologie und Philosophie aufnehmen.

Widersprüchliches Temperament

Die Schilderung Sophies durch ihre große Schwester – entstanden, bevor Sophie zur globalen Jugendikone wurde – liefert uns einen ersten Einblick in ihre Person. Inge Scholl beschrieb die Jüngere als kindlich, aber nicht unkompliziert. Sie wirkte auf die Ältere innerlich reich und hochsensibel. Sophie habe schon als Kind ungewöhnlich kritisch auf die Welt geschaut, aber auch eine humoristische Seite besessen. Bisweilen kam sie ihrer Familie vorzeitig reif und selbständig vor, und vor allem unbestechlich. Sie hatte großes Mitgefühl mit Tieren und konnte es kaum ertragen, wenn sie sah, wie eine Katze Mäuse jagte. Sie spielte jeden Abend Klavier und sang viel.

Bei aller Schönheit ihres Charakters empfand Inge Scholl das Wesen ihrer Schwester auch als herb und verschlossen. Das ist auch an den Bildern, die wir von ihr haben, zu erkennen. Sie war weit davon entfernt, um der Konvention willen in die Kamera zu lächeln. Sie zeigte sich häufig mit verschlossenem oder sogar grimmigem Gesicht. Gleichzeitig beneidete sie ihren Bruder Hans um dessen Expressivität. »Sie war voller Verhaltenheit und das ganze tief Zarte und Subjektive in ihr hatte es nicht leicht bei ihr zu Wort zu kommen, dagegen umso mehr das klare, objektive Urteil oder der heitere, jugendlich ausgelassene und verwegene Frohsinn.« Inge Scholl erinnerte sich an eine entsprechende Äußerung ihrer Schwester in ihren letzten Lebenstagen: »Zurückhaltung ist gut und so wesentlich für uns. Nicht mit seinen eigenen inneren Unvergorenheiten und halbreifen Erkenntnissen andere belasten und gefährden, sondern an sich halten, bis sie reif und gelöst sind.«[41]

Sophie Scholl war interessant, nicht schön, nicht feminin. Dieses Selbstbild scheint sie gepflegt zu haben. Durch ihr wechselhaftes Temperament zog sie mehr Aufmerksamkeit in der Familie auf sich als ihre Schwestern. Und Sophies Leben war, ab dem Moment, als sie zum Studium nach München zog, freier. Auch wenn sie regelmäßig nach Hause fuhr und ihrer oft kranken Mutter beim Haushalt half, so war das doch in erster Linie die Aufgabe ihrer größeren Schwester.

Am 5. Februar 1942, ein Jahr vor ihrer Hinrichtung, schrieb Inge Scholl in ihr Tagebuch: »Aber seltsam, daß die meisten Briefe Sofies in mir irgendwie etwas reizen. Ich muss sehr auf mich achten und in mir suchen, was da schuld ist und woher

dies kommt. Ich möchte diese Schlange nämlich geradezu auf
den Giftkopf treten. Ich möchte nichts als Liebe in mir haben
und über die Regungen, die da immer wieder ihren Kopf heben,
möchte ich mir bewusst werden oder sie Gott hinhalten, bis
sie in seiner Reinheit zergehen.«[42] Die Erfahrung, dass Sophie
Scholl ambivalente Gefühle in einem auslösen konnte, machte
Inge nicht allein. Auch Fritz Hartnagel, Sophie Scholls Freund,
musste sich mit ihr auf ein anstrengendes Nähe-Distanz-Spiel
einlassen.

Eine gänzlich andere Perspektive auf Sophie Scholl nehmen
wir ein, wenn wir Oswald Schaefer folgen, einem an der Vernehmung der Geschwister beteiligten Oberregierungsrat, der sechs
Jahre nach Kriegsende auf Bitten des Vaters Robert Scholl seinen Eindruck der Schlussphase der Verhöre schilderte: »Fräulein Scholl wirkte – vielleicht lag das auch mit an dem vorgerückten Stadium der Vernehmung – nicht so angespannt und
erfüllt von den Vorgängen, sondern um vieles gelassener als ihr
Bruder. (…) Ich konnte ihren Mut bewundern, wie sie einzelne
in den Flugschriften enthaltene Angriffe gegen Hitler begründete und sich, obwohl sie meines Wissens an der Redaktion der
Schriften nicht unmittelbar beteiligt war, trotzdem mit ihnen
identifizierte. Während die Verteidigung von Herrn Hans Scholl
sich streng sachlich auf die Fragen beschränkte, hat Fräulein
Sophie Scholl manchmal ihren Unwillen über das Verfahren
zu erkennen gegeben und den vernehmenden Beamten durch
Zwischenfragen in Verlegenheit zu versetzen versucht und
sicherlich auch in Verlegenheit gebracht.«[43]

Auch wenn solche Zuschreibungen aus der Rückschau natürlich immer mit großer Vorsicht gelesen werden müssen, wird
in den beiden Beobachtungen doch ein roter Faden erkennbar.
Sophie Scholl war offenbar ein Mädchen, das sich nicht mit
dem typisch weiblichen Rollenverständnis des Gefallen-Müs-
sens aufgehalten hat. Sie war aus geschlechtergeschichtlicher

Perspektive eine »neue Frau«, wie sie die Reformbewegungen und nicht zuletzt der Feminismus des frühen 20. Jahrhunderts zum Vorschein brachte: innerlich eigenständig, sachlich, kameradschaftlich und eher androgyn. Wäre ihr Leben nicht so früh beendet worden, ist es denkbar, dass sie sich in dieser Richtung weiterentwickelt hätte und Teil der weiblichen Avantgarde geworden wäre, die sich in der Politik, im Beruf und in der Lebensführung von dem alten bürgerlichen Rollenverständnis emanzipieren konnte; sie wäre eine jener Pionierinnen geworden, wie Hildegard Hamm-Brücher, Hannah Arendt oder Elisabeth Selbert es waren.

Abgesandte der Mutter

Während sich ihr Bruder Hans vor allem an der Vaterfigur abgearbeitet hat, stand für Sophie Scholls Biographie in mancher Hinsicht die Mutter Patin. Nicht nur, weil damals die Mutter für die Sozialisation der Töchter in besonderem Maße verantwortlich war, denn sie sollte das Mädchen auf seine künftige Rolle im Leben vorbereiten. (Umgekehrt galten Frauen als geradezu ungeeignet, Söhne zu erziehen, denn diese brauchten in der bürgerlichen Familienideologie die »harte Hand« des Vaters.) Töchter haben die Lebensentwürfe ihrer Mutter übernommen oder sich davon Aspekte anverwandelt. Während Lina Scholls Leben und Arbeit noch ganz den klassischen weiblichen Bereichen Krankenpflege, Kindererziehung, Haushalt und Karitatives zugeordnet waren, würde ihre jüngste Tochter Biologie und Philosophie studieren und sich – in das »männliche« Feld – der Politik einmischen. Es lässt sich zeigen, dass an dieser Entwicklung Magdalene Scholl durchaus einen großen Anteil hatte.

Die Werte, für die ihre Mutter stand – Liebe, Glaube, Fürsorglichkeit, Mütterlichkeit –, hat Sophie gewissermaßen intellektualisiert und politisiert. Sie hat den Beruf der Mutter, Krankenpflegerin, auf seine wissenschaftlichen Grundlagen zurückgeführt, die Liebe ihrer Mutter, die ihr vor allem in der Form von Mütterlichkeit entgegenkam, hat sie in Freundschaften gepflegt und sich auch die mütterliche Begabung zur Empathie bewahrt etwa in ihrer Haltung der Opfer des Nationalsozialismus' gegenüber. Sophie Scholl scheint zudem ein besonders loyaler und mutiger Mensch gewesen zu sein. In diesem Punkt ähnelte sie vielleicht am meisten ihrer Mutter. Lina Scholl stand nicht nur ihrem Mann, sondern vor allem auch ihren vom Staat und von sehr vielen Deutschen an den Pranger gestellten Kindern unverbrüchlich bis zum Ende zur Seite. Sie hatte die Kraft, sich von ihren zum Tode verurteilten Kindern zu verabschieden, sie zu beerdigen und ihr Leben auch dann noch weiterzuleben, als sie realisierte, dass ein weiteres Kind, ihr Sohn Werner, nicht mehr aus dem Krieg zurückkehren würde. Von dieser Standhaftigkeit zehrte Sophie.

Kritischer Kopf

Unter den frühesten Selbstzeugnissen von Sophie Scholl fällt ihr Nachdenken über Knut Hamsun auf. Was sah sie in dem norwegischen Deutschlandverehrer, der sich mit Goebbels traf und sogar noch nach dessen Tod eine Eloge auf Hitler schrieb? Der die Kriegführung Deutschlands bewunderte, Rassenpolitik und Konzentrationslager rechtfertigte? Vor dem Nationalsozialismus hatte der Literaturnobelpreisträger des Jahres 1920 freilich eine große und illustre Anhängerschaft gehabt, zu denen die Größen der Literatur und Intelligenz dieser Jahre gehörten, unter anderem Franz Kafka, Stefan Zweig, Thomas Mann und Albert Einstein. Sophie Scholl beschäftigte sich 1938, im Alter von siebzehn Jahren, mit dem Autor und pries dessen »Seelenpsychologie« und romantische Naturanbetung.[44] Ob sie sich der abgründigen Seite dieses Dichters bewusst war? Jedenfalls notierte sie, sie wolle sich Gedanken über ihn machen und bei der Lektüre nicht nur vom Gefühl leiten lassen. Vielleicht ging sie einen Schritt weiter als viele unkritische Hamsun-Leser?

Neben der frühen Reflexionsfreude war eine weitere Besonderheit Sophie Scholls ihre Zeichenbegabung. Schon als Kind zeichnete sie ausdauernd und viel. Wir finden in ihrem Nachlass vor allem Skizzen von Menschen und Szenen bürgerlichen Familienlebens. Sie illustrierten rührselige Texte über Geburtstag, Muttertag und die christlichen Feiertage. Später hat sie immer wieder spontan Menschen aus ihrer Familie und ihrer Umgebung porträtiert, aber auch Pflanzen, vor allem Bäume, die sie liebte. Diese Zeichnungen stammen von einem jungen Mädchen, das seine Mitmenschen mit einer gewissen Distanz betrachten und analysieren konnte. Sie ließ sich von niemandem bis zur Kritiklosigkeit vereinnahmen. Schon deshalb ist die Frage, ob sie von ihrem Bruder Hans beeinflusst war, als sie sich im Widerstand engagierte, klar zu verneinen.

Sophie Scholl war kein Engel, der von bösen Mächten zum Tode verurteilt wurde, sondern eine eigenständige und eigensinnige junge Frau mit Ecken und Kanten. Die Festnahme ihrer Geschwister wegen sogenannter bündischer Umtriebe, die Haft ihres Bruders, ihr Freundeskreis in Ulm, zu dem Otl Aicher, ein Hitler-Gegner, gehörte, ihre ernsthafte Beschäftigung mit Literatur und Philosophie haben ihren kritischen Geist frühzeitig geschärft. Sie war konsequent gegen den Krieg eingestellt und im Alter von siebzehn Jahren selbstbewusst genug, ihrem Freund Fritz Hartnagel die Leviten zu lesen, als dieser sich für den Fronteinsatz bereithalten musste: »Ich kann es nicht begreifen, daß nun dauernd Menschen in Lebensgefahr gebracht werden von andern Menschen. Ich kann es nie begreifen und ich finde es entsetzlich. Sage nicht, es ist für's

Vaterland«.[45] Immerhin war Hartnagel Berufssoldat. Dennoch entgegnete er ihr kleinlaut: »Du bringst mich in einen großen Konflikt, wenn Du mich nach dem Sinn des ganzen Blutvergießens fragst. ... heute komme ich mir vor, wie ein ganz kleiner Junge, der am Anfang seiner Entwicklung steht. Daran bist zum großen Teil Du schuld. Aber ich kann Dir trotzdem nicht zustimmen, denn ich habe nicht den Mut aus solch einer Ansicht die Konsequenzen zu ziehen.«[46]

Die Beziehung mit Fritz Hartnagel

Wie viele introvertierte Menschen fühlte sich Sophie Scholl in der Zweierbeziehung wohler als in Gruppen. Im Arbeitsdienst entzog sie sich der Dynamik unter den Mädchen, während sie umso intensiver ihre Beziehung zu Fritz Hartnagel, einem in Augsburg stationierten Leutnant, pflegte. Ihre Briefe zeigen, dass die Jüngere deutlich den Ton angab. Fritz und Sophie hatten sich bei einem Tanztee kennengelernt, als sie sechzehn und er einundzwanzig Jahre alt war. Fritz Hartnagel kam aus einer bildungsfernen Familie, die es jedoch zu Wohlstand gebracht hatte (sein Vater besaß das zweite Auto in Ulm). Anders als die Scholls waren seine Eltern politische Mitläufer, und so übernahm es Sophie, ihm die Augen zu öffnen. Ihre Briefe an ihn sind ein beeindruckendes Dokument eines jungen Mädchens, das intellektuell und im politischen Denken seinem Alter weit voraus war. Sie analysiert und diskutiert ihre Augustinus-Lektüre, beschäftigt sich mit theologischen Problemen wie der Erklärung für das Böse in der Welt, sie beobachtet minutiös den Kriegsverlauf, ohne je die Illusion zu haben, dass das Blutvergießen einen guten Zweck erfüllen oder gar von Erfolg gekrönt sein könnte. Sie reflektiert politische Begrifflichkeiten wie Volk und Vaterland und nimmt die ideologische Indoktrination der Nationalsozialisten auseinander. »In der Schule wurde uns gesagt, die Einstellung eines Deutschen sei eine bewusst subjektive. Solange sie dabei nicht auch objektiv ist, kann ich dies nicht anerkennen. Aber diese subjektive Haltung hat vielen Leuten eingeleuchtet, u. manche, die nach einer Form für ihre sich widerstreitenden Gefühle suchten, haben sich aufatmend zu ihr bekannt.«[47] Nicht nur sind ihre sprachlichen Fähigkeiten und ihr Bildungsniveau an heutigen Maßstäben gemessen sehr hoch, es ist auch immer wieder frappierend zu lesen, wie Sophie Scholl mit ihren Gedanken und Formulierungen ringt, sie korrigiert, sich ärgert, wenn sie ein Argument nicht in letzter Klarheit fassen kann. Die Briefe machen eine junge Frau lebendig, die manches Mal geistig erschreckend überlegen wirkt.

Fritz Hartnagel war bei der Deutschen Freischar, einem Teil der Bündischen Jugend, wo er auch Sophies Bruder Werner kennenlernte. Er ging auf dieselbe Schule wie Hans und Werner Scholl und trat nach dem Abitur die Offizierslaufbahn an, zu der er jedoch, auch unter dem Einfluss seiner Freundin Sophie, immer mehr auf Distanz ging. Er kam zur 6. Armee, die vor Stalingrad eingekesselt wurde. Dass er wegen Erfrierungen an Händen und Füßen ausgeflogen und gerettet wurde, verdankte er nur großem Glück. Er war in die Aktionen der Weißen Rose nicht eingeweiht, half der Gruppe jedoch finanziell aus, ohne zu wissen, wofür das Geld verwendet wurde. Ein großer Vertrauensbeweis an die Freundin. Als er von ihrer Inhaftierung erfuhr, versuchte er, seinen Status als dekorierter Wehrmachtssoldat für sie zu verwenden, doch sein Gnadengesuch kam zu spät. Nach Sophies Tod kümmerte er sich weiter um die Scholls und legte damit viel Mut an den Tag, denn er hatte ausdrücklichen Befehl, sich von der Familie, die unter Sippenhaft stand, fernzuhalten. In den letzten Kriegstagen verweigerte er, nun im Rang eines Hauptmanns, letzte Kampfhandlungen gegen die einrückende amerikanische Armee. Dafür wurde er denunziert und vor ein Kriegsgericht gestellt. Dem Tod durch Erschießen entkam er nur, weil ihn sein Adjutant mit Waffengewalt befreite. Nach Kriegsende heiratete er Sophies Schwester Elisabeth, wurde später Richter am Oberlandesgericht in Stuttgart und engagierte sich in der Friedensbewegung, in der SPD, in der er links stand, und beteiligte sich an der Sitzblockade in Mutlangen gegen die Stationierung von Pershing-Raketen, wofür er vor Gericht gestellt wurde. Hartnagel starb 2001 im Alter von vierundachtzig Jahren.

Die Liebesgeschichte der beiden ist für unsere Fragestellung insoweit interessant, als sie ein Licht auf die persönliche Entwicklung Sophie Scholls zur Widerstandskämpferin wirft. Aus ihrem Verhältnis wird deutlich, dass sie schon als junges Mädchen äußerst hellhörig war für politische Entwicklungen und ihre Erkenntnisse auch versuchte weiterzugeben. Ihre moralischen Vorbehalte gegen den Soldatenberuf belasteten Fritz Hartnagel sehr. Er bekennt das etwa in folgendem Brief vom März 1939: »Manchmal wenn ich in Deine dunkel-tiefen Augen schau, und sie so traurig werden, dann ist es mir wie eine große Anklage, ich weiß, sie klagen mich an, nicht vorwurfsvoll, aber umso eindringlicher. Und ich möchte nur, daß ich Dir helfen könnte.«[48]

Sophie Scholl war keine Freundin, die ihre eigenen Bedürfnisse hintanstellte. Während Hartnagel die laute und oberflächliche Atmosphäre in seiner Ausbildungskompanie kaum ertrug, schrieb sie ihm enthusiastische Briefe über ihre Empfindungen bei einem Konzertbesuch und feierte ihr gemütliches und vergleichsweise luxuriöses Leben zuhause. Sie zögerte auch nicht, ihm in den Briefen an die Front negative Gefühle oder Zweifel über die Beziehung zu schildern. So teilte sie ihm mit, dass sie nur wenige Tage am Stück mit ihm gemeinsam verbringen könne, da sie Zweisamkeit für gefährlich hielt. »Versteh' mich

nicht falsch! Aber wenn man nur mit einem Menschen ver-
kehrt, übt dieser einen zu großen Einfluss aus. Hast Du schon
einmal erlebt, daß Du Dich von allen Menschen freischütteln
möchtest? Sobald jemand Ansprüche stellt, werde ich, glaube
ich, sehr empfindlich.«[49] Sie legte nicht nur in dieser Phase
ihrer Beziehung großen Wert auf ihre Freiheit und pries ausdrücklich den Zustand, nicht zu wissen, wann sie sich wieder
begegneten. Sie wollte geradezu das Gefühl vermeiden, »ein
Mädchen« zu sein, worunter sie emotionale Schwäche verstand. Fritz Hartnagel hing sehr viel mehr an ihr als umgekehrt und ahnte wohl, dass sie ihn, wenn der Krieg einmal vorbei wäre, keineswegs zu heiraten beabsichtigte.

Wie weit ging die Beziehung der beiden überhaupt? Fritz
Hartnagel wird in der Literatur immer wieder als ihr Verlobter
bezeichnet. Doch auch wenn Fritz und Sophie sehr fürsorg-
lich miteinander waren, die Briefe des anderen kaum abwar-
ten konnten, sich Geschenke und Bücher hin und her schickten und sich gegenseitig stark beeinflussten (vor allem sie ihn),
so fehlt doch jede erotische Komponente. Wenn Fritz Hartnagel von gemeinsamen Stunden schwärmte, dann schwört er
das Bild herauf, wie die beiden »Arm in Arm zeitlos und ziel-
los dahingehen«.[50] Im Januar 1940 jedenfalls schrieb Sophie
noch, »… und wenn ich Dir jemals nachgeben werde, so sollst
Du wissen, daß ich in dem Augenblick schwach bin, und so viel
oder wenig wie viele Mädchen, die Du und ich nicht sehr hoch-
schätzen«.[51] Sich selbst für moralischer, uneitler und ernsthaf-
ter zu halten als andere Mädchen war Sophie Scholl offensichtlich wichtig, in diesem Punkt war sie durchaus stolz. Doch
im selben Moment, in dem sie sich bei Prahlerei und Eitelkeit
erwischte, fand sie sich ekelhaft.

Die Liebesgeschichte zwischen Sophie Scholl und Fritz Hartnagel zeigt uns ein Mädchen, das lieber autonom ist als zwei-
sam, das nicht den üblichen weiblichen Traum träumt, mög-

lichst bald zu heiraten und eine Familie zu gründen, das es sich offenbar leisten kann, einen liebenden Mann regelmäßig vor den Kopf zu stoßen. »Weißt Du, ich habe nie jemanden gerner gehabt als Dich, außer, es ist vielleicht auch unrichtig ausgedrückt, außer mir selbst. Ich kann mich nicht aufgeben für Dich … Ich nehme mehr weg von Dir als Du von mir empfängst.«[52]

Ein möglicherweise trennender Faktor in der Beziehung scheint die Sexualität gewesen zu sein. Da die beiden immer wieder kurz gemeinsam verreisten, wenn Hartnagel Fronturlaub hatte, hätte es für das Paar Gelegenheiten genug gegeben, sich körperlich näherzukommen. Im Frühjahr 1941 offenbarte ihr Fritz Hartnagel jedoch eine Affäre mit einer Luise in Amsterdam, obwohl sich Sophie Scholl von ihm ausdrücklich erbeten hatte, dass er seine Bekannte nicht träfe. Er schrieb offen darüber, dass es ihm nicht gelinge, seine »sinnliche Natur« zu unterdrücken.[53] Mit einem religiösen Begriff von Keuschheit, mit dem Sophie Scholl in der Phase liebäugelte, in der sie sich intensiv mit Glaubensfragen beschäftigte, konnte er nichts anfangen. Das christliche Spannungsverhältnis zwischen Leiblichem und Geistigem leuchtete ihm nicht ein. »Ich kann nicht verstehen, dass Gott dem Menschen einen Leib gegeben hat, und zwar einen lustvollen Leib, um ihn in Versuchung zu führen, um ihn von Anfang an in Widerstreit zwischen Leiblichem und Geistigem zu setzen. Welch grausamer Gott müsste das sein?«[54] Auch wenn wir nur darüber spekulieren können, wie sich die Beziehung von Sophie Scholl und Fritz Hartnagel entwickelt hätte, wenn Sophie nicht verhaftet und hingerichtet worden wäre, so scheint eines doch sicher zu sein: Einfach wäre es mit den beiden nicht geworden.

Dass ich mein Hirn auch manchmal zum Denken brauche

Sophies Unabhängigkeit von den damaligen Geschlechternormen war Ausdruck ihrer inneren Autonomie. Sie lebte ein für diese Zeit ungewöhnlich emanzipiertes Frauenbild. Sobald ihr jemand von Gefühlen oder gar »Instinkten« sprach, die sie angeblich als Mädchen empfinden müsse, wehrte sie ab. So fuhr sie auch Fritz Hartnagel in einem Brief an: »Glaube auch nicht, dass alles, was ich tue, das instinktive Handeln eines Mädchens ist, damit sprichst Du mir ja, vielleicht ungewollt, jede Selbständigkeit ab. Instinktiv ist ein sehr unbestimmtes Wort. Es wird sowohl bei Tieren wie bei Menschen (insbesondere bei Frauen) angewandt, wenn man sich's mit dem Verstand nicht mehr recht erklären kann. Und daran zweifelst Du doch nicht, daß ich mein Hirn auch manchmal zum Denken gebrauche, nicht nur in der Schule.«[55]

Sie entschuldigte sich sogar für ihre Intellektualität. Sie könne nicht anders, sie sei eben »politisch erzogen« worden. Sie war deshalb häufig bedrückt. Sich von der Reflexion der Tagesumstände, von der Politik abzuwenden war für sie keine Option, das hätte sie für feige gehalten. Für Sophie Scholl wie auch für ihre Mitstreiter gab es keine Trennung zwischen privatem und politischem Leben, ja, sie war von dem überzeugt, was Theodor Adorno später in die berühmt gewordenen Worte gefasst hat: Es gibt kein richtiges Leben im falschen.

Sophie Scholl empfand sich selbst als durch und durch nüchtern. Sie verglich sich in dieser Hinsicht mit ihrer Schwester Inge. Diese sehe alles kindlich, manchmal schwärmerisch und viel zu sehr mit ihrer ganzen Seele. Sie reagiere auf alles mit einem Aufwand von Gefühlen. Wohingegen sie selbst immer »ein so ekelhaftes Teufelchen« habe, das sie selbst beobachte und beurteile. Sie hielt sich zugute, nicht nur die anderen, sondern immer auch sich selbst kritisch zu hinterfragen.

So steht uns eine junge Frau vor Augen, die weder mär-
tyrerhaft noch mädchenhaft war, sondern vielmehr skrupu-
lös und gleichzeitig intellektuell selbstbewusst. Sie ist gewiss
nicht aus Geschwisterliebe ihrem Bruder in den Widerstand
gefolgt, sondern hat aus eigener Überzeugung gehandelt. Über
ihre aktive Rolle in der Weißen Rose gibt es sehr widersprüchliche Ansichten: In den Filmen wird sie gerne als treibende
Kraft überschätzt, in wissenschaftlichen Arbeiten wie etwa der
Doktorarbeit von Sönke Zankel wiederum wird sie als helfende
Randfigur unterschätzt. Die Wahrheit wird wohl in der Mitte
liegen: Intellektuell und weltanschaulich stand Sophie Scholl
voll und ganz hinter der Sache, wenn ihr auch die Dynamik
der von Männern angeführten Aktionen eine eher nachgeord-
nete Position zuwies.

Das abrupte Ende der Jugend

Nach sieben Monaten Arbeitsdienst in Göppingen kam Hans
Scholl im November 1937 zum Kavallerie-Regiment 18 in Bad
Cannstadt, dann für sechs Monate in die Sanitätsausbildung
nach Tübingen, bevor er sein Medizinstudium in München
beginnen durfte. Warum wählte er die Medizin? Hans Scholl
sah im Arzt, wie viele damals, zugleich den Philosophen und
Politiker. Mediziner stellten sich seit dem späten 19. Jahrhunderts in den Dienst staatlicher Interessen und wollten sich um
die »Volksgesundheit« im übergeordneten Interesse der Nation
verdient machen. Sie sahen ihre Aufgabe nicht nur in der Heilung des individuellen Kranken, sondern auch in der Heilung
der »kranken Nation«, womit sowohl die zahlenmäßig Größe
des »Volkskörpers« als auch dessen Gesundheit gemeint war,
mit den bekannten Folgen der Einmischung in die private
Lebensführung der Menschen bis hin zu der fatalen Rolle von

Medizinern bei der Rassen- und Bevölkerungspolitik im Nationalsozialismus.

Ob Hans Scholl im vollen Bewusstsein der Brisanz der nationalsozialistischen Gesundheitspolitik dieses Fach gewählt hat, bleibt unbeantwortbar. Seine Generation wurde schon in der Schule mit »Rassenkunde« konfrontiert, insofern wäre es naiv anzunehmen, dass diese Aspekte der zeitgenössischen Medizin dem späteren Aktivisten unbekannt gewesen sein könnten, ebenso wie die Tatsache, dass Juden im »Dritten Reich« die allgemeine Ausübung des Arztberufes verboten wurde.

Bei der Berufswahl dürfte Hans zum einen der Weg seines Vaters beeinflusst haben, der auch Sanitäter und vor allem ein für das Gemeinwohl engagierter Politiker gewesen war. Es kam aber zum anderen wohl noch ein pragmatisches Argument hinzu: Da Mediziner für die Durchsetzung der Rassepolitik notwendig und kriegswichtig waren, genossen sie einen Sonderstatus und waren vom regulären Militärdienst befreit. Nach einer kurzen Grundausbildung wurden sie als Sanitäter geschult und nach Kriegsbeginn in Studentenkompanien zusammengefasst. Zu ihrer praktischen Ausbildung gehörte der Kriegseinsatz in Lazaretten und auf Verbandsplätzen, was, gemessen am üblichen Fronteinsatz, immer noch ein Privileg war. Wir wissen von Willi Graf, dass er nach dem Krieg noch Philologie studieren wollte, auch Christoph Probst und Alexander Schmorell trieben eigentlich ganz andere Interessen um als die Medizin. Der eine träumte davon, Astronomie zu studieren, der andere wäre lieber Bildhauer geworden. Deshalb ist es gut möglich, dass auch im Fall von Hans Scholl die Wahl des Studienfaches opportunistisch war.

Das Studium bot – verglichen mit dem Arbeitsdienst – noch einen relativen Freiraum im NS-Staat. Man konnte sich mit eigenen Interessen beschäftigen. Trotzdem war auch das Studentenleben stark limitiert. Die Universitäten waren im Dritten

Reich ideologische Vorposten, in denen junge Menschen dazu herangezogen werden sollten, für das System zu forschen und zu lehren. Keine Disziplin war vor ideologischer Instrumentalisierung gefeit. Außerdem verlangte der Staat Vorleistungen für das Privileg des Studiums in Form von Arbeiten für die Volksgemeinschaft und Training für die Zeiten des bevorstehenden Krieges. Hans Scholls Ausbildungsjahre genauso wie die seiner Geschwister und seiner späteren Verbündeten waren deshalb andauernd fremdbestimmt: Nach Schulende wartete nicht die Freiheit vom Elternhaus, sondern der Arbeitsdienst, anstelle selbstständigen Wohnens die Zwangsvergemeinschaftung in Lagern mit Zwölfbettzimmern, anstelle des Studiums geistlose Arbeit in der Landwirtschaft, im Straßenbau oder als Haushaltshilfen, und wenn das Studium endlich begann, riefen Armee oder Kriegshilfsdienst.

Sophie Scholl hoffte, sich durch die Kindergärtnerinnenausbildung einen Teil des Arbeitsdienstes ersparen zu können, Hans Scholl hoffte, durch die Sanitätsausbildung und das Medizinstudium der Front zu entkommen. Freie Lebensentscheidungen konnten sie also nicht treffen. Es gab kein Entkommen von einem Staat, der die Sozialisation seiner Untertanen nicht dem Zufall überlassen konnte, der erwartete, dass junge Menschen im entscheidenden Moment bereit sein würden, Befehle unhinterfragt entgegenzunehmen und die eigenen Bedürfnisse der militärischen Disziplin unterzuordnen.

Dienst, Disziplin und Kameradschaft waren für die jungen Leute ambivalente Erfahrungen. Nicht alle kamen damit gleichermaßen gut zurecht. Für die Geschwister Scholl, vor allem für Sophie, waren sie ein entscheidender Schritt in Richtung ihres künftigen Widerstands.

Arbeitsmaid

Der Schmerz darüber, nach dem Ende der Schulzeit nicht direkt studieren zu dürfen, stellte sich vor Sophie Scholl wie eine Wand. Nach Abitur und Kindergartenausbildung in Ulm kam sie im Frühjahr 1941 zum Reichsarbeitsdienst nach Krauchenwies bei Sigmaringen, und als dieser Dienst vorbei war, gleich im Anschluss für ein weiteres halbes Jahr zum Kriegshilfsdienst als Kindergärtnerin nach Blumberg bei Donaueschingen. »Ich versuche immer, mich so schnell wie möglich zu akklimatisieren (auch in und an Gedanken), damit erreicht man die größte Unabhängigkeit von allen angenehmen und unangenehmen Umständen.«[56] Diese Fähigkeit der Dissoziation wird ihr zwei Jahre später bei der Gestapo noch einmal nützlich sein.

In Krauchenwies bei Sigmaringen lebte sie in einem von fünf Lagern für den weiblichen Reichsarbeitsdienst. Sie war mit zehn Mädchen in einem Zimmer untergebracht, es war kalt, die Verpflegung dürftig, und die erste Zeit bestand aus ideologischer Schulung, bevor die »Arbeitsmaiden« in den Außendienst kamen und auf Familien und auf Bauernhöfe verteilt wurden. Sophie Scholl musste einem Bauern acht Stunden täglich beim Unkrautjäten und Ausmisten helfen. Auch wenn sie froh war über die Arbeit außerhalb des Lagers und der Reichweite der Führerinnen, litt sie unter der monotonen Arbeit. Die Zwangsvergemeinschaftung mit Frauen, mit denen sie normalerweise nichts zu tun gehabt hätte, machte ihr zu schaffen, auch weil sie die politischen Ziele dieser Einrichtungen erkannte, in denen aus Individuen »dumpfe Massen« gemacht werden sollten. »Man muss sich in Acht nehmen vor dieser großen Masse. Sie hat in manchen Dingen unheimliche Anziehungskraft.«[57]

Sie kämpfte darum, sich emotional nicht unterkriegen zu lassen. »Ich bemühe mich sehr, mich von den augenblicklichen

Einflüssen möglichst unberührt zu halten. Nicht von den weltanschaulichen und politischen, die mir bestimmt nichts mehr
ausmachen, aber von den Stimmungseinflüssen. Il faut avoir
un esprit dur et le coeur tendre.«[58]

Sie war einsam unter achtzig Mädchen, weil sich keine fand,
»die etwas Kultur hätte«. Wofür Sophie Scholl überhaupt keinen Sinn hatte, nämlich Gespräche über die Frisur oder über
Männer, gab es in Hülle und Fülle. Um sich gegen die Verblö-
dung zu wappnen, ließ sie sich von zuhause ein Wörterbuch
schicken und übersetzte in ihrer Freizeit einen Text aus dem
Französischen. Und sie las – heimlich, denn private Bücher zu
besitzen war eigentlich verboten, genauso wie das Rauchen
für Mädchen, was sie erst recht tat. Ihre Briefe schrieb sie
nachts unter der Bettdecke. Im Hintergrund quälten sie politische Fragen. Sophie Scholl schuf sich kleine Rituale, die sie
sich als »Stützpunkte« in den monotonen Arbeitstag einbaute.
Sei duschte nachts kalt, las Augustinus oder in Thomas Manns
»Zauberberg«. Die Zimmergenossinnen machten sich über ihr
Verhalten lustig, es gibt Hinweise auf Mobbing, aber für sie war
das die einzige Möglichkeit, sich innerlich zu wappnen.

Endlich, im Mai 1942, durfte sie nach Hause und ihr Leben
beginnen. Als Studienfächer wählte sie Biologie und Philosophie, ohne sich über einen konkreten Beruf Gedanken zu
machen. Sie hätte auch gerne Kunst studiert, aber weil sie sich
ihrer Begabung nicht ganz sicher war und auf keinen Fall zu
den Mittelmäßigen gehören wollte, entschied sie sich dagegen.
Sie war ehrgeizig.

In diesen Aspekten ihrer Biographie zeigt sich, wie übrigens
auch bei ihrem Bruder Hans, dass die Scholls ein durchaus elitäres Selbstverständnis hatten. Sie fühlten sich der »Masse«
überlegen, die ihrer Meinung nach nur aus Selbstnutz und Nie-
dertracht handelte, wohingegen Menschen wie sie sich dem
Strom entgegenstemmen müssten.[59] In dieser Hinsicht waren

sie ganz typische Exemplare des Bildungsbürgertums. Jedoch führte das elitäre Bewusstsein bei ihnen nicht dazu, sich in die innere Emigration zurückzuziehen. Dem Impuls, die »Waffen zu strecken«, wie sie sich ausdrückte, gab Sophie Scholl nicht nach. »Man muss nur warten können. Ich werde versuchen, mich nicht mit Träumen zufrieden zu geben, mit Schöngeistigkeit und noblen Gesten.«[60]

Kündigt sich in diesem Brief vom 17. Juni 1940 an Fritz Hartnagel schon die Härte an, die sie gegen sich selbst benötigen sollte, sobald sie eine Gelegenheit gefunden hätte, gegen das Naziregime zu kämpfen? Ab dem Sommer 1940, so scheint es, drängten sich Gedanken an Widerstand auf. Noch fühlte sie sich davon überfordert, sprach von einer übergroßen Müdigkeit, die sie davon abhalte, aktiv zu werden. Sie verglich ihre Situation mit einer Geschichte aus dem Alten Testament, in der Moses seine Arme hob, um Gott um den Sieg zu bitten. Aber sobald er einmal seine Arme senkte, wandte sich die Gunst von seinem kämpfenden Volk ab. Schlussendlich schaffte er es mit Hilfe eines Steins als Armstütze, die müden Arme in der Luft zu halten. Sophie Scholl fragte sich, ob es heute noch Menschen gebe, die nicht müde würden, ihr ganzes Denken und Wollen auf eine Sache zu richten.[61]

Auch bei Hans Scholl war die Erfahrung, kein eigenes Leben beginnen zu können, richtungsweisend. »Man kommt sich immer mehr wie ein Gefangener vor«, klagte er während des Studiums, das aufgrund des Krieges stark zusammengestutzt wurde. Im April 1939 konnte er anfangen zu studieren, im November 1939 wurde er in eine Kaserne in Bad Soden in Hessen einberufen, dann erhielt er den Marschbefehl nach Frankreich. Nach der Zwischenprüfung im Januar 1941 drohte wieder ein Militäreinsatz, doch Ende April 1941 erfuhr er, dass er nun doch in München weiterstudieren konnte – allerdings kaserniert in der Bergmannschule im Münchner Westend, die für die Unterkunft von Soldaten nicht ausreichend Platz bot. Siebzehn Mann auf einer Bude, keine Privatsphäre, kein Platz zum Lernen. Hans nahm sich schließlich ein Zimmer in der Nähe, um tagsüber in Ruhe arbeiten zu können, nachts musste er jedoch in der Kaserne schlafen. Trotz seiner Ablehnung des Militärs konnte er sich der Kriegspolitik und dem Zugriff des Staates nicht entziehen.

Alexander Schmorell: mit Lebenskunst und Enthusiasmus

In einem Tableau der Porträts der Weißen Rose wäre Alexander Schmorell derjenige, der Weltläufigkeit und großbürgerlichen Stil in die Gruppe gebracht hat. Er hatte einen eleganten Körper, ein schmales, langes Gesicht, große Augen, trug für damalige Verhältnisse das Haar relativ lang und hielt gerne auf sehr dekorative Weise eine Pfeife in der Hand. Er sah sehr gut aus. Er konnte gut mit seinen Händen umgehen, bildhauerte ein wenig, war sportlich, liebte das Fechten und Reiten, aber auch klassische Musik und interessierte sich durch seinen besten Freund, Christoph Probst, auch für Astronomie. Wenn wir auf der Suche nach den psychohistorischen Hintergründen des Widerstands der Weißen Rose weitergehen wollen, fällt bei Alexander Schmorell auf den ersten Blick sein Aufwachsen in zwei Kulturen auf. Das war damals durch Migrationsströme der Arbeiter und geopolitische Verschiebungen zwar keine Seltenheit, konnte jedoch große Konflikte verursachen. Bei Schmorell war der Zusammenprall von Identitätsanteilen unvermeidbar, da ihn die Zeitumstände zwingen sollten, sich zwischen seiner russischen und seiner deutschen Seite zu entscheiden.

Er war der Sohn des Arztes Hugo August Schmorell, geboren 1878, gestorben 1964, und der zwölf Jahre jüngeren, studierten Ökonomin Natalja Petrowna Wedenskaja, geboren 1890, gestorben 1918. Seine Mutter kam aus Krementschuk im Gouvernement Poltawa in der Ukraine, sein Vater war deutscher Staatsbürger, dessen Familie jedoch schon seit den 1850er Jahren in Orenburg im Ural lebte. Die Schmorells hatten ihr Vermögen einst mit dem Pelzhandel zwischen Deutschland und Russland begründet und gehörten dort zur etablierten Kaufmannsschicht. Hugo Schmorell kam zu Beginn des 20. Jahrhunderts nach München zum Medizinstudium, genau wie später auch sein Sohn Alexander, insofern gab es in der kosmopolitischen Familie schon früh Bezugspunkte nach Bayern. Von 1908 bis 1915 arbeitete der Vater als Assistenzarzt an der Universität Moskau, wo er seine spätere Frau kennenlernte. Wegen des Ersten Weltkriegs und der deutschen-feindlichen Stimmung musste er diese Position jedoch aufgeben und nach Orenburg zurückkehren, wo noch immer Teile seiner weit verzweigten Familie lebten.

Alexander Schmorell wurde am 16. September 1917 geboren, nach dem russisch-orthodoxen Ritus getauft und zweisprachig aufgezogen. Er galt zeitlebens als »Reichsdeutscher«, sprich: als deutscher Staatsbürger, der außerhalb des Staatsgebietes lebte. Seine Mutter erkrankte und starb am Typhus, als er zwei Jahre alt war. Sein Vater kämpfte noch bis 1921 mit den schwierigen Lebensumständen im Ural und behandelte dort Typhuskranke. Für seinen Sohn stellte er die Kinderfrau Feodora Lapschina ein, die aus einer armen Bauersfamilie stammte und als Njanja (Kinderfrau) bis zu ihrem Tod im Jahr 1960 in der Familie Schmorell blieb. Hugo Schmorell heiratete 1920 erneut, eine Deutsche, die ebenfalls in Orenburg aufgewachsen war. Elisabeth Hofmann (1892 bis 1982) war die Tochter eines bayerischen Bierbrauermeisters aus der Gegend um Bamberg.

Als Alexander Schmorell dreieinhalb Jahre alt war, wurde
die Familie als Folge des Friedensvertrages von Brest-Litowsk
nach Deutschland zurückgeführt und verlor dadurch ihren
gesamten Besitz. Für einen jüdischen Teil der Familie endete
hier die Odyssee noch nicht, sie mussten nach der Machtübernahme der Nationalsozialisten weiter flüchten.[62] Doch auch für
die engere Familie Alexander Schmorells wog der Verlust des
immerhin seit mehreren Generationen angestammten russischen Zuhauses schwer. Seine sich zur regelrechten Russlandliebe auswachsende Sehnsucht dürfte von dem frühen Tod der
russischen Mutter zusätzlich Nahrung erhalten haben. Russland war für ihn nicht nur ein verlorener Ort der Kindheit, sondern auch eine verlorene Mutter.

In München angekommen, fasste die Familie schnell Fuß.
Hugo Schmorell durfte nach einer verkürzten Ausbildungs-
zeit den Facharzttitel für Orthopädie führen. Bei der unbüro-
kratischen Entscheidung kam ihm zugute, dass er die deutsche Staatsbürgerschaft in Russland nie aufgegeben und sich
dort um die Belange der sogenannten Reichsdeutschen geküm-
mert hatte. Die Familie bezog eine Villa in der Menterschwaige,
einer sehr bevorzugten Wohngegend am südlichen Isarhochufer. Von hier konnte man der Isar folgend mit dem Fahrrad
bis in das Voralpenland radeln oder ausgedehnte Spaziergänge
durch den Perlacher Forst Richtung Grünwald unternehmen,
wo eine alte Rittersburg stand.

In der Menterschwaige sammelte sich ein zutiefst großbür-
gerliches Milieu aus Professoren und Künstlern. So erhielten Alexander wie seine Halbgeschwister Erich und Natalie in
der Benediktenwandstraße 12 Klavierstunden und englischen
Konversationsunterricht. Es blieben aber auch Versatzstücke
der russischen Kultur und Lebensart in der Familie lebendig,
dank der treuen Kinderfrau, aber auch dank eines Russisch-
lehrers, mit dessen Anleitung die Schmorell-Kinder die großen

russischen Klassiker lasen. Alexander Schmorell besuchte den russisch-orthodoxen Gottesdienst.

Das Verhältnis zu seinem Vater, mit dem er das Andenken an die russische Mutter teilte, war laut der Schilderung einer Zeitzeugin eng und intensiv. Er lernte von ihm Buchbinden und Schreinern, wofür im Keller ein eigener Bastelraum eingerichtet wurde. Auch Kunst und Musik spielten bei den Schmorells eine wichtige Rolle. In seinem neuen Elternhaus mischten sich die Kulturen, Exilrussen und Münchner, Schriftsteller und Musiker gingen ein und aus. Schmorells bester Freund Christoph Probst, den er später bei der Weißen Rose einführen würde, gehörte zu den Hausgästen, und auch Hans Scholl würde eines Tages im weltoffenen Hause Schmorell verkehren.

Nach vier Jahren Privatschule kam Alexander Schmorell erst auf das Wilhelmsgymnasium, das älteste humanistische Gymnasium Münchens, das viele berühmte Absolventen wie die Brüder Klaus und Golo Mann, Carl Spitzweg, Lion Feuchtwanger oder Max Pettenkofer vorzuweisen hatte. Da seine Stärken jedoch eher in der Musik und im Sport lagen und er letztlich an den Lateinnoten scheiterte, musste er die Schule wechseln. Auch im neusprachlichen Gymnasium galt er bis zu seinem Abitur im Jahr 1937 als laxer Schüler.[63]

Jungstahlhelm, HJ, SA

Das Münchner Großbürgertum begeisterte sich damals nicht nur für Kunst, Literatur, Musik, Philosophie und Politik. Gerade für die Jugend war es selbstverständlich, sich in wehrsportartigen, auch chauvinistischen Formen der Vergemeinschaftung zu engagieren. Die Quellen zu Alexander Schmorells Mitgliedschaft bei Jungstahlhelm, Hitlerjugend und SA im Alter zwischen fünfzehn und neunzehn Jahren sind vergleichsweise dünn, aber sie würden wohl im Vergleich zu der HJ-Episode der Geschwister Scholl auch keine großen Überraschungen liefern. Er war im Jahr 1933 kurze Zeit Mitglied beim Jungstahlhelm, gehörte ein Jahr lang der SA an, wurde von dort aus Altersgründen jedoch in die Hitlerjugend überwiesen. Im Gestapoverhör sagte er dazu: »Als ich mit 15–16 Jahren dem Jungvolk und der HJ. angehörte, war ich für diese Sache sogar begeistert. Dieses Interesse flaute jedoch mehr und mehr ab.«[64]

Die Motive seiner NS-»Karriere« ähnelten wohl denen von Hans Scholl. Wegen seiner Sportlichkeit und seiner Liebe zu Pferden lagen die Anreize vielleicht noch mehr im Pfadfindertum, in Ausflügen und Wehrsport, wozu vor allem Marschieren und Schießübungen gehörten. All diesen Jugendaktivitäten gemein war die Betonung körperlicher Fitness und ein heldisches, soldatisches Männlichkeitsideal. Alexander Schmorell war laut Aussagen eines Zeitzeugens Unterführer in einer Ortsgruppe des Jungstahlhelms in seinem Wohnort, befehligte jüngere Kinder und nahm an Scheinkämpfen gegen »Kommunisten« teil. Ende April 1933 trat er einem SA-Trupp in Solln bei, also in dem Stadtteil im Münchner Süden, wo er später Carl Muth und andere regimekritische Intellektuelle kennenlernen sollte.

Die Biographin Schmorells, Christiane Moll, nimmt an, dass er trotz seines jugendlichen Alters in die Parteiarmee der NSDAP aufgenommen wurde, weil die Hitlerjugend in seiner Wohngegend in der Anfangszeit des NS-Staates schwach aufgestellt war.[65] Offensichtlich hatte er ein großes Bedürfnis nach Gemeinschaftszugehörigkeit und Abenteuer abseits des verfeinerten bürgerlichen Elternhauses am Isarhochufer. Moll vermutet weiterhin, dass er das Angebot nutzen wollte, Reitpferde auszuleihen. Seine Neigung zum Sport brachte ihm das Sportabzeichen in Bronze ein. Die Reiter-SA ist im Übrigen nicht mit der Reiter-SS zu verwechseln, an die sie im Jahr 1934 ihre Aufgaben hatte abgeben müssen. Sie kümmerte sich vorrangig um die vormilitärische Ausbildung in der Hitlerjugend, um Pferdezucht und Pferdesport. Mitglieder waren häufig Bauern, Pferdezüchter, aber auch Olympioniken.

»Nur eines schwebt mir vor: Freiheit, und dann Glück, Glück, und wieder Glück«

Wie schon bei Sophie Scholl hatte die Zwangsverpflichtung zum Dienst am Volk auch bei Alexander Schmorell einen erheblichen Anteil an seiner zunehmend kritischen Haltung zum Nationalsozialismus. Es ist interessant festzustellen, dass das Regime mit dem Versuch, durch den Arbeitsdienst eine Volksgemeinschaft zu formen, alle auf Augenhöhe miteinander zu bringen und ideologisch einzuschwören, offenbar im Fall der jungen Leute der Weißen Rose die falsche Strategie wählte und sogar dazu beigetragen hat, sie in Gegner des Regimes zu verwandeln.

Schmorell musste seinen Dienst im Lager Pfeiffermühle im Oberallgäu ableisten. Es war ihm dort zumute, als würde er die schönste Zeit seines Lebens auf etwas verschwenden, das ihm nichts zu sagen hatte: die nationalsozialistische Indoktrination. Er fühlte sich beobachtet und bespitzelt und hielt seinen Vorgesetzten für einen ehemaligen Spion, der sich besonders für die russische Seite des dienstverpflichteten Schmorell interessieren könnte, weshalb er sich anfangs nicht einmal traute, seiner Familie Briefe auf Russisch zu schreiben. Er empfand den Dienst als Erziehung zur Unselbständigkeit, zur Angst vor dem Leben und vor eigenen autonomen Entscheidungen. »Sie sind froh und glücklich, wenn sie nach fremden Regeln leben dürfen, auf fremde Befehle gehorchen dürfen, um selber nicht denken zu brauchen, der Masse nachzugehen, folgend ihrem Herdentrieb, um nicht zu irren.«[66]

Auch Schmorell pflegte ein elitäres Menschenbild, wonach es Menschen gibt, die zum Gehorchen geboren, und Menschen, die zum Handeln und zur Verantwortlichkeit geboren sind. Er nahm dabei Bezug auf Dostojewskij und zählte sich selbst – natürlich – zu denjenigen, die nicht bereit waren, nach fremden Regeln zu leben und sich »zu irgend etwas zwingen«. Daraus spricht nicht nur die Selbstsicht eines Sprosses der privilegierten großbürgerlichen Klasse, sondern auch eine grundsätzliche Distanz zur nationalsozialistischen Anthropologie, die auf Einordnung in die Gemeinschaft und Unterdrückung der eigenen Impulse und Bedürfnisse ausgelegt war.

Schmorell weigerte sich, die Befehlshoheit der Nationalsozialisten zu akzeptieren, weil er ihre Legitimität bezweifelte. »Unsere höheren Führer – alle – haben in ihren Gesichtern eher den Ausdruck wilder Tiere, als von Menschen. Ihre Gesichter sind derart grob und zornig, dass sie denen wilder Tiere gleichen.« Kurz, er sprach ihnen die nötige charakterliche, fachliche und geistige Qualifikation zum Führen ab. Diese Zwangslage empfand Schmorell so stark, dass er während des Arbeitsdienstes davon träumte auszuwandern, was er jedoch nicht tat, um die Arztpraxis seines Vaters nicht zu gefährden. Seiner Freundin Angelika Probst, der Schwester seines besten Freundes Christoph Probst, riet er jedenfalls, ihre Freiheit so lange wie möglich zu genießen: »Denn nichts ist schöner, als die Freiheit des Gedankens und die Selbständigkeit des eigenen Willens, wenn man sie nicht fürchtet. Hier versucht man, sie uns zu rauben und uns sie vergessen zu machen oder sich von ihr zu trennen, aber das wird ihnen nicht gelingen.«[67]

Alexander Schmorell verband seine Freiheitssehnsüchte mit der idealisierten Heimat Russland. Alles, was ihm in Deutschland missfiel und die Luft zum Atmen nahm, hielt er Russ-

land zugute, ohne dabei freilich an die Realitäten des Sowjet-
staates unter Stalin und Kommunismus zu denken. Er stellte
sich Russland, das er ja kaum bewusst erinnern konnte, vor
allem als Weite vor, »unendlich weit, mit einfachen, offenen
und ehrlichen Menschen«.[68] Er bekannte selbst, dass er sich
eigentlich nach einer unbekannten Heimat sehnte, so wie nach
der ihm quasi unbekannten, weil früh verstorbenen Mutter.
In dieser ersehnten, imaginierten Idylle würde er allein mit
der Natur und seiner romantisch angebeteten Angelika Probst
durch weite Steppen und über »Blütenmeere« reiten. Doch
schon an der Erfüllung der Liebe zu Angelika Probst würde dieser schöne Traum scheitern – sie heiratete einen anderen, den
Lehrer Bernhard Knoop, der ihren Bruder Christoph im Internat in Schondorf am Ammersee unterrichtet hatte und jetzt
das Landschulheim Marienau in Nachfolge des jüdischen und
reformorientierten Pädagogen Max Bondy leitete.

Im November 1937 trat Alexander Schmorell den Militärdienst an, gemeinsam mit seinem Freund Christoph Probst, der
jedoch zur Luftwaffe ging, während er sich als begeisterter Reiter für die Artillerie entschied. Der Eid auf Hitler verschärfte
noch einmal sein Unbehagen im Nationalsozialismus, denn er
verpflichtete ihn zur Loyalität mit Deutschland, obwohl doch
sein Herz für Russland schlug. Als Kanonier machte er beim
Anschluss Österreichs und des Sudentenlandes mit, bevor er
Ende März 1939 als Unteroffizier und Sanitätsgefreiter aus dem
Militärdienst entlassen wurde, da er sich um einen Studienplatz
der Medizin beworben hatte, was ihm ein halbes Jahr Grundausbildung ersparte. Ob er ähnlich wie Scholl einen höheren
Auftrag im Medizinerberuf sah oder eher aus pragmatischen
Gründen diese Richtung wählte, ist nicht klar. Immerhin war
auch sein Vater Arzt, und es war damals wie heute nicht selten,
dass sich der väterliche Beruf auf den Sohn vererbte. Ähnlich
wie bei Willi Graf, den es eigentlich zur Philologie zog, würde

sich Schmorell während des Medizinstudiums allerdings neu orientieren und von einer Ausbildung zum Bildhauer zu träumen beginnen.

Alexander Schmorell immatrikulierte sich zunächst an der Universität in Hamburg, wohl um Angelika und Bernhard Knoop nahe zu sein. Im ersten Semester wurde er zum obligatorischen Erntehilfsdienst nach Pommern geschickt. Hier lernte er Traute Lafrenz kennen, die er in den Kreis der Weißen Rose einführen und mit Hans Scholl bekannt machen würde. Sie würde später einen Kontakt zu Hamburger Widerständlern knüpfen und damit die »Zweigstelle« der Weißen Rose an der Elbe begründen helfen. Im Wintersemester 1939 wechselte Schmorell an die Universität in München.

Christoph Probst:
der Liebende

Er war der Empfindsamste der Gruppe, begeisterungsfähig bis zum Überschwang, anhänglich in seinen Familienbeziehungen und Freundschaften, durch Schicksalsschläge früh gereift, reflektiert und verantwortungsvoll. Anders als sein Freund Alexander Schmorell bemühte sich Christoph Probst von Kindesbeinen an, die ihm abverlangten Leistungen zu erbringen, und wollte es allen recht machen. Das hat ihm zeitweise den Ruf eines Strebers eingehandelt, was ihn sehr grämte, denn: »Arbeiten ist doch schließlich gut.« Auf den ersten Blick ein unerwartetes Psychogramm für einen Widerstandskämpfer.[69]

Aufgewachsen außer der Reihe

Das Leben hat Christoph Probst früh durchgeschüttelt. Als er am 6. November 1919 in Murnau, im bayerischen Oberland, zur Welt kam, waren seine Eltern schon vorübergehend getrennt. Mangelnde Liebe war nicht der Grund, sondern die psychische Erkrankung seines Vaters, der vermutlich an einer dissoziativen Persönlichkeitsstörung litt. Vielleicht hat ihn schon diese frühe Erfahrung der Instabilität von Beziehungen davor bewahrt, sich allzu sehr auf fremde Menschen zu verlassen. Jedenfalls bevorzugte Christoph Probst das Alleinsein vor der Kumpanei, kam aber, wenn es sein musste, auch mit der erzwungenen Geselligkeit im Internat und beim Militär zurecht. Was ihm dabei geholfen haben dürfte, war seine Gabe, sich in die Gefühlslagen anderer Menschen hineinzuversetzen. Auch das hatte er frühzeitig lernen müssen.

Sein Vater Hermann Probst war Allgäuer aus Kaufbeuren, geboren 1886. Einer großen Kaufmannsdynastie entstammend, wuchs Hermann zwar wohlhabend, aber ohne leibliche Mutter und mit einem legendär strengen Vater auf, der ihn schon ohrfeigte, wenn er beim Apfelessen schmatzte. Als Student lernte er seinen jüdischen Freund Erich Rosenthal kennen, der ihn mit der Gedankenwelt Rudolf Steiners bekannt machte. Christoph Probsts Mutter Katharina kam aus der Gegend von Aachen und war Jahrgang 1889. Sie entstammte einer wohlhabenden Patrizierfamilie und hatte – standesgemäß – eine Lehrerinnenausbildung absolviert. Solchermaßen finanziell abgesichert, konnte Hermann Probst, der eigentlich promovierter Chemiker war, ein Leben als Privatgelehrter führen: Er studierte an mehreren Universitäten, beschäftigte sich mit Kunst und Kunstgeschichte, sammelte und vermittelte vor allem expressionistische Werke, lernte Sanskrit und indische Philosophie, was sich in dem zweiten Namen seines Sohnes Christoph, der Andana

(»Wonne«) lautete, niederschlug. Die Familie war mit Künstlern wie Paul Klee und Emil Nolde befreundet, Letzterer porträtierte die Probst-Kinder Christoph und die ältere Angelika.

Selten dürften Kinder in einer künstlerisch, emotional und spirituell so anregenden Umgebung aufgewachsen sein. Außer den zwei Aquarellen von Christoph und Angelika hingen in ihrem ersten Heim in Kochel am See das berühmte Springbrunnenbild sowie weitere Holzschnitte von Nolde sowie ein Aquarell von Klee an den Wänden. Das Arbeitszimmer des Vaters war mit einem altchinesischen Opfergefäß und einem ebensolchen Weingefäß, einem tibetischen Buddha und einer indischen Decke dekoriert. Im Bücherschrank standen dreißig Bände mit den Lehren Buddhas. Später durften die Kinder im Gabriele-Münter-Haus wohnen, das an der Hangkante Murnaus mit Blick über das Moor auf die Alpenkette thront. Hier hatten Gabriele Münter und Wassily Kandinsky in den Jahren vor dem Ersten Weltkrieg einige Sommermonate verbracht. Das Haus war umgeben von Wiesen und Obstbäumen, die sich in den Bildern der Blauen Reiter wiederfinden. Auch die Mutter Katharina war mit Künstlern wie Gabriele Münter und Marie Marc, der Witwe von Franz Marc, befreundet. Sie entwarf Stoffe. Die Probsts waren Teil der Bohème und Lebensreform.

Nach einem erneuten Versuch des Zusammenlebens scheiterte die Ehe der Probsts endgültig, Katharina wollte die Hinwendung ihres Mannes zum Transzendentalen und zur Astrologie nicht länger mittragen. Inwieweit seine Krankheit ihr gemeinsames Leben beeinträchtigte, ist nicht bekannt. Sie zog mit ihren Kindern erst nach Ried und vermietete an Feriengäste, dann ins »Münterhaus«.

In der Zeit der Großen Inflation ging es ihr materiell schlechter, und so nahm sie den Heiratsantrag von Eugen Sasse, einem Ingenieur des nahe gelegenen Walchensee-Wasserkraftwerks, an. Die Kinder lebten abwechselnd bei ihrem Vater in Kochel und bei ihrer Mutter, derem neuen Mann und ihrem Halbbruder Dieter in Murnau. Diese damals ungewöhnliche Familiensituation und der reformpädagogische Erziehungsstil, den die Kinder genossen, dürfte sie von ihren Spielgefährten deutlich abgesetzt haben. Sie wurden nicht bestraft und sollten, zumindest dem selbst gesetzten Anspruch der Eltern nach, nur durch Liebe, Erleben und persönliche Anschauung geformt werden. Auch getauft wurden die Kinder nicht, damit sie sich einmal autonom für eine Religionszugehörigkeit entscheiden könnten. Christoph Probst wuchs, bei aller frühen Tragik, in einem äußerst privilegierten alternativen, avantgardistischen Milieu auf, inmitten einer grandiosen Natur und bereichert mit sehr direkten künstlerischen und freisinnigen Impulsen.

Auch Hermann Probst ging eine zweite Ehe ein, im Jahr 1928 heiratete er seine »Hausherrin« Elise Jaffée, geborene Rosenthal, mit deren Bruder er seit Studientagen bekannt war und die ihm die Wohnung in Kochel vermietet hatte. Sie war ebenfalls schon einmal verheiratet gewesen. Die beiden zogen von Kochel nach Oberstdorf und holten Christoph nach einem Jahr Hausunterricht bei der Mutter nach, vermutlich auch, um ihn in einer dort ansässigen Privatschule unterzubringen, die nach der anthroposophischen Waldorf-Methode arbeitete. Hier begann Christoph Probsts Schulodyssee. Dass er sie trotz aller Wechsel erfolgreich und sogar frühzeitig beenden konnte, weil er ein Jahr übersprang, belegt seine Disziplin und Begabung.

Von der Grundschule kam er auf das Neue Gymnasium in Nürnberg. Obwohl er dort gut abschnitt, schickten ihn seine Eltern 1932 in die Landeserziehungsanstalt Marquatstein. Auch hier wurde ein reformpädagogischer Ansatz verfolgt. Nach dem Machtantritt der Nationalsozialisten diente sich die Schulleitung jedoch dem neuen Zeitgeist an, den Schuldirektor charakterisierte Probst als »kleinen Hitler«. »Gestern war Jugendtag, an dem wir einen Marsch durch Marquartstein in Dreierreihen und Gleichschritt machten. Vorn die Hitlerjugend in Braunhemden unter der Führung des Hitlerjugendführers Uli. Herr Harless ist auch Hitler, denn als ich ihn etwas über die Hitlerjugend fragte, sagte er mir, er sei Nationalsozialist und er grüßt alle Leute mit Heil.«[70] Probst selbst trat 1934 der Hitlerjugend bei. Wie seine Biographin Christiane Moll vermutet, dürften ihn nicht zuletzt die häufigen Schulwechsel dazu motiviert haben, in der nationalsozialistischen Jugendorganisation die Wärme einer Gemeinschaft zu suchen. Auch war der Weg von der Lebensreform, die er im Elternhaus erlebt hatte, zur Hitlerjugend erst einmal nicht so weit, wie wir schon am Beispiel der Geschwister Scholl gesehen haben.

Katharina Sasse trennte sich nach einiger Zeit auch von ihrem zweiten Mann und zog nach Marquatstein im Chiemgau, während Hermann Probst und Elise inzwischen in der Nähe von Ruhpolding wohnten, einem Urlaubsort ebenfalls in den Chiemgauer Alpen. In der siebten Klasse kam Christoph Probst auf das Neue Realgymnasium in München, wo er Alexander Schmorell kennenlernte. Die Freundschaft sollte ein, wenn auch kurzes, Leben lang halten, obwohl Probst bald wieder die Schule wechseln musste.

Vaterleid

Die Lebensgeschichte Christoph Probsts ähnelt in einem kritischen Punkt der Geschichte der Geschwister Scholl. Auch er erlebte in der wichtigen Ablösungsphase in der Pubertät den Absturz des Vaters mit, wenn auch in anderer Form. Bei Hans und Sophie Scholl war es die öffentliche Demontage und persönliche Beschädigung von Robert Scholl gewesen. Bei Christoph Probst waren es Krankheit und Suizid des Vaters, die sein

Vaterbild in den Grundlagen erschüttern mussten. Hermann Probst stürzte sich am 29. Mai 1936, im Alter von fünfzig Jahren, in einer Privatklinik in Esslingen-Kennenburg aus dem Fenster. Er war dort laut ärztlichem Gutachten seit März wegen eines »psychotischen Erregungszustands mit schizophrenem Einschlag« in Behandlung gewesen. Laut Krankenakte war er bei der Einlieferung in die Nervenklinik »meistens ekstatisch verzückt der Sonne zugewandt, um die Lichtkräfte in sich aufzunehmen. Von einer Menge von Ängsten gequält, Gott habe ihn verlassen.«[71]

Wir müssen von einem Suizid ausgehen, denn mit der Euthanasie, der staatlichen Tötung von Geisteskranken, hatte das NS-Regime noch nicht begonnen. Dennoch wird die Haltung des Nationalsozialismus zu psychisch Kranken einen zusätzlichen Druck in der Familie aufgebaut haben.

Christoph Probst war zu diesem Zeitpunkt sechzehn Jahre alt, seine Schwester Angelika achtzehn. Als Konsequenz auf den Tod des Vaters schickte man ihn in das Internat in Schondorf am Ammersee, was nichts anderes bedeutete, als dass er neben dem Verlust des Vaters den erneuten Wechsel des sozialen Umfelds verkraften musste. In welcher Verfassung er dort ankam, verrät uns ein Gutachten des Direktors, das dieser der Mutter schickte. Es schildert einen jungen Menschen, der über Ressourcen verfügt haben muss, die ihm offenbar viel Durchhaltekraft verliehen haben. Psychologen würden heute vermutlich von Resilienz sprechen.

> Er ist ein besonders feiner und anziehender Junge, schon ein Stück Persönlichkeit und über sein Alter hinaus klug und einsichtig. Es ist rührend, wie sich Christoph nach allen Seiten hin bemüht. Allen Anregungen des Heimlebens gegenüber zeigt er sich aufgeschlossen. In all seinen Äußerungen spürt man Gefühlswärme, er ist sensibel, aber

nicht empfindlich. Das Leben muss ihn wohl noch etwas härter machen. Den Tod des Vaters, zu dem ich Ihnen noch mein herzliches Beileid aussprechen möchte, trägt er tapfer. Es tut mir leid, dass er in jungen Jahren schon so Schweres erleben muss und dass er die Führung und Liebe des Vaters entbehren muss. In der Kameradschaft des Herrn Dr. Knoop hat er herzliche Aufnahme gefunden, Kameraden in der Klasse schätzen ihn hoch, denn er ist gegen alle gefällig und hat auch Sinn für Humor. Bei den Erwachsenen gibt es nur eine Stimme des Lobes, denn auch die geistigen Interessen sind bei Christoph ausgeprägt, besonders naturwissenschaftliche und philosophische Fragen ziehen ihn an. Für die Schule ist er recht gut begabt und er arbeitet nicht nur wegen des Erfolges, sondern mit innerer Teilnahme. Auf seine rege Aufmerksamkeit und sein Verständnis kann man sich verlassen. … Christoph ist kein Sportstypus, aber er ist auch körperlich gewandt, ein brauchbarer Turner und in der Gymnastik und im Springen, vielleicht auch in anderen Zweigen der Leichtathletik, wird er sicher mit der Zeit Gutes leisten.

Ich glaube, dass der Junge gesundheitlich gut gedeiht. Bei Tisch ist er bescheiden und nicht wählerisch. Die Arbeit in der Schreinerei scheint ihm Freude zu machen, er ist in der Werkstatt eifrig bestrebt. Da Christoph musikalisch ist, wäre es gut, wenn er bald Geigenstunden bekommen könnte. Die ersten Wochen in Schondorf durch das schwere Geschick seines Vaters beschattet, scheint er sich doch glücklich und wohl zu fühlen.

Gez. Ernst Reisinger, Schulvorstand.[72]

Christoph Probst hat das Drama mit seinem Vater sichtlich nicht aus der Bahn geworfen, sondern eher stärker gemacht. Er investierte viel Kraft darin, für seine Familie da zu sein und insbesondere seine Stiefmutter zu trösten. Es scheint auch, als habe er in der Liebe ein Gegenmittel gegen den Kummer gesucht. Seiner Stiefmutter schrieb er in der ersten Trauerzeit, sie solle immer daran denken, dass den Menschen die Liebe gegeben sei als das einzig Verlässliche im Leben. »Alle anderen Begriffe sind an die Welt, an unser kleines Gehirn gebunden. Liebe herrscht überall auf jeder Welt und zwischen den Welten. Sie herrscht zwischen ›Toten‹, die mehr Leben in sich haben als die Menschen der Welt, und den Lebenden, die vielleicht Tote sind.«

Wenn er nachts von seinem Vater träumte, wachte er morgens beglückt auf. Die Träume zeigten ihm, dass er die Verbindung zu Hermann Probst nicht verloren hatte. Er kultivierte eine übersinnliche Beziehung zu ihm und rief sich so oft es ging sein Bild vor Augen. Das verhinderte, dass ihn die Trauer mitriss. »Seit Papas Tod ist mir das Wort Tod kein Begriff mehr, ich versuch es mir immer klarzumachen, doch es gelingt mir nicht. Papas Bilder sind mir wie eine Nahrung. Wenn ich an die Touren denke, wird mir ganz weh ums Herz – wie schön, wie schön, waren sie durch Papa, welchen Glanz warf er auf alles, wie froh bin ich, daß ich unter seinem Glanz leben darf, wie alle.«

Es ist interessant, aber auch ein Stück weit rätselhaft, dass Christoph Probst seinem Vater offenbar den Selbstmord, der ja auch ein Verlassenwerden bedeutete, nicht nachtrug. Er scheint ihn im Gegenteil nur umso mehr verehrt zu haben. »Oft kommt der Schmerz den Vater hier auf Erden verloren zu haben, ungeheuer stark über mich. Ich bin dann so allein. Ich war ihm so nah, hab ihn so geliebt und verehrt. Ob ich in meinem Leben noch einmal einem so großen Menschen begegnen werde? Und wenn auch, so kann es doch nie mehr ein Vater sein, und Verehrung und Liebe kann sich in mir nie mehr so herrlich paaren. Am liebsten wäre ich immer Papas Kind geblieben und würde dann am liebsten nie erwachsen werden! Was hab ich

denn davon, wenn ich einmal erwachsen bin? Ein Mensch wie
er kann ich doch nie werden. Man bezieht ja doch immer nur
alles so dumm auf seine kleine Persönlichkeit. Die Hauptsache
ist ja – wie du so richtig schreibst – daß Papa emporgestiegen
ist in das Licht!«[73]

Ressourcen

Es ginge zu weit, wenn wir in solche Zeilen die spätere Bereitschaft Christoph Probsts, sein Leben zu riskieren, hineinlesen
würden. Seine Abschiedsbriefe aus der Todeszelle legen jedoch
den Eindruck nahe, dass er eine Jenseitsvorstellung hatte, die
ihn tröstete und die er vermutlich schon zum Zeitpunkt des
Verlustes seines Vaters als gedankliche Brücke nutzen konnte.

Aus Probsts frühen, ungeheuer empfindsamen und ehrlichen
Briefen entsteht außerdem das Bild eines schnell erwachsen
und verantwortlich gewordenen Menschen. Er kümmerte sich
rührend um die Schwester, von der er immer wieder durch die
Lebensumstände getrennt wurde, und teilte mit ihr alles. Aber
auch die Mutter und die Stiefmutter erhielten viele empathi-
sche Briefe.

Probst war in einem Klima aufgewachsen, in dem er gelernt
hatte, seinen Gefühlen nachzuspüren und sie mit anderen zu
teilen, aber auch, empathisch auf das Wohlergehen der anderen zu achten. Manchmal stellt sich beim Lesen der Selbstzeugnisse sogar die Frage, ob er nicht allzu altruistisch war und zu
wenig Selbstfürsorge betrieben hat. Sein Bedürfnis nach Harmonie war vermutlich schon wegen der Scheidung der Eltern
ausgeprägt gewesen und durch den Verlust des Vaters noch
verstärkt worden.

Als eine weitere persönliche Ressource kultivierte er neben
der Liebe die Freundschaft. Allen voran mit Alexander Schmo-

rell verband ihn über alle Veränderungen hinweg ein unzer-
reißbares Band. Der spätere Mitstreiter in der Weißen Rose
enttäuschte ihn offenbar nie, er empfand seine Gesellschaft
durchweg als anregend und tröstlich.

Christoph Probst hoffte, mit dem Älterwerden seinen Vater
besser verstehen zu lernen. Deshalb machte er es seinem Vater
nach und begann, sich für Sterne zu interessieren, arbeitete
sich in die Sternenkunde ein und plante, eines Tages Astronomie zu studieren. Nächtelang saß er während HJ-Übungen
auf einem Hochstand und betrachtete den Himmel. Zweifellos
suchte er da auch seinen Vater.

Verantwortung für die jüdische Stiefmutter

Wenn wir über die Ausgangslage der Beteiligten der Weißen
Rose nachdenken, kommen wir im Fall von Christoph Probsts
Leben nicht umhin, uns mit seiner jüdischen Stiefmutter zu
beschäftigen. Angesichts der zentralen Rolle des Rasseantisemitismus im »Dritten Reich« stellt sich die Frage nach
Probsts Haltung zur Frage des Antisemitismus, nicht zuletzt, da
die These im Raum steht, die Weiße Rose habe sich bei ihren
Widerstandshandlungen nicht von der Sorge um die Juden und
den Holocaust treiben lassen. Sönke Zankel ging in seiner wis-
senschaftlich allzu sorglosen Doktorarbeit sogar so weit, den
Mitgliedern eine gewisse Nähe zu antijüdischem Denken zu
unterstellen.[74]

Das Verhältnis von Christoph Probst zu seiner Stiefmutter
Elise war besonders eng, zeitweise wohl enger als zu seiner
leiblichen Mutter. Sie war die letzte Frau seines Vaters und
damit eine Brücke zu der geliebten Person. Probst beschwor
sie in einem Schreiben bald nach dem Tod Hermann ·Probsts,
sie solle nicht glauben, ihr Mann habe sie mutwillig verlassen.

»Eines kann ich Dir nur sagen, wie sehr Dich Papa in seinen schwersten Tagen geliebt hat. Das hab ich in der einen Nacht in Schäftlarn deutlich gespürt. Du darfst nicht denken, er hätte Dich in seinen Kämpfen vergessen. Er hatte mehr Sehnsucht nach Dir als je, gerade Deine Harmonie, Dein Mütterliches war es, was er so brauchte in diesen Tagen, wenn er auch so fühlte, so fehlte ihm nur in diesen Tagen die Gabe es mit Deiner Person zu vereinen.«[75]

Elise Jaffée, geborene Rosenthal, wurde im September 1928, als Christoph neun Jahre alt war, seine Stiefmutter. Sie gehörte offensichtlich dem hoch akkulturierten und assimilierten deutschen Judentum an, anderenfalls hätte sie weder einen Nichtjuden geheiratet und mit ihm die christlichen Feiertage wie Weihnachten begangen, noch wäre sie ein halbes Jahr nach Kriegsende zum Christentum konvertiert. Auch wenn die persönliche Beziehung zwischen Christoph Probst und seiner Stiefmutter sehr eng war, musste ihn das nicht automatisch gegen antisemitische Ressentiments imprägnieren. So manche deutschen Antisemiten zählten einen Alibi-Juden zu ihren Freunden. Doch im Fall Christoph Probsts war das enge Verhältnis zu einer rassisch Verfolgten sicherlich ein Motiv, gegen das Nazi-Regime zu opponieren.

Elise Probst war, solange die Ehe mit einem »Arier«, Christophs Vater, bestanden hatte, vor der Verfolgung der Nationalsozialisten geschützt gewesen und hatte offenbar auch noch nach 1936 einen gesicherten Status in Zell bei Ruhpolding. Allerdings war sie im Fokus der Nationalsozialisten, denn sie erhielt am 11. August 1943 ein Schreiben von der NSDAP-Geschäftsstelle Traunstein, dass sie sich ohne Judenstern in der Öffentlichkeit gezeigt habe, obwohl sie dazu seit 1941 verpflichtet sei. Sie wurde aufgefordert, sich zwei Davidsterne, einen für die Kleidung, einen für die Wohnung, in der Israelitischen Kultusgemeinde in München abzuholen, da sie nur während der

Dauer der Ehe mit einem Nichtjuden »von der Pflicht zur Tragung eines Judensterns« befreit gewesen sei. Wegen der Übertretung wurde eine Geldstrafe in Höhe von fünfzig Reichsmark oder eine Haftstrafe von zehn Tagen festgesetzt, außerdem wurden, Ordnung muss sein, 64 Reichspfennig Verfahrenskosten erhoben.

Um Probsts Betroffenheit von der nationalsozialistischen Judenpolitik verstehen zu können, müssen wir uns vor Augen führen, dass er sich nach dem Tod seines Vaters leicht von seiner Stiefmutter hätte abwenden, sie aus seinen näheren Familienbezügen oder sogar aus seinen Verkehrskreisen streichen können. Doch es geschah genau das Gegenteil. Seine Briefe, oft in nur zweitägigem Abstand geschrieben, zeichnen ein äußerst inniges und fürsorgliches Verhältnis in beide Richtungen. Elise Probst war beständig mit der körperlichen und psychischen Versorgung ihres Stiefsohns befasst, schickte ihm Esspakete ins Schullandheim, in den Arbeitsdienst und an seine jeweiligen Stationen beim Militär und im Medizinstudium. Sie nahm sogar in ihrer gefährdeten Lage seine Frau und seine Kinder zwei Jahre lang auf, unterstützte die Familie auch finanziell, als sich Probst wegen seiner Armeezeit nicht selbst um sie kümmern konnte, aber vor allem war sie eine wichtige emotionale Stütze für ihn. Angelika Probst, seine Schwester, bezeichnete die Stiefmutter einmal als »den Mörtel der Familie«. Zell bei Ruhpolding, wo Elise und Hermann Probst zusammen gewohnt hatten, blieb für Christoph der familiäre Sehnsuchtsort, seine Heimat und Rückkehr während des Kriegseinsatzes. Er träumte davon, wenn der Krieg vorbei wäre, dort zu leben, in den Bergen und gemeinsam mit seiner eigenen Familie und Elise. Seine Dankbarkeit, dass sie seiner Frau und schließlich auch dem zweiten Kind Vincent zwischenzeitlich ein Dach über dem Kopf bot, war groß, was er sie in beinahe jedem Brief wissen ließ. Sie war es, mit der er neben seiner Schwester Erinnerungen an

den Vater teilen konnte. Und sie erhielt auch einen Abschiedsbrief aus der Todeszelle.

Dass keine Dokumente von Christoph Probst erhalten sind,
die ihre Bedrohung als Jüdin ansprechen, ist sicher nicht als
Zeichen der Ignoranz zu deuten, sondern, ganz im Gegenteil,
als Selbstzensur zum Schutz der gefährdeten geliebten Stiefmutter, die nur überleben konnte, weil sie in einer Nische
lebte und von deutschen Nichtjuden geschützt wurde. In
einem Interview mit Katrin Seybold für den Film »Die Widerständigen. Zeugen der Weißen Rose«, erzählte Herta Siebler-
Probst, Witwe von Christoph Probst, dass Elise Probst in Ruhpolding vom Ortsgruppenleiter oder Bürgermeister Wallner
gedeckt wurde. Er habe einfach gemeldet, sein Kreis sei juden-
frei. In Ruhpolding habe Elise Probst bei der Familie Kaltenbacher gewohnt, einer mutigen und frommen katholischen
Familie, die auch einen Gasthof führte. Besonders gefährlich
sei die Situation gewesen, als die SS den Gasthof der Familie
beschlagnahmte und dort ein Lazarett einrichtete. Elise Probst
habe daraufhin das Haus nicht mehr verlassen können und sei
ganz auf die Unterstützung der Familie Kaltenbacher angewiesen gewesen. Noch heute ist es rätselhaft, dass damals keiner
aus der Gemeinde Elise Probst verraten hat.

»Düstere Unentschiedenheit der Zeit«

Wie bei Hans und Sophie Scholl waren für Christoph Probst die
Eingriffe in die eigene Lebensführung durch den Nationalsozialismus ein steter Quell der Unzufriedenheit. Schon als Schüler
in Schondorf klagte Probst darüber, wie ihn der Dienst in der
Hitlerjugend einspanne und von anderen, wichtigeren Dingen
abhalte. Als der allgemeine Wehrdienst auf zwei Jahre verlän-
gert wurde, stöhnte er: »Das übersteigt wirklich jedes vernünf-

tige Maß, ich weiß nicht, wie das werden soll.« Wie alle anderen auch, musste Probst gleich nach dem Abitur sechs Monate Reichsarbeitsdienst ableisten, sodass ihm, wie er es empfand, schon zweieinhalb Jahre Lebenszeit in jungen Jahren genommen wurden.

Aus der Zeit beim Reichsarbeitsdienst haben wir keine überlieferten Dokumente. Nach dem Militärdienst bei der Luftwaffe in München-Oberschleißheim begann er im Sommer 1939 sein Medizinstudium an der Universität München. Nach einer Zeit im Lazarett in Oberföhring wird er als Student in Uniform in Straßburg stationiert, später kommt er nach Innsbruck. In einem undatierten Brief beschrieb er, was die Fremdbestimmung und die fehlende Planungshoheit über sein Leben mit jemandem machten, der seine Zeit gerne nutzen und sinnvoll verbringen wollte: »Die düstere Unentschiedenheit der Zeit quält mich oft ziemlich. Andrerseits ist es gerade so dumm: Ich bin überbeschäftigt und komme doch zu nichts, möchte die Zeit nicht ungenutzt verstreichen lassen und dennoch rinnt sie mir durch die Finger, ohne dass ich sie halten kann.«[76]

Er ist verzweifelt bemüht, sein ödes, immer wieder kaserniertes Leben durch persönliche Dinge und einen Hauch von Luxus erträglich zu gestalten: In Straßburg brachte er auf die Vier-Mann-Bude Bücher und Wein, das Forellenquintett, ein französisches Parfum, ein Paar Lederhandschuhe und Briefpapier. An der Schranktür hing »Der Virtuos« von Wilhelm Busch. Trotzdem sind seine Gedanken und Gefühle mehr als düster. »Durch Training in diesen Zuständen hat man es nun allerdings so weit gebracht, sie mit einer gewissen Stumpfheit u. Resignation über sich ergehen zu lassen (Oft denke ich dies sei ein arger Verlust, denn trostlose Zustände sind meist besser als Resignation, durch dieses langsame Training büßt man alle Spitzengefühle ein, auch die positiven). ... Wenn man hier allzu viel an sein geistiges Fortkommen denken würde, so könnte man sich keiner Stunde freuen. Da heißt es mal wieder schwer abdrosseln! Damit der Tag nicht ganz verloren gehe, schnüffle ich so ein bisschen in der französischen Sprache herum, ganz autodidaktisch. ... Selbst an den Radio, den sie mitbrachten, habe ich mich gewöhnt, – das geht eben alles viel einfacher, wenn man aus Apathie all diesen Dingen gegenüber gar keine innere Opposition aufkommen lässt. All dies ist ohne Zweifel ein Verarmungsprozess mit anderen Worten: man lernt das Leben zu leben! Dies ist nur ein scheinbarer Widerspruch, in der heutigen Zeit ist es so ... Man lebt ja nicht selbst, man wird gelebt. ... Vielleicht sind alle Umstellungen und der auf-genötigte Lebensstil, der einem oft so wenig liegt, dazu ange-tan, all das an überflüssiger Romantik, mit der man sein Leben heute noch zu betrachten gewöhnt ist, abzustoßen. Dann hat es etwas für sich.«[77]

Seiner Schwester Angelika gegenüber nimmt Christoph Probst kein Blatt vor den Mund, wie sehr ihm das Leben beim Militär zusetzt. Dieser alltägliche Lebensekel, zwangsverge-meinschaftet mit Männern, mit denen er normalerweise keine Zeit verbringen würde, in langweiligster Disziplin und straffer Hierarchie, ohne eigenen Freiraum, ohne die Dinge, Menschen und Tätigkeiten, die das Leben lebenswert machten, war eine Erfahrung, die den übergeordneten ethischen Zweifeln über den Charakter des NS-Regimes und Sinn, Verlauf und Kosten des Krieges hinzugerechnet werden müssen, wenn wir heute vor der Frage stehen, warum jemand wie Christoph Probst in den Widerstand ging. Es waren eben nicht nur die abstrakten moralischen Überzeugungen, die ihn, aber auch die anderen jungen Männer und Frauen geleitet haben. Es begann auch nicht erst mit den grausamen Begegnungen mit dem deutschen Vernichtungskrieg, dem Anblick von Ghettos, Gefangenen-transporten, dem Elend der Partisanen und Zivilbevölkerung und vor allem der Juden, wie gelegentlich in der Erklärung der Motive der Protagonisten hervorgehoben wird – für diese empfindsamen Menschen reichte bereits die Tristesse des Soldatenalltags, die Abstumpfung der Gefühle, die Resignation vor der ungewissen Zukunft, um sie in Opposition zum Regime zu bringen.

Christoph Probst versuchte, wie die anderen auch, sein von Reichsarbeitsdient, Wehrdienst, Kriegsdienst und seit dem Sommersemester 1939 vom Medizinstudium in Uniform umzingeltes eigenes Leben zu verteidigen. Die Studienorte wechselten, am Ende war er in Innsbruck stationiert, wo er, abgeschnitten von seiner Familie und seinen Freunden, in einem Untermietzimmer die Berge anschwärmte, die ihm vorenthalten blieben. Er blieb bis zum Ende ein begeisterter Skiläufer, liebte die Hahnenkammabfahrt und versuchte jede freie Minute, sich in die Natur zurückzuziehen. Um sich frei zu fühlen oder bei seinen Liebsten zu sein, legte er oft bei Wind und Wetter in den Bergen weite Strecken zu Fuß oder mit dem Fahrrad zurück und empfand die Anstrengungen als beglückende Erfahrungen. In seiner Zeit in Straßburg schrieb er nach Hause, dass er abseits vom Kommiss zwar auch ein schönes »Städteerlebnis« habe, dass dies ihm jedoch »nie« die Berge ersetzen könne.

Familienvater

Probst traf die Freiheitsberaubung durch den NS-Staat noch massiver als die anderen Beteiligten, denn er war als Einziger in der Studentengruppe Familienvater. Er heiratete im Alter von 21 Jahren Herta, vermutlich weil sie schwanger war. Sie bekamen insgesamt drei Kinder, zwei Söhne, Michael und Vincent, und eine Tochter, Katharina, die im Januar 1942 auf die Welt kam – vier Wochen vor der Festnahme Christoph Probsts am 19. Februar 1943 in Innsbruck. Die Familie lebte eine Zeit lang bei der Stiefmutter Elise in Ruhpolding und ab Herbst 1942 in der Nähe von Lermoos, aber immer getrennt von ihm. Um sie zu sehen musste er Urlaub einreichen und weite Strecken zurücklegen.

Wie viele Menschen damals hatte Christoph Probst die Familie zur Unzeit gegründet. Schon für die Hochzeit wollte ihm sein Dienstherr nur sieben Tage freigeben statt der erwarteten 14. Als sein zweites Kind unterwegs war, fragten ihn die Kameraden offen, ob er verrückt sei. Die Tatsache, dass er Kinder hatte, bot auch später häufig Anlass für moralische Empörung: Ob der hohe Einsatz im Kampf gegen den Nationalsozialismus gerechtfertigt gewesen sei, noch dazu im Fall eines jungen Familienvaters?

Tatsächlich war Probst die Familie das Wichtigste im Leben. Nach einer anfänglichen Phase des Fremdelns mit der neuen Rolle als Vater betonte er immer wieder in seinen Briefen an Familienangehörige und Freunde, welche große Bedeutung Frau und Kinder für ihn hätten. Er beschrieb anrührend die frühesten Erkundungen und Ausdrücke der Kleinen und machte sich viele Gedanken über sie. Wenn er getrennt sein musste, hielt ihn zeitweise nur der Gedanke an seine Familie über Wasser. Seiner Schwester Angelika vertraute er im April 1941 an: »Eigentlich stehen wir alle vor einem absoluten Nichts, wie eine dunkle Schlucht liegt die Zukunft da und geht es Dir nicht auch so? Und man ist doch hoffnungsfroh und zuversichtlich, freut sich auf die kommenden Jahre. Gerade mir gibt ja die kleine Familie das Gefühl eines starken Geborgen-Seins in all dieser Rauhigkeit. Es ist als ob ich mit ein paar Wurzeln mehr im Boden verankert wäre.«[78] Dennoch scheint es, als habe Probst nicht trotz, sondern wegen der Kinder die Risiken des Widerstands auf sich genommen.

Seine Ehefrau Herta Dohrn kam ebenfalls aus einer regimekritischen Familie. Ihre Halbgeschwister, Söhne aus erster Ehe

ihrer Mutter, mussten deshalb aus Deutschland fliehen. Ein
Halbbruder ruderte gar nach England, wo er im Juli 1943 bei
einem Bombenangriff auf London das Leben verlor. Ihr Vater
Harald Dohrn war ein ehemaliger Festspielhausleiter in Leipzig
und lebte später als Physiotherapeut im Tegernseer Tal. Er sym-
pathisierte mit der Weißen Rose, wurde als Mitwisser verhört,
aber wieder freigelassen. Mit seinem Schwager Hans Quecke
beteiligte er sich an der Freiheitsaktion Bayern, die sich kurz
vor Kriegsende für die Kapitulation einsetzte und versuchte,
letzte sinnlose Kriegshandlungen wie die Sprengung von Brü-
cken (»verbrannte Erde«) zu verhindern. Dohrn wurde denunziert und noch am 29. April 1945, als schon die amerikanischen
Truppen einmarschierten, von einem SS-Kommando im Perlacher Forst nahe München erschossen. Es ist also anzunehmen,
dass Probsts Engagement gegen den NS-Staat nicht ganz gegen
den Willen der Frau geschah.

Wichtiger ist jedoch, dass er die Tatsache, Kinder zu haben,
als einen Auftrag verstand, für eine bessere Zukunft zu sorgen.
Mitte September 1942, also zu einer Zeit, als er bereits an den
Widerstandsaktionen der Weißen Rose beteiligt war, schilderte
Probst seiner Mutter seine aktuelle Lage. Er freue sich, dass seine
Familie in die Nähe nach Lermoos gezogen war, sodass er sie
täglich von Innsbruck aus besuchen konnte. Er glaube, wenn er
zwei Kinder durchbringen könne, so gelinge das auch mit drei
Kindern – es sei denn, Deutschland gehe im Krieg unter, »dann
wäre aber ja für alle Deutschen die Lebensmöglichkeit zu Ende.
Ich betrachte es als großes Geschenk in jungen Jahren schon
Vater von drei Kindern zu sein.« Er sehe aber auch eine Gefahr
darin, »dass das Übrige dadurch verdrängt wird, denn gerade
für die Kinder muss ich mir ja eine Vielseitigkeit bewahren. –
Aber jetzt kann ich das nur so andeutungsweise ausdrücken,
es ist hier nicht die nötige Ruhe etwas Vernünftiges zu schreiben.«[79] Probst war überzeugt, dass von Menschen, die dachten

und fühlten wie er, viel Nachwuchs kommen müsse, um den »Pöbel« zahlenmäßig zu überwinden. Außerdem glaubte er, dass in seinen kleinen Kindern »das echte Leben« stecke, dass sich in jeder Zeit, selbst ohne Vater, behaupten werde.

Im Juli 1942, als in ihm der Gedanke reifte, sich an der Weißen Rose zu beteiligen – gegenüber seiner Schwester erwähnte er erstmalig den kleinen »philosophisch-literarischen Kreis« –, schrieb er, dass ihn in den Mußestunden »eine stille Verzweiflung« überfalle: »Aber eben eine ›positive‹ Verzweiflung, wenn man das sagen kann, denn sie erzeugte nicht Resignation, sondern Tätigkeit u. Intensität.«[80] Er schildert ihr die unterschiedlichen Charaktere von Hans Scholl und seinem Freund Alex Schmorell und betont, dass dennoch jeder »Widerhall« im anderen suche und finde, was in »diesen Zeiten« auch Not tue. »PS. Ich lebe gerade in einer Entwicklungszeit in der ich noch nicht genau weiss, welcher Richtung in meinem Geist ich mit meinem Selbst ganz angehöre. Es ist wohl eine Art Gärung, ein klarer Wein ist noch nicht gekeltert.« Kurz nach Weihnachten drückt ihn die Erkenntnis, dass es sich nicht immer vermeiden lasse, sein bescheidenes Glück und zufriedenes Leben zu bewahren. »Die Zeit sprengt scheinbar alles was zusammenhält, durch Liebesbande verbunden ist, auseinander, mag man sich wehren oder nicht.« Jetzt müsse jeder seinen Teil dazu beitragen, dass das Blutvergießen aufhöre. »Und dann zeichnet sich das Bild der Zukunft in meiner Vorstellung langsam etwas klarer und ich glaube, dass es gut ist!«[81]

Ende Januar 1943 kommt seine Tochter Katharina auf die Welt. Es ist eine leichte Geburt, jedoch erkrankt seine Frau an Kindbettfieber. Probst vergleicht dieses Unglück mit dem Unglück vieler Familien, in die jetzt das Leid einziehe: »Und da ist der Schaden meist unreparabel.« Er hat begonnen, sein persönliches Leid dem vielfach größeren Leid der Allgemeinheit gegenüberzustellen.

Sein letzter erhaltener Brief an seine Stiefmutter Elise belegt diese Entwicklung und macht zugleich deutlich, dass er sich des moralischen Dilemmas, zwischen dem individuellen und dem übergeordneten Glück entscheiden zu müssen, durchaus bewusst ist. Er schreibt, dass es kein kindlich-unschuldiges und unzwiespältiges Leben geben könne, sobald der Mensch handele. »Das Leben des Einzelnen ist immer eingebettet in den Zustand der Welt, wenngleich es seine eigenen Gesetze und Strebungen hat. Was nun, wenn diese Welt immer tiefer ins Unheil gleitet. Diese Vorstellung ist mit der des jungen, blühenden Lebens nicht vereinbar. Aber wenn ich heute mit Recht pessimistisch bin, so ist mein Pessimismus wohl trotzdem unberechtigt. Nach dem Wellental kann und müsste ja fast wieder ein Wellengipfel kommen. Es ist nur eine wirklich manchmal apokalyptische Stimmung, die mir dem Ablauf dieses sonst so sicheren Gesetzes in Frage gestellt erscheinen lässt. Und doch, das ist das Irrationale, erfüllt mich das in diese erschütterte Welt gesetzte neue Leben mit tiefer inbrünstiger Freude. Die Kinder werden geführt, geschützt und gesegnet und allein um ihretwillen wird die Welt genesen. Und wenn alles sehr düster ist zur Zeit, so ist es auch sehr leicht zugleich.«[82]

Aus diesen ergreifenden Zeilen, fast schon ein Vermächtnis, geht hervor, dass sich Probst der Zwangslage eines Vaters kleiner Kinder in politisch unmoralischen Zeiten durchaus gestellt hat. Er war bereit, beiden Belangen Rechnung zu tragen, und konnte nicht mehr tun, als zu hoffen, dass die Konstellation sich rechtzeitig zu seinen Gunsten bessern würde, denn mit seiner Hinrichtung hat er bis ganz zum Schluss nicht gerechnet. Letztlich darf man aufgrund dieser Äußerung aber vermuten, dass er sich zum Wohl seiner Kinder respektive der zukünftigen Generationen zu opfern bereit erklärte, denn »allein um ihreswillen wird die Welt genesen«. Aus dieser Lesart folgt, dass er sich nicht trotz, sondern wegen seiner Kinder dem Widerstandskreis der Münchner Freunde anschloss. So hat er auch immer wieder betont, dass er bei aller persönlichen Freude an seinen Kindern, seiner Frau, seinen Naturerlebnissen nicht das Große und Ganze aus den Augen verlieren wolle. An Sophie Scholl schrieb er im September 1942: Krieg und das namenlose Elend in der Welt lägen ihm trotz mancher schönen Bergtour, die er in diesen Tagen unternehmen könne, »wie ein Schatten« auf dem Gemüt. »Man kann u. will sich auch innerlich nicht frei machen von den großen Geschehnissen.«[83]

Willi Graf:
die Stärke des Nurmi

Willi Graf diktierte dem Gefängnisgeistlichen in seiner letzten Lebensstunde einen Abschiedsgruß an seine Schwester: »Anneliese! Ich habe am letzten Tag noch Deinen Brief bekommen und Deine Worte waren mir ein großer Trost. Nun musst Du allein den Eltern helfen in diesem Leid und versuchen zu ersetzen, was ich den Eltern nicht sein konnte. Du weißt, wie viel Du mir bedeutet hast und sage Dir in dieser letzten Stunde, wie sehr ich Dich lieb gehabt habe. Die Gespräche unserer letzten Wochen sollen Dir helfen und Inhalt für Dein zukünftiges Leben sein. Ich werde bei Dir sein, auch wenn ich nicht mehr im Leben an Deiner Seite stehen kann. Ich bin stolz auf Dich und ich weiß, dass Du jetzt den Weg finden wirst, der immer nur auf Christus hinzielen kann. Gerade in der Zeit meiner Einsamkeit habe ich viel an euch alle gedacht und für euch gebetet und ich glaube und hoffe, dass ihr alle Trost und Stärke in Gott und seinem unerforschlichen Willen findet. Du weißt, dass ich nicht leichtsinnig gehandelt habe, sondern dass ich aus tiefster

Sorge und dem Bewusstsein der ernsten Lage gehandelt habe. Du möchtest dafür sorgen, dass dieses Andenken in der Familie den Verwandten und Freunden lebendig und bewusst bleibt.«[84]

Willi Graf hatte viel Zeit, über seinen Abschiedsbrief nachzudenken, sehr viel Zeit, denn er saß als Einziger der Weißen Rose nach seiner Verurteilung ein halbes Jahr lang in der Todeszelle, bevor auch er hingerichtet wurde. In dieser Zeit versuchte die Gestapo immer wieder, ihm Informationen zu entlocken: Wer war noch an den Widerstandshandlungen beteiligt? Welche Kontakte hatten die Widerständler zu anderen konspirativen Kreisen? Gab es bislang noch unbekannte Mitwisser? Wer waren die Finanziers? Welche Aktionen sollten noch kommen? Willi Graf blieb die ganzen sechs Monate standhaft und gab keine neuen Informationen preis. Damit hat er vermutlich Menschenleben gerettet.

Diese Fürsorge für andere bis zur Selbstlosigkeit wird auch in seinen Abschiedsworten deutlich. Er tröstet und lobt seine Schwester und verspricht ihr, immer bei ihr zu sein. Es ist schon bemerkenswert, dass auch in dieser Biographie die Beziehung zu einer Schwester eine so große Rolle gespielt hat. Es fällt sicherlich auch eine besondere Kraft des immer noch am wenigsten bekannten Weiße-Rose-Aktivisten auf. Willi Graf bezog sie aus mindestens drei Quellen: seinem sehr engen Verhältnis zur Familie und besonders zur Schwester Anneliese, seinem Glauben sowie seiner Geradlinigkeit und der Überzeugung, das Richtige zu tun.

Willi Graf war äußerlich der Unscheinbare des Münchner Widerstandskreises. Sein bekanntestes Porträt zeigt ihn in Uniform, die blonden Haare seitlich gescheitelt und streng nach hinten gekämmt, die Ohren sauber ausrasiert, ein tiefer Blick aus blauen Augen. Heute würde er als Bilderbuch-Wehrmachtssoldat gecastet. An den Aktionen der Weißen Rose wirkte Graf maßgeblich mit, nicht zuletzt beim nächtlichen Anbringen von

Wandparolen, bei dem die Gefahr der Entdeckung und Verhaftung besonders groß war. Er transportierte Flugblätter in weit
entfernte Regionen, reiste dafür mit gefälschten Passierschei-
nen, versuchte, Kontakte zu anderen konspirativen Kreisen zu
knüpfen und neue Mitglieder für die Weiße Rose zu gewinnen.
Damit ging er womöglich das höchste Risiko von allen ein. Als
eigentlich verschwiegener und verschlossener Mensch musste
er herausfinden, wem er wie viel preisgeben durfte und wem
zu trauen war, denn der Schutz der Menschen, die ihm nahe-
standen, ging ihm bis zu seinem eigenen Tod über alles. Der
Instinkt für Menschen war, so seine Schwester Anneliese, seine
herausragende Charaktereigenschaft. »Er erkannte rasch, ob
jemand seine Sprache verstand, und verhielt sich auch danach:
er verschloss, oder öffnete sich.«[85]

Rheinisch-katholisches Elternhaus

Willi Grafs Weg in den Widerstand war geradlinig. Die Versu-
chungen des Nationalsozialismus perlten an ihm von Anfang
an ab, er war, anders als die anderen jungen Leute, nie von der
Hitlerjugend fasziniert. Das ist auch deshalb bemerkenswert,
weil Graf von Zuhause aus am wenigsten zum Widerstandskämpfer prädestiniert war.

Am 2. Januar 1918 geboren, war er nach Alexander Schmorell der Zweitälteste der Gruppe. Er stammte nicht, wie viele
der anderen Widerständler der Weißen Rose, aus Süddeutsch-
land, sondern aus dem Rheinland. Sein Geburtsort Kuchen-
heim, heute ein Stadtteil von Euskirchen, liegt in der Eifel.
Das Braunkohle- und Textilgewerbegebiet unweit von Köln
und Bonn hatte damals noch eine große jüdische Gemeinde.
Seine Eltern waren Anna Graf, geborene Gölden und Gerhard
Graf, beide Jahrgang 1885, entstammten rheinischen Bauern-

familien und waren streng katholisch. Gerhard Graf konnte sich, ähnlich wie der Vater der Geschwister Scholl, aus einfachen Verhältnissen hocharbeiten. Nachdem er zuerst eine Molkerei geleitet hatte, zog die Familie, als Willi Graf vier Jahre alt war, nach Saarbrücken um, wo der Vater Geschäftsführer einer Aktiengesellschaft für Weinhandel und Saalvermietung für Veranstaltungen wurde. Das machte ihn zu einem wichtigen Mitglied der ansässigen Kaufmannschaft. Vielleicht trat er deshalb 1935 in die NSDAP ein und versuchte, auch seinen Sohn zum Eintritt in die HJ zu überreden.

Anneliese Knoop-Graf, die Schwester von Willi Graf, kommentierte das später so: »Die Eltern waren keine Nationalsozialisten. Rein gefühlsmäßig und von ihrer religiösen Überzeugung her waren sie gegen den Nationalsozialismus eingestellt. Doch sie orientierten sich an der Haltung, die die Vertreter der kirchlichen Hierarchie offiziell einnahmen. Die Kirche galt für sie als oberste Instanz. Sie beschworen Willi, wenigstens pro forma in der HJ mitzumachen, um sein Abitur nicht zu gefährden. Doch Willi entschied sich ganz bewusst dagegen.«[86] Also eine andere Ausgangslage als bei Schmorell und Probst und vor allem bei den Geschwistern Scholl, die gegen den Willen der Eltern in die Hitlerjugend gingen. Dennoch gibt es auch eine Gemeinsamkeit mit den Scholls: Wie sie hat Willi Graf eine Entscheidung gegen den Willen der Eltern durchgekämpft. Sein Vater drängte zur Anpassung, während sich Willi gerade in Abgrenzung davon früh in eine seinem Elternhaus wie der Hitlerorganisation gegenüber kritische antibürgerliche Opposition begab.

Willi Graf hatte noch zwei Schwestern, Anneliese und Mathilde, ein viertes Kind der Familie war zwei Jahre nach der Geburt gestorben. Sie wohnten im Johannishof in Saarbrücken, unter einem Dach mit dem Weinhandel und den Sälen, die sie vermieteten. In dem großen Klinkeranwesen nahe dem

Stadtkern wurde 1945 von der französischen Besatzungsmacht das erste Kino der Stadt eröffnet, später beherbergte es einen Tanzsaal, Versammlungsräume und ein katholisches Kulturzentrum.

Aufbrausender Gerechtigkeitssinn

Die Kindheit Willi Grafs ist schlecht dokumentiert. Eine Anekdote hat die Schwester Anneliese Knoop-Graf indes immer wieder erzählt. Willi war ein begeisterter Messdiener. Als er erst kurze Zeit dabei war, versprach ihm der Kaplan, er dürfe bei der nächsten Sonntagsmesse das Weihrauchfass schwenken. Das muss für ihn besonders erstrebenswert gewesen sein, deshalb war er umso enttäuschter, als sich der Kaplan an das Versprechen nicht hielt und jemand anderen mit der Aufgabe betraute. Willi protestierte, doch es half nichts. Da packte er das Weihrauchfass voller Zorn und schleuderte es in die Ecke der Sakristei. Der Tobsuchtsanfall endete mit dem sofortigen Rausschmiss aus dem Ministrantendienst.

Familienanekdoten transportieren zwar nicht immer die Wahrheit, aber fast immer eine Symbolik. Es wird erzählt, was eine Person in den Augen der anderen ausgemacht hat. In dieser Geschichte entsteht das Bild eines Menschen, der schon als Kind für Gerechtigkeit kämpfte, der von klein auf die Wahrheit aussprach ohne Rücksicht auf die daraus folgenden persönlichen Konsequenzen. Das ist die wohlwollende Interpretation dieser Episode. Kritisch ließe sich auch sagen, Willi Graf fehlte es an Frustrationstoleranz. Ob ihm der Gerechtigkeitssinn tatsächlich in die Wiege gelegt worden oder ob er doch ein Zornigel war, bleibt dahingestellt. Dass er auch bei Gesellschaftsspielen ein schlechter Verlierer war und darüber schon mal in Rage geraten konnte, spricht für das Zweite. Ansonsten wird

Willi Graf aber als liebes Kind geschildert, ein bisschen dicklich, ein »Bobbelchen« und ein »Graf Kitzlich«, weil er besonders kitzlig war und auch darüber schnell wütend werden konnte.[87] Als er älter wurde, entwickelte er ein ausgeglichenes Wesen. Er verwandelte sich auch äußerlich: Aus dem Dickerchen wurde ein schlanker junger Mann mit schmalem Gesicht und kantigem Kinn.

Wie im aufstrebenden kleinbürgerlichen Elternhaus der Geschwister Scholl war auch die Kindheit Willi Grafs vom elterlichen Bemühen um eine soziale Besserstellung der nächsten Generation geprägt. Willi Graf durfte aufs Gymnasium, er konnte Bratsche lernen (seine Schwestern spielte Klavier), und er musste auf Anordnung der Eltern Hochdeutsch sprechen. Sonntags nach der Kirche ging die Familie gemeinsam spazieren und trank bei Verwandten Kaffee. Willi Graf hat dieses um Konvention und Ordentlichkeit kreisende Elternhaus offenbar provoziert, denn er soll gerne den Satz gesprochen haben: »Der än isst gäre Lewwerwurschd, der anner geht gär in die Kerch«, womit er – im verbotenen Dialekt – den Glauben seiner Verwandtschaft als bloße bürgerliche Fassade lächerlich machte.

Vor der Gestapo würde er später aussagen, seine Erziehung habe ganz im Geiste der Religion und der Achtung gegenüber Eltern und Vorgesetzten gestanden. Sein Vater sei beruflich und privat immer besonders korrekt gewesen, ein Mann, der auch streng durchgriff, wenn seine Kinder sich nicht ebenso korrekt verhielten. Entsprechend der bürgerlichen Geschlechterrollen kam seiner Mutter der liebevolle, fürsorgliche Part zu. »Wir Kinder vergalten diese Liebe mit kleinen Erweisen der Gegenliebe, wir halfen früh bei den Arbeiten im Haushalt und versuchten dankbare Kinder zu sein.«[88] Das klingt fast zu gut, um wahr zu sein. Aber auch seine späteren Briefe belegen, dass Willi Graf um ein intaktes Familienleben bemüht war, selbst dann noch, als sich die Distanz zwischen ihm und seinem Elternhaus kaum noch überbrücken ließ.

Seine zwiespältige Haltung zur Familie hat er seiner Schwester einmal folgendermaßen geschildert: »Dort, wo Dich die meiste Liebe umgibt, fühlst Du Dich zuinnerst ganz allein und einsam. Aber erst dann, wenn Du in einer anderen Welt und Umgebung stehst, fühlst Du, wie sehr Du mit diesem Zuhause verwachsen bist. Bruchstellen aber bleiben immer, kein Ding ist fugenlos gebaut, es sei denn nicht von Menschenhand und mit Menschenkräften.«[89] Eine Bruchstelle war das arg biedermeierliche Milieu zuhause, dem er den jugendbewegten Lebensstil entgegensetzte.

Nurmi

Willi Graf kam auf das älteste Gymnasium im Saarland, das humanistische Ludwigsgymnasium, und durchlief problemlos alle Klassen. Über die Schule kam er zur Jugendgruppe des katholischen Schülerbunds »Neudeutschland« und wurde dort nach vier Jahren Fähnleinführer. Sein Spitzname war »Nurmi«, nach dem finnischen Ausnahmeläufer.

Paavo Nurmi, geboren 1897 in Turku, galt damals als der erfolgreichste Läufer aller Zeiten. Bei den Olympischen Spielen von 1920 bis 1928 errang er neun Goldmedaillen und vier Silbermedaillen in Einzel- und Mannschaftswettbewerben, unter anderem beim Querfeldein- und Hindernislauf. Zur Legende wurde er unter anderem durch den Querfeldeinlauf bei den Olympischen Spielen von Paris 1924, der als »Sonnenschlacht von Colombes« in die Geschichte einging, denn es war so heiß, dass viele Läufer unterwegs aufgaben oder taumelnd vor Erschöpfung das Ziel erreichten und hinter der Linie zusammenbrachen. Nurmi hingegen lief mit großem Vorsprung locker und ohne jedes Zeichen der Anstrengung ein. Seither gab es die Redewendung: »Ich bin doch kein Nurmi.«

Willi Graf jedoch war offenbar ein Nurmi: Er muss ein ausgesprochen zäher Typ gewesen sein. Seine Schwester Anneliese Knoop-Graf berichtete, dass er von einer Fahrt nach Sardinien mit Malaria zurückkehrte und die Fieberschübe mit zusammengebissenen Zähnen vor seinen Eltern zu verheimlichen versuchte. Gefühle, Schmerzen, Kummer wollte er nach außen hin kontrollieren.

Der Bund Neudeutschland wurde im Juli 1919 als Organisation zur außerschulischen kirchlichen Betreuung von männlichen Gymnasiasten gegründet. Der Name war Programm: Es ging nach dem Ersten Weltkrieg um die Erneuerung Deutschlands im katholischen Geist. Die Organisation veränderte sich mit der Zeit und übernahm viele Elemente der freien Jugendbewegung wie die gemeinsamen Fahrten, das Zelten, den Natur- und Männlichkeitskult. Im Hirschberg-Programm, das auf der Burg Hirschberg im Altmühltal 1923 beschlossen wurde, vereinte der Bund die damals kursierenden Ideale wie Naturverbundenheit, Gemeinschaftsgefühl und Anti-Bürgerlichkeit mit einer an Jesus orientierten Lebensgestaltung und Verantwortlichkeit. In der Organisation diskutierten die Jungen, sie musizierten und philosophierten mit durchaus elitärem Anspruch. Ihr Erkennungszeichen waren graue Hose und grünes Hemd mit den griechischen Buchstaben für das Christusmonogramm.

Anfang 1933 zählte der Bund Neudeutschland einundzwanzigtausend Mitglieder. Die Gesinnung war patriotisch und deutschnational, insbesondere im damals sogenannten Saargebiet, das seit dem Ersten Weltkrieg unter dem Mandat des Völkerbundes stand. Nach Hitlers Machtantritt blieb die Existenz der kirchlichen Jugendorganisationen durch das Reichskonkordat, dem Vertrag zwischen dem NS-Staat und dem Vatikan, auf gegenseitige Respektierung der Rechte und Pflichten von

Staat und katholischer Kirche, zunächst gesichert, doch viele Gruppen wurden von örtlichen HJ-Einheiten terrorisiert. Auch zwischen der Neudeutschland-Gruppe von Willi Graf und einer lokalen HJ-Gruppe ist ein Konflikt überliefert, bei dem sich Graf mit geballten Fäusten vor einem HJler aufgebaut haben soll. Einer der Quälgeister hätte damals, wie wir oben gesehen haben, durchaus Hans Scholl sein können, denn auch dieser scheute in seiner Zeit bei der Hitlerjugend in Ulm nicht davor zurück, katholisch organisierte Jugendliche, die nicht zur HJ wollten, zur Besinnung zu prügeln. Nachdem das NS-Regime die Hitlerjugend zur alleinigen Staatsjugend erklärt hatte und das Saarland 1935 nach einer Volksabstimmung ins Reich zurückgekehrt war, wurde die Gruppe um Fähnleinführer Willi Graf verboten.

Graf weigerte sich jedoch, die Kluft des Bundes gegen die braune HJ-Uniform zu wechseln. Bei einem Großaufmarsch gehörte er zu der Handvoll Schülern seines Gymnasiums, die sich erkennbar nicht einordnen wollten: Laut einem Zeitzeugen waren nur zwölf Schüler von insgesamt tausend standhaft geblieben.[90]

Willi Graf war aufgrund seiner katholischen Prägung einer der ganz wenigen im deutschen Widerstand, die von Anfang an den Nationalsozialismus als Bedrohung wahrnahmen und dagegen opponierten. Obwohl ihn seine Schwester Anneliese als eher harmoniebedürftig beschrieb, war die Entscheidung für oder gegen die Hitlerjugend für ihn nicht verhandelbar. Er war konsequent: Die Namen seiner Mitschüler, die sich aus dem katholischen Jugendbund herauslocken ließen, strich er aus dem Adressbuch mit dem Vermerk: »Ist in der HJ«.[91]

Ärger mit einer grauen Kordel

In der Zeit des Selbstbehauptungskampfes der katholischen Jugend befreundete sich Willi Graf mit Fritz Leist. Der spätere Religionsphilosoph und Psychologe gehörte zum Kern derjenigen, die sich schon gegen die Auflösung des katholischen Schülerbundes gewehrt hatten und nun den Grauen Orden mitbegründeten. Dieser Jugendbund mit rund hundertfünfzig Mitgliedern verband Elemente der bündischen Jugend, besonders des schon erwähnten dj.1.11, in dem auch Hans Scholl war, mit konfessionellen Elementen, unter anderem arbeitete man an einer Reform der Liturgie. Die Mitglieder des Grauen Ordens distanzierten sich von der Amtskirche, die sich bei der Auflösung der katholischen Jugendorganisationen nicht energisch genug gewehrt hatte, und richteten auch manche Kritik an ihre bürgerlichen Familien und deren zur Routine erstarrten religiösen Traditionen. »Die Art und Erziehung, wie wir in der Religion aufwuchsen, sind denkbar schlecht und voller Unmöglichkeiten. Innerlich war dieses Gebäude hohl und voller Risse«, schrieb Willi Graf seiner Schwester Anneliese am 6. Juni 1942. In Wirklichkeit sei das Christentum ein viel schwereres und ungewisseres Leben, das voller Anstrengung sei und immer wieder neue Überwindung koste.[92]

Die jungen Rebellen bezogen sich auf den französischen Reformkatholizismus, der auch für die anderen Mitglieder des innersten Zirkels der Weißen Rose in München wichtig werden sollte, und lasen dessen Texte. Sie sangen Lieder, trugen blaue Hemden mit einer grauen Kordel und schliefen in der Kothe, wie auch Scholl auf seiner Lapplandfahrt. Höhepunkte waren Gruppenfahrten, eine intensive Gemeinschaftserfahrung, aber auch sportliche Höchstleistung. Willi Graf ging mit auf Fahrt nach Ostpreußen, Jugoslawien und nach Sardinien (wo er sich mit Malaria infizierte). Weite Teile der oft über tausend Kilometer weiten Strecken legte er mit dem Fahrrad zurück.

Das wichtigste Ziel des Grauen Ordens war, am humanistischen individualistischen Menschenbild festzuhalten. »Dabei wollten die Jungen zunächst nichts anderes als ihr eigenes Leben leben«, so ein Zeitzeuge. Seine Beschreibung des Grauen Ordens deckt sich in vielerlei Hinsicht mit den Idealen der Münchner Studierenden: »Kirche und Vaterland wussten sie sich verpflichtet. Die Lust am geistigen Abenteuer trieb sie auf die unruhige Suche nach Entdeckungen in Literatur, Philosophie und Kunst. Für fast alle von ihnen hatte das Elternhaus den christlichen Glauben grundgelegt. Die Jungen hielten an ihm fest und gewannen aus ihm Kraft für ihr Leben. Autoritäten hingegen waren ihnen Staub im Wind, wenn sie sich nicht menschlich und sachlich behaupten konnten.«[93]

Heute ist die Opposition katholischer Jugendlicher zum Nationalsozialismus nur noch für wenige Menschen nachvollziehbar. Die Betonung des Individuums ist uns selbstverständlich geworden. Damals jedoch war die Position des Grauen Ordens für die Nationalsozialisten eine nicht tolerierbare Provokation: Nicht nur brauchte der NS-Staat Bürger, die sich ohne Widerspruch in Krieg und Heimatfront einfügten. Auch das Elitäre und die Betonung des Andersseins der bündischen Jugendlichen waren ein ärgerlicher Widerspruch zum Ideal der Volksgemeinschaft. Insofern ist der Einschätzung nur zuzustimmen, dass der Graue Orden ein »wichtiges Vor- und Umfeld« gewesen sei, das Willi Graf in den Widerstand geführt hat.[94] Das Ringen um ein selbstbestimmtes Leben war damals keine Privatangelegenheit. Im Gegenteil: Wenn der Staat schon bestimmen wollte, welches Lied man sang und wie das Zelt aussah, in dem man übernachtete, wurde es für Menschen wie Willi Graf zur existentiellen Frage, wie man dem Zugriff des Regimes widerstehen und seine Ideale weiterleben konnte.

Wie im Fall von Hans Scholl ging die Gestapo mit dem Argument der »bündischen Umtriebe« auch gegen die Mitglieder des Grauen Ordens vor. Zuerst wurde Fritz Leist festgenommen, im Januar 1938 dann Willi Graf. Nach vierzehn Tagen in Untersuchungshaft wurde er vor das Sondergericht Mannheim gestellt. Um sich die Lächerlichkeit des Vorgehens des NS-Staates gegen den Grauen Orden vor Augen zu halten, reicht ein kleiner Ausschnitt der Anklagepunkte: der Gebrauch der grauen Kordel, Teilnahme an diversen Fahrten und Lagern, Absingen von Liedern. All dies verweise auf das Brauchtum der bündischen Jugend, die im Juli 1935 beziehungsweise im Februar 1936 im Saarland polizeilich verboten worden sei.

Einer Bestrafung für diese Vergehen konnte Willi Graf entgehen, denn auch sein Fall wurde, genau wie bei Hans Scholl in Stuttgart, im Zusammenhang mit dem Amnestiegesetz zur Feier des österreichischen »Anschlusses« wegen Geringfügigkeit eingestellt. In der Erinnerung seiner Schwester Mathilde verfehlte die Einschüchterungsmaßnahme ohnehin ihre Wirkung, »vielmehr zeigte sich immer deutlicher sein Aufbegehren gegen die Nazi-Diktatur«. Willi Graf blieb in Kontakt mit den anderen Mitgliedern des Grauen Ordens und benutzte seine Beziehungen, die er beim Fechten an der Uni weiter vertiefte, später sogar, um sich mit anderen Regimegegnern zu verbrüdern.[95] In der Familie wurde über Willi Grafs Zusammenstoß mit dem NS-Staat kein Wort verloren. »Nichts sagen, nichts fragen, ist eine Parole der damaligen Erziehung gewesen, auch in meiner Familie und in meiner Schule. Wahrscheinlich wurde auch deshalb nicht darüber gesprochen, weil meine Eltern sich genierten, der Sohn im Gefängnis!«, kommentierte das die Schwester Anneliese.[96]

Wie bei den Geschwistern Scholl war für Willi Graf das Engagement in der Jugendorganisation ein wichtiger Katalysator der künftigen Kritik am NS-System. Interessanterweise entfremdete sich Hans Scholl innerhalb der parteieigenen Jugend, während sich Graf außerhalb der »Staatsjugend«, im Milieu der katholischen bündischen Organisation, vom Nationalsozialismus distanzierte. Gemeinsam war ihnen die Erfahrung von Unrecht und Freiheitsberaubung in jungen Jahren. Für Grafs Schwester Anneliese Knoop-Graf ist dies ein zentraler Aspekt in der Entwicklung ihres Bruders: »Willi war kein im vordergründigen Sinne politischer Typ und neigte von Natur aus nicht zur revolutionären Aktion.« Was ihn in die Opposition zum Staat getrieben habe, seien die fehlende Entscheidungsfreiheit und Entfaltungsmöglichkeit, die Staatssozialisation und Zwangsvergemeinschaftung des NS-Systems gewesen.[97]

Politisierung

Nach dem Abitur 1937 musste auch Willi Graf ein halbes Jahr Reichsarbeitsdienst absolvieren. Die Zeit, die er in Dillingen an der Saar mit viel Exerzieren, Indoktrination und harter körperlicher Arbeit verbringen musste, war ihm ebenso zuwider wie den anderen Mitgliedern der Weißen Rose. Nach dem Ende der Dienstzeit nahm er ein Medizinstudium in Bonn auf, auch bei ihm war das Studienfach eher eine Verlegenheitslösung, viel stärker interessiert hätten ihn Philosophie, Kunstgeschichte und Theologie. Seine Schwester Anneliese Knoop-Graf glaubte später auch nicht, dass aus ihm wirklich ein Arzt geworden wäre, ebenso wenig, mag man hinzufügen, wie aus Alexander Schmorell und vermutlich auch aus Christoph Probst. Nach dem Physikum wurde die Universität Bonn geschlossen; um weiter studieren zu können, musste Graf nach München wechseln. Er wurde gemustert, zur Sanitätsersatzabteilung eingezogen und ab Februar 1940 in Bad Wildbad im Schwarzwald zum Sanitäter ausgebildet.

Sein erster Einsatz war an der französischen Kanalküste, von dort kam er nach Belgien und Südfrankreich. Auch im Kriegsdienst langweilte er sich maßlos, die festen Tagesabläufe und die Routine ohne innere Beteiligung machten ihm zu schaffen. Wie Sophie Scholl und Christoph Probst versuchte er, durch Kultur und Literatur der Monotonie zu entkommen, er ging ins Theater und ins Konzert. Auch er war immer auf der Jagd nach guten Büchern, las ohne Zweckinteresse, bewegte sich abseits vom Bildungskanon. Zu seiner Lektüre gehörten damals unter anderem Theodor Storm, Hermann Hesse, Paul Verlaine und Rimbaud. Wenn er in München sein konnte, schloss er sich eng zusammen mit seinen alten Freunden vom Grauen Orden, mit denen er eine Wohnung in der Siegfriedstraße teilte, mitten im schönsten Jugendstil-Schwabing. Die Freundschaften aus der katholischen Jugendbewegung waren ihm geistige Heimat, ein Ruhepol in bedrohlichen Zeiten. Sie führten Gespräche nach sokratischer Methode, wie einer der Teilnehmer später berichtete, mit dem Ziel, dass jeder Einzelne seine eigene Situation erkannte, Vorurteile abbaute und kritikfähig wurde.

In Kontakt mit der Weißen Rose kam Willi Graf im Frühjahr 1942. Doch schon vorher war er für das Unrecht im NS-Staat sensibilisiert. Obwohl er ein eher zurückhaltender und reflektierender Mensch war, der die Ordnung liebte, kreisten seine Gedanken um die Frage, was gegen die Hitlerdiktatur zu tun sei. Nach Kriegsbeginn glaubte er keinen Tag lang an einen Sieg Deutschlands, sondern sah es sogar als notwendig an, dass die Wehrmacht unterläge. Seine Erfahrungen als Soldat, über die weiter unten zu sprechen sein wird, waren einschneidend. Als er im April 1942 zum Weiterstudium aus dem Kriegsdienst entlassen wurde, war er ein anderer. Er tat sich schwer, wieder im Alltag Fuß zu fassen. Aus der Einsamkeit und der Irrealität des normalen Lebens würde ihn erst der neue Freundeskreis befreien, die Weiße Rose.

Willi Graf war der erste Mann in seiner Familie, der studieren konnte. Das trug zu seiner Abgrenzung vom Elternhaus bei. Gemeinschaft fand er in der katholischen Reformbewegung. Seine Geschichte zeigt, dass es nicht allein ihr elitärer Status als Bildungsbürger war, der die jungen Leute der Weißen Rose in den Widerstand gegen die als primitiv empfundenen Nationalsozialisten trieb, wie das gelegentlich behauptet wird. Die Aktivisten brachten durch ihre Sozialisation vielmehr ein immer schon prekäres Spannungsverhältnis zwischen Gemeinschaftsdenken und Individualismus in den Widerstand mit.

Kurt Huber:
ein Kontrapunkt

Kurt Huber im Gesamtbild der Weißen Rose zu verorten fällt nicht leicht: Er war viel älter, hatte als Professor einen anderen sozialen Status, beteiligte sich erst zu einem späten Stadium aktiv im Widerstand, aber vor allem war er politisch komplexer und zugleich ambivalenter als die jungen Leute. Je nachdem, worauf Darstellungen zur Weißen Rose hinauswollen, ist die Versuchung groß, seine Rolle zu vergrößern oder zu verkleinern. Wer die Studierenden als Jugendliche, die der geistigen Führung bedurften, porträtieren wollte, tat gut daran, Hubers Einfluss zu betonen; wer die Weiße Rose als primär freiheitlich-demokratisch motiviert darstellen wollte, maß ihm eine eher geringe Bedeutung bei. Huber war politisch auf jeden Fall nicht »links«-liberal, hätte sich eine süddeutsch geprägte Monarchie mit einer Ständekammer gewünscht und stand in seinem Denken »völkischen« Aspekten der nationalsozialistischen Ideologie nahe, wobei es sich eher um Schnittmengen handelte denn um Übereinstimmung. Seine Kooperation mit den jungen Leuten basierte deshalb auch weniger auf gemeinsamen politischen Vorstellungen als auf einem gemeinsamen Gegner.

Hubers familiäre und lebensgeschichtliche Prägungen fanden in einem anderen Jahrhundert unter anderen historischen Voraussetzungen statt. Er war schon Mitte zwanzig, als er zum ersten Mal demokratische Verhältnisse erlebte, und vierzig, als nach langen äußeren und inneren Kämpfen ein autoritärer Führer die Demokratie in Deutschland beendete – was für Huber, wie für die Mehrheit der Deutschen, die richtige Entscheidung war. Diese Erfahrungen begründeten einen grundsätzlich anderen biographischen Hintergrund als im Fall seiner jungen Mitstreiter, bei denen Hitlers Machtantritt mit der Pubertät und der Abgrenzung vom Elternhaus zusammenfielen. Trotzdem lassen sich bei einem genaueren Blick persönliche Gemeinsamkeiten zwischen dem Alten und den Jungen finden, die erklären, warum ein Professor und Volksmusikforscher, der NSDAP-Mitglied, heimattreuer Bayer sowie Beiträger nationalsozialistischer Kulturpolitik war und jahrzehntelang dem Staat gedient hatte, mit seinen Studierenden in den Widerstand gehen konnte.

Kurt Huber kam am 24. Oktober 1893 in Chur im Schweizer Kanton Graubünden in einer herrschaftlichen Villa zur Welt. Er war das dritte von vier Kindern, zwei Mädchen, zwei Jungen, und wurde auf den Namen Kurt Ivo Theodor katholisch getauft. Die Familie stammte aus Bayern. Vater Theodor Huber, Jahrgang 1849, kam aus Otting im schwäbischen Donau-Ries. Er war Professor für Handelswissenschaften und arbeitete zu dem Zeitpunkt als Lehrer in Chur. Die Mutter, Katharina Franziska Huber, geborene Jakobi, Jahrgang 1861, stammte aus Kempten im Allgäu. Ihr Vater war der Leiter des renommierten Erziehungsinstituts Jakobi. So genossen die Huber-Kinder von beiden Elternseiten einen beträchtlichen pädagogischen Einfluss auch auf der theoretischen Grundlage des Erziehers Pestalozzi, einem Vorläufer der Reformpädagogik des 19. Jahrhunderts. Hier tut sich die erste Parallele zu den Familien Scholl und Probst auf, in denen ebenfalls reformpädagogische Schriften gelesen wurden, was eine ganzheitliche und individualistische Erziehung begünstigte.

Drei Jahre nach Kurt Hubers Geburt zog die Familie nach Stuttgart, wo er auf das altehrwürdige Eberhard-Ludwig-Gymnasium kam. Er war dort über Jahre hinweg Klassenbester. Es ist auffällig, dass auch in dieser Familie und natürlich vor allem bei Kurt Huber selbst die Musik eine so große Rolle spielte. Seine Mutter brachte ihm das Klavierspiel bei, sein Vater unterrichtete ihn in Harmonielehre und die Kompositionstechnik Kontrapunkt. Schon als Kind komponierte Kurt Huber und trat in selbst inszenierten Singspielen auf. Seine Begabungen waren vielfältig – Mathematik, Physik, Technik, er erfand sogar ein Gerät zur Messung von Schwingungen –, aber die Musik war sicherlich sein zentrales Interesse.

Hausmusik gehörte seit dem 18. Jahrhundert zum sozialen »Habitus«, zur Persönlichkeitsbildung im Bürgertum. Doch ging die Beziehung zur Musik und auch zur bildenden Kunst bei den Beteiligten der Weißen Rose über das erwartbare Maß hinaus: Sophie Scholl zeichnete besonders gut, Singen und Klavierspielen gehörten bei den Scholls zum Familienalltag, Willi Graf war Mitglied des Münchner Bach-Chors, Alexander Schmorell zeichnete und bildhauerte wie Christoph Probst, der in der Welt der Kunst und vor allem des Blauen Reiters aufwuchs. Die Freunde trafen sich zu gemeinsamen Konzertbesuchen, wie wir aus ihren Selbstzeugnissen wissen, nicht aus Prestigegründen, sondern um sich intensiv mit Musik auseinanderzusetzen. Dass eine kontinuierliche Beschäftigung mit Musik in der Kindheit und Jugend viele positive Einflüsse auf die Entwicklung des Gehirns und auf Persönlichkeitsmerkmale wie Teamfähigkeit und emotionale Stabilität haben, ist bekannt. Sie könnte bei den Aktivisten der Weißen Rose aber auch dazu beigetragen haben, dass sie ihre inneren Welten lebendig halten, sich gut ausdrücken und disziplinieren konnten. Die Weiße Rose hat auch über das gemeinsame Interesse an Musik zusammengefunden.

Die privilegierte Ausgangslage der Familie Huber ermöglichte, dass alle vier Kinder in akademisch geprägten Berufen endeten: Kurt Hubers Schwestern arbeiteten im Verlagswesen beziehungsweise in der Leitung einer Mädchenschule, sein Bruder wurde Arzt, er selbst Professor für Philosophie und Tonpsychologie.

Als folgenschwer für Kurt Hubers Lebensweg sollte sich eine frühe Erkrankung an Rachitis (»englische Krankheit«) erweisen, damals eine weitverbreitete Kinderkrankheit, die zumeist infolge von Vitamin-D-Mangel auftritt. Er behielt eine halbseitige Lähmung an Gesicht und Gliedmaßen als bleibenden Schaden zurück, die beim Sprechen störte, sein eigenes Körpergefühl, aber auch seine Außenwirkung beeinträchtigte. Seine frühen hervorragenden Leistungen in der Schule rührten sicher auch daher, dass er sich auf seine intellektuellen Fähigkeiten konzentrierte, um die körperlichen Schwächen zu kompensieren. Während der Schulzeit war Huber vom Sportunterricht befreit, später wurde er als militäruntauglich eingestuft, was für Männer seiner Generation – er wäre andernfalls im Ersten Weltkrieg als Soldat eingezogen worden – ein erheblicher biographischer Bruch war. Nicht selten führte solch eine Ausmusterung dazu, dass die Betreffenden erst recht patriotisch auftraten und sich später im Nationalsozialismus als besonders feurige Advokaten der militärischen Stärke des Landes hervortaten.

Wegen seiner körperlichen Behinderung wurde Huber im Nationalsozialismus immer wieder diskriminiert. Mit dem

Argument, nur ein potentieller deutscher Offizier könne deutscher Professor werden, versuchte man gar, ihn von der Übernahme eines ordentlichen Lehrstuhls abzuhalten. Die Spätschäden der Kinderkrankheit haben seine Biographie insofern mehrfach stark geprägt. Sie dürften aber auch, wie das so oft der Fall ist, seine persönliche Stärke ausgemacht haben. So wie es gerade schüchterne Menschen oft dazu treibt, ihre Komplexe zu überwinden und auf der Bühne groß herauszukommen, so lagen Huber die Stimme und die Rhetorik besonders am Herzen. Seine Frau Clara beschrieb, wie er seine Studierenden nachmittags zur Teestunde nach Hause einlud und »oft bis an den Rand der Erschöpfung« all seine rhetorische Kraft einsetzte, um sie von einer Sache zu begeistern und zu überzeugen.[98] Und sein Sohn Wolfgang Huber ist sich sicher, dass Kurt Huber ein besonderes Charisma versprühte, sodass seine Zuhörer die Behinderung nach kürzester Zeit vergaßen.[99]

Ein dritter markanter Punkt in Kurt Hubers Sozialisation war, dass er und seine Geschwister Paula, Richard und Dora ihren Vater früh verloren. Er starb 1911 an Magenkrebs. Das ist eine bemerkenswerte Parallele zum Leben Christoph Probsts, der seinen Vater in jungen Jahren verlor, zu Alexander Schmorell, dessen Mutter früh starb und letztlich auch zu den Geschwistern Scholl, deren Vater in einem kritischen Alter einen sozialen »Tod« erlitt. Nachdem sie ihren Mann verloren hatte, zog Katharina Huber nach München. Sie kaufte ein Haus an der Königinstraße, eine feine Adresse am Englischen Garten, und später eine prachtvolle Villa in der Perhamerstraße in Laim. Sie wollte damit ihren Söhnen, die in München studierten, die Möglichkeit geben, zuhause zu wohnen und nicht in ein Studentenwohnheim ziehen zu müssen.[100]

Studium generale

Kurt Huber studierte ab 1912 Philosophie, Musikwissenschaft, Psychologie und besuchte Vorlesungen in Physik, unter anderem bei Nobelpreisträger Conrad Röntgen, dem Entdecker der nach ihm benannten Röntgenstrahlung. Der Versuch der Vereinigung naturwissenschaftlicher und geisteswissenschaftlicher Welten war eine durchaus typische Zeiterscheinung. Das verband Huber mit den jungen Medizinstudenten der Weißen Rose, die über zwei Jahrzehnte später ihren Horizont mit Philosophie und Literatur erweiterten. Viele Leute versuchten damals, der zunehmenden Spezialisierung der Disziplinen und der Zergliederung der Wirklichkeit ein ganzheitliches Weltbild entgegenzustellen. Die reformpädagogischen Einflüsse in der Weißen Rose begünstigten diese Suche nach dem, was über das exakt Messbare der Naturwissenschaften hinausging. Huber sollte einer jener ganzheitlichen Wissenschaftler werden, die nach einer Verbindung von Körper und Geist, von Rationalität und Gefühl strebten und die einen Zugang zur menschlichen Wahrnehmung und zur Psyche über exakt wissenschaftliche Methoden zu finden glaubten, der jedoch mehr umfassen sollte als das, was an physikalisch messbaren Reizen mit Apparaten feststellbar war.

Huber promovierte mit Bestnoten mit einer musikgeschichtlichen Arbeit über Ivo de Vento, einen Komponisten und Organisten an der Münchner Hofkapelle im 16. Jahrhundert, und nahm gleichzeitig an experimentellen Übungen am Psychologischen Seminar teil. Bei einem dreimonatigen Aufenthalt in Berlin studierte er unter anderem bei dem Tonpsychologen Erich Moritz von Hornbostel, einer Gründerfigur des Phonogramm-Archivs.[101] Zu Kriegsende trat Huber eine Assistentenstelle am Psychologischen Institut der Ludwig-Maximilians-Universität an. Drei Mal versuchte er, als diensttauglich

eingestuft zu werden, um als Soldat am Ersten Weltkrieg teilnehmen zu können. Dass ihm die Fronterfahrung aufgrund der
Spätfolgen der Rachitis verwehrt bleiben sollte, schmerzte ihn
sein Leben lang. Er entwarf sogar ein Kriegsspiel, das er »Pan-
dux, General Jedermann« nannte, und versuchte, für das
Brettspiel, mit dem man den Verlauf des Weltkriegs nachstel-
len konnte, ein Patent anzumelden. Ihn deshalb zum »Hobby-
militärstrategen« zu erklären wäre jedoch irreführend. Viele
deutsche Männer mauserten sich in der ersten Kriegsbegeiste-
rung zu Westentaschengenerälen. Die Sehnsucht, bei der als
reinigend und gerecht empfundenen Völkerschlacht mitzu-
kämpfen, war bekanntlich groß, auch bei jenen, die nicht an
die Front durften.

Hubers Habilitationsschrift näherte sich der Musik nicht
mehr von der historischen, sondern von der experimental-
psychologischen Richtung. Er untersuchte, wie Musik oder,
genauer gesagt, wie bestimmte Tonfolgen auf die menschliche
Psyche wirkten und ob bestimmte, von Musik ausgelöste Eindrücke verallgemeinerbar oder nur in der Person des Zuhörers
begründet liegen. Die Hoffnung war, dass man über die Musik-
wahrnehmung Einsichten in die menschliche Psyche erhalten
könne. Huber wollte das rein physikalische Verständnis der
menschlichen Wahrnehmung als »Reizapparat« überwinden
und zu Einsichten in die – womöglich verallgemeinerbaren –
»Inhalte« von Gefühlen gelangen.

Ein hingebungsvoller deutscher Professor

Von seiner Frau Clara stammt eine schöne Schilderung von
Hubers Arbeitsalltag und Berufsethos. Er war fürwahr ein deut-
scher Professor: Er stand früh auf und begann, sich auf seine
Unterrichtsstunden vorzubereiten. Kein Tag verging, an dem er

nicht mindestens acht Stunden las. Er wollte am liebsten alle wichtigen Werke griffbereit um sich haben, seinen Leibniz, seinen Schlegel, seinen Hegel. Sein Arbeitspensum war enorm, schließlich musste er sich in der Philosophie, Psychologie, die damals noch keine eigenständige Disziplin war, Musikpsychologie und Volkskunde auf dem Laufenden halten. Dabei machte er Notizen, aus denen er frei seine Vorträge formulierte. Mittags ging er in der Nähe der Universität essen, besprach sich mit Kollegen oder Studierenden. Abends setzte er sich nach dem Essen wieder an den Schreibtisch und arbeitete bis tief in die Nacht. Wenn Besuch kam, diskutierte er mit Leidenschaft, und ließ die Gäste nur ungern vor zwei oder drei Uhr morgens aus dem Haus. Clara Huber wollte es so scheinen, als arbeite ihr Mann sogar noch im Schlaf.[102]

Dem idealistischen Selbstverständnis eines Professors, der an die zweihundertfünfzig Studierende in einer Veranstaltung zu fesseln wusste, stand jedoch seine über viele Jahre subalterne Stellung im Universitätsgefüge krass entgegen. Zwar war seine Qualifikationszeit schnell und reibungslos verlaufen, doch dann trafen ihn die Unwägbarkeiten einer akademischen Laufbahn mit doppelter Wucht. Er arbeitete unermüdlich, erhielt jedoch nie eine dauerhafte Anstellung oder einen Ruf auf einen Lehrstuhl. Den komfortablen Lebensstandard seiner Kindheit und Jugend sollte er nie wieder erreichen.

Es ist eine schwer vermittelbare deutsche Eigentümlichkeit, dass angehende Professoren auch noch nach der Habilitation, selbst wenn sie keine Anstellung haben, regelmäßig unterrichten müssen, dafür jedoch wenig bis gar kein Geld erhalten. So war es auch bei Kurt Huber. Seit 1920 war er Privatdozent, also ein habilitierter Wissenschaftler und Lehrbeauftragter, der keine Professur innehatte. Im Mai 1924 stellte er einen Antrag auf eine freiwillige Bezahlung. Der Staat gewährte ihm zweihundertvierzig Goldmark pro Monat, was heute ungefähr eintausendzeihundert Euro entspräche. Von diesem überschaubaren Gehalt musste Huber nicht nur die eigene Wohnung in der Ungererstraße finanzieren, sondern auch den Unterhalt seiner Mutter, die ihr Haus in Laim inzwischen verkauft hatte. Seit 1926 schlug er sich mit einem schlecht bezahlten Lehrauftrag für experimentelle und angewandte Psychologie, Ton- und Musikpsychologie und psychologische Volksliedkunde durch. Zwischen 1929 und 1932 erhielt er eine Vertretung bei Lehramtsprüfungen in Philosophie und Psychologie, 1933 einen zweistündigen Lehrauftrag für Methodenlehre. Außerdem sammelte er seit 1925 im Auftrag der Deutschen Akademie Volkslieder in Altbayern. 1929 starb sein Mentor, der Philosoph Erich Becher, der auch Senator der Universität gewesen war und seine Laufbahn wohlwollend begleitet hatte, weshalb seine Chancen auf eine Berufung weiter sanken. Huber reiste durch die Länder, um Lieder zu erforschen, und unterrichtete als einer der besten Kenner des europäischen Volksliedes viele Schüler. Aber sein Leben konnte er damit kaum finanzieren. Er musste sich immer wieder Geld leihen.

1929 heirateten Huber und Clara Schlickenrieder, die Tochter des Sanitätsrates Josef Schlickenrieder aus Altomünster. Sie war fünfzehn Jahre jünger als er und kam aus Schwabhausen im Landkreis Landsberg. Als Ehemann und bald auch Vater von zwei Kindern wurde Hubers finanzielle Lage noch prekärer. Seine Frau Clara schrieb später, er habe die angespannte Situation mit Humor genommen. »Mit heiterer Überlegenheit ertrug er unser dürftiges Leben, die engen Räume, die frugale Kost, die schlichte Kleidung, die mangelhafte Beheizung. Denn er musste schon in der Friedenszeit in den kalten Tagen oft in einem ungeheizten Raum arbeiten.«[103]

Ein Tiefpunkt auf seinem beruflichen Leidensweg war im Jahr 1937 erreicht, als er in Berlin am Staatlichen Institut für deutsche Musikforschung als Abteilungsleiter erst berufen und dann wieder abberufen wurde. Obwohl er bestens qualifiziert war, wurde er Opfer kollegialer Intrigen. Huber wurde aufgrund der Intervention des Beauftragten des Führers für die Überwachung der geistigen und weltanschaulichen Schulung und Erziehung in der NSDAP von seiner Stelle am Volksmusikinstitut in Berlin verjagt, weil er angeblich »politisch unzuverlässig« war. Die Begründung war Hubers verdächtige Nähe zur katholischen Kirche. Auch sein letzter Versuch, eine Professur im Schweizer Fribourg zu erhalten, scheiterte an einer politischen Intrige.

Mal war es seine Behinderung, mal seine angebliche politische Unzuverlässigkeit, die ihm den Weg verstellten. Dabei zählte er überzeugte Nationalsozialisten zu seinem engsten Umfeld und engagierte sich auch publizistisch für völkische und nationale Kulturinitiativen wie etwa in der Zeitschrift »Erzieher im Braunhemd«, dem Kampfblatt des NS-Lehrerbundes, und wirkte als Berater und Juror in zahlreichen Gremien, die im Sinne der NS-Ideologie wertvolle und vermeintlich wertlose Volkskultur zu trennen versuchte. Doch das alles half ihm letztlich nicht, sein berufliches Ziel, eine ordentliche Professur, zu erreichen.

Volkstümelei

Kurt Hubers Vater gehörte der Nationalliberalen Partei an, also jener Partei, die vor der Reichsgründung 1871 für die Einigung Deutschlands gekämpft hatte, größtenteils auf Seiten Bismarcks stand und sich ein starkes imperiales Deutschland wünschte. Trotz des frühen Todes des Vaters ging dessen wirtschaftsliberale, sehr patriotische und monarchistische Haltung ungebrochen auf den Sohn Kurt über, ja verstärkte sich bei ihm sogar. Er trat im Jahr 1927 der Bayerischen Volkspartei bei, dem bayerischen Pendant zum »Zentrum«, einer Partei, die weniger liberal als süddeutsch-monarchistisch und katholisch ausgerichtet war.

Die Partei stellte mit Heinrich Held neun Jahre lang den bayerischen Ministerpräsidenten und beteiligte sich an mehreren Kabinetten im Reichstag, bis sie 1933 aufgelöst wurde. Huber verließ sie jedoch schon früher, weil sie in seinen Augen zu sehr mit dem Katholizismus verbunden war, ihm jedoch die Trennung von Staat und Kirche wichtig war. Die Kirchenfeindschaft des Nationalsozialismus teilte er jedoch nicht und lehnte aus diesem Grund zwei Aufforderungen, der NSDAP beizutreten, ab. Erst 1940 trat er schlussendlich auf Drängen seiner Frau in die Partei ein, weil sein berufliches Fortkommen offenbar auch an politischen Rankünen scheiterte und weil er als Parteimitglied Aussicht auf eine etwas bessere Bezahlung hatte.

Seine volksmusikkundliche Arbeit hätte Huber eigentlich ohnehin zum Freund der nationalsozialistischen Bewegung prädestiniert, denn zwischen völkischem und volkskundlichem Denken gab es manche Brücke. Schon frühzeitig hatte er begonnen, Lieder zu sammeln und zu erforschen, ab Mitte der dreißiger Jahre hielt er an der Universität Vorlesungen über nordische, deutsche und bayerische Volksmusik. Von 1925 bis Kriegsbeginn arbeitete er auch für die Akademie zur Wissenschaftlichen Erforschung und Pflege des Deutschtums, die schon vor 1933 die nationalsozialistische Kulturpolitik vorwegnahm und später in die NSDAP integriert wurde. Wegen ihres rückwärtsgewandten völkischen Weltbildes wurde die Akademie nach Ende des Zweiten Weltkriegs von den Alliierten verboten.

Um deutsches Liedgut zu sammeln, unternahm Huber zwischen 1925 und 1935 viele Forschungsreisen, etwa an den Schliersee, nach Mittenwald, in den Bayerischen Wald oder zu deutschen Sprachinseln in Slowenien. Er notierte Texte und

Noten und nahm Interpretationen auf Tonträgern auf. Zu den Methoden, die Huber wählte, gehörte zum Beispiel das Preissingen, durch das nicht nur Sieger ermittelt, sondern zugleich Urformen und Varianten von Volksmusik verglichen werden konnten. Ein weiterer Aspekt seiner Tätigkeit war die Verbreitung des Liedgutes über Großveranstaltungen mit begleitender Rundfunkübertragung. Waren diese Singwettbewerbe anfangs eine noch vom Rundfunk ausgerichtete Volksbelustigung gewesen, so wandelten sie sich zunehmend zu Propagandaveranstaltungen im Sinne der Erziehung der »Volksgemeinschaft«. »Wer sang, bekannte sich zur deutschen Volksgemeinschaft, wer nicht sang, distanzierte sich davon oder riskierte zumindest, dass sein Verhalten so verstanden wurde. Maßgebliche Motivation des Singens waren also die völkische Weltanschauung und die soziale Verhaltensnorm der NS-Volksgemeinschaft, nicht das kulturelle Interesse«, merkt Josef Focht kritisch an.[104]

Wie wir bereits gesehen haben, war es im Nationalsozialismus nicht nur entscheidend, ob man sang, sondern auch, was man sang. So wurde der bündischen Jugendtruppe dj.1.11 etwa vorgeworfen, dass sie angeblich falsche Lieder angestimmt hatte, und auch beim Prozess gegen Willi Graf und den Grauen Orden tauchte der Anklagepunkt des falschen Liedguts auf. Auch Huber und seinen Kollegen ging es nicht nur um die Bewahrung von Kulturgut. Auch sie interessierte der angeblich ideelle Gehalt der Musik als Ausdruck eines bestimmten Kulturniveaus oder einer bestimmten Völkerpsychologie. Diese Denktradition reichte weit ins 19. Jahrhundert zurück. Sie wollte »das Volk« stärken, eine nationale Identität verklären, durchaus auch in einem kolonialistischen Verständnis die Hierarchien von Volkskulturen belegen. Doch wo sind die Grenzen zur nationalsozialistischen Einfärbung der Volksmusiktradition?

Huber verstand Volksmusik – in der Tradition Hegels – als Ausdruck von Bewusstseinszuständen von Volksgruppen und

versuchte, über die Musik zu völkerpsychologischen Erkenntnissen zu gelangen. Die Kolonialzeit und die Formierung des
wissenschaftlichen Rassismus stellten eine gefährliche Gedan-
kenbrücke dar: Wenn es nicht nur kulturelle Unterschiede –
etwa im Bereich Musik – gab, sondern auch eine kulturelle
Hierarchie von höherwertiger und minderwertigerer Musik
(sprich: Kultur), dann könnte man über die Untersuchung der
Musik im Umkehrschluss auch Aussagen über das Niveau der
jeweiligen Herkunftskultur treffen. Ein bekanntes Beispiel dieser Ideologie war Richard Wagners Schrift über »Das Juden-
thum in der Musik«, in dem er behauptet hatte, »der Jude« sei
zum künstlerischen Ausdruck unfähig.

Huber hatte zum Beispiel in einem Aufsatz »Religion und
Volkstum« aus dem Jahr 1934 festgestellt, im deutschen Brauchtum hätten sich germanisch-heidnische und christliche Elemente untrennbar verbunden. Zu diesen angeblichen Wurzeln
sollte die deutsche Kultur »zurück«. Nach dem Krieg wurde
ihm auf der Grundlage solcher Texte der Vorwurf gemacht,
er habe sich den Nationalsozialisten angedient, sei vielleicht
sogar ihr Anhänger gewesen. Doch Huber kritisierte in seiner Forschung nicht nur die intellektuellen Volkskundler, die
das ominöse »Germanische« als primitiv bezeichneten, sondern ebenso die Nationalsozialisten, die das Germanisch-Völ-
kische vom Christentum loslösten und in seinen Augen falsch
interpretierten.

Es selbst hatte wohl die Illusion, er könne die völkische ideologische Substanz des Nationalsozialismus in seinem Sinne
beeinflussen. Er hoffte, der Staat würde seine Arbeit wertschät-
zen. Doch da Huber die germanische Kultur nicht von ihren
christlichen Inhalten trennen wollte, sollte ihm die Anerkennung für seine Forschung versagt bleiben, sowohl von seinen
Widersachern in der Wissenschaft als auch vom nationalsozialistischen Regime.

Die Nähe Hubers zur völkischen Bewegung stellt aus heutiger Sicht die Forschung zu seiner Widerständigkeit vor interessante Fragen. Sogar seine Frau Clara Huber charakterisierte ihren Mann später als politisch »widersprüchliche Person«.[105] Seine Arbeitsgebiete, die Volkskunde und Völkerpsychologie, sind durch ihren Irrglauben an eine germanische Kultur und eine geistige Führungsrolle der Deutschen in Europa sowie durch den Nationalsozialismus schwer kontaminiert. Sie befanden sich ideologisch geradezu im Kern der braunen Bewegung, ging es doch darum, die deutsche Kultur völkisch zu begründen und in eine germanische Kultur »zurück« zu verwandeln. Das »Zurück« war freilich das Problem: zurück wohin? In ein angeblich germanisches Führerprinzip, in ein angeblich gesundes Volksempfinden? Was bedeutete das für Minderheiten, die nicht germanisch und nicht christlich waren?

Falls Kurt Huber im Kern völkische und rassistische Überzeugungen teilte, so sollten wir das jedoch nicht mit einer nationalsozialistischen Haltung verwechseln. Wenn überhaupt, war es eine Geistesverwandtschaft, die ihn jedoch nicht hindern sollte, sich mit der Partei kritisch auseinanderzusetzen.

Kurt Huber wurde letztendlich in seiner Arbeit und in seinem Anliegen als Widerstandskämpfer vom selben Ideal getrieben: dem Ideal eines wahren und guten Volkstums. Im Namen des Volkes gab es durchaus Gemeinsamkeiten zur völkischen oder braunen Ideologie, aber es gab eben auch gute Argumente gegen die Hitlerdiktatur, die Huber später im gemeinsamen Kampf mit der Weißen Rose ausformulieren würde.

Eine Jugend voller Glück, Unglück und Verirrungen

An dieser Stelle beenden wir den biographischen Aufriss, um auf die Darstellung der Ereignisse rund um die Weiße Rose überzugehen. Wenn wir die Prägungen, die Sozialisation der sechs wichtigsten Protagonisten der Widerstandsgruppe vergleichen, springen doch einige Übereinstimmungen ins Auge, auf die in der Forschung bislang nicht eingegangen wurde. Alle sechs Protagonisten teilten vielfältige musische und intellektuelle Ressourcen dank ihrer bürgerlichen oder sozial aufstrebenden Familien. Die Religion, die so oft in den Darstellungen der Weißen Rose betont wird, spielte außer bei Graf in den frühen, prägenden Jahren jedoch keine große Rolle. Alle hatten in der Kindheit mit einschneidenden Verlusten und gesellschaftlichen Makeln zu kämpfen: durch eine körperliche Behinderung (Huber), Reputationsverlust des Vaters (Scholls), Trennung der Eltern (Probst), frühen Tod oder sogar Suizid des Vaters (Probst, Huber) oder den der Mutter (Schmorell), frühen Heimatverlust und nationale Identitätskonflikte (Schmorell) sowie Geschlechterrollenkollisionen (Sophie Scholl). Bei Willi Graf dürfte der Bruch eher sozial bedingt gewesen sein: Ihn scheint vor allem die kulturelle Dissonanz mit der Familie, die gleichzeitige Sehnsucht nach Bindung und Distanzierung, beschäftigt zu haben.

In diesen biographischen Koordinaten wuchsen Menschen heran, die teils freiwillig, teils unfreiwillig in ausgesprochen individualistische Lebensentwürfe getrieben wurden, die sich jedoch gleichzeitig für die Idee der Gemeinschaft erwärmten und in der nationalsozialistischen beziehungsweise in der katholischen Jugend die Chance ergriffen, Teil eines Kollektivs zu werden, gerne auch in führender Position. Im Falle Hubers ging die Sehnsucht nach Gemeinschaft noch weiter, er glühte für das Volk, für die deutsche Kultur als ein idealisiertes germanisches Substrat, das sich ganz tief in den Wurzeln der Volkskultur und der Volksseele finden lasse.

Aus der enttäuschten Sehnsucht nach einem kollektiv sinnstiftenden Leben, das die individuellen Freiheitsrechte nicht verletzte, ergab sich eine explosive Ausgangsposition, die im jungen Erwachsenenalter in vehemente Sinnkrisen mündete. Die Erfahrungen im Arbeitsdienst, im Kriegshilfsdienst und im Militär, die immer stärker werdende Bedrängung der Lebensführung und des moralischen Empfindens, das Scheitern und die offensichtlichen Widersprüche der eigenen Werte führten sie schließlich zusammen.

Teil II
Auseinandersetzung

Die Familie Scholl vor dem Rathaus von Ernsbach (um 1925):
Sophie, Inge, Werner und Elisabeth (vordere Reihe von links),
Hans, Mutter Magdalena, Pflegesohn Ernst und Vater Robert
(hintere Reihe von links)

Christoph Probst und Alexander Schmorell
(um 1941)

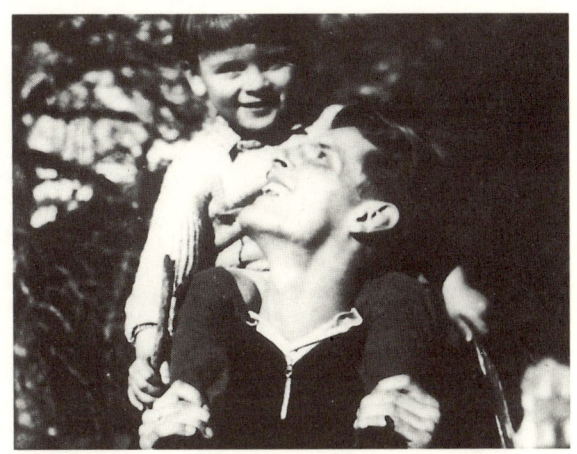

Christoph Probst mit seinem Sohn Michael
(um 1942)

Sophie Scholl beim Arbeitsdienst in Krauchenwies
(1941)

Zerrissene Zeit

Bevor sie sich zum gemeinsamen aktiven Widerstand entschlossen, gingen die Aktivisten der Weißen Rose jahrelang
getrennt voneinander durch Krisen mit dem System. Die
Geschwister Scholl und Willi Graf waren schon in jungen Jahren mit der NS-Staatsgewalt aneinandergeraten, doch die
eigentliche Entfremdung von der Ideologie der »Volksgemeinschaft« brachte bei allen Beteiligten die andauernde Erfahrung
der Fremdbestimmtheit. Sie empfanden es als ungerecht, in
eine Zeit hineingeboren worden zu sein, in der sich alles um
»das Weltgeschehen« drehte und so gut wie nichts um das Individuum, um sie selbst. Die Dienstverpflichtungen für »Volk
und Führer« in dichter Folge nach dem Schulabschluss ließ den
hoffnungsvollen jungen Leuten keinen Raum für die Entfaltung eines eigenen Lebensentwurfs: »Manchmal schon, besonders in letzter Zeit, empfand ich es als bittere Ungerechtigkeit,
in einer solchen von Weltgeschehen ganz ausgefüllten Zeit
leben zu müssen. Aber das ist natürlich Unsinn, und vielleicht
sind uns wirklich heute Aufgaben, nach außen und mit der Tat
zu wirken, gestellt. Obwohl es scheint, als bestünde unsere
ganze Aufgabe darin, zu warten«, haderte Sophie Scholl im
August 1941.[1] Ihr Weltbild trübte sich aufgrund der Nachrichten ihres Freundes Fritz Hartnagel von der Front immer mehr
ein. Die Schilderungen der Brutalitäten in Holland, Belgien,
Frankreich und Russland, der Plünderungen der deutschen
Besatzungsmacht und der Kolonnen hungernder Kriegsgefan-
gener, das alles verletzte sie in ihrem Gefühl für Recht und
Unrecht tief.

Auch bei Hans Scholl drängten sich ab Sommer 1941 die Sinnfragen auf. Darf man ein schönes Leben führen in dieser Welt?
»Ist nicht Weltabgeschiedenheit Verrat, Flucht?«[2] Er begann,
sich intensiv mit Religion zu beschäftigen, und bekannte sich
ein paar Monate später, in der Weihnachtszeit 1941, zum ersten
Mal zu einer klaren christlichen Haltung. »Ich bete. Ich spüre
einen sicheren Hintergrund und ich sehe ein sicheres Ziel. Mir
ist in diesem Jahr Christus neu geboren.«[3]

Willi Graf war zum Jahresende als Soldat in Polen und Russland. Er fühlte sich einsam, zur Untätigkeit verdammt: »Wohl
hat man hier den Eindruck, daß die Zeit wie im Fluge vergeht,
und doch dauert mancher Augenblick entsetzlich lange an. Ob
man überhaupt Pläne für die zukünftigen Tage machen darf?«[4]
Er sehnte sich nach dem Austausch mit seinen alten Freunden
vom Grauen Orden. Doch viele Tage vergingen für ihn ohne
Farbe, ohne Leben.

Es gibt keinen Stichtag für den Beginn der Widerstandsaktionen der Weißen Rose. Es waren vielmehr ein schleichender
Prozess der Entfremdung von der Mitwelt und eine Intensi-
vierung der persönlichen Zwangslagen, die durchaus unterschiedlich waren, sowie das Bewusstwerden der Verbrechen
der Deutschen, die bei jedem Einzelnen der Widerstandsgruppe
dazu führten, dass aus Ablehnung Auflehnung wurde.

Nach den ernüchternden Erfahrungen in den Jugendorganisationen und des erdrückenden Zwangs im Reichsarbeits- oder
Kriegshilfsdienst stießen die Einberufungen zum Kriegsdienst
die jungen Menschen weiter in Richtung Widerstand. Auch
wenn sie vorher schon in unterschiedlichem Ausmaß pazifis-
tisch eingestellt gewesen waren und, wie vor allem Alexander Schmorell, mit den Kriegsgegnern sogar mitgelitten hatten,
brachte die persönliche Beteiligung an Eroberung und Beset-
zung anderer Territorien eine neue Brisanz in ihre Einstellung.
Hans Scholl etwa war zum ersten Mal im Mai 1940 im Einsatz

gewesen. Schon in einem seiner ersten Briefe von der Westfront nach Hause erwähnte er die Ungerechtigkeit, dass sich
das deutsche Militär die besten Häuser der Franzosen als Quar-
tier requiriere. »Bin ich denn ein Dieb oder ein anständiger
Mensch? Und was hier alles gestohlen wird.«[5] Er erschrak über
die große Zahl der französischen Kriegsgefangenen und schrieb,
er könne die »Metzelei« nicht mit anschauen. Gerade noch
Student, musste er bei bis zu zwanzig Operationen täglich assis-
tieren, darunter auch viele Amputationen. Er bemerkte, dass
Krankenpflege und militärisches Ethos unvereinbar waren.
Ihm graute davor abzustumpfen und die Menschlichkeit zu
verlieren. »Wir verlassen den Operationssaal, drinnen stirbt
einer, und wir rauchen eine Zigarette.«[6]

Christoph Probst war im August 1940, kurz nachdem er zum
ersten Mal Vater geworden war, als Sanitätsunteroffizier in die
Nähe von Schongau zum Dienst in einer Flakartillerieschule
abkommandiert worden, Alexander Schmorell kam im April
1940 zur Sanitätsabteilung einer Einheit in München, einen
Monat später wurde er an die Westfront versetzt, zunächst nach
Lothringen. Im Herbst wurden die jungen Männer zwar für
ihre Prüfungen im Winter vom Militärdienst beurlaubt, aber
das zerrissene Leben zwischen Uniform und Hörsaal setzte
ihnen allen gleichermaßen zu. Alexander Schmorell stürzte
sich dazu noch in eine hoffnungslose Verliebtheit mit der ver-
heirateten Schwester seines besten Freundes. Angelika Probst
weihte ihren Mann Bernhard Knoop zwar in die Affäre ein,
wollte sich aber nicht endgültig von ihm trennen. Schmorell
ließ das Medizinstudium schleifen und schrieb sich stattdessen
an einer Kunstschule ein. Wozu die Dinge, die ihm eigentlich
am Herzen lagen, auf die lange Bank schieben? Christoph
Probst begleitete ihn ab und zu in den Zeichenunterricht. Die
unvorhersehbaren Einsätze an der Front und die unsichere
Zukunft des Landes hatten selbst bei ihm, dem sonst so

Zielstrebigen, den Lerneifer für das Medizinstudium erlahmen lassen. Dem Kommiss entgingen sie so weit als möglich, indem sie nicht in der Kaserne schliefen und sich stattdessen privat einquartierten, auch wenn das die Vorgesetzten in Rage versetzte. Die beiden Freunde versuchten, die Zeit abseits der Front möglichst nach ihren eigenen Vorstellungen zu gestalten. Auch Hans Scholl fühlte sich in diesen Zeiten in jeder Weise lebenshungrig, was nicht zuletzt seine Freundinnen zu spüren bekamen. Er jonglierte gleich drei Beziehungen: mit Rose Nägele, der Tochter von Freunden seiner Eltern am Bodensee, mit Traute Lafrenz, einer Medizinstudentin aus Hamburg, und mit Erika Reiff, einer Freundin seiner Schwester Sophie aus Ulm.

Vermutlich an einem Sportnachmittag in der Studentenkompanie lernten sich im Juni 1941 Hans Scholl und Alexander Schmorell kennen, während sich zur selben Zeit auch die Freundschaft von Schmorell und Probst intensivierte, die sich ja bereits aus Schultagen kannten – ein für die Geschichte der Weißen Rose entscheidender Moment. Der Zufall dieser Dreier-Freundschaft sollte sich als ein entscheidender Faktor beim Weg in den Widerstand erweisen.

Alexander Schmorell und Hans Scholl standen sich sehr schnell nahe, verbrachten von nun an viele Tage und Nächte zusammen, tranken Wein, hörten Musik, unterhielten sich über Kunst und Literatur. Sie kauften sich Fahrräder und radelten zusammen ins Oberland. In den Sommerferien famulierten sie zusammen im Harlachinger Krankenhaus, also ganz in der Nähe des Elternhauses Schmorells. Als das Praktikum beendet war, fuhren sie mit einem Paddelboot die Donau hinunter bis nach Linz. Am Tag, als Deutschland die Sowjetunion überfiel, am 22. Juni 1941, wanderten Christoph Probst und Alexander Schmorell in den Alpen. Die Nachricht erreichte sie auf einer Berghütte. Alexander Schmorell war am Boden zerstört. Für ihn war die Sache klar: Der Krieg richtete sich nicht gegen

Stalin und den Kommunismus, sondern gegen seine Heimat und seine »Brüder«.

Im Wintersemester 1941/1942 wurde Christoph Probst nach Straßburg ins Elsass versetzt, wo er an der dortigen »Reichsuniversität« studieren sollte, einer medizinischen Fakultät mit Professoren, die an Menschenversuchen mit KZ-Häftlingen beteiligt waren. Ob er von diesen Experimenten wusste, ist nicht klar, aber zumindest über die Euthanasieaktionen war er informiert und maßlos empört. Als er in den Weihnachtsferien nach Hause durfte, erlebte er die Geburt seines zweiten Sohnes mit, dann musste er zurück an die Universität. In Straßburg, von wo er viele deprimierte Briefe nach Hause schrieb, vermisste er nicht nur seine eigene Familie, sondern auch die neue Dreier-Freundschaft mit Alexander Schmorell und Hans Scholl.

Sinnsuche

Hans Scholl lernte im Wintersemester 1941/42 den katholischen Gelehrten Carl Muth kennen – ein weiterer wichtiger Moment für die Weiße Rose. Denn an dem älteren Gelehrten würden die jungen Studenten ihre Argumente gegen das NS-Herrschaftssystem ausprobieren. Scholl durfte Muths Bibliothek ordnen, was ihm Gelegenheit bot, sich intensiv mit den Büchern des Religionsphilosophen zu beschäftigen. Alexander Schmorell arbeitete unterdessen immer intensiver an seinen künstlerischen Fertigkeiten. Er war ein Mensch, der sich weniger von Lebensplänen und willentlichen Entscheidungen leiten ließ als von zufälligen Begegnungen und Eindrücken. Viel Zeit verbrachte er mit Hans Scholl, zu dem er trotz aller persönlichen Verschiedenheit eine innere Verwandtschaft spürte. Die beiden führten viele »Skizzengespräche«, bei denen sie sich Pfeife rauchend nur in Stichworten austauschten. Immer wieder kreisten die Gespräche dabei um die Frage der persönlichen Verantwortung.[7]

Den beiden war bewusst geworden, dass jeden Deutschen eine nicht mehr tragbare Schuld an den Verbrechen des Nationalsozialismus traf. Besonders schwer wogen die Euthanasieaktionen, über die seit Herbst 1941 immer mehr Informationen in Umlauf kamen. Hans Scholl hatte Flugblätter gelesen, die bei seiner Familie in Ulm im Briefkasten lagen. Darauf waren Predigten des Bischofs von Münster, Clemens August Graf von Galen, abgedruckt, in denen er den Terror der Nationalsozialisten anprangerte. In seiner Euthanasie-Predigt am 3. August 1941 in der Lambertikirche in Münster hatte Bischof von Galen konkrete Orte und persönliche Beispiele der Mordaktionen an Behinderten benannt und den Zuhörern vor Augen gehalten, was dies in letzter Konsequenz bedeutete. »Wenn einmal zugegeben wird, dass Menschen das Recht haben, ›unproduktive‹ Mitmenschen zu töten – und wenn es jetzt zunächst auch nur arme, wehrlose Geisteskranke trifft –, dann ist grundsätzlich der Mord an allen unproduktiven Menschen, also an den unheilbar Kranken, den arbeitsunfähigen Krüppeln, den Invaliden der Arbeit und des Krieges, dann ist der Mord an uns allen, wenn wir alt und altersschwach und damit unproduktiv werden, freigegeben.«[8] Dem NS-Regime konnten diese Predigten natürlich nicht gefallen: Propagandaminister Joseph Goebbels drohte dem Bischof in einem Tagebucheintrag vom 14. August 1941 prompt damit, an ihm ein Exempel zu statuieren, und auch Martin Bormann, der Leiter der Partei-Kanzlei, bekundete, man solle von Galen am besten aufhängen. Aus Rücksicht auf die Stimmung in der Bevölkerung wollte man die Vergeltungsaktionen gegen den unbotmäßigen Bischof jedoch auf die Zeit nach dem »Endsieg« verschieben.

Als weitere Zuspitzung der Verhältnisse erlebten die Aktivisten die verstärkte Judenverfolgung im Reich. Seit September

1941 mussten Juden einen gelben Stern tragen, und seit Mitte Oktober hatte die systematische Verschleppung der jüdischen Bevölkerung aus dem alten Reichsgebiet in den Osten begonnen. Der Stichtag für die Münchner Juden für den Abtransport nach Osten war der 8. November. Wie Christiane Moll belegt hat, wussten die Scholls zu diesem Zeitpunkt auch schon von den Massenerschießungen von Juden im Osten. So erwähnte ein Bekannter gegenüber der Familie ein Massaker an Juden in der lettischen Stadt Daugavpils (Dünaburg).[9] Der Frage der persönlichen Verantwortlichkeit für all diese Verbrechen ließ sich kaum mehr aus dem Weg gehen.

Hans Scholl und Alexander Schmorell erlebten zu Jahresbeginn 1942 auch persönlich eine Machtdemonstration des autoritären Regimes. In ihrer Studentenkompanie hatte es eine Denunziation gegeben, wegen der die gesamte Truppe in Gruppenhaft genommen und mit vier Wochen Kasernenarrest bestraft wurde. Doch es kam noch schlimmer: Robert Scholl, der Vater von Hans und Sophie, wurde am 16. Februar von der Gestapo abgeholt und verhört. Seine Sekretärin hatte ihn denunziert, weil er Hitler eine »Gottesgeißel« genannt und den Krieg als aussichtslos bezeichnet hatte. Dafür sollte er im August 1942 vor ein Sondergericht gestellt und zu vier Monaten Haft verurteilt werden.

Der Winter 1941/1942 war die Latenzzeit der Weißen Rose. Der Terror gegen Minderheiten und missliebige Personengruppen im Staat wuchs, während ihre persönlichen Leben wegen der Dienstverpflichtungen stagnierten. Gleichzeitig reiften ihre Beziehungen untereinander. Sie fanden ältere Verbündete, katholische Gelehrte, an denen sie, wie weiter unten geschildert wird, ihre Argumente testen konnten. Und nicht zuletzt fingen sie an, ihr geistiges Rüstzeug zu sammeln und zu schärfen: Es begann eine intensive Zeit der Lektüre, mit deren Hilfe sie später ihre Argumente gegen Hitler vortragen würden.

Vereinigung

Ab Februar 1942 wird der Kern der Weißen Rose erkennbar. Bis zu fünfzehn Studierende sowie ältere Freunde, Wissenschaftler, Schriftsteller, Buchhändler, Architekten, Maler gehörten zu den abendlichen Runden, bei denen es um Gott und die Welt und zunehmend um konkrete Kritik am Nationalsozialismus ging. Zu diesem Kreis gehörten der schon erwähnte Kurt Huber, Carl Muth, Theodor Haecker, ebenfalls ein katholischer Schriftsteller, Alfred von Martin, ein Historiker und Soziologe, Werner Bergengruen, ein bekannter Schriftsteller, Sigismund von Radecki, Übersetzer und Feuilletonist mit spitzer Feder. Die Studenten luden sich die Älteren teilweise als Referenten ein, oder sie lasen gemeinsam Texte von ihnen vor und diskutierten sie.

Wir müssen uns diese Abende vor allem als bildungsbürgerliche Geselligkeit vorstellen, noch nicht als konspirative Treffen. Man teilte die Ablehnung des Nationalsozialismus, eine Affinität zum Glauben oder zur Glaubensreform und die Liebe zur Philosophie und traf sich an wechselnden Orten: bei der Pianistin Gertrud Mertens am Englischen Garten, im Atelier des Architekten und Malers Manfred Eickemeyer in der Leopoldstraße oder in Alexander Schmorells Elternhaus. In dieser anregenden und geschützten Atmosphäre fingen Alexander Schmorell und Hans Scholl zuerst an, über aktiven Widerstand gegen das Regime nachzudenken. Dass sie die Erfahrung, unter so vielen Gleichgesinnten zu sein, dazu ermutigt hat, lässt sich leicht nachvollziehen. Dass sie dabei allerdings dem Trugschluss erlagen, noch viel mehr Deutsche stünden auf ihrer Seite, ist die tragische Seite der Geschichte.

Im März 1942 mussten Hans Scholl und Alexander Schmorell noch einmal vorübergehend München verlassen und in Reservelazaretten in Schrobenhausen und in Holzhausen bei

Landsberg famulieren. In Schmorells Einrichtung, einem ehemaligen Heim für behinderte Mädchen, waren Patientinnen
verlegt und im Rahmen des Euthanasieprogramms ermordet
worden. Ob er von diesen Tötungsaktionen etwas mitbekam?
Als angehendem Arzt wird ihm der herrschende Umgang mit
Kranken und Behinderten jedenfalls nicht entgangen sein. Er
versuchte, zwischen sich und der Institution so viel Distanz wie
möglich zu legen, zog aus der für ihn vorgesehenen Schlafstätte
im Heim aus und nahm sich eine Privatunterkunft, um wenigstens stundenweise der Tristesse des Ortes zu entgehen. Medizinisch hatte er es hauptsächlich mit Erfrierungen von Wehrmachtssoldaten zu tun. Dass sich in diesen Tagen seine Geliebte
Angelika Knoop entschloss, zu ihrem Mann zurückzukehren,
drückte seine Stimmung nur noch tiefer.

Ab April 1942 konnten die Freunde kurz durchatmen. Alexander Schmorell und Hans Scholl kamen wieder in München
zusammen. Sie gingen ins Konzert oder köpften im Englischen
Garten eine Flasche Wein. Nach außen ein nicht unangeneh-
mes Leben. Doch innerlich erlebten die Protagonisten den
Wonnemonat Mai tief aufgewühlt. Ihre Pläne für den Widerstand wurden konkreter.

Neu zum Kreis der Münchner Studenten hinzugekommen
war Willi Graf. Auch er hatte bereits über Widerstand nachgedacht, ist nach seinen Fronterfahrungen tief verunsichert.
Schon die ersten Kriegseinsätze im Generalgouvernement
Polen und in Russland hatten ihn dicht an den Schauplatz der
größten deutschen Verbrechen herangeführt. Er erlebte die
zynische Behandlung der Kriegsgefangenen, die millionenfach durch die schlechte Behandlung der Wehrmacht zu Tode
kamen, und er war wahrscheinlich der Einzige des späteren
Widerstandskreises, der an der Front auch Mordaktionen miterlebt hat. Am 9. April 1942, kurz nach seiner Ankunft in München, notiert er in sein Tagebuch: »ich schlafe sehr schlecht in

dieser nacht. der wechsel ist mir noch so ungewohnt, ich finde mich sehr schlecht zurecht, fast scheint es mir manchmal, es geschehe alles im traum. vor allem, wenn ich diese ungestörten leben betrachte, die kleinen sorgen der leute. vielleicht aber ist doch alles nur fassade.«[10]

Ebenfalls neu zum Kreis der Freunde stieß zu dieser Zeit Kurt Huber. Er kannte bereits Sophie Scholl aus seiner Vorlesung, doch in persönlichen Kontakt mit den jungen Leuten kam er am Abend des 3. Juni 1942 im Haus Mertens. Die Verbindung zueinander fanden sie über die Musik. Wir dürfen nicht vergessen: Die Schicht, die in München ins Konzert ging oder im Bach-Chor sang, war klein. Früher oder später musste man sich als musikbegeisterter Mensch über den Weg laufen.

Enthusiasmus der Freundschaft

Seit April 1942 war Willi Graf in München, seit Mai durfte Sophie Scholl endlich ihr Studium antreten. Es war offenbar die Dynamik der Begegnung und Freundschaft, die den Schritt in den aktiven Widerstand ermöglichte. Die Begabung zur Freundschaft scheint all diesen jungen Menschen gemeinsam gewesen zu sein. Dabei waren ihre Rollen durchaus verschieden. Christoph Probst und Alexander Schmorell waren seit ihrer Kindheit eng verbunden. Probst fand bei den Schmorells Zuflucht in der eigenen chaotischen Familiensituation, während Schmorell wiederum von der Geradlinigkeit des Freundes profitierte, die auch seine Eltern zu schätzen wussten, die sich mitunter wegen der krummen Ausbildungswege ihres Sohnes sorgten. Hans Scholl wiederum lag es schon seit Jugendverbandszeiten besonders, andere zu begeistern und anzuleiten. Sein Charisma fiel besonders bei Willi Graf auf fruchtbaren Boden, aber auch Christoph Probst empfand zu ihm eine

Freundschaft »des Herzens«.[11] Sophie Scholl war ihrem Bruder
eng verbunden, verliebte sich auf den ersten Blick in Alexander Schmorell (ohne Gegenliebe) und wurde auch zur Freundin Christoph Probsts. Nicht zuletzt hatte Willi Graf seiner
Schwester Anneliese Knoop-Graf zufolge schon als Kind ein
besonderes Bedürfnis nach Nähe zu anderen. Die Freundschaften ihres Bruders hätten von jeher den Charakter von Ver-
schwörungen gehabt. »Da war nichts unverbindliches, nichts,
was auch durch Kumpanei oder ›pfundige Kameradschaft‹
hätte ersetzt werden können. Es war eine intensive, zuweilen
exaltierte geistige Gemeinschaft, die jeden unausweichlich mit-
zog, der in diesen Kreis Einlass fand, ein Enthusiasmus der
Freundschaft.«[12] Die vielfach verflochtene Freundschaft der
Studenten war das feste Fundament in zerrissenen Zeiten.

Diese Vertrauensgrundlage ermöglichte, dass sich die jungen Leute bei ihren Zusammenkünften im Sommersemester
1942 politisch offen austauschen und über Widerstandsformen
nachdenken konnten. Die Flugblätter wurden zwar zunächst
nur von Hans Scholl und Alexander Schmorell geschrieben und
verteilt, aber sie waren eingebettet in die regelmäßigen Treffen
im erweiterten Kreis, bei denen über die konkreten Inhalte
gesprochen wurde, ohne dass den Teilnehmern dieser Hintergrund immer klar gewesen wäre. Die Zusammenkünfte dauer-
ten oft bis in die frühen Morgenstunden. Es wurde Tee getrunken und viel Wein, und es ging auch fröhlich zu, obwohl Willi
Graf und Hans Scholl das ernsthafte zielführende Gespräch in
dieser Situation vorzogen.

Die Gestapo hat noch Monate nach der Aburteilung der
Hauptverdächtigen in vielen Verhören die Abläufe und die individuelle Beteiligung Verdächtiger an den Widerstandsaktionen
zu rekonstruieren versucht. Die Einzelverhöre wurden mehrfach wiederholt. So ergibt sich – bei aller Skepsis, die einer solchen erpressten Quelle entgegengebracht werden muss – aus

verschiedenen Perspektiven ein Bild davon, wie die Widerstandsaktionen reiften.

Eine der Hauptzeuginnen war Traute Lafrenz, von Juli bis Oktober 1941 eine kurzzeitige Geliebte von Hans Scholl und eine wichtige Figur im inneren Zirkel der Widerstandsgruppe. Sie studierte ebenfalls Medizin und hatte Alexander Schmorell beim Reichsarbeitsdienst in Ostpommern kennengelernt. Ihr politisches Bewusstsein wurde an der reformorientierten musischen Hamburger Lichtwarkschule bei der engagierten und ideologiekritischen Lehrerin Erna Stahl angelegt, die ihr später auch bei der Widerstandsaktion helfen sollte. Hans Scholl lernte sie bei einem Bach-Konzert kennen.

Traute Lafrenz berichtete im Gestapoverhör von einem Treffen Ende Juni oder Anfang Juli 1942 in der Villa Schmorell in Harlaching, bei dem es in ihrem Beisein erstmals nicht nur allgemein um politische Themen ging. Christoph Probst vertrat die Meinung, eine Monarchie sei für Deutschland künftig das Beste. Ein neuer Staat müsse den Bedürfnissen der Individuen nachkommen und jedem Menschen ein Auskommen garantieren. Kurt Huber wollte sich auf eine neue Staatsform noch nicht festlegen. Zwar hatte er selbst ein deutlich konservatives Ideal – Monarchie, germanisches Führerprinzip, Ständestaat –, steuerte in der Diskussion jedoch vor allem sein geschichtliches und politisches Wissen bei, um verschiedene Positionen zu bekräftigen oder zu widerlegen. Hans Scholl habe auf einmal die Parole ausgegeben, man müsse passiven Widerstand leisten, da ein rasches Ende des Krieges unter der NS-Führung nicht mehr zu erwarten sei. Aus den kritischen Gedanken und Debatten sollten Taten werden. Das Volk müsse aufgerüttelt werden. Das Mittel der Wahl dafür seien Zeitungen und Flugblätter, eine seit der Machtübernahme Hitlers weitverbreitete Widerstandsform der Opposition. Auch Wandparolen wären denkbar, um die Öffentlichkeit zu erreichen.[13]

Katharina Schüddekopf war eine Freundin von Traute Laf-renz. Sie wurde erst knapp zwei Monate nach der Verhaftung der Scholls und Christoph Probsts gefasst und ins Münchner Gefängnis Stadelheim gebracht. Sie kam ursprünglich aus Mag-deburg und promovierte bei Kurt Huber. Die Scholls hatte sie im Mai 1942 in einer Vorlesung ihres Doktorvaters kennen-gelernt. Auch sie war bei dem fraglichen Treffen im Juni 1942 in der Villa Schmorell dabei. In ihrer Schilderung wurde an diesem Tag zuerst mit verteilten Rollen aus dem »Seidenen Schuh« vorgelesen. Der Autor des Dramas, Paul Claudel, der jüngere Bruder der Bildhauerin Camille Claudel, war Reform-Katholik und entschiedener Gegner des Rasse-Antisemitismus, der Nationalsozialisten und des französischen Vichy-Regimes. Sein Drama befasste sich mit der Rekatholisierung und Versöh-nung der Welt und mit den verschiedenen Formen der Liebe.

Anschließend habe man über Politik geredet. Dabei tauchte, so Schüddekopf, die Idee auf, man könnte doch auch Plakate kleben. Kurt Huber schien sich für die Vorschläge zu erwärmen, Scholl und Probst wirkten entschlossen. Scholl habe den NS-Staat einen »Verbrecherstaat« genannt. Dann sprach er über die Flugblätter, die neuerdings in München kursierten, ohne sich jedoch als Mitautor zu erkennen zu geben. »Er zog ein Exemplar aus seiner Brieftasche und zeigte es mir. … Ich war entsetzt und gab es stillschweigend an Hans Scholl zurück. Auf eine Frage von mir an Hans Scholl, wo denn das Flugblatt her-stamme, antwortete er mir nur mit einem Achselzucken.«[14]

Am 22. Juli 1942 kam es wieder zu einer historisch verbürg-ten politischen Aussprache. Es war nicht irgendein Abend, son-dern die letzte Zusammenkunft, bevor Hans Scholl, Alexander Schmorell und Willi Graf an die Ostfront mussten. Er ist als Abschiedsabend in die Geschichte der Weißen Rose eingegan-gen. Keiner konnte wissen, ob man noch einmal in derselben Konstellation zusammentreffen würde. Das löste die Zungen.

Man traf sich bei Manfred Eickemeyer, der die jungen Leute
unterstützte und ihnen sein Atelier in der Leopoldstraße 38a
zur Verfügung stellte. Diesmal wurde schon über die konkreten Widerstandsformen gesprochen. Zumindest zwei Punkte
der Flugblätter wurden diskutiert, nämlich die Aufforderung
zum Boykott öffentlicher Versammlungen und die Möglichkeit der Sabotage in Rüstungsfabriken. Bei einer erneuten Vernehmung durch die Gestapo gab Traute Lafrenz zu, dass Scholl
geäußert habe, man werde mit Diskussionen allein nicht wei-
terkommen. Um etwas zu ändern, müsse man endlich aktiv
werden. Seine Schwester Sophie habe bei der Gelegenheit vorgeschlagen, man könnte doch beispielsweise nachts Parolen
anbringen.

Die Aussagen der beiden Zeuginnen zeichnen ein etwas
anderes Bild von den Anfängen der Weißen Rose als bislang
angenommen. Die Diskussionsabende in der größeren Runde
und die konspirative Arbeit von Hans Scholl und Alexander
Schmorell waren wohl doch nicht so unabhängig voneinander.[15] Die Behauptung, von den Flugblattaktionen der beiden
nichts gewusst zu haben, könnte eine Entlastungsstrategie
der Helfer der Weißen Rose gewesen sein, die nach den zwei
Hauptprozessen gegen die Weiße Rose angeklagt wurden. Sie
hatten natürlich ein Interesse daran, ihren eigenen Anteil zu
schmälern, indem sie die Verantwortung auf die (bereits toten)
Freunde schoben. Hans Scholl und Alexander Schmorell haben
jedoch nach meinem Dafürhalten nicht in aller Abgeschieden-
heit die ersten Flugblätter verfasst, sondern sie mit den Gleichaltrigen und Älteren sowie mit Professor Kurt Huber inhaltlich diskutiert. So gesehen war die Weiße Rose von Anfang an
ein Gemeinschaftsprojekt, wenn auch nicht alle in der Runde
von den konkreten Niederschlägen der Gespräche wussten,
sondern diese wohl für Überlegungen abstrakter Natur gehalten haben dürften. Wirklich eingeweiht waren von Anfang an

höchstwahrscheinlich nur Sophie Scholl und Traute Lafrenz, zu dieser Zeit die Freundin von Hans Scholl. Vielleicht wusste auch Christoph Probst von den gefährlichen Aktionen seiner Freunde.

Kurt Hubers Rolle zu Beginn der Widerstandsgruppe wird unterschiedlich bewertet. Nach dem Krieg galt er in der Geschichte der Weißen Rose als Mentor und Drahtzieher, da es kaum denkbar schien, dass ganz normale junge Leute ohne Anleitung durch Ältere die Initiative zum Widerstand gefasst haben könnten. Doch inzwischen wird Hubers Beitrag differenzierter gesehen. Er hatte in seinen Vorlesungen ein kritisches Potential erkennen lassen, das den Freundeskreis auf ihn aufmerksam machte. So warnte er seine Hörerinnen und Hörer ironisch davor, wenn er jüdische – verfemte – Philosophen zitierte, was zugleich als Seitenhieb gegen parteitreue Kollegen zu verstehen war. Doch gleichzeitig war er deutlich konservativer und autoritärer eingestellt als die jungen Leute und vor allem der Wehrmacht gegenüber unverbrüchlich loyal, sodass es riskant erschien, wirklich offen vor ihm zu sprechen. Woher konnten sie sicher sein, dass er sie nicht verriet? So gab es zunächst eine Phase des gegenseitigen Beschnupperns. Schlussendlich holten die jungen Leute Kurt Huber ins Boot, denn es lag ihnen besonders daran, die Intellektuellen auf ihre Seite zu ziehen, von denen in ihren Augen der Anstoß zum Umsturz kommen musste. Über Professor Huber, so die Hoffnung, könnten sie in diese Zielgruppe hineinwirken.[16]

Der Professor und die jungen Leute

Doch wie sah die Sache von seiner Warte aus? Die jahrelange vergebliche Hoffnung auf eine Festanstellung, die in seinen Augen ungerechten Entscheidungen zugunsten von Konkurrenten hatten Hubers Einstellung zum Staat eingetrübt. »Nach einer 12-jährigen Tätigkeit in der Volksliedsache, und dies schon zu einer Zeit, wo manche der heute gegen mich hetzenden Herren noch nicht einmal daran dachten, dass hier auch etwas zu holen wäre, muss ich mir die finanzielle und moralische Vernichtung im deutschen Vaterland bieten lassen!«, schrieb er im Jahr 1938 empört seinem Kollegen Alexander von Müller.[17] Jahrelang hatte er sich in Wissenschaft und Kulturpolitik engagiert und war wohl auch aufgrund seiner Behinderung trotzdem nicht mit einer Festanstellung belohnt worden. Eine verpasste berufliche Chance in Berlin, von der er sich einiges erhofft hatte, ließ ihn beschädigt und menschlich enttäuscht nach München zurückkehren. Auch in Fribourg erhielt er nicht den erhofften Ruf, an anderen Universitäten war sein Name ebenfalls verbrannt. Selbst sein taktischer Eintritt in die NSDAP im Jahr 1940 hatte seine Situation nicht verbessert. Sein internationales Renommee als Volksliedforscher stand in keinem Verhältnis zu den sporadischen Geldzuwendungen und kleinen Dozentenhonoraren, von denen er seine Familie ernähren musste. Erst seit Juni 1940, nach der Verleihung des Titels »außerordentlicher Professor«, erhielt er eine jährliche Vergütung von sechstausendvierhundert Reichsmark und einen Wohnungszuschuss von eintausendfünfhundertvierundachzig Reichsmark. Doch von einer missglückten wissenschaftlichen Karriere und fachlichen Kränkung führt kein direkter Weg in den Widerstand, deshalb kann diese rein persönliche Erklärung keinesfalls die ganze Geschichte gewesen sein.[18]

Wie die Huber-Forscherin Rosemarie Schumann festgestellt

hat, war es nicht zuletzt das Kriegsjahr 1941, das Huber mächtig zusetzte. Als verhinderter Teilnehmer des Ersten Weltkriegs war er zunächst voll und ganz hinter dem Krieg gestanden und hatte sogar erneut versucht, sich beim Militär nützlich zu machen. Doch der Verlauf des Krieges ließ ihn zunehmend um die jungen Leute fürchten, die er unterrichtete. Zudem litten die Studienbedingungen, die Semester waren zu Trimestern geworden, die Anwesenheit und die Vorbereitung der Studierenden blieben unkalkulierbar. Dann fielen im Herbst 1942 auch noch Bomben auf München. »Es ist uns weiter nichts passiert, doch wenn man all den Jammer hört, den der eine Großangriff gebracht hat, ist man wie gelähmt. Zumal man sich wieder geradezu wütend über die miserable Gleichgültigkeit aufregen muss, mit der sogar an der Bergung der Opfer gearbeitet wird. Nicht einmal dafür werden genügend Leute zur Verfügung gestellt, von allem anderen zu schweigen.«[19] So hatte sich Huber die immer wieder hochgelobte »Volksgemeinschaft« nicht vorgestellt.

Kurze Zeit nach dem ersten gemeinsamen Abend mit den Freunden um Hans Scholl und Alexander Schmorell fand Huber ein von der Weißen Rose gezeichnetes Flugblatt in seinem Briefkasten in Gräfelfing, ohne jedoch zu ahnen, wer sich dahinter verbarg. Er verbrannte das belastende Dokument. Offenbar stand er zu diesem Zeitpunkt dem aktiven Widerstand tatsächlich noch skeptisch gegenüber, er dachte, das Risiko sei zu groß.

Der persönliche Eindruck der jungen Leute, vor allem Hans Scholls, dürfte eine entscheidende Rolle bei seiner Annäherung an die Gruppe gespielt haben. Huber war gesellig, lud Studierende häufig zu sich nach Hause ein. Er unterhielt sich gerne mit ihnen über die Bedeutung der Universitäten und der Wissenschaften für eine Gesellschaft. Mit Hans Scholl war er sich einig, dass die Entwicklung zu immer mehr Spezialistentum schädlich und die Trennung von Naturwissenschaften und Geisteswissenschaften möglichst aufzulösen sei. Die Menschen hätten ein Bedürfnis, hinter die Materie zu blicken, weshalb sich Philosophie und Naturwissenschaften vereinigen müssten. In seinem Verhör sollte Hans Scholl später erzählen, er und Huber seien sich einig gewesen, dass sich »Geist und Materie« treffen könnten. In solchen Unterhaltungen mit Studierenden wird Kurt Huber nicht zuletzt eine tröstliche Anerkennung seiner Person und seiner Arbeit verspürt haben, die ihm Zunftkollegen und Universitätshierarchien immer wieder verweigert hatten.

Zu dieser Zeit war Huber mit einem Buchauftrag beschäftigt, für den er nicht nur ein unvorhergesehenes Honorar erwarten durfte, sondern der ihn auch gedanklich aus der beruflichen Misere befreite. Der Cotta-Verlag in Stuttgart hatte bei ihm für die Reihe »Die Denker Europas« eine Monographie über den Philosophen Gottfried Wilhelm Leibniz angefragt. Der Text sollte sich an ein breiteres Publikum und nicht nur an die Fachwelt richten und pünktlich zum Abgabetermin fertig sein, auch damals keine kleine Herausforderung für einen deutschen Professor. Das Projekt zog sich hin. In den Herbst, in den Winter, ins neue Jahr 1943. Huber arbeitete sogar noch in seiner Gefängniszelle an dem Manuskript. Fertig wurde es nie.

Die Beschäftigung Hubers hatte auch für die Gruppe der Münchner Aktivisten eine Bedeutung, denn sie besuchten seine Vorlesung über den frühen Aufklärer. Leibniz stand stellvertretend für ihren Freiheitsanspruch und ihr aufklärerisches Denken. In Leibniz' Worten war jeder Mensch aufgrund seiner Fähigkeiten zum vernünftigen Handeln in der Lage. Er war einer der letzten Universalgelehrten und trug Bedeutendes nicht nur in der Philosophie und Mathematik, sondern auch in der Etablierung eines Wissenschaftssystems bei. Allgemein bekannt sind seine Beiträge zur Differentialrechnung. Er prägte auch den Ausdruck, unsere Welt sei »die beste aller möglichen Welten«. Sein Werk war grundlegend für die moderne Psychologie im 19. Jahrhundert, an der sich wiederum Huber in seiner musikpsychologischen Arbeit, aber auch in seinen völkerpsychologischen Überlegungen orientierte sowie in der Erforschung der Herkunft von Sprachen.

Ein philosophisch-theologisches Thema aus dem großen Erbe von Leibniz war, wie oben schon erwähnt, das Problem des Bösen in der Welt. Vor allem Willi Graf und die Geschwister Scholl interessierten sich dafür. Leibniz hielt das Böse mit der grundsätzlichen Güte Gottes für vereinbar. Denn das Böse provoziere zu Lösungen, die wieder zu einem besseren Zustand der Welt führen könnten. Vielleicht wäre diese Theorie auf die gegenwärtige Lage in Deutschland übertragbar? Was, wenn Hitler das Böse wäre, das durch ihre Aktivitäten überwunden werden konnte?

Hubers Entscheidungsprozess, sich im Widerstand zu engagieren, ist rational auf der Grundlage seiner intellektuellen und politischen Biographie schwer greifbar – noch schwerer als bei den jungen Aktivisten. In welchem Verhältnis eigene Prägungen, Erfahrungen mit Ungerechtigkeit sowie moralische und politische Überlegungen standen, ist am Ende nicht zu bestimmen. Vermutlich hätte Huber sogar selbst die eindeutige Begründung seiner Motive zurückgewiesen. In sein Tagebuch schrieb er: »Die politische Stellungnahme des Einzelnen ist doch letzten Endes – wie die religiöse, die künstlerische – das Produkt des komplizierten Zusammenwirkens gefühlsbetonter Faktoren. Milieu, Erziehung, Vererbung und instinktartige Bewusstseinselemente spielen stärker mit, als man sich je eingestehen möchte.«[20] Die Möglichkeit, wirksam zu sein, zusammen mit seinen Studierenden, dürfte kein unerheblicher Faktor gewesen sein.

Bei einem weiteren Treffen im Atelier Eickemeyer hielt er, zur Überraschung der Anwesenden, illegale Propaganda und Sabotage plötzlich doch für eine Option.

Anlässe und Motive

Welche Motive die verschiedenen Akteure der Weiße Rose für ihren Weg in den Widerstand hatten oder, besser gesagt, in welchem Mischungsverhältnis die Motivlagen standen, wird auch bei den anderen Beteiligten nie ganz zu klären sein. Ihre Aussagen vor der Gestapo sind als Quellen nicht zuverlässig: Wann, wenn nicht in dieser Situation, versucht der Mensch seine wahren Beweggründe zu verschleiern? Zudem boten die Verhöre die Gelegenheit, das eigene Verhalten nachträglich zu rationalisieren und im besten Licht erscheinen zu lassen. Auch die Selbstzeugnisse der Beteiligten, die vor der Verhaftung entstanden sind, wurden schon beim Schreiben an die Bedürfnisse der Selbstdarstellung und die Notwendigkeiten der Selbstzensur angepasst. Im Übrigen sind kaum politische Aussagen der Beteiligten erhalten, weil sie aus Sicherheitsgründen vernichtet wurden. Die Plausibilität der Antworten auf die Frage nach dem Warum liegt deshalb – einmal mehr – im Auge des Betrachters beziehungsweise des Forschers, anders gesagt: Zeitabhängige Deutungsvorlieben betonten immer wieder unterschiedliche Motivlagen. So gilt dem einen mehr der christliche Hintergrund der Akteure als Antrieb, dem anderen das traumatische Erleben an der Front, dem Dritten die Verteidigung humanistischer oder christlich-abendländischer Werte.

Sicherlich trägt der Zeitpunkt der Aktionen ein Stück weit zur Beantwortung der Frage nach den unmittelbaren Aus-

lösern der Aktionen bei. Im Frühsommer 1942, als die Flug-
blattkampagne begann, dauerte der Krieg schon mehr als zweieinhalb Jahre, der Angriff auf die Sowjetunion lag ein Jahr
zurück. Kennzeichnend für diese Zeit war die massive Expan-
sion des Lagersystems. Konzentrationslager gab es inzwischen
nicht nur in fast allen deutschen Städten, man sah die Häftlinge
auch zunehmend im öffentlichen Raum etwa bei der Zwangsarbeit. Die Vernichtungslager als Sonderform der Konzentrationslager, in denen fabrikmäßig gemordet wurde, wurden ab
dem Frühjahr 1942 errichtet. Nur in Kulmhof, im besetzten
Polen, wurde schon ab Dezember 1941 in Gaswagen massen-
haft gemordet.

Die Deportationen der Juden hatten im Herbst 1941 sukzessive begonnen. Im März 1942 begann die systematische Ermordung der polnischen Juden, auf die in den Flugblättern der
Weißen Rose konkret Bezug genommen wird. Außerdem lief
die Verschleppung der deutschen Juden in sogenannte Durch-
gangslager im Osten an, von wo sie später in die Vernichtungslager kamen. Auch der Abtransport der jüdischen Bevölkerung
aus Deutschland fand in aller Öffentlichkeit statt. Kinder begleiteten die Züge johlend, manch ein Volksgenosse applaudierte
offen. Zu dem Zeitpunkt, als die Weiße Rose mit ihren Aktionen begann, war die deutsche Gesellschaft einerseits gegen
Gewalt und Verfolgung bereits abgestumpft, andererseits war
der Holocaust eine relativ neue Entwicklung. Es ist davon auszugehen, dass sehr viele Menschen eine nicht nur vage Vorstellung davon hatten, was unter der »Endlösung der Judenfrage« zu verstehen war, da Hitler darüber kaum verklausuliert
sprach. Zusätzliche Informationsquellen waren Feldpostbriefe
und Erzählungen von Soldaten an der Ostfront, von Mitarbeitern der Besatzungsverwaltungen sowie Flugblätter und Nachrichten aus dem Ausland. Das Wissen um die Erschießungs-
kommandos und die Vernichtungslager im Osten war mithin

verbreitet, und es ist gesichert, dass auch die Mitglieder der Weißen Rose davon wussten.

Für die individuellen Lebensumstände der Beteiligten im Sommer 1942 war außerdem wichtig, dass in den Märztagen dieses Jahres mit der Verhaftung von Juden begonnen wurde, die mit Nichtjuden verheiratet waren. Dadurch gerieten auch Freunde und Verwandte in Gefahr, darunter Christophs Probsts Stiefmutter Elise, deren nichtjüdischer Mann freilich schon 1936 gestorben war, und Jenny Grimminger, deren Mann ein enger Freund der Familie Scholl war und der die Aktivitäten der Widerstandsgruppe unterstützen sollte.

Eine ganz entscheidende Voraussetzung für das Engagement der jungen Leute gegen das NS-Regime war ihr Politikverständnis. Unverständlich scheint, dass in der Forschung immer wieder behauptet wird, die Akteure seien überwiegend unpolitisch gewesen. In dieser Behauptung zeigt sich ein zu eng gefasster Politikbegriff, der bloß parteipolitisches Engagement meint. Außen vor bleiben die politischen Themen der Lebenswelt der jungen Leute, ihre Deutungen der widersprüchlichen Erfahrungen, die sie in der Hitlerjugend, in den Arbeitsdiensten, im Studium oder in der Armee machten, wo sich die eigene politische Bildung mit den jugendtypischen Erfahrungen in der NS-Zeit verbunden hat. Die Politisierung der Aktivisten kam aus ihrer direkten Lebenswelt, sie formte sich aus den Alltagserfahrungen und ethischen Fragen der Betroffenen.[21] Dazu gehörten ihre politische Sozialisation, ihr Aufwachsen in einer demokratisch gestimmten, liberalen Atmosphäre im Elternhaus (außer im Fall Grafs) und ihre angelesenen Überzeugungen, aber vor allem die Stellung, die »das Politische« in ihrem persönlichen Leben einnahm. Eine Trennung in Privates und Gesellschaftliches war damals schlicht nicht möglich.

Das lässt sich gut in den Briefen beobachten, die die Freunde einander schrieben und in denen sich Passagen über ihre derzeitige Lebensführung, ihre Gedanken, Gefühle und ihre politischen und intellektuellen Überlegungen beständig abwechseln. Christoph Probst schreibt beispielsweise am 18. Oktober 1942 aus Ruhpolding an Hans Scholl erst, wie sehr er in Gedanken ständig bei ihm und seiner Schwester sei, dann stellt er Überlegungen darüber an, dass ihre Generation schon in der Jugend mit dem Tod vertraut gemacht werde. »Wir leben ja alle in einer Art Sündflut.« Dann folgt eine Passage über seine aktuellen Wohnverhältnisse, darüber, dass er zweimal hintereinander die Toccata und Fuge von Bach gespielt habe, dann eine Passage über seine Glücksgefühle mit den Kindern, wie überwältigt er von der Aussicht sei, noch viele Jahre mit ihnen Freud und Leid teilen zu können, dass er hoffe, das dritte Kind werde ein Mädchen. Es folgt eine Schilderung Tirols und seiner Menschen und ein Angebot, im Winter gemeinsam Skifahren zu gehen, sowie eine Anekdote über den Sohn Mischa. Dann eine verschlüsselte Mitteilung über die gemeinsamen Pläne: »Auch in der Stadt werden wir unseren gemeinsamen Interessen und Pflichten nachgehen.« Schlussendlich drückt er seine Hoffnung aus, dass sie bald zusammensitzen und Neuigkeiten aus Russland besprechen könnten. Ob damit Informationen über die russische Bevölkerung, die Kriegslage oder die Verbrechen der Deutschen gemeint waren, lässt sich nicht mit Sicherheit sagen.[22]

Die Verbindung höchst privater und emotionaler Themen mit rationalen und politischen Fragen ist charakteristisch für diesen Kreis. Die Freunde haben nicht nur ihre Ansichten, sondern auch ihr Leben miteinander geteilt. Das geht über das ganz profane Vermischen der Ebenen hinaus, die Verbindung ist vielmehr Teil des Selbstverständnisses der Beteiligten und ihres Politikverständnisses. Sie haben nicht, wie vielfach behauptet wurde, über abstrakte politische Ziele in den Widerstand gefunden, sondern über die gemeinsame Erfahrung, dass das eigene Leben und die politischen Verhältnisse nicht voneinander getrennt werden können. Wenn im Folgenden die rationalen Gründe, in den Widerstand zu gehen, aufgelistet werden, muss deshalb das irrationale beziehungsweise emotionale Moment, oder, wie Huber es ausgedrückt hat, das »instinkthafte Bewusstseinselement« immer mitgedacht werden.

Die Kenntnis der Verbrechen

Zu Spitzenzeiten lebten und arbeiteten bis zu zwölf Millionen Zwangsarbeiter im NS-Staat. Sie wurden nicht nur bei der Feldarbeit, in der Industrie oder in Bergwerken eingesetzt, sondern auch in Kommunen, Kirchen, Krankenhäusern, Friedhöfen und Privathaushalten. Sie waren ein fester Bestandteil deutschen Lebens und Wirtschaftens und machten zeitweilig ein Viertel der Beschäftigten aus. Allein in einer Stadt wie Essen gab es dreihundertfünfzig Wohnbaracken für Zwangsarbeiter. Das bedeutete, diese Menschen waren im Alltag – auf den Straßen, in der Straßenbahn, im Betrieb – schlechterdings nicht zu übersehen. Jeder wusste um die Hierarchie der Zwangsarbeit: Vergleichsweise am wenigsten schlecht behandelt wurden die Personen aus nordischen oder westlichen Ländern, danach kamen die osteuropäischen Zwangsarbeiter, ganz unten standen die jüdischen KZ-Zwangsarbeiter.[23]

Auch die Entrechtung, Ausgrenzung, Verfolgung und Ermordung der Juden sowie anderer aus der »Volksgemeinschaft« Ausgeschlossener wie Behinderte, Homosexuelle, Roma und Sinti oder sogenannte Asoziale spielten sich vor aller Augen ab. Ab Frühjahr 1938 wurde ein Register für behinderte und unheilbar kranke Menschen geführt, Ärzte und Hebammen mussten Kinder nach Berlin melden, die für die sogenannte Kindereuthanasie infrage kamen. Sie erhielten sogar eine finanzielle Belohnung dafür. Die heute grausam anmutende Entscheidung, beim Töten »lebensunwerten« Lebens zu helfen, fiel der damaligen Ärzteschaft weniger schwer, als man denken möchte. Viele glaubten, sie könnten ihrem Volk damit nützen, wenn unheilbar Kranke ausgemerzt würden. Entsprechende Gesetze wurden veröffentlicht und diskutiert. Die Tötungen waren nicht nur im Umfeld der Psychiatrien bei den Mitarbeitern und den Angehörigen bekannt, sondern auch in den Kirchen, die in dieser Frage zum ersten und einzigen Mal im Namen einer Opfergruppe gegen das NS-Regime öffentlich protestierten. Die katholische Kirche veröffentlichte einen entsprechenden Hirtenbrief, und im Sommer 1941 sprach, wie bereits erwähnt, der Münsteraner Bischof von Galen ausdrücklich und detailliert vom Mord an Anstaltspatienten. Der Text seiner Predigt wurde im Ausland vervielfältigt und von Alliierten aus Flugzeugen über Deutschland abgeworfen. Immerhin konnte das systematische Vergasen der Kranken zu diesem Zeitpunkt gestoppt werden, was zeigt, dass Opposition durchaus wirksam sein konnte.

Die »Für Juden verboten«-Schilder in Straßenbahnen, Parkanlagen und in ganzen Ferienorten, die sadistischen Demütigungen, die Berufsverbote für Beamte, Ärzte, Anwälte und sogar für Sportler, die brennenden Synagogen, die beschmierten und zerbrochenen Schaufenster jüdischer Läden, die ausgehungerten KZ-Häftlinge, die Schutt räumen mussten, und nicht zuletzt die Deportationen fanden im öffentlichen Raum und bei helllichtem Tage statt. An manchem antijüdischen Gewaltakt etwa 1933 oder 1935 waren Schulklassen und Hitlerjugendliche beteiligt.

Es ist daher nicht nur abstraktes Wissen, das die Beteiligten der Weißen Rose mit allen anderen Deutschen teilten, es gab ganz konkrete Erfahrungen mit dem staatlichen Terror. In Ulm stand ein Konzentrationslager, das jeder kannte. Robert Scholl war als Steuerberater in die sogenannte Arisierung jüdischer Geschäfte involviert. Er scheint sich dabei korrekt verhalten zu haben, denn er hatte noch nach 1945 guten Kontakt zu den Betroffenen, die inzwischen in Israel oder in den USA lebten.[24] Ob die Scholl-Kinder bei der Hitlerjugend Drangsalierungen von Juden miterlebt haben, wissen wir nicht genau. Dass ihnen solche Vorfälle in einer Stadt wie Ulm entgangen sein könnten, ist aber unwahrscheinlich.

Die Weiße Rose, genauso wie die restliche deutsche Bevölkerung, konnte nicht anders, als Zeuge zu werden des Zivilisationsbruchs in Nazideutschland. Sophie Scholl arbeitete beim Kriegshilfsdienst Seite an Seite mit ausländischen Zwangsarbeiterinnen in einer Rüstungsfabrik. Christoph Probst beschäftigte sogar eine ukrainische Zwangsarbeiterin als Familienhilfe. Es ist interessant, wie er darüber dachte. Am 9. Dezember 1942 schrieb er aus Innsbruck an seine Schwester: »Herta [seine Frau] hat sich auf dem Sklavenmarkt nun eine Ukrainerin aussuchen dürfen, ein stilles trauriges Mädel von 17 Jahren, eine echte Slavin. Leider klappt die Verständigung nur sehr schlecht, ich verstehe ja Ukrainisch noch viel weniger als Russisch. … Ich freu mich nur, das man wenigstens einem von all diesen armen Menschen das Leben ein wenig leichter machen kann.«[25] Darin steckt die ganze Ambivalenz des damaligen deutschen Handelns: Man akzeptierte die Hilfe, die der NS-Staat Familien bot, und versuchte, diese Entscheidung mit einer guten Behandlung der Arbeitssklaven zu rechtfertigen. Mit dem Ausdruck »eine echte Slavin«, gibt Probst zur damaligen Zeit gängige Völkerstereotypien wider, jedoch hat er seine Sensibilität für das Unrecht gegenüber den von Deutschland besetzten Ländern und deren Bevölkerungen wenigstens nicht aufgegeben. Die Tatsache, dass er von der Sklaverei persönlich profitierte (mit ihren drei kleinen Kindern konnten seine Frau und er eine billige Haushaltshilfe gut gebrauchen), änderte für ihn nichts an der Kritik am rassistischen Ausbeutersystem.

Auch das Thema Euthanasie war im Kreis der Weißen Rose nicht nur ein fernes Gerücht. Der Vater von Christoph Probst war, wie wir gesehen haben, psychisch krank gewesen und hatte sich im Jahr 1936 in einem psychotischen Schub in den Tod gestürzt. Auch wenn er selbst kein Euthanasieopfer war, so wird sein Sohn Christoph als angehender Arzt den Umgang mit Behinderten und »Geistesschwachen« mit besonderer Aufmerksamkeit verfolgt haben. Auch Lina Scholl, die Mutter der Geschwister, war als ehemalige Diakonissin über die Euthanasie informiert. Sie hatte im Gottlob-Weißer-Haus mit Behinderten gearbeitet, und da sie auch später mit ihren ehemaligen Kolleginnen in Kontakt blieb, muss sie davon gehört haben, dass die im Heim lebenden Kinder 1939 und 1940 nach Grafeneck gebracht und dort vergast wurden.[26]

Eine besondere Bedeutung spielten die Kontakte der Gruppe zu Juden. Von der wichtigen Rolle der jüdischen Stiefmutter für Christoph Probst haben wir schon erfahren. Ihre Person ist fürwahr zentral, da die Behautung im Raum steht, die Weiße Rose habe sich bei ihren Widerstandshandlungen nicht so sehr von der Sorge um die Juden und den Holocaust treiben lassen. Diese These ist schlichtweg böswillig. Kurt Huber wohnte in Berlin bei einer befreundeten jüdischen Musikerin. Auch in der erweiterten Familie von Alexander Schmorell gab es Juden, die aus Deutschland emigrieren mussten, ebenso wie im nahen Umfeld der Familie Scholl. Eugen Grimminger, ein enger Kollege und Freund von Robert Scholl, hatte eine jüdische Frau. Die beiden Männer halfen sich gegenseitig beruflich aus, Grimminger vertrat Robert Scholl in der Steuerkanzlei während dessen Inhaftierung. Er stand auch in Kontakt mit den Kindern, unterstützte sie finanziell und mit Sachspenden. Am 2. März 1943 wurde er verhaftet und am 19. April 1943 im zweiten Prozess gegen Mitglieder der Weißen Rose wegen Unterstützung beim Hochverrat zu zehn Jahren Zuchthaus verurteilt. Er wurde nur deshalb nicht zum Tode verurteilt, weil man ihm nicht nachweisen konnte, dass er wusste, wofür seine Spenden verwendet worden waren. Eugen Grimmingers Frau Jenny wurde nach seiner Inhaftierung deportiert und in Auschwitz ermordet.

Ältere Weggefährten

Auch ältere Freunde und Bekannte spielten beim Schritt in den Widerstand eine entscheidende Rolle. Sie waren nicht direkt in die Aktionen einbezogen, aber hatten als Vertrauenspersonen Einfluss auf die Entwicklung der jungen Leute. Sie werden häufig als »geistige Mentoren« beschrieben, doch waren sie eher wohlwollende ältere Freunde, die selbst keinen Mut oder keine Kraft mehr zum Widerstand fanden, aber in innerer Opposition zum System standen, mit dessen Gegnern sympathisierten und die intellektuelle Entwicklung der jungen Leute begleiteten. Sie gehörten der vorletzten Generation an, waren also eher Über-Großväter als Über-Väter für den Studentenkreis. Zu diesen Männern – deutlich im 19. Jahrhundert geboren, Weltkriegsteilnehmer, mit ihrem beruflichen Höhepunkt noch im Kaiserreich – gehörten Carl Muth und Theodor Haecker. Carl Muth war über siebzig, Theodor Hacker über sechzig Jahre alt, als die Freunde ihnen begegneten.

Den Kontakt fädelte Otl Aicher ein, ein Satellit der Weißen Rose, ursprünglich Freund von Werner Scholl, später auch von Hans und Sophie und nicht zuletzt von Inge, die er nach dem Krieg heiratete. Der später berühmte Designer, der unter anderem die Piktogramme der Olympischen Spiele in München im Jahr 1972 entwarf, bewegte sich wie ein weiterer Sohn im Ulmer Elternhaus. Er war aktiver Katholik und begleitete Inge Scholl auf ihrem Weg zur Konversion zum katholischen Glauben. Seine Mission war, die gesamte Familie Scholl einschließlich der Eltern zum Übertritt zu bewegen, ein Vorhaben, das, wie er selbst erkennen musste, schon an der festen Verankerung der Mutter Lina Scholl im schwäbischen Pietismus zum Scheitern verurteilt war. Auf seiner eigenen religiösen Suche war Aicher auf Carl Muth und den Neukatholizismus oder Reformkatholizismus gestoßen.

Diese vor allem in Frankreich wichtige Bewegung versuchte seit 1900, moderne Wissenschaft, Kultur und katholischen Glauben miteinander zu versöhnen. Die Reformkatholiken regten den Austausch zwischen Kirche und Intelligenz an und konnten etliche Intellektuelle für den Glauben gewinnen. Zu den wichtigen Vertretern des *renouveau catholique* gehörten Georges Bernanos, Paul Claudel und Leon Bloy sowie der englische Konvertit Gilbert Keith Chesterton. Aicher vermittelte im Wintersemester 1941/42 den Kontakt zwischen Carl Muth und Hans Scholl. Als Büchermensch, der er war, erhielt Scholl, wie erwähnt, von dem älteren Gelehrten den Auftrag, dessen Bibliothek zu ordnen. Daraus wurde eine enge Freundschaft mit beinahe täglichen Besuchen. Sophie durfte, als sie am 1. Mai 1942 das Studium in München aufnahm, eine Zeit lang bei Muth wohnen. Auch Inge Scholl wurde bei ihrer religiösen Suche von Muth unterstützt. Scholls Eltern revanchierten sich, indem sie dem alten Mann, der an Diabetes litt, Lebensmittelpakete schickten.

Carl Borromäus Johann Baptist Muth unterhielt einen Salon, in dem Zeitgenossen ein und aus gingen, die zur inneren Emigration zählten, also nicht ausgewandert oder offen in Opposition zum »Dritten Reich« getreten waren, aber ideologisch im Widerspruch zum Nationalsozialismus standen, wenn auch schweigend. Bekannt geworden war Muth um die Jahr-

hundertwende als einer der Publizisten, die sich mit dem katholischen Bildungsrückstand auseinandersetzten und zu einer
kulturellen Reform des Katholizismus aufriefen. Als Plattform
diente ihm dafür seine im Oktober 1903 gegründete Monats-
schrift »Hochland«, die zum Dialog zwischen katholischen und
kirchenkritischen Gelehrten beitragen sollte. Muth trat zum
Beispiel für eine katholische Unterhaltungsliteratur ein, die
sich von der prüden und spießbürgerlichen Moral der Kirche
befreien sollte. »Hochland« wurde seit 1933 zensiert und 1941
von den Nazis verboten.

Muth lebte in einer Villenkolonie in Solln, einem Münchner
Stadtteil, in dem damals viele Maler, Bildhauer, Architekten
und Gelehrte wohnten. Intellektuelle, die in seinem Haus ver-
kehrten und an Lesungen und Gesprächen teilnahmen, luden
die Geschwister Scholl und Alexander Schmorell ebenfalls zu
sich nach Hause ein oder vermittelten Kontakte, unter anderen der Historiker und Soziologe Alfred von Martin, der Jurist
Josef Furtmeier sowie die Schriftsteller Sigismund von Radecki
und Werner Bergengruen, die alle auf die eine oder andere
Weise mit dem nationalsozialistischen Staat haderten und häufig unter Publikations- oder Redeverbot gestellt waren. Bergengruen war ein von Hans Scholl besonders geachteter Schriftsteller, der im Jahr 1936 ebenfalls zum Katholizismus
übergetreten war. Er tippte nachts an der Schreibmaschine Predigten des Münsteraner Bischofs von Galen ab und warf sie in
Briefkästen ein.

Ähnliche Abschriften mit Galens Aufrufen zur Frage der
Euthanasie hatte auch die Familie Scholl in Ulm erhalten.
Sie waren von dem Ulmer Gymnasiasten Heinz Brenner verteilt worden, einem Klassenkameraden von Hans Hirzel und
Franz Müller, die später ebenfalls dabei halfen, die Flugblätter der Weißen Rose zu verbreiten und dafür ins Gefängnis
kamen. Die nächtlichen Einwurfaktionen sowohl Brenners als

auch Bergengruens können für die Aktionen der Weißen Rose durchaus ein Vorbild gewesen sein.

Eine andere besonders wichtige persönliche Begegnung für die Studierenden in der Sollner Villa war Theodor Haecker, der Autor und Übersetzer Vergils, Kierkegaards und des englischen Kardinals John Henry Newman, unter dessen Einfluss er zum katholischen Glauben konvertiert war und dessen Texte Hans Scholl schon kannte. Die Aktivisten befassten sich, nachdem schon drei Flugblätter entstanden waren, mit dem existentialistischen Katholizismus Haeckers, luden ihn zu privaten Vorträgen ein, denn auch ihm war die öffentliche Rede und das Veröffentlichen von Schriften verboten worden. Der Text des vierten Flugblattes der Weißen Rose griff manches aus Texten Haeckers auf, etwa die Vorstellung von dämonischen Mächten und die Mahnung an das Volk zur Umkehr.

Am 4. Februar 1943, einen Tag nachdem in einer Sondermeldung die Kapitulation der 6. Armee in Stalingrad bekannt gegeben worden war, las Haecker zwei Stunden lang in der Münchner Leopoldstraße, im Atelier des Architekten Manfred Eickemeyer, vor fünfunddreißig Zuhörern das erste Kapitel aus seinem Buch »Schöpfer und Schöpfung«. Hans und Sophie Scholl nahmen an der Lesung teil sowie ihre Schwester Elisabeth und Willi Graf. Es war der Tag, an dem Hans Scholl und Alexander Schmorell in den frühen Morgenstunden die ersten Wandinschriften in München angebracht hatten.[27] Noch kurz vor ihrer Verhaftung verbrachten die Geschwister Scholl einen Abend mit Theodor Haecker in Ulm, von dem Sophie ihrem Freund Fritz Hartnagel berichtete: »Das waren eindrucksvolle Stunden. Seine Worte fallen langsam wie Tropfen, die man schon vorher sich ansammeln sieht, und die in diese Erwartung hinein mit ganz besonderem Gewicht fallen. Er hat ein sehr stilles Gesicht, einen Blick, als sähe er nach innen. Es hat mich noch niemand so mit seinem Antlitz überzeugt wie er.«[28]

Die in der Forschung verbreitete Vorstellung jedoch, dass die Positionen der alten Männer von den jungen Leuten wie das himmlische Manna aufgenommen worden seien, ist verfehlt und gehört in eine Weltsicht, die alten, gebildeten Leuten mehr zutraut als jungen Studierenden. Es war ein Geben und Nehmen. Die kaltgestellten Gelehrten, die ihren Zenit lange überschritten hatten, konnten sich in den jungen Sanitätssoldaten spiegeln und sie quasi stellvertretend ihre Kämpfe fechten lassen. Die Studierenden wiederum suchten sich zu ihren Fragen und Deutungsbedürfnissen die Gesellschaft, von der sie via Gespräch und Literaturempfehlungen die passenden Antworten erhoffen konnten. Oppositionelle waren im »Dritten Reich« weit zerstreut. Linke, Liberale, Kommunisten waren ins Ausland geflohen, inhaftiert oder ermordet. Im Übrigen gab es trotz des gemeinsamen Feindes keine Annäherung der schon in Weimarer Zeiten verfeindeten politischen Lager. So blieben den Münchner Studierenden nur die älteren Katholiken als intellektuelle Gefährten und Sympathisanten. Wie wenig wirkliche Gefahr für den Staat von den Reformkatholiken wie Muth oder Haecker allerdings ausging, wird daran ersichtlich, dass sie trotz ihrer Kontakte zur Weißen Rose nach deren Verhaftung und Verurteilung ungeschoren davonkamen.

Die Weiße Rose hatte verschiedene Quellen für ihre Haltung, und sie benutzten, wie wir noch sehen werden, verschiedene Codes oder Argumente, um die Adressaten ihrer Flugblätter zu erreichen. Die Überbetonung des reformkatholischen Einflusses auf die jungen Leute verkennt die Tatsache, dass nur wenige abweichende Deutungsangebote zur NS-Ideologie existierten. Die Freunde waren aufgrund ihrer Herkunft nicht dazu prädestiniert, sich mit kommunistischen Überzeugungen gegen den Nationalsozialismus zu wappnen. Das liberale bürgerliche Ideologieangebot existierte seit dem Ende der Weimarer Republik nicht mehr. Der Liberalismus mit seiner Betonung der Menschenrechte hatte sich als politische Kraft zum Ende der zwanziger Jahre verabschiedet. So blieb als ideologische Rückversicherung und als kommunizierbares Deutungsmodell des Widerstands für die jungen Münchner kaum mehr als die katholische oder christlich-humanistische Weltsicht.

Die Weiße-Rose-Aktivisten waren keine Wanderer in der Nacht, denen katholische Intellektuelle heimleuchten mussten. Sie fanden bei ihnen jedoch wichtige Anknüpfungspunkte und vor allem ein soziales Zuhause, wenn sie, zum Tee eingeladen, vom Lektürevorsprung der Alten profitieren durften. Am 30. Mai 1942 schrieb Sophie Scholl ihrer Freundin Lisa Remppis, sie habe mit ungefähr zwanzig Leuten an einer von Hans organisierten privaten Lesung Sigismund von Radeckis teilgenommen. »Was haben wir gelacht! Früher war er Schauspieler und bestimmt kein schlechter.«[29]

Die älteren Freunde legten nicht den ersten Stein für die Konversion der Aktivisten zum Katholizismus, wie das gerne behauptet wird. Die Autoren der Flugblätter haben sie vielmehr benutzt, um eine brauchbare Systematik in ihre innere Distanz zum Nationalsozialismus zu bringen.

Bücher

Angeleitete, gemeinsame und persönliche Lektüre war ein zentrales Element der Weißen Rose. Ohne Zweifel hat sie die Akteure belehrt, für die große Politik sensibilisiert und in ihrer Empathiefähigkeit gestärkt. Bücher, die für Hitlergegner interessant waren, führten ein geheimes Leben, das Menschen damals zusammenbrachte. Schon ihr bloßes Vorhandensein war von Bedeutung. Sie stellten einen Wert dar, der weit über den Inhalt hinausging. Manche Bücher waren heiße Ware, ihre Beschaffung schwierig und zuweilen gefährlich. Sie

waren den Oppositionellen Stütze, Anleitung, Identitätsmarker und Fluchtpunkt. Kaum etwas im damaligen Kulturleben
unterschied sich so sehr von unserem heutigen intellektuellen Leben in einem Land, in dem Bücher vor allem Unterhaltungsware sind.

In allen Briefen und Tagebüchern der jungen Leute spielen
Bücher eine überragende Rolle. Was gelesen wurde, war nicht
nur eine Erwähnung wert, es wurde darüber reflektiert und
diskutiert. Sophie Scholl im Arbeitsdienst, Hans Scholl während der Besatzung in Frankreich, Christoph Probst in der Innsbrucker Verbannung – wo auch immer sich die jungen Leute
aufhielten, warteten sie so ungeduldig auf Bücher, die ihnen
die Post brachte, wie Süchtige auf ihr Rauschmittel. »In hand-
und maschinenschriftlichen Kopien, als Durchschläge mit
Nadel und Faden fast kindlich geheftet, hektographiert oder
als Privatdrucke, die auf eigene Kosten und eigenes Risiko hergestellt waren, sie wurden von Hand zu Hand weitergegeben,
heimlich gelesen, sorgfältig verwahrt, vor Spitzeln und Denunzianten versteckt, unter der Bedrohung von Lagerhaft und Tod
erworben, verteilt – und deshalb mit einer Intensität gelesen,
wie keines der in Leinen gebundenen, mit offizieller Duldung
gedruckten Bücher der Zeit«, beschreibt der Germanist Wolfgang Frühwald das exzessive Leseverhalten der Studierenden.[30]

Wenn sich heute ein politisches Manifest wie »Empört
Euch!« des französischen Diplomaten und KZ-Überlebenden
Stéphane Hessel zigtausendfach verkauft, hat es ein handhabbares Format und einen entsprechend griffigen Text mit klarer
These. Die Bücher hingegen, die für die Weiße Rose eine wichtige Rolle spielten, waren Sonette, die erst zu entschlüsseln
waren, oder langatmige Dramen, in einer Sprache geschrieben,
die heutige Studierende für ungenießbar halten würden. Diese
anspruchsvollen Texte waren mitentscheidend für die Motivation zum Widerstand. Laut Frühwald ging es bei der Lektüre

damals weniger um ein ästhetisches Verhältnis zum Text als um ein existentielles. »Für Menschen, deren Lektüre unter der Drohung von Kerker und Tod steht, ist das, was sie lesen, und die Weise, wie sie lesen, von anderem Gewicht, als für Menschen, die solchen Gefahren nicht ausgesetzt sind.«[31]

Reformkatholische Romane wie *Der Seidene Schuh* von Paul Claudel, Werke von Augustinus (und deren Deutungen), Kierkegaard, Hamsun, Stifter, Rilke bis hin zu Thomas Mann und immer wieder die großen Russen, allen voran Dostojewskij, gingen im Münchner Kreis von Hand zu Hand. Sophie Scholl schickte Fritz Hartnagel die ihr wichtigen Bücher bis an die russische Front mit präzisen Leseanweisungen und konnte es kaum erwarten, dass ihr Freund dazu ausführlich Stellung nahm. Willi Graf, der unter den Freunden das sicherste Fundament im katholischen Glauben hatte, waren die Schriften von Romano Guardini eine wichtige Begleitung, aber auch Hölderlin, Gogol oder Stifter. Eine besondere Bedeutung hatte für die Gruppe Reinhold Schneider, aus dessen Werk sie sich Abende lang vorlasen. Der badische Katholik schrieb schon frühzeitig in verklausulierten Worten gegen den Nationalsozialismus, gegen Rassenwahn und Krieg an. Seine Sonette wurden an der Front unter der Hand als Trostspender weitergereicht. Der christliche Autor galt noch in den fünfziger und frühen sechziger Jahren in der Bundesrepublik als »Gewissen der Nation« und wurde doch, als christliche Literatur aus der Mode kam, fast vollständig vergessen. Für die Weiße Rose war er ein wichtiger Referenzpunkt.

Wie religiös war die Weiße Rose?

In der aktuellen Beschäftigung mit der Weißen Rose wird wieder verstärkt auf die religiösen Bezüge der Widerstandsgruppe hingewiesen. Die Beweisführung ist allerdings oft methodisch fragwürdig. Sich auf die Zeitzeugen aus der unmittelbaren Nachkriegszeit zu beziehen übersieht oftmals das Bedürfnis dieser Leute, Deutschland nach 1945 in einer christlich-abendländischen Kultur zu erneuern.[32] Besonders Inge Scholl, über Jahrzehnte Hauptquelle der Weiße-Rose-Rezeption, hatte ein handfestes persönliches Interesse daran, die Erinnerung an die Akteure im religiösen Sinne zu prägen.[33] Ein weiterer gerne herangezogener Beleg ihrer religiösen Gestimmtheit, die Abschiedsbriefe der Akteure aus den Todeszellen, muss natürlich im Kontext gelesen werden – die Ausnahmesituation im Wartesaal des Todes vermag wohl selbst hartgesottene Atheisten zum Glauben zu bekehren. Auch die Stellungnahmen der anwesenden Geistlichen, die der Nachwelt hatten versichern wollen, dass die vermeintlichen Delinquenten mit Gott im Herzen gestorben seien, sind selbstverständlich keine verlässlichen Quellen.

Worauf sich die unterschiedlichen Deuter der Weißen Rose jedoch leicht einigen können, ist die ökumenische und antiklerikale Weltsicht der Aktivisten. Sie ließen sich bis zum Schluss nicht von ihren jeweiligen Kirchen vereinnahmen, sie erhielten im Übrigen auch keinerlei Unterstützung von den Amtskirchen. So erklärten sich die Geschwister vor ihrer Hinrichtung bereit, mit dem Katholiken Christoph Probst gemeinsam das Abendmahl einzunehmen, was ihnen allerdings von den Geistlichen verweigert wurde. Worüber jedoch keine Einigkeit besteht, ist der Stellenwert des christlichen Glaubens an sich für die Weiße Rose: »Der Widerstandskreis der Weißen Rose zählt zum christlichen Widerstand im Dritten Reich«, lautet die allzu selbstsichere Einschätzung in der (zugleich sich selbst religiös verortenden) aktuellen Forschung.[34]

Ich habe weiter oben gezeigt, dass die Religion im weitesten Sinne durchaus einen Deutungsrahmen bot, innerhalb dessen sich die Widerständler fanden und selbst mobilisierten, da für sie nahezu nur im Umfeld der katholischen Intelligenz ein regimekritisches Potential greifbar war. Das darf jedoch nicht im Umkehrschluss mit der individuellen Gläubigkeit der Protagonisten gleichgesetzt werden. Die jungen Leute haben sich durchaus unterschiedlich intensiv mit ihrem Glauben auseinandergesetzt.

Vor allem bei Sophie Scholl begleiteten die kritischen Phasen der Entfremdung vom NS-Staat, des fremdbestimmten Lebensabschnitts und der recht komplizierten Beziehung mit Fritz Hartnagel die Suche nach einem festen Glauben. Sie beschäftigte sich mit Augustinus' Schriften, in denen er von seiner Bekehrung berichtete, und sie drängte auch ihren Freund Hartnagel, diese Texte zu lesen. Wenn jedoch von einem »religiösen Erwachen« von Sophie Scholl gesprochen wird, so ist das etwas stark formuliert. Sophie Scholl war einsam unter Nazis und Leuten, die sie als albern und unkultiviert empfand, sie rang um Orientierung in allen Belangen ihres jungen Lebens. Während des Reichsarbeitsdienstes verschaffte ihr der Kirchgang vor allem Distanz zum unruhigen Lagerleben, die christliche Lektüre diente ihr auch als klares Distinktionsmittel. Sie hätte kaum ein deutlicheres Signal des Widerspruchs an ihre Umwelt senden können, als Augustinus zu lesen, während um sie herum Gefolgschaft zu einem antiklerikalen ideologischen System eingeübt und die banalen Ausdrucksformen von Mädchengeselligkeit gepflegt wurden.

Es ist unbestreitbar, dass Sophie in der kritischen Phase ihres Lebens, bevor sie im Widerstand aktiv werden konnte, eine große spirituelle Sehnsucht verspürte. Sie schrieb oft, sie versuche zu beten, sie ringe um einen Weg zu Gott, sie fühle sich jedoch auf ihrer Suche ohnmächtig und ahnungslos. »Ich habe keine, keine Ahnung von Gott, kein Verhältnis zu ihm. Nur eben, dass ich es weiß. Und da hilft wohl nichts anderes als Beten.«[35] Da hört man die Agnostikerin, die immerhin mit einer sehr gläubigen protestantischen Mutter aufgewachsen war und die nun viele unbeantwortete Fragen quälten. Es war also mehr ein religiöses Suchen als ein »religiöses Erwachen«.

Im Lauf des Jahres 1942 schien diese Suche vorübergehend an ein Ziel gelangt zu sein. Sophie Scholl bedauerte Menschen, die keinen Halt im Glauben hätten. In ihrem Brief an Fritz Hartnagel vom 28. Oktober 1942 zitierte sie den Römerbrief und erklärte, sie habe sich durch Christus frei gemacht von den Gesetzen der Sünde und des Todes.[36] Kurz darauf riet sie ihm, ebenfalls in eine Kirche zu gehen, an einem Abendmahl teilzunehmen und darin Trost und Kraft zu suchen. Gleichzeitig gestand sie ihm ihre große allgemeine Angst ein, die wohl zu diesem Zeitpunkt schon von ihrer Widerstandstätigkeit herrührte, und bekannte, dass sie sich von Gott so ferne fühle, und ihn nicht einmal beim Gebet spüre. »Doch hilft dagegen nur das Gebet, und wenn in mir noch so viele Teufel rasen, ich will mich an das Seil klammern, das mir Gott in Jesus Christus zugeworfen hat, und wenn ich es nicht mehr in meinen erstarrten Händen fühle.«[37]

Am 1. Januar 1943 las sie Leibniz' Überlegungen zur Theodizee und machte sich ihre eigenen Gedanken über den Widerspruch, warum ein allwissender und gütiger Gott eine Welt voller Leid und Sünde zulasse.[38] Im nächsten Brief wünschte sie sich, sie könne am eigenen Leib mehr Leid empfinden, denn sie fühlte sich mitschuldig an den Schicksalen der Menschen, die unverschuldet mehr litten als sie.[39] Sie ist beständig am Ringen. Mal entzückt sie der Gedanke, dass Gott zu den Menschen herabgestiegen sei, dann müht sie sich wieder mit der Idee der

Vorbestimmung ab. Sie glaubt, ihre Entscheidungen aus freiem Willen zu treffen und gleichzeitig im Einvernehmen mit Gott. Das heißt jedoch nicht, dass sie sich getröstet oder gar ausgefüllt vom Glauben fühlte. Im Gegenteil, sie schreibt in ihrem Tagebuch und in ihren Briefen immer wieder von einer großen inneren Unruhe und Traurigkeit, von vielen Uhren, die »durcheinanderticken«. Sie fühlt sich zu schwach zu glauben und bittet Gott darum, ihr dabei zu helfen, mit ihm in Beziehung zu treten. In ihren Briefen an Fritz Hartnagel stellt sie sich glaubensfester dar als in ihrem Tagebuch, was zeigt, wie sehr es auf die Quellengattung ankommt, wenn wir uns ein Bild machen wollen von den innersten Gefühlen und Gedanken der Menschen zu früheren Zeiten. Auch die letzten Briefe vor ihrer Verhaftung und Ermordung geben keinen Anhaltspunkt dafür, dass sie sich in ihrem Glauben gefestigt fühlte oder gar für ihren Glauben zu sterben bereit gewesen wäre. Sie war konstant traurig. Alles in allem vermitteln die Selbstzeugnisse Sophie Scholls das Bild einer hin- und hergerissenen jungen Frau, die in ihrer Haltung zur Welt grundlegende Entscheidungen treffen muss. Dass sie jedoch über eine Schwelle getreten, geschweige denn zu einem Märtyrertod bereit gewesen sei, geht als Interpretation zu weit.

Gerade in jüngster Zeit ist zur Glaubenshaltung der Aktivisten einiges geschrieben worden, zuletzt erschien ein über achthundert Seiten starkes Buch eines Pastors, das allein die religiöse Entwicklung von Hans Scholl zum Thema hat.[40] Der Autor argumentiert in der Diktion christlich, wenn etwa von der Erfahrung der Gestapohaft als »Katharsis« gesprochen und das Leben Jesu als Orientierung für Hans Scholls Opfergang bezeichnet wird. Solche Bemühungen laufen jedoch Gefahr, als Versuche der Vereinnahmung im aktuellen Wettbewerb der christlichen Kirchen um »ihre« Märtyrer interpretiert zu werden.

Jedem einzelnen Akteur an dieser Stelle in seinen religiösen Empfindungen nachzugehen würde ein eigenes Buch
beanspruchen. Sicher scheint nur, dass sich die Geschwister
Scholl während ihrer Sinnkrisen in den Jahren 1941 und 1942
intensiv mit religionsphilosophischen Fragen beschäftigt und
in unterschiedlichem Maße auch eine persönliche Haltung zu
Gott gesucht haben. Es sieht aber so aus, als hätte die Möglichkeit, im Widerstand tätig zu werden, ihre Sinnfragen letztlich in eine andere Richtung gedrängt. Zum Schluss fühlten sie
sich mehr von ihrer Mission als von der Festigkeit im Glauben getragen. Willi Graf hatte sich als Reformkatholik ohnehin
schon länger mit der Stellung der persönlichen Religiosität ver-
sus dem Verhalten der Amtskirchen und dem erstarrten Glauben in der Bevölkerung befasst. Alexander Schmorell nahm
laut mündlicher Auskunft seines Neffen Markus Schmorell die
Frage der Religiosität eher auf die leichte Schulter, was allerdings auch nur vom Hörensagen und nicht von eigener Erinnerung gestützt wird. Christoph Probst hingegen haben die
Risiken des Widerstands zu einer Auseinandersetzung mit
Glaubensfragen veranlasst. Er ließ sich schlussendlich in der
Gefangenschaft taufen. Die Frage, ob das auch unter anderen
Umständen passiert wäre, muss offen bleiben.

Aktion

Die ersten vier Flugblätter, die mit der Losung »Die weiße
Rose« unterzeichnet waren, wurden von Hans Scholl und
Alexander Schmorell innerhalb von nur sechzehn Tagen – zwi-
schen dem 27. Juni und dem 12. Juli 1942 – verfasst. Viele
Zitate darin stammten aus Texten, die die Gruppe schon im

Laufe des Winters gemeinsam gelesen und diskutiert hatte. Trotz der raschen Abfolge ihrer Entstehung waren die Flugblätter also Extrakte monatelanger Reflexion. Auch ihre physische Herstellung war mühsam und aufwändig. Schmorell besorgte eine Schreibmaschine, Typ Remington Portable, von einem Kindheitsfreund in der Nachbarschaft, Scholl einen Vervielfältigungsapparat. Es brauchte Matrizen, Papier, Kuverts und Briefmarken – alles Dinge, die im Krieg rationiert waren und kaum in größeren Mengen, oder nur mit dem Risiko aufzufallen, besorgt werden konnten. Die Widerstandsaktion ließ sich unter diesen Voraussetzungen alles andere als spontan in die Tat umsetzen. Gemessen an heutigen Blitzaktionen im Internet war diese alte und bewährte Form der politischen Mobilmachung extrem schwerfällig, aber auch vergleichsweise tiefgründig.

Die beiden Autoren teilten die Texte absatzweise unter sich auf. Hans Scholl übernahm zum Beispiel Passagen, die den Widerstand rechtfertigten, während Alexander Schmorell die konkreten Verbrechen im Nationalsozialismus benannte und Handlungsmöglichkeiten des Widerstands formulierte. Als Adressaten der Flugblätter wählten sie Multiplikatoren aus wie Gastwirte und Händler, Schlüsselfiguren waren aber vor allem Akademiker, in denen sie die Hauptverantwortlichen für die politischen Verhältnisse sahen. Hinter diesem elitären Staatsverständnis steckten auch die Vorlesungen von Kurt Huber und der Einfluss etwa von Carl Muth, der dem abgewirtschafteten liberalen Bürgertum die Hauptschuld an der verzweifelten politischen Lage gab. Außerdem erhielten Freunde und Verwandte Flugblätter, vielleicht auch, um deren politische Haltung zu testen und sie später in das Projekt einzuspannen. Jedes Flugblatt endete mit der Aufforderung, den Text erneut abzutippen und weiterzugeben. Die Losung »Die weiße Rose«, über deren Ursprung es, wie oben erwähnt, unterschiedliche Theorien gibt, wählte Hans Scholl um der Wiedererkennbarkeit der Autoren und des positiven Images willen. Die zweite Serie von Flugblättern im Winter 1942/1943 würde dieses Signum nicht mehr tragen. Der Staat sollte glauben, dass mehrere Initiativen hinter den Aktionen standen. Die Anzahl der Flugblätter ist aus heutiger Sicht bescheiden: Es handelte sich jeweils um etwa hundert Exemplare. Und auch ihr Erfolg war, so viel sei jetzt schon verraten, nicht besonders groß: Über ein Drittel der Empfänger ging damit beflissen zur Gestapo. Die Aktion sollte jedoch nicht mit Massenpropaganda verwechselt werden. Zunächst ging es darum, gezielt Bildungsbürger zu erreichen, um sie aus ihrer moralischen Indifferenz zu wecken. Wie wir sehen werden, haben sich die Autoren der Flugblätter in dieser Absicht einer hochgestochenen Sprache und einer wahren Fundgrube klassischer Bildungszitate bedient.

Flugblatt I:
Das Höchste, das ein Mensch besitzt, nämlich der freie Wille

Das erste Flugblatt der Weißen Rose setzt mit einer Bestandsaufnahme an: Die Deutschen hätten sich einer verantwortungslosen und von dunkeln Trieben beherrschten Clique unterworfen und damit auf das wichtigste und edelste Attribut der Menschlichkeit, den freien Willen und die Individualität, verzichtet. Für diese Verwandlung in eine geistlose und feige Masse verdienten sie eigentlich den Untergang. Hier wird die Handschrift Alexander Schmorells deutlich, der sich, wie wir gehört haben, schon im Arbeitsdienst ausgiebig mit der Entmündigung und Bereitwilligkeit der Menschen beschäftigt hatte, blindlings zu gehorchen und die individuelle Freiheit aufzugeben. Der (gewissermaßen verdiente) Untergang der Deutschen sei nur aufzuhalten, wenn sich endlich jeder Einzelne seiner Verantwortung als Mitglied der christlichen und abendländischen Kultur bewusst werde und beginne, gegen den Faschismus passiven Widerstand zu leisten.

Das Recht auf passiven Widerstand begründet das Flugblatt mit Verweis auf Schillers »Die Gesetzgebung des Lykurgus und Solon«, wonach nur jener Staat Loyalität verdiene, der den Menschen diene, während ein Staat, der zum Selbstzweck geworden sei und seine Bürger als Mittel zum Zweck betrachte, seine Legitimität verspielt habe. Mit einem Ausschnitt aus Goethes »Des Epimenides Erwachen« warnt das Flugblatt davor, dass alle, die sich mit dem Unrechtsstaat verbündeten, mit ihm auch untergehen müssten, und ruft die wenigen »Braven« auf, sich laut zur Freiheit zu bekennen.

Das erste Flugblatt betont die liberalen individuellen Freiheitsrechte, wie sie historisch durch die englische Magna Carta, die amerikanische Bill of Rights und die französische Aufklärung festgeschrieben wurden und die in Deutschland 1933 durch die Reichstagsbrandverordnung außer Kraft gesetzt worden waren. Der Verlust dieser persönlichen Freiheitsrechte war, wie wir gesehen haben, die Sollbruchstelle in den Biographien dieser jungen Menschen. Die Gestaltungsfreiheit des eigenen Lebens hatten sie vor allem durch die Hitlerjugend, die Reichsarbeits-, Kriegshilfsdienst- und Militärzeit schon in jungen Jahren schmerzhaft verloren.

Flugblatt II:
Alle Menschen sind gleich

Im zweiten Flugblatt sprechen die Verfasser dem Nationalsozialismus jede geistige Substanz ab. Es handele sich nicht um eine Weltanschauung, die es wert sei, diskutiert zu werden, sondern um eine Bewegung, die die Menschen von Anfang an betrogen habe. Hitler habe dies in seinem Buch »Mein Kampf«, das im Übrigen in schlechtestem Deutsch geschrieben sei, frühzeitig angekündigt: Man müsse ein Volk belügen, um es regieren zu können.

Der Nationalsozialismus sei einem Krebsgeschwür vergleichbar, das sich nur deshalb im Körper verbreiten konnte, weil die guten Kräfte durch Flucht und innere Emigration dem Abwehrkampf ausgewichen seien. Jetzt müssten diese Kräfte wieder geweckt werden. Wenn viele mitmachten, sei es möglich, das System abzuschütteln: »Aber wenn diese Katastrophe uns zum Heile dienen soll, so doch nur dadurch: Durch das Leid gereinigt zu werden, aus der tiefsten Nacht heraus das Licht zu ersehen, sich aufzuraffen und endlich mitzuhelfen, das Joch abzuschütteln, das die Welt bedrückt.«[41] Die Metapher von Dunkelheit und Licht verweist sowohl auf das Christentum als auch auf die Aufklärung. Auffällig ist auch das damals verbreitete Bild des Volkes als Körper: Das Flugblatt beschwört ein organisches Volksgebilde, das von einer schweren Krankheit gezeichnet sei. Damit wenden die Verfasser die nationalsozialistische Diktion des Volkskörpers und der »Volksschädlinge« gegen die Machthaber selbst.

Im zweiten Absatz nennt das Flugblatt die Zahl von dreihunderttausend Juden, die seit der Eroberung Polens »auf bestialischste Art« ermordet worden seien – das fürchterlichste Verbrechen an der Würde des Menschen und in der gesamten Geschichte ohne Beispiel. Diese Zahl stammt vermutlich von einem Bericht eines der Unterstützer der Gruppe, der selbst viel in den besetzten Gebieten unterwegs war. Unabhängig davon, wie man zur Judenfrage stehe, betonen die Verfasser, handele es sich um ein Verbrechen an Menschen. Verstärken möchten sie dieses Argument, indem sie das Schicksal der polnischen Juden mit dem Schicksal der polnischen adeligen Jugend in Bezug setzen, die ebenfalls vernichtet worden sei, indem man sie zur Zwangsarbeit oder in Bordelle verschleppt habe. Die Apathie der Deutschen angesichts dieser Taten sei ein Zeichen der Verrohung. Doch genüge es nicht, Mitleid mit den Opfern zu fühlen, jeder müsse sich auch seiner Mitschuld bewusst sein, da man die Verbrechen ermöglicht habe; »ein jeder ist schuldig, schuldig, schuldig!« Es sei höchste Zeit und eines jeden »heiligste Pflicht«, »diese Bestien zu vertilgen«. Was jetzt gebraucht werde, sei ein Menschenideal im Sinne des Lao-tse: rechteckig, kantig, aufrecht, klar.

Diese Textpassage ist besonders bedeutsam, da keine andere Gruppe im »Dritten Reich« den Judenmord so deutlich zum Anlass ihres Widerstands genommen hat. Den Verweis auf die angelaufene »Endlösung« verknüpfen die Verfasser des Flugblattes mit der Menschenrechtsfrage – Juden sind Menschen (wenn auch nicht in demselben Ausmaß wie die jungen Polen, hier geben die Aktivisten der allgemein verbreiteten Überzeugung der Minderwertigkeit der Juden ein Stück weit nach). Trotzdem wird die ethische Pflicht zum Mitgefühl *unabhängig* von der persönlichen Haltung zur Judenfrage begründet. Menschenrechte dürfen nicht von Gruppeneigenschaften abhängig gemacht werden. Dieser Deutung des Holocaust würde sich die deutsche Nachkriegsgesellschaft erst Jahrzehnte später annähern, was deutlich macht, wie fein ausgebildet das moralische Bewusstsein der Akteure war.

Flugblatt III:
Sabotage an allen Fronten

Das dritte Flugblatt beginnt bei der Staatslehre. Jeder Staat gehe auf die Urform der Familie zurück, schreiben die Verfasser. Gerechtigkeit und das Wohl aller sei sein Grundgesetz und richte sich idealerweise an einer göttlichen Ordnung aus.

Unabhängig von der Staatsform habe jeder Mensch einen Anspruch auf einen brauchbaren und gerechten Staat, der die Freiheit des Einzelnen und das Wohl der Gesamtheit sichere. »Denn der Mensch soll nach Gottes Willen frei und unabhängig im Zusammenleben und Zusammenwirken der staatlichen Gemeinschaft sein natürliches Ziel, sein irdisches Glück in Selbstständigkeit und Selbsttätigkeit zu erreichen suchen.«

Der gegenwärtige Staat aber sei die Diktatur des Bösen. Es sei die sittliche Pflicht, dieses System zu beseitigen, wer ihr nicht nachkomme, würde es verdienen, »in alle Welt verstreut zu werden, wie der Staub vor dem Winde«. Wer aus Feigheit noch zögere, Widerstand zu leisten, steigere stündlich seine Schuld. Jeder könne am Umsturz mitwirken, und zwar durch die Zusammenarbeit vieler beim passiven Widerstand. Der Nationalsozialismus müsse schnell zu Fall gebracht werden, denn wenn Deutschland den Krieg gewinne, hätte das »unabsehbare, fürchterliche Folgen«. Nicht der Sieg über den Bolschewismus, sondern die Niederlage des Nationalsozialismus sei daher das dringendste Ziel. Eine bemerkenswerte Haltung der Verfasser, die bei den Lesern kaum Zustimmung gefunden haben dürfte.

Beim Kampf gegen den Nationalsozialismus könne jeder mitwirken, heißt es im Flugblatt weiter, ob durch Sabotage in der Rüstungs- und kriegswichtigen Industrie, in Versammlungen, Kundgebungen, Festlichkeiten der NSDAP, beim Verhindern eines reibungslosen Ablaufs der Kriegsmaschine, durch Sabotage auf wissenschaftlichen und geistigen Gebieten, die dem Krieg dienen, zum Beispiel an Universitäten, aber auch im Kulturbetrieb oder in Zeitungen. Für Spendenaktionen, die nur den Interessen des NS-Staates dienten, solle man kein Geld geben. Schließlich verweist das Flugblatt auf die »Politik« Aristoteles', wonach es zum Wesen der Tyrannei gehöre, ihre Untertanen gegeneinander aufzuhetzen, durch Steuern auszubluten und Kriege anzuzetteln.

Flugblatt IV:
Vergesst auch nicht die kleinen Schurken!

Im vierten und letzten Flugblatt der ersten Serie wird die aktuelle militärische Situation rekapituliert. Allmählich, so die Verfasser, würden die hohen Kosten an Menschenleben sichtbar, weshalb es keinen Anlass mehr zu Optimismus gebe. Es stelle sich heraus, dass jedes Wort Hitlers Lüge sei. Wenn er Frieden verspreche, meine er Krieg, wenn er den Namen Gottes führe, meine er den Satans. »Sein Mund ist der stinkende Rachen der Hölle ...« Es gehe nun um den Kampf gegen das Irrationale, gegen den Boten des Antichristen. Zu allen Zeiten habe es Propheten und Heilige gegeben, die mit Gottes Hilfe das Volk zur Umkehr mahnten. Gott selbst habe den Menschen die Kraft und den Mut gegeben zu kämpfen. »Wir müssen das Böse dort angreifen, wo es am mächtigsten ist, und es ist am mächtigsten in der Macht Hitlers.« Es folgt ein Zitat des Dichters Novalis: »Nur die Religion kann Europa wieder aufwecken und das Völkerrecht sichern und die Christenheit mit neuer Herrlichkeit sichtbar auf Erden in ihr friedensstiftendes Amt installieren.«

Schließlich weisen die Autoren darauf hin, dass sie nicht im Auftrag einer ausländischen Macht handelten, vielmehr gehe es ihnen darum, den deutschen Geist von innen her zu erneuern. Dieser Wiedergeburt müssten jedoch die Erkenntnis der Schuld vorausgehen, »die das deutsche Volk auf sich geladen hat«, und ein rücksichtsloser Kampf gegen alle Helfershelfer Hitlers und alle Mitläufer. »Vergesst auch nicht die kleinen Schurken dieses Systems, merkt Euch die Namen, auf dass keiner entkomme!«

Schließlich beruhigen die Autoren des Flugblattes ihre Adressaten mit der Versicherung, die Anschriften seien willkürlich aus Adressbüchern entnommen und nirgendwo archiviert.

Schlusssatz: »Wir schweigen nicht, wir sind Euer böses Gewissen, die Weiße Rose lässt Euch keine Ruhe!«

In diesem Text klingt ein manichäisches Weltbild an, in dem die Mächte des Guten gegen die Mächte des Bösen kämpfen müssen. Außerdem verweisen die Verfasser auf das Bild eines christlich-abendländisch geeinten Europas. Ebenfalls im christlichen Duktus: Die Deutschen könnten auf eine Wiedergeburt hoffen, nachdem sie ihre Schuld erkannt und bereut hätten.

Die Forschung hat sich immer wieder bemüht, die intellektuellen Bezüge der Flugblätter der Weißen Rose zu extrahieren und die Widerstandsgruppe mit Hilfe der Textinterpretation geistesgeschichtlich einzuordnen. Das ist manchmal sehr hilfreich, allerdings kann diese Art von Textinterpretation auch aus der Zeit fallen, denn eigentlich kommt es aus unserer heutigen Sicht bei der Analyse mehr auf die Entstehungskontexte und die Autoren-Leser-Beziehungen an. Unter diesen Gesichtspunkten betrachtet, erscheinen die ersten vier Flugblätter der Weißen Rose als eine intellektuelle Suchbewegung und ein Rechtfertigungsprojekt. Die Verfasser suchen ganz offensichtlich systematisch in den verschiedenen Bereichen der Geistesgeschichte nach Deutungsstrategien, die ihnen dabei helfen, ihr Handeln gegen das Regime theoretisch zu begründen. Immerhin glaubten gerade im katholischen Bürgertum immer noch viele, dass es einem frommen Christen nicht erlaubt sei, in das weltliche Geschehen einzugreifen. Dahinter stand nicht nur die christliche Lehre der zwei Welten, die nicht miteinander in Konkurrenz treten dürften, und die Idee, der Krieg sei eine notwendige Gottesstrafe, sondern auch ein autoritäres Staatsverständnis, das bei den Repräsentanten der »inneren Emigration« vorherrschte, mit denen die jungen Leute in enger Beziehung standen. Auch untereinander waren sie sich über diesen

Punkt nicht einig: Christoph Probst war vermutlich zu diesem Zeitpunkt noch nicht überzeugt, dass aktiver Widerstand der richtige Weg sei, bei ihm gärte noch der Entscheidungsprozess.

Um diese Einwände, die eben auch innere Einwände waren, zu beschwichtigen, bedienten sich Scholl und Schmorell des bildungsbürgerlichen deutschen Allgemeinguts, Goethe und Schiller, klassischer Philosophie, Religionsphilosophie, Aufklärungsphilosophie, also einer Sprache, die für ihresgleichen damals eine wichtige Identifikationsgrundlage war. Die Flugblätter sollten offensichtlich einen inneren Diskurs anstoßen, eine bildungsbürgerliche Selbstreflexion. Von der allgemein üblichen Propagandasprache im Nationalsozialismus könnten sie nicht weiter entfernt sein – mit anderen Worten: Die Texte selbst sollten von den (vermeintlich) Gleichgesinnten, der geistigen Elite, zu der sich die Aktivisten der Weißen Rose zählten, als Beleg für ein anderes Deutschland und für alternative Handlungsoptionen im Bildungsbürgertum gelesen werden. Sie waren sicher nicht als Agitationsmittel für die Massen gedacht.

Sie jedoch als Abbild der inneren Verfasstheit und Motivlage der Beteiligten zu lesen, wie das Weiße-Rose-Forscher immer wieder tun, geht über das Feststellbare weit hinaus. Die Argumente, die benutzt wurden, waren zwar »christlich« oder »philosophisch« fundiert, das heißt aber nicht, dass die Motive der Weißen Rose christlicher oder philosophischer Natur waren. Scholl und Schmorell haben die geistesgeschichtlichen Zitate aufgerufen, um ihren eigenen Standpunkt zu festigen und eine kleine Schicht von Intellektuellen zu erreichen, von der sie – für uns heute kaum mehr nachvollziehbar – überzeugt waren, dass es beim Widerstand gegen das Regime auf sie ankomme. Hans Scholl hat das ganz klar ausgedrückt: »Unsere Zeit lehrt, dass die Masse willenlos ist und sich von geschickten Einflüssen Intellektueller führen lässt. Die Summe dieser ›wenigen‹

Intellektuellen, die an keinen Stand gebunden sind, und die im Gegensatz zu der bürgerlichen Durchschnittswelt stehen, verursachen die Strömungen der Zeit. Gegen ihren Widerstand kann sich kein Regime auf Dauer behaupten.«[42]

Vom Unbehagen zum Widerstand

Verglichen mit den heutigen Kommunikationsmöglichkeiten erscheinen die Flugblattaktionen der Weißen Rose wenig eindrucksvoll. Welche Wirkung könnten hochtrabende Texte mit einer derart begrenzten Reichweite schon erzielen? Welche Chance hatten handgetippte, persönlich zugestellte Flugblätter, die aus Papiermangel auch noch eng und unübersichtlich beschriftet waren, im Kampf gegen eine seit Jahren flächendeckend und hochprofessionell orchestrierte Staatspropaganda? Der Gegner verfügte über ganz andere Instrumente: Zeitungen, Litfaßsäulen, Radio, Kino, Aufmärsche, emotionsgeladene Rituale, aufwändig inszenierte Parteitage. Damit verglichen war das Unterfangen der Weißen Rose ein papierner Zwergenaufstand. Wie konnte sich ein Regime, das auf dem Weg war, weite Teile des Erdballs zu kontrollieren, davon trotzdem so provoziert fühlen?

Um die Bedeutung der Flugblattaktion der Weißen Rose zu verstehen, müssen wir hier kurz innehalten und die Widerstandsformen im »Dritten Reich« Revue passieren lassen. Die deutsche Sprache kennt dafür viele Wörter: Verweigerung, Ablehnung, Opposition, Protest, Nonkonformismus, Dissens, Rückzug, innere Emigration, Abweichung, Kritik, Resistenz – alles Begriffe, die für Formen des Widerstands im Nationalsozialismus bemüht werden. Doch wo hörte eine Antipathie gegen

Hitler auf, die sich etwa in einem Witz Luft machte, und wo fing Widerstand an?

Der Begriff Widerstand hat sich in der Forschung in den letzten Jahrzehnten immer weiter ausdifferenziert. Das konnte mit einem freundlichen Wort zu einem halbverhungerten russischen Kriegsgefangenen beginnen oder mit einer menschlichen Geste gegenüber einem geschundenen KZ-Häftling auf dem Todesmarsch. Wenn eine Ärztin ihren Protest gegen die Ermordung körperlich Behinderter formulierte, war das Widerstand, genauso wie wenn eine Schweigeminute für tote politische Häftlinge in den Konzentrationslagern abgehalten wurde. Auch die Weigerung, am »Endkampf« mitzuwirken und eine kriegswichtige Brücke zu sprengen, war Widerstand, erst recht die Weigerung, an einem Erschießungskommando teilzunehmen. Zum helfenden Widerstand zählte das Wagnis, einen Juden zu verstecken oder einem Zwangsarbeiter zur Flucht zu verhelfen.

Der breite Widerstandsbegriff, der uns heute manches Mal verwirrt, erklärt sich aus dem Anspruch der Diktatur, die gesamte Lebenswelt der Deutschen zu kontrollieren. Nicht nur die Intensität und Wirksamkeit der Handlungen war deshalb, durch die Brille des Staates gesehen, ein Kriterium des Widerstands – ob jemand sich »nur« verweigerte, ob er Sand ins Getriebe streute oder ob er mit einem Sprengsatz dem Führer nach dem Leben trachtete –, sondern auch die Motive der Handlungen wurden als Messlatte der Unbotmäßigkeit herangezogen. Entzog sich jemand dem Dienst an der »Volksgemeinschaft«, schädigte er die »Wehrfähigkeit«, leistete er den Gegnern Deutschlands Hilfe?

Aber auch aus heutiger Sicht spielt bei der Einschätzung des Widerstands gegen den Nationalsozialismus die Motivlage eine Rolle – ging es darum, die totale Kriegsniederlage Deutschlands zu verhindern, die freie Religionsausübung zu verteidigen, die Rechte der Proletarier schützen oder darum, bedrohte Minderheiten zu retten? Die Nachkriegsgesellschaften in Ost und West haben seit 1945 ihre Sympathien für diese unterschiedlichen Formen des Widerstands immer wieder neu verteilt. Das geschah entlang ideologischer Trennlinien – hier der kommunistische Widerstand, dort der bürgerliche Widerstand – und hat Spuren bis in die heutige Forschung und Erinnerung hinterlassen. Die Widerstandskreise im linken Spektrum fanden lange Zeit vergleichsweise wenig Beachtung, die Männer vom 20. Juli 1944 waren anfänglich wegen des Bruchs des »Fahneneids« schlecht beleumundet, später in einem männlich geprägten Blick auf heroische Taten beklatscht, bevor in den achtziger Jahren das Forschungsinteresse an »großen Männern« abebbte. Es schlug die Stunde der »kleinen Leute« und des »Resistenz«-Begriffs, mit dem der Münchner Zeithistoriker Martin Broszat die grundsätzlich ablehnende Haltung gegenüber dem Nationalsozialismus in bestimmten Gesellschaftsgruppen beschrieb, etwa in der katholischen Landbevölkerung.[43]

Bis heute werden noch immer individuell handelnde Widerständler neu entdeckt. Gerade in kleinen Kommunen dauerte es zuweilen Jahrzehnte, bis sich die Nachgeborenen ihrer widerständigen Mitbewohner erinnern wollten. Ein Beispiel ist etwa Ludwig Mitterer, Pfarrer aus dem niederbayerischen Zenting. Er hat wiederholt die Gleichbehandlung der Religionen und »Rassen« nach den zehn Geboten gefordert. Als er 1943 die Kriegslage mit der nach dem Ersten Weltkrieg verglich, denunzierten ihn zwei Dorfbewohnerinnen bei der Gestapo. Mitterer wurde festgenommen und von Roland Freisler zum Tode verurteilt. Der besonders lebensfrohe und naturverbundene Priester starb an Allerheiligen 1943 unter dem Fallbeil. Doch erst im Jahr 2015 entschloss sich die Gemeinde, den mutigen Mann mit einer Straßenbenennung zu würdigen. In der Todeszelle schrieb Mitterer eine prophetische Nachricht an seine Gemeinde: »Verzeihet mir auch die Schande, die Euch mein Tod macht.«[44] Dass die Gemeinde Zenting so lange dafür brauchte, ihrem Widerstandskämpfer zu verzeihen, zeigt, dass die Würdigung des Widerstands bis heute nicht abgeschlossen und keine Selbstverständlichkeit ist.

Das Bemühen der Wissenschaft, Widerstand in Kategorien wie »christlich«, »ideologisch«, »kulturell«, »sozioökonomisch«, »soldatisch« und so weiter zu systematisieren, lässt allmählich nach. Das ist zu begrüßen, weil mit der Kategorisierung auch eine Hierarchisierung der verschiedenen Widerstandsgruppen im Nationalsozialismus einherging. Ganz oben die edlen Offiziere in ihren Uniformen, ganz unten die kommunistischen Arbeiter – oder umgekehrt, je nachdem, ob in West oder Ost zum Widerstand geforscht wurde. Inzwischen haben sich Stufenmodelle etabliert, die etwa von Nonkonformität, Verweigerung, Protest und Widerstand sprechen oder von »einfachem, passiven Widerstand«, »offenen ideologischen Gegensatz«, »Mitwisserschaft an Umsturzvorbereitung«, »aktiver Vorbereitung für das Danach« und »aktiver Konspiration« oder auch von »punktueller Nonkonformität«, »Verweigerung«, »Protest« und »Widerstand im engeren Sinn«.[45] Die Probleme der Definitionen sind jedoch immer noch groß: Soll von der damaligen, für Widerspruch und Nonkonformismus extrem empfänglichen Situation ausgegangen werden? Oder entscheiden wir mit unserem heutigen Wissen um die Geschichte darüber, was Widerstand war? Müssen wir nicht die unterschiedlichen Lebenslagen und individuellen Möglichkeiten besser in Betracht ziehen, um auch den Handlungsspielräumen »normaler Menschen«, und nicht zuletzt von Frauen, gerecht zu werden? Oder inflationieren wir den Widerstandsbegriff damit, wenn wir die einfache Formel unterlegen: »Widerstand soll demnach jede Form der Auflehnung im Rahmen asymmetrischer Herrschaftsbeziehungen gegen eine zumindest tendenzielle Gesamtherrschaft heißen, wobei die Differenzie-

rung der Formen des Widerstands sich aus den verschiedenar-
tigen Möglichkeiten der asymmetrischen Beziehungen ergibt,
die ihrerseits von der sozialen Struktur der implizierten Einhei-
ten abhängen.«[46] Waren also systemkonforme Rivalitäten zwischen eher linken und eher rechten NS-Ideologen oder auch
Systemrivalen wie etwa die Kirchen im Nationalsozialismus per
se widerständig? Solch ein weit gefasster Widerstandsbegriff
führt dazu, dass Leute, die nur Aspekte des NS-Systems abgelehnt haben (etwa die hasardeske Kriegführung), andere aber
nicht (etwa den Rasseantisemitismus), als lupenreine Widerständler gelten könnten.[47]

Wenn von Widerstand gegen den Nationalsozialismus die
Rede ist (und nicht von Dissidenz oder Resistenz), ziehe ich
eine eng gefasste Definition vor: Widerstand musste die ideologische Basis des Nationalsozialismus meinen sowie eine
bewusste, auf den Sturz des Systems ausgerichtete Handlungsweise.[48] Damit sind nicht nur gewalttätige Umsturzversuche,
sondern auch Aufrufe zum Umsturz und zur Sabotage abge-
deckt, die jedoch den ideologischen Kern der NS-Herrschaft
bekämpfen wollten, nicht zuletzt die Ausgrenzung von angeblich minderwertigem Leben, die Ermordung der europäischen
Juden und anderer Minoritäten, sowie die Versklavung anderer Völker. Daneben haben alle anderen Erscheinungsformen
der Abweichung, Nonkonformität oder Verweigerung selbstverständlich Anspruch auf Anerkennung, sofern sie über die
eigenen vier Wände hinausgingen.

Mit ihrer grundlegenden Ablehnung des nationalsozialistischen Unrechtsregimes – angefangen bei der Verletzung der
Bürgerrechte, der Menschenrechte, der Verfassungsrechte bis
zur Benennung der Ermordung der Juden, mit ihren Aufrufen
zu Sabotage, zu Frieden und Völkerverständigung – stand die
Weiße Rose in der deutschen Widerstandsszene an exponierter
Stelle. Sie hat sich dorthin entwickelt: Wir haben gesehen, dass

die Akteure schon lange, bevor sie aktiv wurden, zunehmend kritisch über den Nationalsozialismus dachten. Sie rückten von der »Masse« ab, kultivierten in Abgrenzung dazu ihren eigenen bildungsbürgerlichen Lebensstil, lasen verbotene Bücher. Das setzte sich fort mit der inneren oder sogar offenen Ablehnung der NS-Sozialisation und Indoktrination in den Jugendverbänden und Arbeitsdienstorganisationen. Aus dieser passiven Widerständigkeit wechselten die Mitglieder der Weißen Rose im Frühsommer 1942 in eine aktive Rolle, verfassten und verteilten Flugblätter, bevor sie im Winter 1943 noch einen Schritt weitergehen sollten.

Gemeinsam in den Krieg

Am 22. Juli 1942, nach dem bereits erwähnten, denkwürden Abschiedsabend, zogen Hans Scholl, Willi Graf, Alexander Schmorell und Hubert Furtwängler, ein weiterer Freund, den Willi Graf aus dem Münchner Bach-Chor kannte, in den Krieg gegen Russland. Für Willi Graf war es bereits der zweite Einsatz an der Ostfront, doch diesmal sollte vieles anders sein. Die Freunde waren nicht allein, sondern hatten sich. Es gelang ihnen, über weite Strecken zusammenzubleiben, und sie hatten mit Schmorell, auch wenn er wegen einer Erkrankung wochenlang im Lazarett war, einen Russlandliebhaber und Kenner der russischen Sprache und Kultur in ihrem Kreis, der zwischen ihnen und dem »Feind« vermittelte.

Der Krieg, die Schrecken der Front, die Entbehrungen und Erfahrungen von Gewalt waren für die Mitglieder der Studentenkompanien zwar nicht mehr ganz so grundstürzend neue Erfahrungen wie bei ihrem ersten Fronteinsatz, aber der Krieg war inzwischen noch grausamer geworden. Welche Traumata die jungen Männer aus diesen Erfahrungen davontrugen, ist nicht zu ermessen, doch wir müssen davon ausgehen, dass die Aktivisten auch aus der Perspektive der Verbandplätze und Lazarette Schreckliches erlebt haben. Die Briefe der Studenten vom Kriegseinsatz schildern die bedrückenden Lebensbedingungen, etwa bei der Lebensmittelversorgung und Unterbringung, sie schildern Autoritätskonflikte, beklagen stupide Tagesabläufe, öde Langeweile, aber auch die schweren Verwundungen, mit denen sie täglich über viele Stunden konfrontiert waren. Über selbst verübte oder erlittene kriegerische Gewalt erfahren wir jedoch nichts Konkretes. Die Feldpost unterlag der Zensur.

Insgesamt zeichnen die Briefe von der Front und die Tagebücher der Freunde ein gemischtes emotionales Befinden nach: Versuche, das Erlebte zu verarbeiten, und die Hoffnung, dass sich alles zum Guten wenden werde, Momente freundschaftlicher Intimität und sogar etwas wie Lagerfeuerromantik. In einem Brief von Hans Scholl an Kurt Huber vom 17. August 1942, den die Freunde gemeinsam unterschrieben, heißt es etwa: »Die Stadt [Warschau], das Ghetto und alles Drum und Dran hatte auf alle einen sehr entscheidenden Eindruck gemacht. Es ist unmöglich, auch nur ein schwaches Bild dessen zu geben, was in Russland vom ersten Tag an nach der Grenzüberschreitung auf mich eingestürmt ist.« Wenige Zeilen weiter unten gibt Hans seiner Hoffnung Ausdruck, der Krieg werde wie ein »Gewitterregen« über dem Land heruntergehen, reinigend, und dann werde wieder die Sonne scheinen und Menschen wieder lachen.[49]

Wir können annehmen, dass Willi Graf am schwersten am Soldatenleben trug. Er schrieb seiner Schwester schon von seinem ersten Russlandeinsatz, er müsse grauenvolle Situationen mit ansehen. Obwohl er sich aufgrund der Zensur nur vorsichtig ausdrücken konnte, wird in seinen Andeutungen seine tiefe Erschütterung deutlich: »Seit meinem letzten Brief an Dich hat sich manches Bewegende ereignet, ich wünschte, ich hätte das nicht sehen müssen, was sich in meiner Umgebung zugetragen hat und mich aufs tiefste trifft. [...] Ich kann Dir das alles gar nicht im Einzelnen schildern. Der Krieg gerade hier im Osten führt mich an Dinge, die so schrecklich sind, dass ich sie nie für möglich gehalten hätte. Alles ist mir fremd. Und all das muss man allein verarbeiten, denn kaum jemand ist in meiner Nähe, mit dem man darüber reden könnte.«[50]

Das Leiden der Zivilbevölkerung ging ihm besonders zu Herzen. Bei seinem ersten Osteinsatz war er dabei, als das Dorf Pestrikowa im Raum Moskau evakuiert und zerstört wurde. Er sah die Tränen der Einwohner, als sie ihre Sachen packen, ihre Häuser verlassen mussten. Besonders das Schicksal eines Mädchens beschäftigte ihn noch monatelang, dessen Balalaika er als Andenken mitnahm. Als der Ort geräumt war, kümmerte er sich um die Hinterlassenschaften, die verlassenen Katzen und Blumen. Am selben Abend erfuhr er, dass der Ort dem Erdboden gleichgemacht worden war. »Bin ich tatsächlich wehleidig oder zu weich?«, fragte er sich.[51]

Willi Graf fürchtete, die Gewalttätigkeit könne ansteckend sein und werde eines Tages alle Männer infizieren. Man müsse sich davor hüten, geistig primitiv zu werden. Er rang damit, dem Geschehen einen Sinn abzugewinnen. Wollte Gott dieses Grauen? »Man muss einfach von der Zukunft und der Hoffnung leben, weil es sonst nicht mehr möglich wird, weiterzugehen.«[52] Auf der Fahrt zu seinem zweiten Osteinsatz schrieb er, dass die Möglichkeit, mit Freunden zusammen zu sein und miteinander zu reden, für ihn vieles einfacher mache. An der Brutalität des deutschen Vernichtungskrieges konnte der Austausch mit Gleichgesinnten jedoch nichts ändern. Als sie Warschau erreichen, sind die Freunde erschüttert: »Das Elend sieht uns an. Wir wenden uns ab.«[53] Ob damit die Transporte der Juden aus dem Ghetto in die Lager gemeint sind, die etwa zu dieser Zeit begannen, ist unklar. Im Warschauer Ghetto wurden seit 1940 bis zu fünfhunderttausend Menschen unter extrem harten Bedingungen auf engem Raum zusammengepfercht. Hunger und Seuchen grassierten, Menschen wurden auf offener Straße niedergeknüppelt und ermordet. Ab dem 22. Juli 1942 wurde das Ghetto sukzessive geräumt, die meisten Bewohner kamen im Vernichtungslager Treblinka ums Leben.

Forscher haben zuletzt versucht, dem Russlandfeldzug der jungen Männer eine grundsätzliche Bedeutung für ihre Widerstandshandlungen zu geben. So kommt etwa Detlef Bald zu dem Schluss, dass die Freunde aus den Erfahrungen mit dem Warschauer Ghetto und dem Miterleben der Shoah die Konsequenz einer weiteren Radikalisierung ihrer Widerstandshandlungen gezogen hätten. Diese Interpretation lässt sich anzweifeln, unter anderem da Bald zeitlich auseinanderliegende Ereignisse zusammengezogen und eine Augenzeugenschaft unterstellt hat, ohne dafür letzte Beweise zu erbringen.[54] Erwähnt werden sollte auch, dass die Freunde an der Ostfront nicht nur die Grausamkeit des Krieges erlebten. Zwischendurch gelang es ihnen auch immer wieder, den Blick für das Schöne, etwa für die Natur und die Weite der Landschaft, nicht zu verlieren. Sie besuchten zusammen einen russisch-orthodoxen Gottesdienst, in dem sie wundervollen Gesang hörten. Willi Grafs Tagebuchnotizen preisen im einen Satz den Glanz des Mondes auf den Bahngleisen, im nächsten Satz erwähnen sie das Mündungsfeuer und die Leuchtfallschirme. Vor allem Alexander Schmorell war von Russland, das er als seine eigentliche Heimat empfand, und den Russen tief beeindruckt. Im Januar 1943 kurz vor der Rückkehr nach München bekannte er in einem Brief, dass ihn sein Herz schmerze beim Abschied von Land und Leuten. »… leb wohl du meine weite reiche freie Heimat. Das ist die schönste, reichste Zeit meines Lebens gewesen – diese drei Monate, sie erscheinen mir lang, wie ein ganzes Leben. Wie waren sie reich!!! Jetzt lebe ich nur von Erinnerungen von Hoffnung an eine baldige Rückkehr – für immer.«[55]

Natürlich darf man sich die Zeit in Russland nicht als Idylle vorstellen. Ob die Brutalität des Krieges jedoch zu einer weiteren Radikalisierung der jungen Leute geführt hat, kann nicht bewiesen werden. Nur eines ist sicher – der gemeinsame Fronteinsatz hat die Freunde für ihre künftigen Taten zusammengeschweißt. Willi Graf schrieb darüber: »Vor allem war es wichtig, dass ich mit verwandten Menschen zusammen sein konnte. Zum ersten Male beim Barras war ich mit Leuten zusammen, mit denen man leben kann, die Äußerlichkeiten des militärischen Lebens berührten nur wenig dieses Zusammensein, und das war eben viel wert. […] So kann ich Dir nur andeuten, was im letzten Vierteljahr geschehen ist, die Zeit war äußerst anregend, und es wird sich wohl erst zeigen, welchen Sinn dieses Zusammenleben hatte.«[56]

Sophie Scholls Unglücksserie

Auch Sophie Scholl hielt der Krieg gefangen. Anfang Mai 1942 war sie nach München umgezogen und übergangsweise in der Sollner Villa des älteren Freundes ihres Bruders, Carl Muth, untergekommen, bevor sie eine Wohnung in der Mandlstraße 1 fand, direkt am Schwabinger Bach und am Englischen Garten. Sie war beeindruckt von den Gesprächsabenden mit den neuen Freunden ihres Bruders, in ihrem Tagebuch drückt sich aber, wie bereits gesehen, auch eine große unerfüllte Sehnsucht nach mehr Nähe zu Gott aus.

Schon nach zwei Monaten wurde sie durch einen Einsatz beim Kriegshilfsdienst aus ihrer neuen Umgebung herausgerissen. Sie kam in die Ulmer Schraubenfabrik Constantin Rauch, wo sie Seite an Seite mit Zwangsarbeiterinnen bis zu zehn Stunden täglich am Band stand und abends körperlich erschöpft und angeödet heimkehrte. Das Schicksal der russischen Arbeiterinnen berührte sie tief.

Als sie nach zwei Monaten die stumpfsinnige Fabrikarbeit hinter sich lassen konnte, fuhr sie ins Gebirge, um sich in der Natur zu erholen. »Beim Anblick der stillen Großartigkeit dieser Berge und ihrer Schönheit wollen einem die Gründe, die die Menschen für ihre unheilvollen Taten vorbringen, lächerlich und verrückt erscheinen, und man bekommt den Eindruck, sie wären gar nicht mehr Herr über sich und ihre Taten, sondern würden von einer bösen Macht angetrieben.«[57] Das ist eine sehr ähnliche Formulierung wie die in den Flugblättern verwendete. Auch ihre Gedanken über die »Masse«, in diesem Fall die Arbeiter in der Fabrik, die sich eine Tyrannei erschaffen hätten, der sie ahnungslos gehorchten, lassen an einen Flugblatttext denken und belegen, wie nah sie der Haltung ihres Bruders stand.

Sophie Scholl belasteten nicht nur der Kriegsdienst ihres Bruders und ihrer Freunde und der eigene unmoralische Einsatz in der Rüstungsindustrie, sie sorgte sich auch um ihren Vater, der im August 1942 in Haft kam. Seine Sekretärin hatte ihn denunziert, er habe Hitler eine »Gottesgeißel« genannt, weshalb er wegen »Heimtücke« zu vier Monaten Gefängnis verurteil worden war. Sophie Scholl, die zeitweise allein in München lebte, schrieb ihm während seiner Haft häufig, ermutigte ihn durchzuhalten und erinnerte ihn auch musikalisch an ihre gemeinsamen Überzeugungen: Einmal ging sie zum Gefängnis, in dem ihr Vater einsitzen musste, packte ihre Blockflöte aus und spielte das deutsche Volkslied »Die Gedanken sind frei«.

Robert Scholls Strafe endete nicht mit der Haft. Im November 1942 ereilte ihn ein Berufsverbot beziehungsweise die Aberkennung der Erlaubnis, als Steuerprüfer zu arbeiten. Zu verdanken hatte er das dem verlängerten Arm der NSDAP in Gestalt des Rechtswahrerbundes. Damit stand ihm – trotz des Beistands von zwanzig Mandanten, die sich für ihn einsetzten – nur noch die Arbeit als Buchhalter offen. Das bedeutete für die Familie auch finanziell schwere Einbußen, nicht zuletzt stand auch die Finanzierung des weiteren Studiums der Kinder auf dem Spiel. Sophie Scholl musste ihren Freund Fritz Hartnagel immer wieder um Geld bitten.

Als wäre der Fronteinsatz von Bruder und Freunden, die Haft des Vaters und das Ringen mit dem eigenen Glauben nicht schon belastend genug, erreichte Sophie im Spätherbst 1942 auch noch die Nachricht, dass Ernst Reden gefallen war. Reden war ein einflussreicher Freund Hans Scholls während der HJ-Zeit und eine Hauptfigur bei den Querelen um die angeblichen bündischen Aktivitäten gewesen. Sein Tod bedeutete auch den Verlust eines Gleichgesinnten.

Nicht zuletzt musste Sophie Scholl zu dieser Zeit erkennen, dass ihre Verliebtheit in Alexander Schmorell unerwidert blieb. Die beiden waren sich über die gemeinsamen Interessen an der bildenden Kunst und der Leidenschaft fürs Zeichnen näher-gekommen und hatten im Sommer zusammen ein Modell gemietet. In selbstanklägerischer Stimmung schrieb sie jetzt in ihr Tagebuch, ihr Interesse an ihm sei pure Eitelkeit gewesen, »einen Menschen zu besitzen, der in den Augen anderer etwas wert war«.[58]

Die Serie schlechter Ereignisse wollte nicht reißen. Doch die Erfahrung, allein gelassen zu sein von ihrem Bruder, ihren Freunden und ihrem Vater führte bei Sophie Scholl nicht zu Mutlosigkeit, sondern zu Aktivität. Sie beschloss, auf eigene Faust zu handeln, und nahm Kontakt zu Hans und Susanne

Hirzel auf. Die Geschwister Scholl und die Geschwister Hirzel kannten sich aus Ulm. Sophie Scholl hatte Hans Hirzel während ihres Kriegshilfsdiensteinsatzes häufig in Mittagspausen zum Essen getroffen. Im November 1942 gab sie ihm achtzig Reichsmark, damit er einen Vervielfältigungsapparat beschaffte. Hirzel kaufte auch Matrizen sowie Saug- und Abziehpapier und überredete seine Schwester, zusammen mit Walter Hetzel, Heinrich Guter und Franz Müller die nächsten Flugblätter der Weißen Rose in Ulm und Stuttgart verbreiten zu helfen. Dieser von Sophie Scholl ins Leben gerufene Helferkreis sollte später unter dem Namen »Ulmer Abiturientengruppe« bekannt werden.

Die nächste Stufe

Anfang November 1942 treffen die jungen Leute wieder in München zusammen. Die Geschwister Scholl, Anneliese und Willi Graf gehen gemeinsam in Hubers Leibniz-Vorlesung, Hans Scholl wird den Professor nun öfter auch privat besuchen. Manches hat sich im Vergleich zum Frühjahr verändert: Sophie Scholl hat ohne sie an der Vorbereitung weiterer Aktionen gearbeitet, Willi Graf, Alexander Schmorell und Hans Scholl haben einander beim gemeinsamen Einsatz an der Ostfront bei kleineren Disziplinübertretungen kennen – und vertrauen gelernt. Vielleicht sind die Aktivisten der Weißen Rose durch diese Erfahrungen mutiger geworden, vielleicht hat sie aber auch die geringe Resonanz der ersten Flugblätter ernüchtert. Aus welchem Grund auch immer: Die Freunde beschließen, dass ihre nächsten Aktionen größer sein sollen.

Hans Scholl fühlt sich geradezu von einer Mission erfüllt,

die keine anderen Gedanken mehr zulässt. Auch Alexander Schmorell spürt eine fürchterliche Unruhe. Er trägt nun immer seine ganze Barschaft bei sich. Erwartet er, dass er plötzlich fliehen muss?

Am 25. November 1942 besucht Hans Scholl Kurt Huber zum ersten Mal in dessen privater Wohnung in der Ritter-von-Epp-Straße 5 in Gräfelfing. Christoph Probst soll bald nach Innsbruck versetzt werden; die Zeit, in der man noch gemeinsam handeln kann, ist kurz. Hans möchte den Professor auf ihre Seite ziehen und zu einem eigenen Flugblatttext motivieren. Die Freunde versprechen sich davon ein großes Pfund im Widerstandskampf.

Auch Willi Graf soll nun eine wichtige Rolle bekommen. Er hatte sich den neuen Freunden schnell nahe gefühlt, und das nicht nur, weil ihm die Bindung an gleichgesinnte Menschen seit jeher äußerst wichtig gewesen war, sondern auch, weil er die Chance sah, lange gehegten Zweifeln und Kritik am Regime nachzugeben. Nach den albtraumhaften Erfahrungen an der Ostfront, als der Ansturm auf Moskau stecken blieb und in einen Rückzug umgeschlagen war, und in Angesicht seiner neu entdeckten Liebe zu Land und Menschen der gegnerischen Kriegsmacht war in dem lange zaudernden und zurückhaltenden Menschen die Entschlusskraft gereift. Mit zu seinem erwachten Tatendrang könnte beigetragen haben, dass er bei seiner großen Liebe Marianne Thoeren mit einem Heiratsantrag abgeblitzt ist. Drei Jahre lang hatte er in vielen Briefen um die Zahnmedizinerin geworben, doch letztlich entscheidet sie sich für einen anderen Mann. Ob das private Unglück auch ihn aktiviert hat so wie Sophie Scholl? Man sollte diesen Aspekt sicher nicht überbetonen, aber es fällt auf, dass sich Sophie Scholl, Willi Graf und auch Alexander Schmorell von ihrem Liebeskummer offenbar dadurch »heilten«, dass sie sich verstärkt um das kollektive Wohl kümmerten.

Am 2. Dezember 1942 hält Graf in seinem Tagebuch fest, dass er bis spät nachts mit Hans Scholl und Christoph Probst zusammengesessen habe. Sie sprechen über den Aufbau des Landes in der Zeit nach dem Ende des Nationalsozialismus. Wie sollte Deutschland aussehen? Müssten nicht viel mehr Menschen von dem Ziel, ein neues Deutschland zu gründen, überzeugt werden? Von nun an treffen sich Willi Graf und die Freunde fast täglich. Konspiratives Zentrum ist das Hinterhaus der Franz-Joseph-Straße 13, wo die Geschwister Scholl eine Wohnung teilen, nicht mehr die Villa Schmorell am Isarhochufer. Das Studium läuft nur noch nebenbei.

Am 9. Dezember ist Hans Scholl wieder bei Kurt Huber, der berichtet, dass er in Verbindung mit Generaloberst Ludwig Beck stehe (der später zu den Mitverschwörern des 20. Juni 1944 gehören sollte). Auch zu Ulrich von Hassel, dem Botschafter der deutschen Regierung in Rom, versucht Huber, Kontakt aufzunehmen. Von Hassel ist eine zentrale Figur im Widerstand gegen das NS-Regime, er beteiligt sich an Putschplänen und fungiert als Vermittler zwischen dem Goerdeler- und dem Kreisauer Kreis, zwei konservativen Widerstandsgruppen. Er entwirft Pläne für ein Deutschland nach Hitler und sucht eine Verständigung mit England. Obwohl er seit 1943 nicht mehr in Widerstandsaktionen eingeweiht und über die Attentatspläne Stauffenbergs nicht informiert ist, wird er am 8. September 1944 im Gefängnis Plötzensee gehenkt werden.

Am 17. Dezember treffen Hans Scholl und Willi Graf den Professor erneut und führen mit ihm ein wichtiges Gespräch. Offenbar sichert der Ältere endlich zu, einen Text für ein Flugblatt zu verfassen. Bereits am nächsten Tag gehen Willi Graf und Hans Scholl neues Material für eine Aktion besorgen. Kuverts, Papier, Briefmarken sind nur in kleinen Mengen zu bekommen. Immer wieder ziehen die beiden los, um Nachschub zu kaufen. Die Beschaffung ist so heikel, dass Sophie

Scholl sogar ihren Freund an der Front einschalten muss. Sie bittet Fritz Hartnagel, ihr aus Russland einen Pack Briefumschläge zu schicken. Im selben Brief gesteht sie ihm, dass sie die Angst wie Schlingarme umklammert halte. Warum, verrät sie ihm jedoch nicht.

Kreise ziehen

Am 20. Dezember 1942 tritt Willi Graf mit seinem Bach-Chor auf, die Musik ist für ihn in dieser Zeit besonders wichtig. Nach dem Konzert sitzt er wieder mit Hans Scholl und Alexander Schmorell zusammen. Sie trinken Tee und Cognac, reden und planen. Dann packt er einen Koffer und geht mit einer gefälschten Reisegenehmigung zum Bahnhof. Soldaten dürfen sich nicht einfach so von den Standorten ihrer Truppen entfernen. Im Zug versucht er zu schlafen. In Saarbrücken angekommen, trifft er alte Bekannte. Jedoch nicht zum Teetrinken. Er will sie für die Widerstandsaktionen rekrutieren. Seine Schwester meint rückblickend, dass er für diese Aufgabe besonders geeignet gewesen sei: »Er hatte die Fähigkeit, sich in den Dienst einer Sache zu stellen, von deren Bedeutung und Notwendigkeit er überzeugt war. Zudem konnte er ausdauernd und beharrlich argumentieren, ohne dem Gesprächspartner seine Meinung aufzudrängen. Vor allem aber verfügte er über vielfältige Kontakte zur ›Bündischen Jugend‹, von der Hilfe und Unterstützung zu erwarten war.«[59]

Willi Graf begibt sich in eine hochgefährliche Situation: Er muss Dinge verraten, ohne etwas preiszugeben, das gegen die Freunde verwendet werden könnte. Einer seiner Gesprächspartner und potentiellen Mitstreiter ist Willi Reiter, ein Freund aus der »Neudeutschland«-Gruppe. Dieser berichtete nach dem Krieg: »Ich kannte Willi als ruhigen, zurückhaltenden

Freund; deshalb war ich sehr erstaunt und erschreckt über die
Offenheit, mit welcher er den Krieg, das sinnlose Sterben und
die damaligen Machthaber verurteilte. Er meinte, dass endlich
etwas dagegen getan werden müsste und sprach von gleichgesinnten Freunden mit eben diesen Zielen. Da ich mir der
Gefahr bewusst war, in der er stand, riet ich ihm eindringlich
zur Vorsicht.«[60]

Nach Weihnachten besucht er die Familie Bollinger, ebenfalls alte Bekannte aus der Zeit des Grauen Ordens. Sie sprechen über »Freiburger Verhältnisse«, eine Verklausulierung für
eine Gruppe von Freunden in Freiburg, die ebenfalls Widerstandsaktionen plante, jedoch nicht realisieren konnte. Heinz
Bollinger ist Assistent an der Universität Freiburg, sein Bruder Willi Sanitätsobergefreiter in einem Saarbrücker Reserve-
lazarett. Die beiden Brüder sind sofort bereit, bei den Aktionen der Weißen Rose mitzumachen, und nennen Graf weitere
Kontaktpersonen. Sie werden für ihn auch Reisescheine fäl-
schen. Willi Bollinger spricht zudem von Waffen, die er besorgen könne. Die Brüder glauben, dass hinter Willi Graf und dem
Münchner Widerstandskreis viel mehr Menschen stehen, unter
anderem Ulrich von Hassel. Doch den hat Kurt Huber letztlich
nie zum Mitmachen bewegen können. Graf macht bei seinen
Werbezügen die Weiße Rose größer, als sie ist.

Er empfindet die Tage, an denen er neue Mitkämpfer
rekrutiert, als überaus anstrengend. Einmal verlässt er einen
Bekannten unsicher, ob er Erfolg hatte, ein andermal notiert
er in sein Tagebuch erleichtert: »sehr rasch finde ich widerhall
und grundsätzlich sind wir uns einig.« Manchmal ist er überrascht, dann wieder fühlt er kein »überspringen des funkens«.
Am 6. Januar 1943 endet sein Besuch in Saarbrücken. Gleich
am nächsten Tag sitzt er in München lange mit Hans Scholl
zusammen, um die Situation zu besprechen.

Sophie Scholls Ulmer Alleingang und Willi Grafs Sondierungsgespräche sind nicht die einzigen Versuche, den Kreis der Mitstreiter zu vergrößern. Traute Lafrenz fährt im November für einige Wochen nach Hamburg, wo sie gleichgesinnte Studenten trifft. Sie berichtet ihnen von den Aktivitäten in München und übergibt ihnen Flugblätter zur Verbreitung. Die Hamburger »Zelle« der Weißen Rose würde über den Tod der Münchner Aktivisten hinaus einen wichtigen Beitrag zum Widerstand leisten. Ein Freund von Alexander Schmorell, Jürgen Wittenstein, sucht in Berlin Mitstreiter, während Hans Scholl und Alexander Schmorell mit Falk Harnack und mit Eugen Grimminger ins Gespräch kommen.

Falk Harnack war der Bruder von Arvid Harnack, der zur sogenannten Roten Kapelle zählte, einer wichtigen Widerstandsgruppe, die Kontakte zur Sowjetunion unterhielt. Die Rote Kapelle war das größte Netzwerk, zu dem sich Regimegegner im Nationalsozialismus zusammenschlossen, mit Repräsentanten aus unterschiedlichen Gesellschaftsschichten und politischen Zusammenhängen, darunter viele Intellektuelle und höhere Beamte, die größtenteils von Berlin aus operierten. Zentrale Figuren waren Harro Schulze-Boysen, Oberleutnant der Luftwaffe, und Arvid Harnack, Beamter im Wirtschaftsministerium. Ähnlich wie bei der Weißen Rose und auch im Kreisauer Kreis um Helmuth James Graf von Moltke kamen die Regimekritiker unterschiedlicher Couleur zunächst zusammen, um zu diskutieren. Mit Kriegsausbruch wurde der Widerstand aktiv, und die Mitglieder verteilten ebenfalls Flugblätter gegen das Regime. Als Schulze-Boysen Kontakt zu einem sowjetischen Spion aufnahm, flog das Netzwerk auf – mehr als hundert Menschen wurden verhaftet, über fünfzig von ihnen wurden zum Tode verurteilt. Arvid Harnack wurde mit seiner Frau Mildred im September 1942 verhaftet und im Dezember des Jahres in Plötzensee hingerichtet. Nachrichten wie die Zerschlagung der Roten Kapelle werden die Münchner

Aktivisten nicht kaltgelassen und ihnen nicht zuletzt ihre eigene Gefährdung vor Augen geführt haben. Dennoch sind sie Anfang 1943 bereit, noch größere Risiken einzugehen. Hans Scholls Freundin Lilo Berndl stellt den Kontakt zu Falk Harnack her. Der spätere Regisseur und Drehbuchautor wohnt in Chemnitz und ist auf vielfältige Weise mit der Widerstandsszene vernetzt, doch eine Zusammenarbeit mit der Münchner Studentenrunde lehnt er zunächst ab, aus Sicherheitsgründen. Eine Vermittlung zum organisierten militärischen Widerstand in Berlin, wie ihn die Münchner über Kurt Huber erhoffen, kommt wegen der Verhaftung der Beteiligten zuletzt nicht mehr zustande. Über den Buchhändler Josef Söhngen, ein wichtiger Gesprächspartner für Hans Scholl, soll Giovanni Stepanov angesprochen werden. Der Kunsthistoriker hat Kontakte zum antifaschistischen Widerstand in Italien. Wegen der Verhaftung von Hans Scholl wird dieses Treffen nicht mehr stattfinden. Aus dem gleichen Grund scheitert auch das Treffen von Kurt Huber mit dem Münchner Pater Alfred Deip, der dem Kreisauer Kreis angehört. Nichtsdestotrotz können Sympathisanten und Mitstreiter in Berlin, Saarbrücken, Ulm, Freiburg, Stuttgart und Hamburg gewonnen werden. Die Kreise werden größer.

Ein wichtiger Unterstützter der Weißen Rose wird, wie wir bereits gehört haben, Eugen Grimminger in Stuttgart, ein alter Freund von Robert Scholl. Grimminger hat eine bewegte Biographie. Nachdem er sich im Ersten Weltkrieg freiwillig gemeldet hatte, brachte eine Verwundung den Sinneswandel: Er wurde nicht nur zum Pazifismus bekehrt, sondern war, da er sein Leben einem jüdischen Arzt zu verdanken hatte, auch von seinen antijüdischen Ressentiments geheilt. 1922 heiratete er die Jüdin Jenny Stern. Bei einem ersten Treffen im November 1942 mit Hans Scholl und Alexander Schmorell hatte Grimminger die beiden Studenten noch vertröstet. Doch jetzt zu Jahresbeginn 1943 ist er bereit, die Aktion mit fünfhundert Reichsmark zu unterstützen.

Sophie Scholl verwaltet die Kriegskasse der Gruppe und sammelt darin insgesamt etwa tausend Reichsmark für Vervielfältigungsapparate, Druckerschwärze, Papier, Briefumschläge, Briefmarken und Reisekosten. Das Geld kommt außer von Grimminger auch von Alexander Schmorell und Fritz Hartnagel.

Flugblatt V:
Eh' es zu spät ist

Am 13. Januar 1943 schreibt Willi Graf in sein Tagebuch, der Stein komme nun ins Rollen. Damit ist vermutlich die konkrete Arbeit am nächsten Flugblatt gemeint. Das fünfte Flugblatt, das nun nicht mehr unter dem Namen »Weiße Rose« firmiert, unterscheidet sich in mancherlei Hinsicht von den ersten vier. Den Text verfassen nicht nur Hans Scholl und Alexander Schmorell, sondern auch Kurt Huber.

Das Flugblatt schlägt einen neuen Ton an. Die Verfasser rüsten ihre bildungsbürgerliche Rhetorik ab, dafür wird die Diktion politischer. Der Krieg gehe seinem sicheren Ende zu, und Hitler führe das deutsche Volk »mit mathematischer Sicherheit« in den Abgrund. Doch statt daraus die Konsequenz zu ziehen, folgten die Deutschen ihren »Verführern« ins Verderben.

Dann stellt das Flugblatt die rhetorische Frage, die in der Forschung kontrovers diskutiert wird: »Deutsche! Wollt Ihr und Eure Kinder dasselbe Schicksal erleiden, das den Juden widerfahren ist? Wollt Ihr mit dem gleichen Maße gemessen werden wie Eure Verführer? Sollen wir auf ewig das von aller Welt gehasste und ausgestoßene Volk sein?« Eine umstrittene

Interpretation deutet diese und eine andere Textstelle als Relativierung der Judenvernichtung, da das Schicksal der Deutschen und das der Juden gleichgesetzt werde. Daraus folge, die Verfasser hätten selbst antisemitische Ressentiments gepflegt.[61] Doch die aus Kontext und Kommunikationssituation losgelöste Interpretation führt in die Irre. Die Autoren haben vielmehr – nicht besonders glücklich formuliert – allgemein kursierende, christliche Metaphern verwendet, um den Deutschen die Konsequenzen des Krieges drastisch vor Augen zu führen: Wenn ihr diesen Krieg verliert, ohne euch vorher von der verbrecherischen Regierung distanziert zu haben, dann geht es euch wie den Juden, sprich, ihr fallt der Strafe Gottes anheim, verliert den Nationalstaat und werdet »zerstreut unter allen Völkern«.

Das fünfte Flugblatt argumentiert in diesem wie in allen anderen Punkten von den Adressaten her. Tatsächlich hatte die Regierungspropaganda den Deutschen einzuschärfen versucht, dass sie, wenn sie den Krieg verlören, mit der Rache der Sieger und der endgültigen Zerstörung ihrer Heimat zu rechnen hätten. Das Flugblatt greift diese Angst auf und richtet sie gegen die Staatsführung. Auf die berechtigte Sorge der Deutschen vor Strafe dürfe die Antwort nicht Weiterkämpfen und Durchhalten um jeden Preis sein. Vielmehr sollten sie sich sofort vom verbrecherischen Regime der Nationalsozialisten abwenden.

Der Text will wachrufen, viele Sätze enden mit Ausrufezeichen: »… zerreißt den Mantel der Gleichgültigkeit, den Ihr um Euer Herz gelegt! Entscheidet Euch, eh' es zu spät ist! …« Wie in vielen Gebrauchstexten im Nationalsozialismus werden die Adressaten geduzt. Sätze beginnen mit den Worten »Glaubt nicht!« in Umkehrung der staatlichen Propagandarhetorik. Auch droht der Text seinen Lesern wiederholt. Angekündigt wird ein »schreckliches, aber gerechtes Gericht« über diejenigen, die sich feige und unentschlossen wegducken.

Die Autoren gehen auch auf die politische Zukunft des Landes ein. Nie wieder dürfe der preußische Militarismus an die Macht gelangen, die Zukunft liege – dieser Satz stammt aus Kurt Hubers Feder – allein in der Zusammenarbeit der europäischen Völker und im Föderalismus, jede Zentralgewalt sei abzulehnen. Auch das Klassenproblem wird angesprochen: »Die Arbeiterschaft muss durch einen vernünftigen Sozialismus aus ihrem Zustand niedrigster Sklaverei befreit werden. Das Truggebilde der autarken Wirtschaft muss in Europa verschwinden.« Jedes Volk und jedes Individuum habe, so fügt Kurt Huber ein, das Recht auf die Güter der Welt. Außerdem müssten die Staatsbürgerrechte gewährleistet sein: Freiheit der Rede, des Glaubens und der Schutz vor der Staatsgewalt.

Das fünfte Flugblatt der Weißen Rose richtet sich auch an die Gefühle, nicht nur an den Verstand. In diesem Stilwechsel können wir Hubers Einfluss vermuten, der mit Leibniz der Meinung ist, dass sich Vernunft und Gefühl nicht säuberlich trennen lassen. Das Flugblatt soll nicht nur überzeugen, sondern beschwören. Es transportiert ein Versprechen auf eine bessere Zukunft, ein anderes Deutschland, in dem es jedem Menschen gut gehen soll.

Das Flugblatt wird in einer Auflage von bis zu zehntausend Stück gedruckt und weit über die Münchner Stadtgrenzen hinaus bis nach Augsburg, Salzburg, Wien, Linz, Stuttgart und Frankfurt am Main verbreitet. Viel mehr Menschen soll es erreichen und das Regime glauben machen, dass überall in Deutschland Widerstandsnester sitzen. Die Empfänger suchen Alexander Schmorell und Sophie Scholl aus Adressbüchern heraus, die im Lesesaal des Deutschen Museums in München jedermann zugänglich sind. Dass zunächst nur südliche Städte ausgewählt werden, mag an der Logistik gelegen haben, an einer gedachten Aufgabenteilung mit den Widerstandsgruppen im Norden, aber auch an der Überzeugung der Akteure, dass

sich ein neues Deutschland unabhängig von Preußen zusam-
menfinden müsse. Auch das Kurt Hubers Einfluss, der die Wur-
zel allen politischen Übels in Norddeutschland wähnt.

Die Verteilung übernehmen die Aktivisten zum Teil selbst.
Sophie Scholl bringt Flugblätter nach Augsburg und wirft sie
dort in Postbriefkästen. So hinterlässt die Gruppe keine Spuren
nach München und spart Porto. Von Augsburg fährt sie nach
Ulm und übergibt Hans Hirzel Flugblätter, die er mit seinem
Schulfreund Franz Müller verteilt. Alexander Schmorell über-
nimmt eine Fahrt nach Salzburg, Linz und Wien, wo er jeweils
hundert bis zweihundert Exemplare an der Bahnhofspost ein-
wirft. Er fährt mit dem Schnellzug von München nach Salzburg,
geht durch die Bahnsteigsperre in Richtung Stadt und legt die
Sendung in zwei verschiedenen Briefkästen in der Nähe des
Bahnhofs ab. Am selben Tag geht es weiter nach Linz, von dort
nach Wien. Jede Bahnfahrt der Aktivisten ist todesmutig, denn
es gibt fortwährend Polizeikontrollen. Junge Leute, die ohne
ersichtlichen Grund durch die Gegend reisen, sind hochsus-
pekt. Deshalb verstecken die Freunde ihre gefährliche Fracht
an anderen Plätzen im Zug, damit sie bei einer etwaigen Kontrolle nicht mit dem Gepäck in Verbindung gebracht werden
können.

Die Aktivisten sind deutlich mutiger und entschlossener
geworden – eine neue Phase ihres Widerstands. Während die
ersten vier Flugblätter noch primär der Selbstvergewisserung
und internen Diskussion im intellektuellen Milieu dienten,
sollen jetzt »alle« Deutschen aufgerüttelt werden. Das ist ein
grundlegender Wechsel der Strategie. Ob man das »Radikalisierung« nennen möchte, ist Geschmackssache. Die jungen
Leute und Kurt Huber haben sich nicht aufgrund eines dras-
tischen Erlebnisses zunehmend gegen das System gestellt, sie
haben sich vor allem keiner radikalen oder extremen Ideologie verschrieben und sie sind nicht zu gewalttätigen Formen

des Widerstands übergegangen. Sie gehen vielmehr nach einer Orientierungs- und Diskussionsphase den nächsten logischen Schritt, um das verbrecherische und für das Land fatale Terrorsystem mit demokratischen Mitteln zu bekämpfen. Mit den Waffen des Wortes.

Am 20. Januar reist Willi Graf erneut nach Köln, Bonn, Saarbrücken, Freiburg und Ulm. Mehr Mitwirkende sollen rekrutiert und Flugblätter an Schlüsselfiguren wie Willi Bollinger verteilt werden, der mit Hilfe eines Hektographiergerätes eigene Flugblätter herstellen und verteilen soll. Mancher Bekannter, bei dem Graf in der Weihnachtszeit vorgefühlt hatte, ist nun bereit mitzumachen, aber die Zahl der Ablehnungen und der Zusagen hält sich die Waage. Das heißt, das Risiko ist diesmal noch größer als bei seinen vorherigen Werbereisen. Und je häufiger er reist, desto verdächtiger macht er sich.

Der mächtige Gegner

Die Gefahr, der sich die jungen Menschen damals aussetzten, kann eine Gesellschaft, in der seit über siebzig Jahren Meinungsfreiheit und Pluralismus herrschen (weitgehend und nur im westlichen Teil), kaum mehr nachfühlen. Wer die Aktionen der Weißen Rose einschätzen will, muss sich die Machtverhältnisse und Repressionsmittel vor Augen halten, mit denen es Oppositionelle zu tun bekamen. Das Ende der politischen Freiheit nach Hitlers Ernennung zum Reichskanzler hatten die Mitwirkenden, abgesehen von Kurt Huber, bereits in der Pubertät erlebt, in einem Alter zwischen zehn und fünfzehn Jahren. In den kurzen zwei Monaten zwischen der »Machtergreifung« am 30. Januar 1933 und der Gleichschaltung der Länder am

31. März 1933 erlebten sie, wie Schlag auf Schlag jedes Recht auf eine abweichende Meinung verloren ging. Schon schlechte Laune, Skepsis, Pessimismus waren nunmehr suspekt, Zweifel an den Wohltaten des Staates verboten. »Miesmachern« und »Kritikastern« drohte schon im März 1933 die »Heimtückeverordnung«.[62] Angeblich unwahre oder entstellende Behauptungen über das Regime in privatem Kreis standen nach der Reichstagsbrandverordnung vom 28. Februar 1933 unter der Androhung von Verfolgung und Strafe bis hin zur Exekution.

Verwaltung und Polizei wirkten als Instrumente des nationalsozialistischen Regimes. Auch auf den kleinsten Rathäusern wie etwa dem, in dem die Geschwister Scholl Jahre ihrer Kindheit verbracht hatten, wehte über Nacht die Hakenkreuzfahne. Nachdem bei den Reichstagswahlen vom März 1933 43,9 Prozent oder 17,3 Millionen Wahlberechtigte vor allem in den Agrargebieten im Norden und in Ostdeutschland für die NSDAP gestimmt hatten, vergingen nur noch wenige Wochen, bis auch die Landtage an das Reichstagsergebnis angepasst und die Landesregierungen in die Hände von regimetreuen »Reichsstatthaltern« gelegt worden waren.

Die Gleichschaltung von oben flankierte der Terror von unten. SA und SS-Hilfspolizei rechneten mit den alten Gegnern ab und überzogen das Land mit Gewalt. Sie verprügelten und misshandelten Juden, Kommunisten, Intellektuelle, unbequeme Amtsträger auf offener Straße, ohne dass Polizei und Gerichte eingriffen. Innerhalb der ersten acht Wochen nach der Machtergreifung wurden neunundsechzig politische Morde verübt.

Am 22. März 1933 wurden einhundertfünfzig Häftlinge auf das Gelände der Königlichen Pulver- und Munitionsfabrik in Dachau gebracht: der Beginn des ersten Konzentrationslagers. Binnen weniger Wochen wurden hier und anderswo bis zu hunderttausend Menschen eingesperrt. Um Widerspruch

und Widerstand im Keim zu ersticken, war die Presse landes-
weit angehalten, über diese Verhaftungen zu berichten. Mit
dem Gesetz zur »Wiederherstellung des Berufsbeamtentums«
begann die Einengung jüdischen Lebens, bereits am 1. April
1933 wurde der erste Boykott jüdischer Händler angeordnet.
Seit 26. April verfolgte die aus Kriminalpolizei und Politischer
Polizei zusammengesetzte Gestapo staatsfeindliche Bestrebun-
gen und politische Gegner des Regimes wie Kommunisten und
Sozialdemokraten. In späteren Jahren gerieten verstärkt auch
Gruppen wie Homosexuelle, Zeugen Jehovas und Juden in ihr
Visier. Die Gleichschaltung der Gewerkschaften, das Verbot der
SPD im Juni 1933, der BVP im Juli 1933, in der Kurt Huber
aktiv gewesen war, und schlussendlich des Zentrums besiegel-
ten den Einparteienstaat. Ab Juli 1933 galten die Herrschaft
einer Partei und der Wille eines »Führers«. Als sichtbares Zeichen dafür wurde in den Verwaltungen der Hitlergruß Pflicht.

Was Meinungsfreiheit und staatsbürgerliche Teilhabe anbelangt, war noch vor dem Sommer 1933 jeder Spielraum verloren. Ein Vierteljahr Hitler hatte genügt, um Opposition und
missliebige Minderheiten zu ächten und auszuschalten. Zei-
tungsverbote und Selbstzensur, die verbliebene Presse von
Goebbels gelenkt, ein moderner Propagandaapparat, der auch
die populären Kanäle, vor allem das Radio, geschickt besetzte –
den Kampf um die öffentliche Meinung konnte nur eine Seite
gewinnen. Unter den Nationalsozialisten wurde die Presse tatsächlich zur »Lügenpresse« – ein Begriff, den Hitler zuvor in
Bezug auf die bürgerliche Presse benutzt hatte.

Die Dynamik der Entrechtung überraschte selbst die kritischen Geister. Einige gefährdete Linke gingen rechtzeitig ins
Exil, doch weit häufiger zogen sie sich ins Private zurück oder
legten sich einen bequemen Optimismus zu. Der Spuk wäre
schon bald vorbei, hofften sie. Und gegen eine gesellschaftliche
Erneuerung könne schließlich niemand etwas haben. Dieser

verbreiteten Haltung kam entgegen, dass sich das Regime alle Mühe gab, die Repressionsmaßnahmen rechtmäßig aussehen zu lassen, etwa die Nürnberger Gesetze, mit denen im Frühjahr 1935 Juden und andere Bevölkerungsgruppen zu Bürgern zweiter Klasse erklärt wurden. Roma, Sinti, Homosexuelle, sogenannte »Erbkranke« und »Asoziale« – bis zu vierhunderttausend Menschen waren von der rassistischen Politik betroffen, doch auch in diesem Fall rührte sich kein Widerstand. Vielmehr passierte das Gegenteil: Die pseudowissenschaftlichen Erkenntnisse von der Überlegenheit der Arier und ihrem angeblich legitimen Anspruch auf Lebensraum wurden schon bald zum offiziellen Weltbild in Schule und Wissenschaft.

Es wäre falsch, sich das Volk als Geisel Hitlers vorzustellen. Die Entmachtung der Staatsbürger war zu einem Gutteil selbst gewollt. Deutschnationale, Großbauern, Teile der Wirtschaft, Reichswehr und Bürokratie hatten dem österreichischen Kunstmaler ganz bewusst den Steigbügel gehalten, in der Hoffnung, Staat und Gesellschaft würden sich mit seiner Hilfe regenerieren und gegen den Marxismus immunisieren. Parlamente und Parteien waren ohnehin unbeliebt, viele Menschen wünschten sich an Stelle des Parlaments, der »Quasselbude«, einen starken Mann an der Spitze. Demokratisches Selbstbewusstsein und kritische liberale Vernunft lagen nach vielen Wahlen und chaotischen Zuständen am Ende der Weimarer Republik erschöpft darnieder.

Das nationalsozialistische Regime hingegen konnte vom Nimbus einer jugendlich-dynamischen Erneuerungsbewegung zehren. Viele Deutsche wollten gerne an die Vision glauben, dass Hitler und die Seinen Deutschland nach der »Schmach von Versailles« militärisch und wirtschaftlich wieder groß und stark, nach innen versöhnt und nach außen respektabel machen würde. Pazifisten wie Robert Scholl, der Vater von Sophie und Hans, waren exotische Ausnahmen.

Wenn wir heute über die damaligen Widerstandsmöglichkeiten nachdenken, dürfen wir deshalb nicht nur an die Repressionsmittel des Staates bis hin zum weitverzweigten Konzentrationslagersystem denken, wir müssen auch die Verarmung und Vereinheitlichung des politischen Diskurses berücksichtigen. Bei der symbolhaften Bücherverbrennung am 10. Mai 1933 wurden im ganzen Land unter eifriger Beteiligung der Studenten- und Professorenschaft Werke von linken, pazifistischen und jüdischen Intellektuellen aus Bibliotheken geholt und verbrannt. Der bayerische Literat Oskar Maria Graf stand damals ganz allein mit seinen berühmt gewordenen Worten, mit denen er sich mit den Verfemten solidarisierte: »Verbrennt mich! Nach meinem ganzen Leben und nach meinem ganzen Schreiben habe ich das Recht, zu verlangen, dass meine Bücher der reinen Flamme des Scheiterhaufens überantwortet werden und nicht in die blutigen Hände und die verdorbenen Hirne der braunen Mordbanden gelangen. Verbrennt die Werke des deutschen Geistes! Er selber wird unauslöschlich sein wie eure Schmach!«[63] Graf ging schließlich ins Exil, wie etwa fünftausend andere deutsche Künstler und Wissenschaftler, deren Bücher auf den Index kamen. Auch dadurch entstand ein Deutungsmonopol des Regimes, das junge Menschen wie die Mitglieder der Weißen Rose im besonderen Maße traf. Aus ihren Selbstzeugnissen geht immer wieder hervor, wie rar und wie wertvoll für sie Texte wurden, die eine andere Haltung einnahmen als die offizielle.

Die Stärke des Widersachers spiegelt die Schwäche der Aufrechten. Dass selbst nach der Radikalisierung der Nazipolitik in den kommenden Jahren so wenig substanzieller Widerstand zu erkennen ist, lag auch an der inneren Zerrissenheit der Linken. SPD und Kommunisten waren selbst jetzt nicht bereit zusammenzuarbeiten. Die christlichen Kirchen waren ebenfalls uneins und sahen keinen Grund oder keine Rechtsgrundlage

dafür, sich dem nationalsozialistischen Bollwerk entgegenzu-
stemmen. Solange Hitler ihnen die Pfründe sicherte, erschien
ihnen die Wahrung der eigenen Interessen wichtiger. Die militärischen Eliten wiederum zögerten lange, bevor sie einen dras-
tischen Zug wie einen Anschlag auf den obersten Feldherrn in
Erwägung zogen.

Selbst die massiven Übergriffe auf Juden im Zusammenhang
mit der Reichspogromnacht im November 1938, an der sich bis
zu hunderttausend Deutsche mit Raub, Prügelei und Brand-
schatzen beteiligten, lösten höchstens öffentliches Kopfschüt-
teln, aber keinen lauten Protest aus. Pfarrer Helmut Gollwit-
zer in Berlin-Dahlem charakterisierte die Haltung der meisten
Deutschen treffend: »… dass man erleben kann, wie biedere
Menschen sich auf einmal in grausame Bestien verwandeln, ist
ein Hinweis auf das, was mehr oder weniger verborgen in uns
allen steckt. Wir sind auch alle daran beteiligt, der eine durch
die Feigheit, der andere durch die Bequemlichkeit, die allem
aus dem Weg geht, durch das Vorübergehen, das Schweigen,
das Augenzumachen […], durch die verfluchte Vorsicht, die
sich durch jeden schiefen Blick und jeden drohenden Nachteil
von jedem guten Werk abbringen lässt.«[64]

Der Kriegsbeginn am 1. September 1939 verschärfte das Vorgehen gegen Juden und andere missliebige Personengruppen.
Gleichzeitig verstärkte der Staat aus Angst vor Unruhen an
der »Heimatfront« den Druck auf die Bevölkerung. Politische
Gegner, über die bereits seit 1936 eine Kartei geführt wurde,
wanderten reihenweise in Haft. Das Hören von »Feindsendern«, die Verbreitung von ungünstigen Nachrichten über den
Kriegsverlauf zogen Gefängnis oder sogar die Todesstrafe nach
sich. Die Gestapo war jetzt befugt, jede kritische oder auch
nur zweifelnde Stimme rücksichtslos zu unterdrücken. Das
Reichssicherheitshauptamt, eine Superbehörde für Kriminalpolizei, Sicherheitspolizei, Gestapo und Auslandsnachrichten-

dienst, wurde zur »Terrorzentrale« des Regimes.[65] Von hier aus plante und koordinierte der Staat die Umsetzung der sogenannten Rassepolitik sowie die Verfolgung des politischen Widerstands. Dafür erhielten die Gerichte einen großen Spielraum: Waren im letzten Friedensjahr 1938 noch fünfundachtzig Todesurteile verhängt worden, stieg die Zahl im Jahr 1939 auf dreihundertneunundzwanzig, im Jahr 1940 auf neunhundertsechsundzwanzig und im Jahr 1943 auf sage und schreibe fünftausenddreihundertsechsunddreißig Urteile. Insgesamt endeten während des Krieges siebzehntausend zivile Verfahren mit der Höchststrafe. Die Hauptgruppe der Todeskandidaten waren ausländische Zwangsarbeiter, gefolgt von Menschen, die angeblich gegen das Gemeinwohl verstoßen hatten (»Volksschädlinge«), die drittgrößte Gruppe waren politische Gegner.[66]

Die Voraussetzungen zum Widerstand verschlechterten sich mit Kriegsbeginn nicht nur, weil die Reihen der Andersdenkenden weiter ausgedünnt wurden, sondern auch, weil der Krieg neue Gewissensnöte mit sich brachte. Der Vorwurf der Feindbegünstigung wog schwer. Auch ein Kurt Huber zweifelte daran, ob es zulässig sei, Deutschland eine militärische Niederlage zu wünschen, wenn dadurch das NS-Regime beendet werden könnte. Zusätzlich nahm der Hitler-Stalin-Pakt im August 1939 dem kommunistischen Widerstand den Wind aus den Segeln. Auch schien die Kriegsentwicklung jedem Widerspruch zu spotten – die anfänglichen Blitzerfolge gegen Polen, Frankreich, Norwegen, Dänemark, Niederlande, Belgien, Luxemburg, Griechenland und Jugoslawien gaben der aggressiven Politik Hitlers scheinbar recht. Nur wenigen war es gegeben, das Große und Ganze nicht aus den Augen zu verlieren. Auch Alexander Schmorell, Hans Scholl, Christoph Probst und Willi Graf nahmen an den Feldzügen gegen Frankreich, Belgien, die Niederlande und Luxemburg teil. Von Hans Scholl wissen wir, dass er seine Zeit in Frankreich nicht nur als unangenehm empfunden hat. Auch wenn er die Behandlung der Zivilbevölkerung, besonders deren Ausplünderung, ablehnte, empfand er seine Begegnung mit der französischen Kulturnation gleichzeitig als Bereicherung. So ging es vielen Männern in Uniform.

Die jungen Leute der Weißen Rose waren eine Ausnahmeerscheinung, weil sie sich vom offenbar großen Zuspruch für Hitler und von den Erfolgen des Regimes nicht einlullen ließen. Sie durchschauten frühzeitig das hohle Versprechen der standesübergreifenden »Volksgemeinschaft« und wahrten trotz nationalsozialistischer Sozialisation ihre innere Autonomie.

Das Momentum

Zu Jahresbeginn 1943, in den letzten Wochen der Weißen Rose, herrscht Licht und Schatten im Leben der Aktivisten. Es ist kein Waten durch bleierne Angst, die Freunde sind nicht immer von greller Gefahr begleitet, sondern es gibt auch sonnige Tage mit Skiausflügen und Konzertbesuchen, an denen alle Spannung von ihnen abfällt. Manchen mag das heute verwirren. Heißt das, sie kalkulierten die Gefahr, in der sie schwebten, ein? Haben sie ihr Leben bewusst riskiert, oder waren sie leichtsinnig, blauäugig, übermütig? Standen sie gar unter Drogen und wussten nicht, was sie taten?

Der Weiße-Rose-Forscher Sönke Zankel hat die steile These aufgestellt, die Studierenden hätten Aufputsch- und Betäubungsmittel genommen und dadurch womöglich ihren Realitätssinn verloren. Drogenkonsum habe die Kontrolle des Verstandes eingeschränkt.[67] Ist solch ein Gerücht erst einmal in

Umlauf gebracht, lässt es sich so leicht nicht mehr aus der Welt schaffen. Doch welche Belege liegen für diese starke Behauptung vor? Die Rede ist vor allem von Ephedrin, einem Wirkstoff, der blutdrucksteigernd und bronchienerweiternd wirkt. Außerhalb der medizinisch indizierten Einnahme ist oder war Ephedrin auch als Dopingmittel bekannt, nicht zuletzt haben es früher Autofahrer genutzt, um bei langer Fahrt wach zu bleiben. Der Wirkstoff kann auch euphorisierend wirken. Bei Überdosierung kommt es zu Unruhe, Angst, Schlaflosigkeit bis hin zu Verwirrung.

Die Belege, die Zankel dafür bringt, dass die Aktivisten der Weißen Rose Ephedrin eingenommen haben, sind rein spekulativ. Er schließt aus Textpassagen in den Selbstzeugnissen auf Bewusstseinszustände. Wenn Hans Scholl etwa in einem Brief im Januar 1943 über schlechten Schlaf berichtet, wobei er selbst dafür die »Münchner Luft« verantwortlich macht, dann könne das, so Zankel, auf Medikamentenmissbrauch hindeuten. Weiteres angebliches Indiz: Gisela Schertlings Bericht im Gestapoverhör, Hans Scholl habe ihr einmal eine Morphiumspritze gereicht, wofür, wisse sie nicht. Aber der Historiker weiß es: Hans Scholl hat mit Morphium Selbstversuche gemacht! Gisela Schertling, die letzte Freundin von Hans Scholl, verfolgte in den Verhören die nachvollziehbare Strategie, sich als verführte Unschuld darzustellen. Denn sie musste sich dem ernsten Vorwurf stellen, von den Flugblattaktionen gewusst, ja sogar daran mitgewirkt und damit Beihilfe zum Hochverrat verübt zu haben. Ihr drohte Gefängnis und vielleicht sogar der Tod. Können solche Andeutungen einer vom Tod bedrohten Inhaftierten ernsthaft als Beweismittel für einen angeblichen Drogenkonsum Hans Scholls gelten? Es gibt eine Grundregel jeder Erkenntnisarbeit, die unter dem Namen »Ockhams Rasiermesser« bekannt ist: von mehreren möglichen Erklärungen für einen Sachverhalt immer die einfachste wählen. In diesem Sinne erscheinen die Spekulationen über den Drogenkonsum der Weißen Rose zu weit hergeholt.

Trotzdem ist natürlich die Frage interessant, wie bewusst den Aktivisten die Gefahr war, in der sie schwebten. Willi Bollinger, einer der überlebenden Unterstützer der Weißen Rose, hat das damalige Risikobewusstsein innerhalb der Gruppe einmal so beschrieben: »Das, was wir an jenem Abend zu tun beschlossen, erschien uns von der gleichen logischen Konsequenz wie das Essen und Trinken.« Sie hätten die Chancen ihrer Manöver nüchtern berechnet. Dabei habe für sie nicht der Erfolg des Projekts an erster Stelle gestanden, sondern ihr Gewissen. »Am Morgen, bevor wir uns trennten, erzählte ich Christoph noch von einem Traum, den ich in der Nacht hatte, in welchem der Tod wie in einem Holbein-Gemälde versuchte, uns umzumähen, und wir trennten uns so, als ob es für immer wäre.«[68]

Die Gefahr, die sie umgab, war den Mitstreitern selbstverständlich und immer bewusst, aber sie mussten sie eingehen, weil sie handeln mussten. Schon im November 1942 schrieb Sophie Scholl an Fritz Hartnagel, sie lebten in einer Zeit, in der sie immer hoch konzentriert sein müssten, sich nicht zu verraten: »Jedes Wort wird, bevor es gesprochen wird, von allen Seiten betrachtet, ob kein Schimmer der Zweideutigkeit an ihm haftet. Das Vertrauen zu anderen Menschen muss dem Misstrauen und der Vorsicht weichen. O es ist ermüdend und manchmal entmutigend.«[69] Aber sie soll auch geäußert haben, nachdem so viele Menschen *für* das NS-Regime fielen, sei es nun an der Zeit, dass auch einmal Menschen *gegen* das NS-Regime fielen.[70]

Wie hielten die Akteure die Lebensgefahr aus, in der sie vor allem ab Jahresbeginn 1943 ständig schwebten? Vor allem versuchten sie, den Alltag aufrechtzuerhalten. Und sie kosteten ihr Leben aus, wenn sich die Gelegenheit dazu bot. Mitten in einer Phase, in der er hoch konzentriert sein musste, in der er sich bereits von der Gestapo verfolgt fühlte, hat sich Hans Scholl neu verliebt. Die Auserwählte, Gisela Schertling, ist ausgerechnet die Tochter strammer Nationalsozialisten. Hans hatte sie im Dezember 1942 über seine Schwester Sophie kennengelernt. Sie studierte ebenfalls in München und besuchte die Vorlesungen von Kurt Huber. Geboren am 9. Februar 1922 in der thüringischen Kleinstadt Pößneck, wuchs sie als älteste von drei Töchtern des Verlegers Paul Schertling und dessen Frau Lotte ganz im Geist des Nationalsozialismus auf. Gisela Schertling war beim BDM gewesen und bis zu ihren Verhören im Zusammenhang mit der Weißen Rose nicht als politisch unzuverlässig aufgefallen. Die Liaison mit ihr führt uns vor Augen, dass Hans Scholl in einer Zeit größter Gefahr immer noch ein eigenes, erfülltes Leben zu führen suchte.

Sophie Scholl hält sich in dieser Zeit weiter an ihren Wahlspruch »Un esprit dur, du coeur tendre!«, einen harten Verstand und ein weiches Herz, den sie immer wieder in ihren Briefen und Tagebucheinträgen zitiert. Er stammt von dem Franzosen Jacques Maritain, einen einflussreichen zum katholischen Glauben konvertierten Philosophen, der nach dem Ende des Weltkriegs an der UN-Menschrechtscharta mitformulieren wird.[71] Sie kann sich bei aller Niedergeschlagenheit und Angst diese Haltung in der Zeit der Gefahr bewahren. In einer Schilderung von Traute Lafrenz werden diese zwei Aspekte ihrer Persönlichkeit deutlich: »Mit Sophie ging ich manchmal Papier und Umschläge kaufen. So erinnere ich mich genau an einen Tag im Januar 1943 (es war frühlingshaft warm), als wir durch die Ludwigstraße schlenderten und uns so recht der Sonne und der Wärme freuten. An der Straße stand ein Pferd und Wagen, das Pferd schnob laut in die sonnige Luft hinein. ›Ha, Kerle‹, sagte Sophie und klopfte ihm lachend den Hals – dann stand sie mit der gleichen Einfachheit, dem gleichen frohen Gesicht im nächsten Schreibwarenladen und verlangte Briefumschläge.«[72]

Willi Graf nimmt die Anspannung der letzten Wochen
schwer mit. Er sucht ebenfalls Entspannung in der Musik, singt,
besucht Konzerte. Zwischendurch meditiert er, liest Lyrik und
raucht seine Pfeife. Zur Beruhigung kaut er auf Kirschkernen
herum, sein Hausmittel für Konzentration. Besonders schwer
sind die letzten Wochen für Christoph Probst, denn er kann
sich nicht an den Aktionen der Gruppe beteiligen, sondern sitzt
abseits in Innsbruck auf seinem Stützpunkt fest. »Es fehlt mir
halt ein naher Mensch, ein wesensverwandter oder auch nur
geistig verwandter Mensch. Gibt es doch gerade jetzt so Vieles,
was man kaum mit sich allein herumtragen kann, ohne sich
darüber aussprechen zu können. Aber ich sehe auch in dieser momentanen Abgeschlossenheit eine mir zugedachte, vielleicht furchtbare Aufgabe. Die weite Entfernung der Familie
erhöht natürlich das Gefühl der Einsamkeit.« Er träumt von
einem Leben nach dem Krieg, hofft, dann mit seiner Familie in
der Nähe seiner jüdischen Stiefmutter leben zu können. »O, da
könnte ich mir stundenlang die schönsten Zukunftsbilder aus-
malen! Aber das Jetzt nimmt mich meist so stark in Anspruch,
dass für die Zukunft nur der Raum einer tief vertrauensvollen
Hoffnung bleibt. Wer kann heute Prognosen stellen, die bis ins
Einzelne gingen?«[73]

Alexander Schmorell leidet mit seinen russischen Landsleu-
ten mit. Einer Freundin, der später berühmten Pianistin Margaret Knittel, schreibt er, sein Leben sei von Freudlosigkeit und
Traurigkeit begleitet, solange er fern der Heimat, also von Russland, sei. Die drei Monate an der Ostfront seien die »schönste,
reichste Zeit« seines Lebens gewesen. Er ergeht sich in Andeutungen über wichtige Dinge, die er ihr aber nur mündlich mit-
teilen könne, vermutlich meint er damit die Widerstandsaktionen. In diesem Brief entwirft Schmorell, vermutlich beeinflusst
von seiner Liebe für die russische Literatur, geradezu eine
Anthropologie des Leidens. »Mögen Sie die Unruhen, das Lei-

den, nie, niemals verlieren!!!« Leiden ist für den einstmals so lebensfrohen jungen Menschen neuerdings Lebenselixier.[74]

Kurt Huber hat Angst. Er findet die Aktionen der jungen Freunde riskant. Er ist auch mit vielen Inhalten der Aktionen nicht einverstanden. Schmorell und die Scholls kommen ihm manchmal wie verkappte Sozialisten vor. Die Kontaktaufnahme mit Harnack endet in seinen Augen mit einem Desaster. Dieser Regisseur und Schauspieler teilt nicht seine Werte, sondern denkt zentralistisch, hofft für die Zukunft auf eine Planwirtschaft. Huber denkt, er müsste die Gruppe vor der Vereinnahmung durch den Bolschewismus bewahren. Andererseits lassen ihm die Lage in Stalingrad, die Einkesselung Hunderttausender deutscher Soldaten dieser »herrlichen Wehrmacht« keine Ruhe.

Die Durchhaltestrategien der Gruppe waren sicherlich unterschiedlich. Ein wichtiger Rückhalt dürften jedoch in jedem Fall die starken Bindungen gewesen sein – untereinander, zu ihrer Familie und zu Freunden außerhalb der Gruppe –, die den Aktivisten den Rücken stärkten. Die Briefe der jungen Leute aus dieser Zeit sind voll mit Nachrichten über Bekannte und Verwandte, die Opfer zu beklagen haben oder die nun auch an die Front geschickt werden sollen. Schlimmer noch als die aktuelle eigene Unsicherheit erscheint ihnen nur die Ungewissheit der Zukunft, für sich und andere. Immer wieder beschwören sich die Akteure untereinander, dass es nun doch endlich vorbei sein müsse, dass es nur gelte durchzuhalten und sich nicht von der hoffnungslosen Kriegssituation unterkriegen zu lassen.

Es fällt auf, in welcher starken Verbindung sie zu ihren Eltern, Geschwistern, zu anderen Familienmitgliedern, zu Freunden und Bekannten stehen. Auch und gerade in Zeiten der Trennung. Die Familie Probst beispielsweise hält ständigen Kontakt zu Christoph, der zum Studium nach Innsbruck versetzt worden war und dort keine Vertrauten hat. Er schreibt seiner

Schwester Angelika, seiner Mutter, seiner Frau und seiner Stiefmutter. Die Kommunikation ist immer auf dem aktuellen Stand, ausführlich und persönlich. Auch bei den Fronteinsätzen der jungen Männer in Frankreich und im Osten war es nicht anders gewesen.

Christoph Probst hat für dieses Phänomen das Bild des starken gemeinsamen Körpers beschworen. Immer wieder schreibt er seiner Schwester, dass er auch ohne ihre körperliche Anwesenheit im intensiven gedanklichen Austausch mir ihr stehe. Ihre Wesen seien auf geradezu metaphysische Weise innig miteinander verflochten. Die unsichere Lage macht sich auch körperlich bemerkbar. Eine schmerzhafte Schulter plagt ihn, er leidet unter Durchfall und Magenbeschwerden.

Sophie und Hans Scholl erholen sich Anfang Januar gemeinsam im Elternhaus in Ulm. Sie hören Musik, gehen spazieren, abends führen sie Gespräche über Philosophie. Sophie treibt die unerträgliche Sorge um, dass Fritz Hartnagel aus Stalingrad nicht zurückkehren könnte. Die Vorstellung, dass zur gleichen Zeit, während sie die Winterferien genießt, ihr Freund und so viele andere Menschen leiden, kann sie nur schwer ertragen. Sie fühlt sich schuldig, traurig und leer. Dann, am 2. Februar 1943 erhält sie Nachricht: Fritz Hartnagel ist aus dem Kessel von Stalingrad entkommen. Er wurde mit einem Krankentransport ausgeflogen. »Ich bin schon voller Freude in dem Gedanken, mit Dir zusammen zu sein«, schreibt sie ihm am 7. Februar 1943.[75]

Die Nacht ist des Freien Freund

In der Nacht vom 28. auf den 29. Januar 1943 beginnen Hans Scholl, Alexander Schmorell und Willi Graf die Flugblätter zu streuen. Haben sie keine Briefmarken mehr, oder warum glauben sie, dieses Risiko eingehen zu müssen? Sie verabreden sich spätabends in der Wohnung der Geschwister, teilen die Packen unter sich auf und ziehen mit ungefähr tausendfünfhundert Exemplaren durch München. Ihre Route beginnt am Hauptbahnhof. Auf einer Strecke von rund fünfzehn Kilometern legen sie in Straßen und Innenhöfen ihre Botschaft ab. Willi Graf schafft es bis nach Thalkirchen, den Stadtteil mit dem Tierpark südlich der Innenstadt. Als Ablageorte benutzt er Briefkästen, Sockel, Türschwellen. Sophie Scholl soll bei dieser riskanten Aktion auf ausdrücklichen Wunsch ihres Bruders Hans nicht mitmachen. Doch sich als Mädchen in die zweite Reihe stellen zu lassen ist ihre Sache nicht. Zwischen dem 30. Januar und 6. Februar tut sie es den Freunden nach und legt ebenfalls Flugblätter aus, in Telefonhäuschen und auf parkenden Autos.

Warum dieses Risiko zu diesem Zeitpunkt? Die jungen Leute erliegen einer Fehleinschätzung. Sie denken, dass sie inzwischen auf eine breitere Zustimmung in der Bevölkerung bauen können als im Sommer des Vorjahres, was auch mit der Vergrößerung ihres Kreises zu tun hat. Je mehr Einzelpersonen sie erreichen, desto mehr erliegen sie der Illusion, viele Deutsche seien im Grunde auf ihrer Seite. So hat es auch Traute Lafrenz in der Rückschau beschrieben: »So bekam man das Gefühl es existiere ein breitgespanntes, vielmaschiges Netz Gleichdenkender – die ja in Wahrheit auch da waren, aber als Einzelne – und da wir immer nur mit diesen und nicht mit den vielen Andersdenkenden in Verbindung waren, negierte man die Vielen und baute auf die Wenigen und glaubte sich stark.«[76]

Ein Vorkommnis an der Münchner Universität bestärkt sie in

ihrem Glauben. Am 13. Januar 1943 soll das vierhundertsiebzig-
jährige Jubiläum der Ludwig-Maximilians-Universität gefeiert
werden. Die Hochschulleitung erwarte, dass alle Studierenden
an dem Festakt im großen Saal des Deutschen Museums teilnehmen, heißt es im Vorfeld. Schon das sorgt für Unmut. Die
plumpe Drohung, wer nicht erscheine, müsse mit dem Ent-
zug der Studienerlaubnis rechnen, macht die Studierenden
wütend. Doch bei der Veranstaltung selbst soll es noch schlimmer kommen. Als Erster spricht der Gaustudentenführer Julius
Doerfler und lässt sich lang und breit über die Notwendigkeit
der politischen Betätigung und des Kriegsdienstes im Studium
aus. Dann spottet er über die große Anzahl von Studentinnen
an der Ludwig-Maximilians-Universität. Alles »emsige Wühl-
mäuse«, die sich nur eingeschrieben hätten, um dem Kriegshilfsdienst in den Fabriken zu entgehen. Das Publikum wird
unruhig. Je mehr sich Doerfler um die Gunst der Zuhörer
bringt, desto autoritärer wird sein Ton. Auch das Zwischen-
spiel des Gaumusikzugs der NSDAP vermag niemanden mehr
zu erfreuen. Dann kommt die Festrede des Gauleiters Paul Giesler. Der Fährte seines Vorredners folgend, setzt er noch eins
drauf. Erst lobt er die Studenten, die in ihren Soldatenunifor-
men erschienen sind, für ihren tapferen Einsatz für das Vaterland, dann wendet er sich an die Studentinnen, die auf der
Empore sitzen. Er sei überrascht, wie viele Eltern auf einmal
die Begabung ihrer Töchter zum Studium entdeckt hätten, und
könne nur hoffen, dass viele von ihnen bald im Hörsaal »ihr
Glück« in Gestalt eines Mannes »mit Kraft und Saft« fänden.

Das Publikum ist nicht amüsiert. Die Rede Gieslers, immerhin ein weithin gefürchteter Mann, wird immer wieder durch
Pfiffe und Schreie unterbrochen. Einige Männer stehen auf,
andere scharren mit den Füßen oder klopfen. Schlussendlich
beendet der Gauleiter seinen Vortrag zitternd vor Wut mit der
Bemerkung: »Wer sich gegen Adolf Hitler stellt, fällt.«[77] Das will

er auch gleich demonstrieren. Giesler gibt Befehl, die unbotmäßigen Studierenden festzuhalten, bis in der Menge die Rädelsführerinnen des »Aufstands« dingfest gemacht seien. Doch die
jungen Frauen wehren sich mit der Unterstützung männlicher
Kommilitonen. Die Männer greifen ein, sie fühlen sich in ihrer
Soldatenehre verletzt. Es kommt zu Gedränge und Geschiebe,
zu Handgreiflichkeiten. Polizei und Gestapo müssen einschrei-
ten. Das provoziert die Studenten zu dem Schlachtruf: »Wir
wollen unsere Frauen wieder, wir wollen unsere Frauen wieder!« Doerfler, der braune Studentenführer, schreit in den Saal,
sie könnten ihre Frauen ja am nächsten Tag bei der Gestapo
abholen, woraufhin ihm angedroht wird, man werde ihn in
die Isar werfen. Ein Student wird verhaftet, die Frauen, die
als Rädelsführerinnen ausgemacht werden, müssen zur Perso-
nalienfeststellung ins Gestapogebäude. Der Versuch, ihnen ein
Komplott anzuhängen, scheitert jedoch.[78]

Der ganze Vorgang ist unerhört. Die Münchner Studenten
waren nie als besonders revolutionär aufgefallen, und dann
kommt es zu solch einer Auseinandersetzung. Offenbar, so
glauben die Mitglieder der Weißen Rose, gibt es doch mehr
Systemkritik in den Reihen ihrer Kommilitonen und Kommilitoninnen als bislang gedacht. Auch wenn die Freunde selbst
dem Festakt ferngeblieben waren und stattdessen ein konspiratives Treffen abgehalten hatten, bekommen die Tumulte im
Deutschen Museum große Bedeutung für sie.

Selbst für Kurt Huber ist dieser Vorfall ein Fanal. Der Umgang
mit Studierenden und Soldaten (die meisten Studenten waren
in Uniform) verstört sein Selbstverständnis und sein Staatsverständnis zutiefst. Als Nationaler glaubt er fest an die Ehre des
Soldaten, und als Universitätsprofessor hält er an der besondere Stellung der geistigen Elite des Landes fest. In seinem
Bekenntnis in der Gestapohaft wird er ausführen, was ihn an
diesem Eklat am meisten geärgert hat: die Anwesenheitspflicht

bei der Feierstunde. »Mir scheint diese Anmaßung noch weit schwerer unruhestiftend gewirkt zu haben, als die Beleidigung der Studentinnen durch den Studentenführer und leider durch den Herrn Gauleiter, welch letztere man immer noch als eine augenblickliche Entgleisung auffassen mag. ... Ich nahm mir fest vor, jetzt einmal aus der Reserve herauszugehen und auf irgendeine Weise nicht einem Publikum, sondern den maßgebenden Stellen der Partei Kunde zu geben, wie man im Volk in der deutschen Studenten- und Professorenschaft über diesen Schritt gegen persönliche Freiheit und Ehre denkt.«[79] In diesem Moment beschließt er, selbst ein Flugblatt beizusteuern.

In dieser aufgewühlten Lage kommt Falk Harnack erneut nach München. Das Treffen findet in der Wohnung der Scholls statt. Anwesend sind Schmorell, Graf, Scholl und Kurt Huber. Wortführer sind diesmal Kurt Huber und Falk Harnack, die sich vor allem in der wirtschaftspolitischen Ausrichtung für das zukünftige Deutschland ganz und gar nicht einig sind, da Harnack für die Verstaatlichung von Großbetrieben und eine Zentralregierung plädiert, während die Freunde der Weißen Rose einen »moderaten« Sozialismus und ein föderalistisches System bevorzugen. Einigen können sich die Widerständler jedoch auf die demokratische Verfassung und ein Mehrparteiensystem mit einer Oppositionspartei, Freiheit des Bekenntnisses und eine liberale Bildungs- und Erziehungspolitik. Unterschiedliche Positionen zeigen sich wiederum beim zukünftigen Verhältnis zur Sowjetunion: Huber lehnt jeden Kontakt ab, Harnack, Scholl und Schmorell sind dafür. Die gemeinsame Basis mit Harnack scheint jedenfalls groß genug zu sein, ihn in den Text des nächsten Flugblattes einzuweihen. Ein weiteres Treffen wird anberaumt. Es wird nicht mehr stattfinden.[80]

Christoph Probsts Flugblatt

Jetzt geht es Schlag auf Schlag. Nach der zwar noch nicht offiziell eingestandenen, aber jedermann offensichtlichen Niederlage von Stalingrad, so denken die Aktivisten der Weißen Rose, muss sich doch in der Bevölkerung endlich die Erkenntnis durchgesetzt haben, dass dieser Krieg nicht mehr zu gewinnen ist und dass die Niederlage eine bittere sein wird. Am 31. Januar kommt Christoph Probst in die Franz-Joseph-Straße 13 und bringt einen eigenen Flugblattentwurf mit. Er hat ihn auf Bitten von Hans Scholl verfasst. Die verlorene Schlacht um Stalingrad, die im Spätsommer 1942 ihren Anfang genommen hatte und bei der zweihundertdreißigtausend Wehrmachtssoldaten eingekesselt worden waren, ist für ihn, wie für viele Deutsche, ein Wendepunkt. Hitler hatte den deutschen Soldaten in ihrer aussichtslosen Lage befohlen durchzuhalten und mit diesem Befehl viele Menschenleben geopfert. Die meisten Überlebenden der 6. Armee gingen Ende Januar 1943 in russische Gefangenschaft, von nun an würde die Wehrmacht nicht mehr von Sieg zu Sieg, sondern auf das Ende zumarschieren.

So beginnt Probsts Flugblatt mit dem Ausruf »Stalingrad!«, zweihunderttausend deutsche »Brüder« seien dort umgekommen, geopfert für das »Prestige eines militärischen Hochstaplers«. Während sich die hochrangigen Offiziere mit dem Flugzeug aus dem Staub gemacht hätten, sei es den einfachen Truppen verboten worden, sich zurückzuziehen. Probst fordert die bedingungslose Kapitulation, damit jetzt nicht auch noch das ganze Volk büßen müsse. »Sollen dem Sendboten des Hasses und des Vernichtungswillens alle Deutschen geopfert werden! Ihm, der die Juden zu Tode marterte, die Hälfte der Polen ausrottete, Rußland vernichten wollte, ihm der Euch Freiheit, Frieden, Familienglück, Hoffnung und Frohsinn nahm und dafür Inflationsgeld gab. Das soll, das darf nicht sein! Hitler

und sein Regime muss fallen, damit Deutschland weiter lebt.«
Das Flugblatt Probsts ist nicht mehr gedruckt und verteilt worden. Trotzdem wird es bald eine fatale Rolle spielen.

Wandparolen

Selbst das hochriskante nächtliche Verteilen der Flugblätter
genügt den jungen Leuten nun nicht mehr. Sophie Scholl hat
vermutlich die Idee, noch einen Schritt weiter zu gehen und
Parolen an Hauswände anzubringen. Christoph Probst und
Kurt Huber halten davon gar nichts. Zu gefährlich. Doch Alexander Schmorell mit seinen praktischen Händen fertigt Schablonen an: »Nieder mit Hitler«, »Freiheit« und ein durchgestri-
chenes Hakenkreuz.

Sie beginnen am 3. Februar 1943 an der Universität, arbeiten sich Richtung Innenstadt vor, Wittelsbacherplatz, Stachus,
Lenbachplatz, Buchhandlung Hugendubel. Willi Graf steht
Schmiere, während Scholl und Schmorell die Teerfarbe über
die Schablonen streichen. Es soll so aussehen, als ob viele
Menschen an den Widerstandsaktionen beteiligt seien. Die
erste Malaktion dauert drei Stunden, schließlich kann man
vom Haupteingang der Münchner Universität vier Wandparolen erkennen. »Nieder mit Hitler«. »Freiheit«. Möglichst
viele Menschen sollen die Graffitis sehen. Doch auch in dieser
Hoffnung werden sich die Aktivisten irren. Geschäftsleute und
Hausmeister reinigen die Wände binnen weniger Stunden. Keiner will sich dem Verdacht aussetzen, mit den Parolen zu sym-
pathisieren.

Doch die Studenten lassen sich nicht entmutigen. Sie wieder-
holen die Aktion noch zweimal. In der Nacht vom 15. auf den
16. Februar ergänzen sie ihr Repertoire um eine dritte Parole:
»Massenmörder Hitler!« Wieder werden Putzfrauen angewie-

sen, die Wandanschriften so schnell wie möglich zu beseitigen. Wo das nicht schnell genug geht, wird Papier darübergeklebt. Manche Passanten amüsieren sich über den Hase-und-Igel-Wettlauf. Ein italienischer Student soll sich gar vor einer Aufschrift fotografiert haben lassen. »Höhnisch grinsend«, wie der Rektor der Universität der Gestapo betroffen mitteilt.[81]

Flugblatt VI:
Um die fruchtbarsten Jahre des Lebens betrogen

Das letzte Flugblatt, in circa dreitausend Exemplaren gedruckt, und wieder durch eine Geldspende von Grimminger ermöglicht, richtet sich an die Münchner Studierenden. Kurt Huber, der hauptsächliche Autor, bemüht sich, die jungen Leute in ihrer Sprache zu erreichen. Er übergibt seinen Text am 9. Februar 1943 an Hans Scholl und Alexander Schmorell. Eine Passage darin führt zu Streit. Huber schreibt, »es kann für uns alle kein anderes Ziel geben, als die Vernichtung des russ. Bolschewismus in jeder Form. Stellt Euch weiterhin geschlossen in die Reihen unserer herrlichen Wehrmacht.« Mit dieser Formulierung verletzt der Professor nicht nur die Russlandliebe der jungen Leute, sondern unterläuft auch ihre kritische Sicht auf die Rolle der Wehrmacht beim Vernichtungskrieg im Osten. Huber glaubt bis zum Schluss an die deutsche Armee, der er sich zeitlebens so gerne angeschlossen hätte. Sogar im Verhör wird er diesen Satz aus dem Kopf zitieren, obwohl die Passage letztlich dem Rotstrich von Alexander Schmorell und Hans Scholl zum Opfer fällt. Schmorell tippt den verbleibenden Text auf die Matrizen.

Das Flugblatt geht von den Opfern von Stalingrad aus, zweihundertdreißigtausend Männer, die sinnlos in Tod und Verderben gehetzt worden seien. Seither gäre es im Volk, die Jugend brenne auf Abrechnung mit der »verabscheuenswürdigsten Tyrannis« in der deutschen Geschichte. Sie sehe sich durch HJ, SA und SS um die persönliche Freiheit und um die fruchtbarsten Jahre ihres Lebens betrogen, da jeder eigenständige Gedanke in leeren Phrasen erstickt worden sei. Studenten würden wie Schulbuben gemaßregelt, Studentinnen vom Gauleiter in ihrer Ehre beschmutzt. Daher gebe es nur eines: Kampf gegen die Partei, Austritt aus den Parteigliederungen, Aufstand gegen die parteiischen Hochschullehrer. Ansonsten bleibe der deutsche Name »für immer geschändet, wenn nicht die deutsche Jugend endlich aufsteht, rächt und sühnt zugleich, ihre Peiniger zerschmettert und ein neues geistiges Europa aufrichtet.« Der Appell an Freiheit und Ehre der deutschen Studentenschaften ist wie aus einem Guss geschrieben. Er liest sich wie der wütende Aufschrei eines Studierenden.

Am 12. Februar beginnen Schmorell und Scholl das Flugblatt zu vervielfältigen. Als am nächsten Tag Gisela Schertling ihren Freund besuchen kommt, entdeckt sie den Stapel Papier zufällig. Hans muss ihr erklären, worum es geht. Später holen die beiden Sophie vom Bahnhof ab, die in Ulm bei ihren Eltern gewesen ist. Der 14. und 15. Februar vergehen mit der Beschriftung und Frankierung der Umschläge. Nachts versteckt die Gruppe das Kopiergerät und die Schreibmaschine im Atelier Eickemeyer. Dann gehen Hans Scholl, Alexander Schmorell und Willi Graf zur Post und werfen die Flugblätter ein. Schon einmal unterwegs, kommen auch wieder die Schablone, Farbe und Pinsel zum Einsatz.

Am nächsten Tag fährt Willi Graf ins Rheinland, will erneut Mitstreiter rekrutieren. Derweilen kaufen Sophie Scholl und Gisela Schertling in München Briefmarken. Es sind dreitausend Flugblätter unters Volk zu bringen.

Der 18. Februar 1943

Von den Flugblättern ist noch die Hälfte übrig, als Sophie Scholl und Hans Scholl am 18. Februar 1943 mit einem Koffer zur Universität aufbrechen. Eigentlich sollte Alexander Schmorell dabei sein, mit dem die Aktion zwei Tage vorher besprochen worden war. Aber nun sind die zwei doch allein unterwegs an diesem Morgen, an dem Goebbels noch letzte Korrekturen an seiner Sportpalastrede anbringt, mit der er die Deutschen auf den totalen Krieg und die damit verbundenen Einschnitte in ihrem Lebensstil einstimmen will. Die Scholls werden versuchen, ihre eigene Art Propaganda zu treiben. Kurz vor Ende der Vorlesungen um elf Uhr wollen sie ihre Flugblätter vor den Hörsälen ablegen, sodass die Mitstudierenden beim Verlassen der Veranstaltungen quasi darüber stolpern.

Um halb elf verlassen sie ihre Wohnung am Englischen Garten. Nach einer Viertelstunde erreichen sie das Hauptgebäude der Universität an der Ludwigstraße und treffen dort, wie der Zufall es will, auf Traute Lafrenz und Willi Graf, die ihre Vorlesung bei Kurt Huber zehn Minuten vorher verlassen haben, um rechtzeitig bei der nächsten Veranstaltung sein zu können. Sie wechseln ein paar belanglose Worte, und Sophie Scholl ruft ihrer Freundin noch hinterher, dass ihre Skistiefel gleich neben der Türe stünden, falls sie nachmittags nicht zu Hause sei. Als sich ihre Wege trennen, überlegt Willi Graf, was die Geschwister eigentlich um diese Zeit mit einem Koffer an der Uni suchen. Die Frage wird ihn während der zweistündigen Vorlesung bei Professor Oswald Bumke nicht loslassen. Ihn beschleicht eine dunkle Ahnung, was sich in dem Koffer befindet.

Das Hauptgebäude der Ludwig-Maximilians-Universität ist ein einschüchternder neoromantischer Bau, von Friedrich von Gärtner entworfen, im Sommer 1840 bezogen und Anfang des 20. Jahrhunderts im Jugendstil erweitert. Er besteht aus drei

weit auseinandergezogenen Flügeln aus Backstein, die auf
Marmorart gelblich-weiß getönt sind. In der Mitte öffnet sich
das Erdgeschoss in hohen Arkaden, hinter denen sich eine Vor-
halle erstreckt. Der erste Stock hat große romanisch geformte
Fenster. Die Gänge sind wuchtig, dunkelbraune Holztüren ver-
schließen hohe, abschüssige Hörsäle, in Mosaiken wiederho-
len sich Fabelwesen und Tierkreiszeichen. Im Lichthof befindet sich heute die Weiße-Rose-Orgel, in der Großen Aula, die
ein Mosaik mit Apoll im Sonnenwagen schmückt, wird seit
1980 jedes Jahr der Geschwister-Scholl-Preis für ein mutiges
Buch verliehen.

In welchen Gängen sind Sophie Scholl und ihr Bruder am
18. Februar 1943 unterwegs? Wir wissen nur, dass sie kurz vor
elf Uhr das Gebäude verlassen, rechtzeitig, bevor die Glocken
das Ende der Vorlesungen ankündigen. Doch dann entscheiden sie sich plötzlich anders und kehren um. Schnell noch die
restlichen Flugblätter ablegen! Sie erklimmen das Treppenhaus
im Lichthof, erst ein Stock, dann den nächsten. Die breiten
Balustraden bieten sich an. Dann passiert es. Ist es wirklich
Übermut, wie Sophie Scholl später dem Gestapomann erzählen wird, oder eher ein Versehen? Ein Stapel von achtzig bis
hundert Blättern verselbständigt sich und segelt von der Balustrade in den Lichthof hinunter. Ein ikonischer Moment. Wie
Schneeflocken trudeln die Blätter, mit denen die Münchner
Studierenden zum Aufstand gegen ein tyrannisches System
aufrufen wollen, direkt in das Gesichtsfeld des Hausmeisters
Jakob Schmid. Er sieht nicht, wer das Papier abgeworfen hat,
muss die Stiege nehmen, wird zweier junger Menschen ansich-
tig, sonst ist niemand in der Nähe, eine Verwechslung ist ausgeschlossen.

Er ruft: »Ich verhafte Sie!« Hans Scholl antwortet: »Lächerlich so etwas, es ist eine Unverschämtheit einen in der Universität herinnen festzunehmen!« Doch die Geschwister bleiben

folgsam stehen, bis der Pedell sie erreicht hat. Er führt sie die Treppen hinunter, vorbei an Studierenden, die gerade die Hörsäle verlassen wollen. Der Hausverwalter Albert Scheithammer wird zurate gezogen. Was soll mit den jungen Leuten geschehen? Der »Abwehrbeauftragte« der Universität wird befragt, es muss schließlich alles seine Ordnung haben. Karl Ernst Haffener benachrichtigt die Gestapo. Die Tore der Universität werden verschlossen, damit sich niemand mit einem Flugblatt aus dem Staub machen kann. Nach wenigen Minuten ist die Gestapo vor Ort, Hans und Sophie Scholl werden abgeführt. Auf dem Weg zum Auto bildet sich eine Gasse. Die Scholls sehen Gisela Schertling, die gerade aus der Vorlesung von Professor Huber kommt. Hans ruft ihr zu: »Geh' nach Hause und sag' Alex, wenn er da ist, er solle nicht auf mich warten.«[82]

Teil III
Bewährung

Christoph Probst, Hans und Sophie Scholl in
München (Juli 1942)

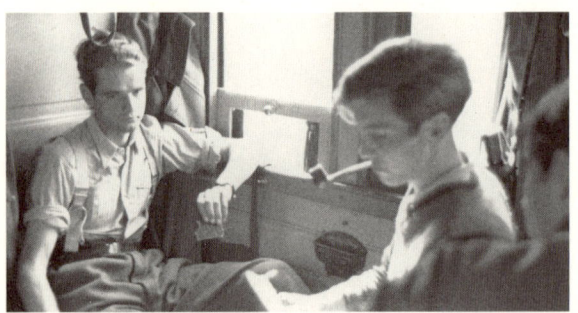

Hans Scholl und Alexander Schmorell im Zug an
die Front (1942)

Hans Scholl, Willi Graf und Alexander Schmorell in Russland
(Sommer 1942)

Kommilitoninnen! Kommilitonen!

Erschüttert steht unser Volk vor dem Untergang der Männer von Stalingrad. Dreihundertdreissigtausend deutsche Männer hat die geniale Strategie des Weltkriegsgefreiten sinn- und verantwortungslos in Tod und Verderben gehetzt. Führer, wir danken dir!

Es gärt im deutschen Volk: Wollen wir weiter einem Dilettanten das Schicksal unserer Armeen anvertrauen? Wollen wir den niedrigen Machtinstinkten einer Parteiclique den Rest der deutschen Jugend opfern? Nimmermehr! Der Tag der Abrechnung ist gekommen, der Abrechnung unserer deutschen Jugend mit der verabscheuungswürdigsten Tyrannis, die unser Volk je erduldet hat. Im Namen der ganzen deutschen Jugend fordern wir von dem Staat Adolf Hitlers die persönliche Freiheit, das kostbarste Gut der Deutschen zurück, um das er uns in der erbärmlichsten Weise betrogen hat.

In einem Staat rücksichtsloser Knebelung jeder freien Meinungsäusserung sind wir aufgewachsen. HJ, SA, SS haben uns in den fruchtbarsten Bildungsjahren unseres Lebens zu uniformieren, zu revolutionieren, zu narkotisieren versucht. "Weltanschauliche Schulung" hiess die verächtliche Methode, das aufkeimende Selbstdenken und Selbstwerten in einem Nebel leerer Phrasen zu ersticken. Eine Führerauslese, wie sie teuflischer und bornierter zugleich nicht gedacht werden kann, zieht ihre künftigen Parteibonzen auf Ordensburgen zu gottlosen, schamlosen und gewissenlosen Ausbeutern und Mordbuben heran, zur blinden, stupiden Führergefolgschaft. Wir "Arbeiter des Geistes" wären gerade recht, dieser neuen Herrenschicht den Knüppel zu machen. Frontkämpfer werden von Studentenführern und Gauleiteraspiranten wie Schuljungen gemassregelt, Gauleiter greifen mit geilen Spässen den Studentinnen an die Ehre. Deutsche Studentinnen haben an der Münchner Hochschule auf die Beschmutzung ihrer Ehre eine würdige Antwort gegeben, deutsche Studenten haben sich für ihre Kameradinnen eingesetzt und standgehalten. Das ist ein Anfang zur Erkämpfung unserer freien Selbstbestimmung, ohne die geistige Werte nicht geschaffen werden können. Unser Dank gilt den tapferen Kameradinnen und Kameraden, die mit leuchtendem Beispiel vorangegangen sind!

Es gibt für uns nur eine Parole: Kampf gegen die Partei! Heraus aus den Parteigliederungen, in denen man uns politisch weiter mundtot halten will! Heraus aus den Hörsälen der SS- Unter- oder Oberführer und Parteikriecher! Es geht uns um wahre Wissenschaft und echte Geistesfreiheit! Kein Drohmittel kann uns schrecken, auch nicht die Schliessung unserer Hochschulen. Es gilt den Kampf jedes einzelnen von uns um unsere Zukunft, unsere Freiheit und Ehre in einem seiner sittlichen Verantwortung bewussten Staatswesen.

Freiheit und Ehre! Zehn lange Jahre haben Hitler und seine Genossen die beiden herrlichen deutsche Worte bis zum Ekel ausgequetscht, abgedroschen, verdreht, wie es nur Dilettanten vermögen, die die höchsten Werte einer Nation vor die Säue werfen. Was ihnen Freiheit und Ehre gilt, haben sie in zehn Jahren der Zerstörung aller materiellen und geistigen Freiheit, aller sittlichen Substanz im deutschen Volk genugsam gezeigt. Auch dem dümmsten Deutschen hat das furchtbare Blutbad die Augen geöffnet, das sie im Namen von Freiheit und Ehre der deutschen Nation in ganz Europa angerichtet haben und täglich neu anrichten. Der deutsche Name bleibt für immer geschändet, wenn nicht die deutsche Jugend endlich aufsteht, rächt und sühnt zugleich, seine Peiniger zerschmettert und ein neues, geistiges Europa aufrichtet.

Studentinnen! Studenten! Auf uns sieht das sieht das deutsche Volk! Von uns erwartet es, wie 1813 die Brechung des Napoleonischen, so 1943 die Brechung des nationalsozialistischen Terrors aus der Macht des Geistes. Beresina und Stalingrad flammen im Osten auf, die Toten von Stalingrad beschwören uns!

"Frisch auf, mein Volk, die Flammenzeichen rauchen!"

Unser Volk steht im Aufbruch gegen die Verknechtung Europas durch den Nationalsozialismus, im neuen gläubigen Durchbruch von Freiheit und Ehre!

Flugblatt VI der Weißen Rose (Februar 1943)

Waren sie Helden oder doch Märtyrer? Die Frage, warum Sophie und Hans Scholl mit dem Hausmeister mitgingen und sich ohne Widerstand der Gestapo übergeben ließen, hat die Forschung erstaunlich intensiv beschäftigt. Die Spekulationen darüber, ob die Akteure damit irrational gehandelt oder vielleicht sogar unter Drogen gestanden hätten, sind jedoch vor dem Hintergrund der realen Gefährdung im Nationalsozialismus kaum nachvollziehbar. Weglaufen oder es gar auf einen Kampf ankommen lassen waren einfach keine Option. Falls sie überhaupt Zeit hatten, darüber nachzudenken, dann dürfte den Geschwistern schnell bewusst geworden sein, dass sie unter gerade einmal viertausend Studierenden in München schnell identifiziert und in kürzester Zeit von der Gestapo verhaftet werden würden. Schon länger fühlten sie sich beobachtet und verfolgt, sie waren sich bewusst, dass sie in steter Gefahr schwebten. Sowohl Hans Scholl als auch Alexander Schmorell besaßen Waffen. Hans Scholl nahm seine Pistole bei den nächtlichen Malaktionen mit, weil er jederzeit damit rechnete, entdeckt zu werden.

In die Kritik an ihrer Passivität bei der Festnahme mischt sich womöglich Enttäuschung über die vermeintliche Mutlosigkeit der Widerstandskämpfer. Doch die Alternative Kampf oder Märtyrertum ist lebensfern. Sie waren keine Superhelden, sie konnten sich nicht an einem Spinnfaden aus dem Obergeschoss der Universität katapultieren. Aber sie waren auch keine durchgeistigten Märtyrer, die gefestigt durch ihren Glauben leichten Schrittes auf das Schafott zugingen. Sie waren normale junge Menschen, die sich manchmal selbst überschätzten, die manche Risiken eingingen, sich aber der Gefahr im NS-Staat ständig bewusst waren.

Weil zumindest sie immer mit der Möglichkeit der Festnahme rechnen mussten, hatte der Widerstandskreis sogar ein Warnsystem organisiert – das allerdings nicht funktionierte. Hans Hirzel, einer der Schüler in Ulm, die bei den Flugblattaktionen der Weißen Rose geholfen hatten, war am Vortag des 18. Februar festgenommen und verhört worden. Nach seiner Entlassung rief er bei der Familie Scholl in Ulm an und bat Inge Scholl, sofort nach München zu fahren und ihre Geschwister unbedingt davon zu informieren. Es gab dafür einen vereinbarten Code: Die Schwester sollte Hans ausrichten, das Buch »Machtstaat und Utopie« von Gerhard Ritter sei angekommen. Inge Scholl scheint jedoch die Dringlichkeit dieser Aufgabe nicht klar gewesen zu sein. Sie rief ihren Freund Otl Aicher an, der sich ebenfalls Zeit ließ und sich erst für den nächsten Tag mit Hans Scholl in München verabredete. Da war es bereits zu spät. Die Geschwister waren verhaftet. »Warum Inge Scholl so handelte, darüber lässt sich nur spekulieren«, schreibt ihre Biographin Christine Hikel.[1] Als die Gestapo drei Tage nach der Verhaftung bei der Familie Scholl in Ulm auftauchte und nach schriftlichen Beweisen für die Verschwörung suchten, fielen die Angehörigen aus allen Wolken. Weder hatten sie von der Verhaftung Hans' und Sophies gewusst, noch ahnten sie, worum es ging.

Verfolgung

Polizei und Gestapo kannten die Flugblätter seit Sommer 1942, nicht zuletzt, weil ein guter Teil der Empfänger die inkriminierende Post direkt zu ihnen trug. Die Autoren der Flugblätter ließen sich jedoch nicht leicht identifizieren. Die Beamten gingen verschiedenen Spuren nach, verdächtigten Falsche, glaubten, es handele sich um reisende Aktivisten. Mit den immer provokanteren Aktionen der Weißen Rose stieg auch der Verfolgungsdruck. Im Januar 1943 bildete sich eine Sonderkommission, die ausschließlich mit den Flugblättern und den nächtlichen Malaktionen befasst war. Ihr Leiter war Robert Mohr.

Mohr, im Jahr 1897 im pfälzischen Bisterstedt geboren, war eigentlich gelernter Schneider. Nach dem Ersten Weltkrieg ging er zur Polizei, heiratete, wurde Vater eines Sohnes. Am 1. Mai 1933 trat er in die NSDAP ein. Nach seiner Beförderung zum Polizeileiter in Frankenthal wechselte er 1938 zur Gestapo in München. 1943 wurde er Leiter der Sonderkommission, nach dem Ende der Widerstandsgruppe Chef der Gestapo im elsässischen Mulhouse. 1947 kam er deswegen in französische Gefangenschaft. Ab 1948 arbeitete er bei der Kurverwaltung in Bad Dürkheim. Seine Beteiligung an der Ermordung der Mitglieder der Weißen Rose hatte für ihn nie strafrechtliche Konsequenzen. Er starb im Jahr 1977 im Alter von achtzig Jahren nach einem unbehelligten Leben.

Robert Mohr hat nach dem Krieg versucht, seine Rolle bei der Verfolgung und Verurteilung der Geschwister Scholl im besten Licht darzustellen. Den Angehörigen zeichnete er ein höchst vorteilhaftes Bild von deren letzten Tagen – und damit von sich selbst. In den einschlägigen Spielfilmen zur Weißen Rose erscheint er daher auch als relativ höflicher und zivili-

sierter Gestapomann. Zu diesem Bild beigetragen hat auch
Inge Scholl, die in ihrem Buch »Die Weiße Rose« seinen
zehnseitigen Rechtfertigungsbericht veröffentlicht hat. Darin
beschreibt Mohr, wie die Verfolgung, Verhaftung und Verhöre
der Geschwister aus seiner Sicht abliefen.

Die Partei, so Mohr, sei über die Flugblattaktion sehr beun-
ruhigt gewesen und habe ihn mit der raschen Aufklärung des
Falls beauftragt. Fast täglich hätten wichtige Parteimitglieder
vorgesprochen und sich nach dem Stand der Ermittlungen
gegen die gefährlichen Unruhestifter erkundigt. Allmählich
schwante der Gestapo, dass die Täter in München leben mussten. Man wusste, dass im Postamt an der Ludwigstraße unweit
der Universität eine ungewöhnlich große Menge von Briefmarken gekauft worden war. Der Mann am Schalter konnte sogar
eine Täterbeschreibung geben. Auch die Kuvertfabrik und der
Papierhersteller waren offensichtlich Münchner Unternehmen,
und die Namen der Flugblätteradressaten stammten zu einem
Großteil aus dem Münchner Vorlesungsverzeichnis. Dass die
Wandparolen ebenfalls in der Nähe der Münchner Universität
angebracht worden waren, ließ auf dieselben Urheber schließen. Schlussendlich fanden die Polizisten heraus, dass die Flugblätter auf ein und derselben Schreibmaschine getippt worden
waren.

Auf der Suche nach dem Urheber beauftragte die Gestapo
einen Münchner Professor mit der inhaltlichen und sprachlichen Begutachtung der Texte. Richard Harder, Spezialist für
altgriechische Sprache und Kultur, Mitglied der SA, der NSDAP
und des NS-Dozentenbundes, kam aufgrund seiner Textanalyse
messerscharf zu dem Ergebnis, dass der Verfasser der Flugblätter ein hochgebildeter Mann, vermutlich Geisteswissenschaft-
ler, sei. Dass es sich um verschiedene Urheber handelte – Hans
Scholl, Alexander Schmorell und Kurt Huber –, erkannte er
nicht, sondern glaubte, in den verschiedenen Texten die poli-

tische Entwicklung ein und desselben christlichen und monarchistischen Autoren zu erkennen (von eine Autorin war natürlich nicht auszugehen).[2]

Die Verhaftung der Geschwister Scholl war jedoch kein Fahndungserfolg der Gestapo. Am 18. Februar 1943 um elf Uhr klingelte bei Robert Mohr das Telefon. Im Lichthof der Universität sei eine große Zahl von Flugblättern herabgesegelt. Zwei Personen seien tatverdächtig und würden vor Ort festgehalten. Als der Gestapomann kurz darauf im Vorzimmer des Rektorates eintraf, fand er das ihm bekannte Pamphlet an die Studierenden vor. »Im gleichen Zimmer befanden sich ein junges Fräulein und ein junger Herr. Beide, vor allem das Fräulein, machten einen absolut ruhigen Eindruck und legitimierten sich schließlich durch Vorzeigen ihrer Studenten-Ausweise als das Geschwisterpaar Sophie und Hans Scholl.«[3]

Weitere Verhaftungen

Willi Graf geht am 18. Februar 1943 von der Vorlesung des Psychiaters Bumke direkt in seine Kaserne. Am Nachmittag trifft er Alexander Schmorell, der ihn zur Flucht überreden will. Doch er winkt ab. Das würde seine Situation nur verschlimmern, glaubt er, denn dann würde auch die Armee nach ihm suchen. Er ist schließlich Soldat. Stattdessen fährt er zu einem späten Abendessen bei Verwandten in den Münchner Vorort Pasing. Als er gegen Mitternacht in seine Wohnung in der Mandlstraße zurückkehrt, läuft ihm seine Schwester Anneliese entgegen. Die Gestapo wartet schon seit Stunden auf ihn. Graf möchte noch seine Uniform anziehen. Er weiß, es kann einen großen Unterschied machen, ob er vor ein Militärgericht oder ein ziviles Gericht gestellt wird, doch die Gestapobeamten verweigern ihm das Tragen der Uniform.

Alexander Schmorell versucht zu fliehen. Er hat in der Straßenbahn zufällig von der Verhaftung zweier Studierender gehört. Anrufe in der Wohnung der Scholls bestärken seinen Verdacht, dass etwas passiert sein muss. Eine fremde Männerstimme war in der Leitung. Er überlegt fieberhaft, ob er in die Schweiz flüchten soll oder ob er in einem russischen Kriegsgefangenenlager bei Innsbruck sicherer wäre. Er könnte sich als russischer Soldat ausgeben. Ein Freund gibt ihm einen bulgarischen Pass, eine Windjacke, Geld, Tabak, Zigaretten, Speck und Brot. Mit Hilfe einer weiteren Freundin, die Buchdruckerin ist, verfälscht er den Ausweis so, dass er echt aussieht. Seine Uniform und sein Soldbuch verbrennt er.

Die erste Nacht verbirgt er sich im Englischen Garten. Die nächste bei einer Freundin. Dann fährt er mit der Straßenbahn aus der Stadt und läuft nach Ebenhausen im Isartal. Von dort geht die Bahn nach Kochel. Er läuft bis zum höher gelegenen Walchensee, wo er in einer Pension übernachtet. Einen Tagesmarsch entfernt liegt das Gut Elmau in unmittelbarer Nachbarschaft des Schlosses Elmau, in dem er jemanden kennt. Die Familie Schmorell hat dort öfter ein paar Tage zur Erholung verbracht. Damals lockte der Lebensreformer und Guru Johannes Müller nervöse Großstädter zur Erbauung in die atemberaubende Natur am Fuße der Zugspitze. Ein Teil des Schlosses ist 1943 allerdings ein Erholungsheim für Wehrmachtsoffiziere. Besser, er bleibt unsichtbar. Schmorell versteckt sich in einem Heuschober. Doch jemand muss ihn verraten haben. Entweder war er es selbst mit einem Anruf bei der Mutter von Christoph Probst, deren Wohnung gerade in diesem Moment von der Gestapo durchsucht wurde, oder es war einer seiner Bekannten auf Schloss Elmau. Ein Wachtmeister kommt aus Mittenwald und kontrolliert ihn. Gott sei Dank, er lässt sich von dem falschen Pass täuschen.

Doch Schmorell fühlt sich nicht mehr sicher in der Bergidylle.

Er läuft durch die Nacht zurück nach Kochel. Inzwischen kursiert sein Steckbrief. Sein Porträt wird in den »Münchner Neuesten Nachrichten«, in der »Münchner Zeitung« und im »Völkischen Beobachter« abgedruckt. Für seine Ergreifung winken tausend Reichsmark Belohnung. Die Personenbeschreibung ist akkurat: »Schmorell ist 1,82 bis 1,85 Meter groß, schlank, hat dunkelblonde Haare, blaugraue Augen, große, abstehende Ohren, etwas vorstehenden Kehlkopf, aufrechte Gangart und spricht hochdeutsch mit bayerischem Einschlag. Er trug zuletzt graugrünen Sporthut mit weißgrauer Kordel, graugrüne Windjacke, graue Joppe, lange, hellgraue Hose und braune, abgetragene Halbschuhe.«[4] Inzwischen wurde auch sein Zimmer in der Menterschwaige durchsucht. Die Gestapo findet Matrizen, Kohlepapier, Saugpapier und 99 Briefmarken. Kein Zweifel: Er ist einer der Haupttäter. Alexander Schmorell ahnt nicht, dass er bereits aus der Armee und vom Studium ausgeschlossen ist. Gauleiter Giesler und Rektor Wüst haben vorauseilend ganze Arbeit geleistet.

Am 24. Februar fährt Schmorell mit der Isartalbahn von Kochel zurück nach München. Er will bei einer Freundin übernachten, wegen eines Fliegeralarms sucht er sie jedoch im Luftschutzbunker. Er ruft ihr zu, sie solle zu ihm herauskommen. Doch seine Freundin, im siebten Monat schwanger, hat Angst und will nicht mit dem steckbrieflich Gesuchten in Verbindung gebracht werden. Sie schickt den Hausmeister hinaus, der Schmorell arretiert. Es braucht zwei weitere Soldaten, um ihn zur Polizei zu bringen. Schmorell kommt ins Gestapogefängnis in der Wittelsbacher Straße. Dass drei seiner Freunde zu diesem Zeitpunkt bereits tot sind, ahnt er nicht. Die Information wird ihm noch eine Woche lang vorenthalten, damit er sich in den Verhören nicht darauf einstellen kann.

Christoph Probst ist ahnungslos, als er sich am 19. Februar in seiner Garnison in Innsbruck meldet. Er weiß nicht, dass bei

der Verhaftung der Geschwister Scholl am Vortag sein Flugblattentwurf gefunden worden war. Sein Freund Hans trug das
Papier bei der Aktion an der Universität in der Hosentasche mit
sich. Als er gestellt wurde, versuchte er noch, das verräterische
Dokument zu zerreißen, aber das nützte Probst nichts mehr.
Seine Frau Herta hat sich von ihrem Kindbettfieber immer
noch nicht erholt. Jetzt leidet sie offenbar an einer Eierstock-
entzündung, Probst möchte erneut um Diensturlaub bitten,
um bei seiner kranken Frau sein zu können. Als er seinem Vorgesetzten den ausgefüllten Urlaubsantrag überreicht, wird er
unter Gebrüll verhaftet. Auch er darf seine Uniform nicht anbe-
halten.

Kurt Huber holt die Gestapo am 27. Februar 1943 um sieben Uhr morgens aus dem Bett. Er hatte mit seiner Verhaftung
gerechnet und in den Tagen zuvor alle belastenden Unterlagen
verbrannt. Trotzdem ist bei der Verhaftung selbst seiner drei-
zehnjährigen Tochter Birgit bewusst, was ihm drohen würde.
Gisela Schertling, Traute Lafrenz, Helmut Bauer, Heinz Bollinger, Falk Harnack … – eine und einer nach der anderen gehen
der Gestapo ins Netz. Im Zusammenhang mit der Weißen Rose
wird es insgesamt acht Prozesse gegen 49 Angeklagte geben,
etliche mehr werden im Vorfeld festgenommen und verhört.
Die Justiz wird sich damit bis in die letzten Tage des »Tausendjährigen Reiches« hinein beschäftigen. Noch am 17. April 1945,
als die bedingungslose Kapitulation nur noch eine Frage von
Tagen ist, wird der letzte Verdächtige, der Hamburger Heinz
Kucharski, zum Tode verurteilt. Auf dem Weg zur Hinrich-
tungsstätte kann er jedoch die Ablenkung durch einen Flieger-
angriff nutzen: Ihm gelingt die Flucht.

Verhöre

Ganz korrekt, bürokratisch, manchmal sogar »menschlich«, so werden die Verhöre der Aktivisten immer wieder beschrieben, sowohl von Beteiligten, die überlebt haben, als auch von den Angehörigen der Hingerichteten. Robert Scholl, der Vater der Geschwister, hat nach dem Krieg beteuert: »Ich konnte meine Kinder noch im Gefängnis, eine Stunde vor ihrem Tode, besuchen und mit ihnen sprechen. Beide erklären mir unabhängig voneinander, sie seien von der Münchener Gestapo gut, ja vornehm behandelt worden.«[5] Auch der Vater von Alexander Schmorell, Hugo Schmorell, bestätigte dies. Es habe keinen Anlass zur Klage gegeben. Wie ist so eine Aussage heute einzuschätzen? Zum einen steckte sicher Wunschdenken dahinter. Für die Angehörigen war es wichtig, sich an den Gedanken zu klammern, dass man in den Verhören »anständig« mit den Verdächtigen umgegangen sei. Zum anderen waren die Beschuldigten »arische« Mitglieder der »Volksgemeinschaft« – Privilegierte im »Dritten Reich«. Sie waren keine Kommunisten, sondern überwiegend bürgerlicher Herkunft und Soldaten. Was ihr Alter anbelangt, hätten sie die Kinder der Gestapobeamten sein können. Kurt Huber wiederum profitierte womöglich von der Gloriole des deutschen Professors. Roland Freisler, Präsident des Volksgerichtshofes, würde diesen Sachverhalt bei der Verhandlung allerdings weidlich ausschlachten. Es gibt jedoch auch Hinweise darauf, dass mit den Verdächtigen nicht immer zivilisiert umgegangen wurde. Anton Mahler, der vernehmende Beamte Hans Scholls, wurde nach dem Krieg wegen Gefangenenmisshandlung verurteilt. Ob er sich ausgerechnet bei dem »Hochverräter« Scholl zurückgehalten haben sollte? Auch ist eine Andeutung von Alexander Schmorell erhalten geblieben, wie wir noch sehen werden, dass ihm bei seinem Verhör Gewalt angedroht worden sei.

So oder so kann der starke Eindruck, den die Gestapohaft auf die Widerständler gemacht haben muss, nicht überbetont werden. Wer einmal in demokratischen Zeiten festgenommen worden ist und die Prozedur der erkennungsdienstlichen Behandlung – das Erfassen der Fingerabdrücke, das Fotografiertwerden – und die furchterregende Einsamkeit und Hilflosigkeit gegenüber der Staatsmacht erlebt hat, kann sich hineindenken, wie das im SS-Staat gewirkt haben muss. Birgit Huber, die Tochter Kurt Hubers, hat noch Jahrzehnte später in einem Interview ausgesagt, wie erschreckend für sie der Ausdruck der Angst im Gesicht ihres Vaters war, als ihn die Gestapo morgens aus dem Bett holte und mitnahm.[6] Das Gefühl des Ausgeliefertseins muss überwältigend gewesen sein.

Huber wird erst ins Wittelsbacher Palais gebracht, das Gestapogefängnis, eine zinnenbewehrte neugotische Trutzburg in der Maxvorstadt, die nach dem Krieg abgerissen wurde. Von dort überstellt man ihn ins Gefängnis Neudeck im Münchner Stadtteil Au. Er muss die Zelle mit sechs Sittlichkeitsverbrechern teilen, was ihn als zutiefst bürgerlichen Menschen besonders verstört. Seine Situation ist ihm erst erträglicher, als er die Erlaubnis erhält zu arbeiten. Pater Ferdinand Brinkmann, der ihn regelmäßig besucht hat, fand dafür später die passende Metapher: Mit der Feder in der Hand sei der Professor wenigstens nicht ganz unbewaffnet gewesen.[7]

Die Forschung hat sich inzwischen intensiv mit den Verhören der Weißen Rose auseinandergesetzt. Dabei stand immer wieder die Frage ihrer Taktik im Vordergrund: Blieben die Verdächtigen standhaft? Haben sie die Namen anderer Mitverschworener verraten? Hätten sie sich noch klüger verhalten können? Ein akademische Diskussion, denn niemand kann ernsthaft von Menschen in solch einer Ausnahmesituation ein rationales Verhalten erwarten. Die jungen Leute konnten nicht wissen, was andere Verhaftete bereits ausgesagt hatten. Ja, sie wussten teilweise nicht einmal, ob die anderen noch am Leben waren oder nicht.

Die Idee, die Geschwister Scholl hätten ihre Aussagen in den Verhören so orchestriert, dass sie sich für die anderen »opferten«, ist Teil einer Märtyrologie, die vor allem als nachträgliche Selbstbeschwichtigung der Nachkriegsgesellschaft erklärbar ist. Doch auch in der Frage einer möglichen Verhörtaktik sollten wir den Protagonisten, genauso wie bei ihrer widerstandslosen Festnahme am 18. Februar, zugestehen, dass es eben kein vorab vereinbartes Drehbuch gegeben hat, sondern dass sich die Beteiligten vielmehr an den realen Verhältnissen entlanghangelten und dabei ad hoc mehr oder weniger kluge Entscheidungen getroffen haben.

Die wichtigsten Verhöre waren sicherlich die vom 18. bis 20. Februar mit den Geschwistern Scholl, Christoph Probst, Gisela Schertling und Otl Aicher, denn von dieser Informationsbasis aus zogen die Ermittlungen weitere Kreise. Da der Gestapo natürlich nicht nur die Aussagen der Verdächtigen, sondern auch andere Indizien und Beweismaterial aus polizeilicher Ermittlungsarbeit zur Verfügung standen, war das Kräfteverhältnis von Anfang an ungleich. Die Beschuldigten wurden im Dunkeln darüber gelassen, was gegen sie vorlag und wo noch Spielraum bei ihren Aussagen bestand.

Bevor wir uns jedoch mit der Haltung der Beteiligten näher beschäftigen, muss noch einmal darauf hingewiesen werden, wie problematisch die Überlieferung ihrer Aussagen ist. Die Niederschriften der wörtlichen Rede von Sophie Scholl etwa sind nicht zeitgleich, sondern mit zeitlichem Abstand auf der Grundlage von Notizen entstanden. Der daraus formulierte Fließtext lässt die exakte Frage-und-Antwort-Situation nicht mehr erkennen. Zudem müssen die Motive der Beteiligten immer mitgedacht werden: Dem Versuch der Entlastung und Verschleierung, der Rechtfertigung und Erklärung ihrer politische Mission auf Seiten der Verdächtigen stand auf Seiten der Ermittler der Erfolgsdruck gegenüber, möglichst lückenlose Geständnisse von ihnen zu erhalten. Wir können schlicht nicht wissen, ob beispielsweise der uns Bewunderung abnötigende Satz von Sophie Scholl wirklich so gefallen ist: »Zusammenfassend möchte ich die Erklärung abgeben, dass ich für meine Person mit dem Nationalsozialismus nichts zu tun haben will.«[8] Er könnte auch eine resümierende Zuschreibung des Ermittlers Robert Mohr gewesen sein, der damit ex post die Verhaftung der jungen Frau legitimieren wollte.

In ihrem Verhör muss Sophie Scholl zunächst über ihren Lebenslauf Auskunft geben. Dabei fällt auf, dass sie ihren Vater als Demokraten bezeichnet und als Gegner des Nationalsozialismus, während ihr Bruder in der Zelle nebenan ihren Vater als unpolitisch charakterisiert. Robert Scholls Vergangenheit war der Gestapo zwar ohnehin bekannt gewesen, dennoch scheinen bei Sophie schon zu Beginn ihrer Verhöre ein gewisser Stolz und der Vorsatz auf, sich politisch nicht zu verbiegen, auch wenn sie sich damit womöglich noch aus der Schlinge befreien könnte. Über ihre Zeit beim BDM sagt sie, sie könne nicht leugnen, dass sie in den letzten zwei Jahren nicht mehr mit vollem Herzen dabei gewesen sei. Sie habe den Dienst als langweilig und pädagogisch falsch empfunden. Die Verhaftung ihrer Geschwister im Zuge der Verfolgung »bündischer Umtriebe« habe sie weiter von der nationalsozialistischen Partei entfremdet. »Als weiteren und hauptsächlichsten Grund für meine Abneigung gegen die Bewegung möchte ich anführen, dass nach meiner Auffassung die geistige Freiheit des Menschen in einer Weise eingeschränkt wird, die meinem inneren Wesen widerspricht.« Klare Worte in einer absolut furchteinflößenden Verhörsituation im Gestapogefängnis.[9]

Als nächstes soll Sophie Scholl ihre Bekanntschaften in München offenlegen. Gisela Schertling, die ebenfalls festgenommen wurde, bezeichnet sie als ihre einzige Freundin, die im Übrigen nationalsozialistisch denke. In dieser Aussage steckt ein taktisches Kalkül: Immer nur so viel preisgeben, wie ohnehin bekannt ist. Zu ihrem Bekanntenkreis zählt sie des Weiteren Willi Graf und Alexander Schmorell. Mit Letzterem habe sie gemeinsam gezeichnet und modelliert. Sie halte ihn politisch für ein »unbeschriebenes Blatt«, einen »reinen Gefühlsmenschen«, politischen Gedankengängen »unzugänglich«, »kulturell« den Nationalsozialismus jedoch ablehnend. Dies nehme sie auch von Willi Graf an, mit dem sie und ihr Bruder ab und zu eine Flasche Wein getrunken hätten.

Über die Schreibmaschine in ihrer Wohnung sagt Sophie Scholl aus, die habe ihr Bruder benutzt, um einen philosophischen Aufsatz zu schreiben. Hans Scholl gibt dazu jedoch eine andere Antwort. Erste Widersprüche treten auf. Als sie nach dem Anlass ihrer Verhaftung in der Universität befragt wird, erzählt Sophie Scholl eine komplizierte Geschichte, die offenbar zwischen den beiden abgesprochen worden ist. Sie habe sich spontan entschieden, zu ihren Eltern nach Ulm zu fahren, um saubere Wäsche abzuholen, wollte aber vorher noch ihrer Freundin in der Uni Bescheid geben. Ihr Bruder habe sie begleitet, um Geld für ihre Bahnkarte abzuheben. Weil die Vorlesung ihrer Freundin noch nicht beendet gewesen sei, seien sie und Hans einen Stock höher gegangen, überall seien Flugblätter herumgelegen, auch auf der Balustrade des Lichthofs. Die Geschwister hätten die Flugblätter flüchtig durchgelesen, ihr Bruder und sie hätten ein Exemplar eingesteckt. »Im Vorbeigehen habe ich den auf dem Geländer aufgeschichteten Flugblättern mit der Hand einen Stoß gegeben, sodass diese in den Lichthof hinunterflatterten. … Ich sehe nun ein, dass ich durch mein Verhalten eine

Dummheit gemacht habe, die ich bereue, aber nicht mehr ändern kann.«[10]

Die fabrizierte Geschichte, die gar nicht so schlecht ist, da detailliert und nicht zu geglättet, scheint einige Stunden lang zu verfangen. Doch nach einer Unterbrechung eröffnet ihr Robert Mohr zu Beginn der zweiten Befragung, ihr Bruder habe sich entschlossen, die Wahrheit zu sagen. Kann Sophie diese Behauptung glauben? Soll sie hereingelegt werden? Sophie Scholl beschließt nach einer Verhörpause, ebenfalls zu gestehen. Hätte sie nicht weiter leugnen können? Oder wollte sie ihren Bruder nicht alleinlassen mit den Konsequenzen ihres Tuns, lehnte sie ganz bewusst den Mädchenbonus ab, den ihr der Ermittler Mohr wohl gerne gegeben hätte? Wir wissen es nicht.

Es war wohl nicht allein das Geständnis ihres Bruders, das Sophie Scholl mit in den Abgrund gerissen hat. Schon vorher waren ihnen bei den getrennten Verhören Widersprüche unterlaufen. So hatte Hans Scholl etwa behauptet, den Flugblattentwurf Christoph Probsts, der bei seiner Festnahme in seiner Manteltasche gefunden worden war, am selben Tag im Briefkasten gefunden zu haben. Diese Aussage war entscheidend, denn die Beteiligung Christoph Probsts, des jungen Familienvaters, sollte unter allen Umständen geheim bleiben. Leider wusste Sophie Scholl nichts von der Version ihres Bruders und beteuerte mehrfach in ihrem ersten Verhör, Hans Scholl habe an diesem Morgen keine Post erhalten. Der Entlastungversuch für den gemeinsamen Freund war somit gescheitert.

Da die Gestapo verschiedene Beteiligte gleichzeitig befragen konnte, war sie ihnen immer einen entscheidenden Schritt voraus. Hans Scholl wurde zunächst von Anton Mahler verhört, einem ehemaligen Landespolizisten, SS-Untersturmführer und seit 1938 bei der Gestapo. Mahler wurde nach dem Krieg von den Amerikanern in der Nähe von Regensburg verhaftet und vernommen. 1949 wurde er, wie schon erwähnt, wegen Gefangenenmisshandlung vor dem Landgericht München I zu vier Jahren Zuchthaus verurteilt. Er floh jedoch aus dem Gerichtssaal und tauchte mit Hilfe des amerikanischen Geheimdienstes Counter Intelligence Corps unter, um gegen Kommunisten zu kämpfen.[11]

Mahler hat eine Belastungszeugin gegen Hans Scholl, seine Freundin Gisela Schertling, die sich offensichtlich nicht in der Lage sieht, dem Druck der Verhöre zu widerstehen. Gleich zu Beginn ihrer Befragung sagt sie aus, dass ihr in der ganzen Familie Scholl frühzeitig die abweichende Haltung zum Nationalsozialismus aufgefallen sei. Hans Scholl habe oft mit ihr über politische Dinge gesprochen (was er im Verhör bestreitet) und dabei klargemacht, dass »andere Zeiten« kommen müssten, dass er sich eine Demokratie wünsche, worüber sie miteinander in Streit geraten seien. Während sich Scholl noch bemüht, keine Namen von Beteiligten preiszugeben, hat seine Freundin Gisela bereits Alexander Schmorell, Kurt Huber, Carl Muth, Josef Söhngen und Willi Graf (ohne Nachnamen) genannt und freimütig bekundet, ihre Freundin Sophie habe in letzter Zeit wiederholt Briefumschläge gekauft und auch sie damit beauftragt. Außerdem gibt sie an, Scholl habe sie nach seiner Festnahme auf dem Weg aus dem Unigebäude heraus noch damit beauftragt, seinen Freund Alexander zu warnen.[12] Nach diesen Offenbarungen Gisela Schertlings, der es verständlicherweise darum ging, ihren eigenen Kopf zu retten, ist der Spielraum für Hans Scholl, seine Taten zu verschleiern, bereits deutlich geschrumpft.

Dennoch gelingt Hans Scholl im ersten Verhör noch ein Mittelweg zwischen Standhaftigkeit in der Sache und Leugnen der Taten. Auf die Frage, was er vom Inhalt der Flugblätter halte, sagt er: »Ich denke, wie ich als Soldat zu denken habe.« Frage: »Wollen Sie sich nicht näher erklären?« Antwort: »Ich schätze

das Verhalten dieser Agitation im Innern ähnlich ein, wie das
Verhalten der Revolutionäre im Jahre 1918.« Damit war alles
und nichts gesagt, denn ein Demokrat würde die Revolution
nach dem Ersten Weltkrieg natürlich anders beurteilen als ein
Nationalsozialist. Frage: »Es ist bekannt, dass Sie sich in letzter Zeit verschiedenen Personen gegenüber in dem Sinne geäußert haben, daß der Nationalsozialismus durch eine christliche
Demokratie ersetzt werden müsse. Stimmt das?« Antwort: »Ob
das im tiefsten Grunde meine Ansicht ist, darüber spreche ich
überhaupt nicht, weil solche Diskussionen gegenwärtig nicht
aktuell sind.«[13]

Nach einigem Hin und Her über die Schreibmaschine, Briefmarken und den Vervielfältigungsapparat werden Hans Scholl
die Beweisstücke aus seiner Wohnung vorgelegt. Die offensichtliche Unwahrheit seiner Aussage, er habe nie größere
Mengen Briefmarken gekauft, steht in dem Moment im Raum,
als ihm die Gestapo einhundertvierzig Acht-Pfennig-Marken
aus seiner Wohnung päsentiert. Nach mehreren »Ermahnun-
gen« gibt sich Hans Scholl einen Ruck. Er ist der Falschaussage
überführt. Im ersten Satz seines Geständnisses spricht er seine
Freundin Gisela Schertling von jeder Mitwisserschaft frei. Er
habe nie mit ihr über Politik geredet. Als ihn Mahler mit deren
gegenteiliger Aussage konfrontiert, sagt Scholl nur: »Ich kann
nichts anderes sagen.«

Geständnisse

Hans Scholl versucht zu retten, was nicht mehr zu retten ist.
Er habe nach qualvollen Überlegungen angesichts der militärischen Niederlagen Deutschlands und angesichts der Behandlung der unterworfenen Bevölkerungen im Osten beschlossen,
als »Staatsbürger« zu handeln und seinen Gedanken Taten

folgen zu lassen. Die Schreibmaschine habe ihm Alexander Schmorell gebracht, ein Versteck für die Ausrüstung habe ihm sein Freund Manfred Eickemeyer in dessen Atelier in der Leopoldstraße gewährt. Weder er noch der Wohnungseigentümer Wilhelm Geyer hätten jedoch von der Sache gewusst. Seine Schwester Sophie, Gisela Schertling, Alexander Schmorell und Willi Graf hätten ihm zwar Briefumschläge besorgt, aber die Herstellung und den Versand der Flugblätter habe er ganz allein zu verantworten. Schon aus Sicherheitsgründen habe er niemanden ins Vertrauen ziehen können. Seine Schwester habe die Flugblätter zum ersten Mal am 14. Februar zu Gesicht bekommen. Sie sei mit ihrem Inhalt einverstanden gewesen.

Der bei ihm gefundene zerrissene Flugblattentwurf stamme von Christoph Probst. Warum Hans Scholl an dieser Stelle den Namen des Mitverschwörers doch preisgab, ist nicht mehr zu ermitteln. Eine Möglichkeit ist, dass die Gestapo den Urheber bereits mit Hilfe eines Handschriftenvergleichs auf der Grundlage eines Briefes von Probst an Scholl selbst herausgefunden hatte und dass Scholl somit ihr Wissen nur bestätigt. Vielleicht hat ihn aber auch der offensichtliche Unterschied zur eigenen Handschrift dazu veranlasst, den Namen des Autors zu verraten. Als eigenen Text hätte er den Entwurf nicht ausgeben können. Hans Scholl ist bewusst, in welche Bredouille er den jungen Familienvater bringt. Zur Schadensbegrenzung schränkt er sogleich ein, Probst habe den Text nur auf seinen eigenen Vorschlag hin verfasst. »Probst stand in politischer Hinsicht unter meinem Einfluss und wäre zweifellos ohne diesen nicht zu diesem Entschluss gekommen.« Er habe ihm nichts von der Flugblattaktion gesagt, somit habe Probst auch nicht wissen können, dass sein Text für Flugblätter verwendet werden könnte. Hans Scholl redet um Probsts Leben. »Ich erkläre noch einmal, dass mir bei der Herstellung und Verbreitung der fraglichen Flugblätter niemand behilflich war. Ich muss auch nach

Vorhalt der Angaben meiner Schwester Sophie darauf beste-
hen bleiben, dass sie lediglich am 18.2.1943 gesehen hat, wie
ich die Flugblätter in der Universität abgelegt habe. Alle weiteren Personen außer Probst sind nach meiner Meinung
unschuldig. Die Briefumschlagbesorger haben den Zweck nicht
gewusst.«[14]

Alle außer Probst. Diese Passage im Verhörprotokoll musste
für die Nachkommen Probsts irritierend klingen: Hat Hans
Scholl seinen Freund damit nicht doch der Gestapo ausgelie-
fert? Die Aktenlage ist zu dünn, um ein gerechtes Urteil zu fällen. Die konstanten Versuche Scholls, Probsts Beteiligung her-
unterzuspielen, sprechen dafür, dass er zwar gezwungen war,
dessen Namen zu nennen, aber dass er im Folgenden versuchte,
ihn als einen unwillentlichen Mitstreiter darzustellen, der zwar
inhaltlich zu den Flugblättern beigetragen habe, jedoch ohne
zu wissen, dass es sich dabei um Widerstandsaktionen handele.

Hans Scholl nutzt in seinem Geständnis seine rhetorischen
Fähigkeiten, um seine Mitstreiter zu schützen. Doch es werden
ihm immer neue Belege vorgehalten, sodass er sich wiederholt korrigieren muss. So gibt er schließlich zu, dass ihm seine
Schwester Sophie und Alexander Schmorell beim Heraussu-
chen der Adressen für die Flugblätter geholfen hätten. Schmorell sei auch in seinem Auftrag mit etwa tausendfünfhundert
Flugblättern nach Salzburg, Linz und Wien gefahren und habe
sie dort als Briefsendungen aufgegeben. Die Kosten hätten sie
selbst bestritten. Schließlich muss er sogar eingestehen, dass
Sophie etwa tausend Flugblätter nach Augsburg und Stuttgart
gebracht habe. Als Fazit seines Handelns bekennt er schließlich:
»Ich war der Überzeugung, dass ich aus innerem Antrieb handeln musste und war der Meinung, dass die innere Verpflichtung höher stand, als der Treueid, den ich als Soldat geleistet
habe. Was ich damit auf mich nahm, wusste ich, ich habe auch
damit gerechnet, dadurch mein Leben zu verlieren.«[15]

Das Verhör und Geständnis Hans Scholls, so wie es heute in Protokollen überliefert ist, schildert die qualvolle und sukzessive Annäherung an die Wahrheit. Stück für Stück, in mehreren Sitzungen, die sich über Stunden hinstrecken, muss er die Aktionen einräumen, die Mitstreiter benennen. Briefe, die in seiner Wohnung gefunden werden, und die Aussagen der Mitverhafteten zwingen ihn immer wieder zu neuen Bekenntnissen. Nach den Eingeständnissen, dass Christoph Probst, Alexander Schmorell und seine Schwester Sophie an den Aktionen beteiligt waren, muss Hans Scholl als Nächstes bestätigen, dass Willi Graf bei der Beschaffung von Briefumschlägen und Papier für die Flugblätter mitgewirkt hat. Doch auch Graf sei, ebenso wie dessen Schwester Anneliese, in den Inhalt der Texte nie eingeweiht gewesen, beteuert er. Am dritten Tag in Gestapohaft äußert sich Hans Scholl auch über Carl Muth. Ihre Gespräche seien rein literarischer Natur gewesen. Mit Kurt Huber habe er in dessen Wohnung bei einer Tasse Tee fröhlich über Leibniz geplaudert. Der Professor sei im Übrigen stark nationalistisch und antisemitisch eingestellt. Antisemitisch? Hat Hans Scholl das so gemeint, oder will er Huber schützen? Die Vernehmungen erstrecken sich nun auch auf die Malaktionen. Alexander Schmorell habe in seinem Auftrag die Schablone für die Aufschrift »Nieder mit Hitler« angefertigt. Wieder behauptet er energisch, seine Schwester habe davon nichts mitbekommen.

Erst am 21. Februar, am vierten Vernehmungstag, gibt Hans Scholl zu, dass Schmorell an der Herstellung und Verbreitung der Flugblätter beteiligt gewesen ist. Doch die erste Anregung sei von ihm selbst ausgegangen, darauf beharrt er. Er gibt detailliert darüber Auskunft, welche Passagen von ihm und welche von seinem Freund stammten. Auch bestätigt er, dass seine Schwester von den Wandparolen gewusst habe. Die Dämme sind gebrochen. Es ergeht Haftbefehl gegen Hans Scholl. Der Beschuldigte ist der gemeinschaftlichen Vorbereitung eines hochverräterischen Unternehmens, der gemeinschaftlichen Feindbegünstigung und der gemeinschaftlichen Wehrkraftzersetzung dringend verdächtig.

Während ihr Bruder sie noch bis zum Schluss zu schützen versuchte, hat Sophie Scholl bereits am 18. Februar ihre Beteiligung an den Widerstandsaktionen bekundet. Sie schildert sie als gemeinsames Projekt vom ersten Tag an. Damit geht sie deutlich über das notwendige Maß an Offenheit hinaus, ja, sie macht sich selbst zur Hauptperson neben ihrem Bruder. »Ob der Gedanke der Flugblattherstellung von meinem Bruder oder mir ausging, weiss ich heute nicht mehr genau«, sagt sie freimütig im Verhör.[16] Sie bestätigt Alexander Schmorells Beteiligung ab Sommer 1942 und begründete dessen Engagement interessanterweise damit, er sei eben »politisch nicht nüchtern genug« und »sehr begeisterungsfähig«.[17] Aber verfasst habe sie die ersten Flugblätter mit ihrem Bruder alleine. Immer größer wird im Lauf der Vernehmung ihr aktiver Part an der Weißen Rose, sodass Sophie Scholl an einem Punkt sogar zurückrudern muss, weil ihr nachgewiesen werden kann, dass sie bei einer Aktion gar nicht mitgemacht haben konnte, weil sie nicht in München war. Sie bestreitet jede Hilfe von Willi Graf und gibt auch sonst keinen Namen preis. Am Ende ihres zweiten Verhörs reicht ihr Robert Mohr die Hand. Ob sie inzwischen nicht doch glaube, dass ihre Handlungen gerade in der jetzigen Phase des Krieges als ein Verbrechen gegenüber der Gemeinschaft verurteilt werden müssten? Antwort: »Von meinem Standpunkt muss ich diese Frage verneinen. Ich bin nach wie vor der Meinung, das Beste getan zu haben, was ich gerade jetzt für mein Volk tun konnte. Ich bereue deshalb meine Handlungsweise nicht und will die Folgen, die mir aus meiner Handlungsweise erwachsen, auf mich nehmen.«[18]

Die Standfestigkeit und Konsequenz Sophie Scholls, so wie sie sich in den Vernehmungsprotokollen spiegelt, hat wesentlich zu ihrem Nimbus beigetragen. Vielleicht auch deshalb wird sie heute – zu Unrecht – für eine oder sogar für die Hauptaktivistin der Weißen Rose gehalten. Auch wenn sie bei der Vernehmung ihre eigene Rolle maßlos übertrieben hat – ob aus Fürsorglichkeit für ihren Bruder und die anderen oder aus eigenem Geltungswillen als junge Frau in einer Welt, die den handelnden Part automatisch Männern zuschreibt –, der Ruf der charakterlichen Unbestechlichkeit gebührt ihr wohl zu Recht. Diese Ressource hat sie, wie wir gesehen haben, nicht erst in der Extremsituation der Verfolgung durch den NS-Staat erworben, sondern schon lange vorher ein ums andere Mal bewiesen.

Ein Zeuge – wie glaubwürdig seine Beobachtungen sind, ist unklar – bestätigt diesen Eindruck jedenfalls. Oberregierungsrat Oswald Schaefer hat den Verhören von Sophie und Hans Scholl phasenweise beigewohnt und den Hinterbliebenen seine Eindrücke geschildert. Sie sollen hier ausführlicher zitiert werden:

Herr Scholl saß dem Beamten straff aufgerichtet gegenüber. Er wirkte sehr konzentriert. Unvergesslich sind mir seine glänzenden, von innerer Anspannung kündenden Augen. Äußerlich wirkte er ruhig, nur an der etwas nervösen Art, wie er eine Zigarette rauchte, konnte man merken, dass er sich zu dieser Ruhe durch Selbstbeherrschung gezwungen hatte.

Verhandlungstaktisch verhielt er sich geschickt. Er antwortete zwar auf die gestellten Fragen vollständig, aber stets nur kurz, und vermied damit, durch längere Ausführungen dem Vernehmenden neue Anhaltspunkte zu geben. Seine Antworten kamen nicht wie »aus der Pistole geschossen«, sondern stets nach einer kurzen Pause. Zur Taktik des vernehmenden Beamten gehörte es offenbar, seine neue Frage jeweils sehr schnell nach der letzten Antwort zu stellen. Herr Hans Scholl ließ sich das Tempo jedoch nicht aufzwingen, sondern blieb bei seiner kurzen Überlegungspause. ... Schon bei der Befragung über die Unterbringung des Abzugsapparates und mehr noch, als die Vernehmung plötzlich auf ein anderes Gebiet sprang, wobei meiner Erinnerung nach der Name des Mitbeschuldigten Christoph Probst fiel, war das Bemühen deutlich, mit der Aussage besonders vorsichtig zu sein, wenn sie etwa einen Dritten belasten konnte. Die Überlegungspausen wurden länger, die Antworten wurden noch knapper und wichen der Erwähnung von Mitbeteiligten hartnäckig aus. Es war unmöglich, sich dem Eindruck von der Haltung und Persönlichkeit des jungen Beschuldigten zu entziehen. Auch der vernehmende Beamte – ein langjähriger Bearbeiter kommunistischer Gegnerkreise – hatte einen solchen »Hochverräter« wohl noch nicht gegenübergestanden. Er drang daher nicht weiter in ihn, und ich warf eine Bemerkung etwa des Inhalts ein, dass wir es als charakterlich anständig respektieren müssten, wenn ein Verschworener seine Mitverschworenen nicht preisgeben wollte. Herr Hans Scholl sagte darauf nichts.

Nach Abschluss der Vernehmung sagte mir der Beamte – und dabei klang deutlich die Hochachtung vor dem Beschuldigten mit – dass es sinnlos sei, diesem mit »Bluffs« oder Versprechungen zu kommen. Damit könne man gar nichts erreichen. Nur die offene Darlegung des – z.B. durch gefundenes Material – erwiesenen Sachverhalts hätte bei der logischen Denkweise des Beschuldigten zur Folge, dass er dann seine eigene Rolle ausführlich und wahrheitsgemäß zugeben musste. Der Beamte teilte mir weiter mit, dass Herr Hans Scholl ihm von sich aus erklärt habe, er habe sich unter der Geheimen Staatspolizei und ihren Methoden etwas völlig anderes vorgestellt; er müsse eine falsche Vorstellung bei sich berichtigen.

Schaefer nahm auch an der Vernehmung Sophie Scholls teil und gewann einen deutlich anderen Eindruck.

Fräulein Scholl wirkte – vielleicht lag das auch mit an dem vorgerückten Stadium der Vernehmung – nicht so angespannt und erfüllt von den Vorgängen, sondern um vieles gelassener als ihr Bruder. Es kam hinzu, dass der hier eingesetzte Beamte nicht so straff und mit schnellen Fragen vernahm, wie es bei Herrn Hans Scholl geschah, sondern etwas zwangloser, eher in der Form einer Erörterung, deren Ergebnis dann abschnittsweise protokolliert wurde. Fräulein Scholl brauchte sich in dem von mir beobachteten Abschnitt der Vernehmung nicht so streng an die gestellten Fragen zu halten. Ich konnte ihren Mut bewundern, wie sie einzelne in den Flugschriften enthaltene Angriffe gegen Hitler begründete und sich, obwohl sie meines Wissens an der Redaktion der Schriften nicht unmittelbar beteiligt war, trotzdem mit ihnen identifizierte. Während die Verteidigung von Herrn Hans Scholl sich streng sachlich auf die Fragen beschränkte, hat Fräulein Sophie Scholl manchmal ihren Unwillen über das Verfahren zu erkennen gegeben und den vernehmenden Beamten durch Zwischenfragen in Verlegenheit zu versetzen versucht und sicherlich auch in Verlegenheit gebracht.[19]

Es wäre allzu leicht, Sophie Scholl als die Mutigere der Geschwister darzustellen. Offenbar war der Druck, der auf die beiden ausgeübt wurde, unterschiedlich groß. Außerdem war den verhörenden Beamten klar, dass Sophie Scholl ihre Beteiligung an den Aktionen übertrieb, so dass ihre Aussagen vermutlich weniger ernst genommen wurden. Auch Robert Mohr berichtete später der Familie Scholl, Sophie sei »krampfhaft bemüht« gewesen, alle Schuld auf sich zu nehmen und ihren Bruder zu entlasten.[20]

Alexander Schmorell, nach seinem abenteuerlichen Fluchtversuch gefasst, gesteht von Anfang an, zur Widerstandsgruppe zu gehören. »Mit der Herstellung und Verbreitung unser Flugblätter wollten Hans Scholl und ich einen Umsturz herbeiführen. Wir waren uns darüber im Klaren, dass unsere Handlungsweise gegen den heutigen Staat gerichtet ist und wir im Ermittlungsfalle mit den schwersten Strafen rechnen müssen. Wir haben uns aber trotzdem nicht davon abhalten lassen in der Weise gegen den heutigen Staat vorzugehen, weil wir beide der Ansicht waren, damit den Krieg verkürzen zu können«, erklärt er kurz und bündig.

Er wird sechsmal verhört. Die Rolle der anderen Beteiligten spielt er herunter, vermutlich um sie zu schützen. Dennoch verheddert auch er sich in den Fallstricken der Vernehmer, seine Aussagen werden letztlich dazu beitragen, dass Kurt Huber und Eugen Grimminger in Haft kommen. Grimminger hat Schmorell nach der Verhandlung sogar darauf angesprochen, wie ihm so viele Informationen hatten entlockt werden können. Darauf soll er geantwortet haben: »Grimminger, wenn Sie wüssten, was hinter mir liegt und was sie mit mir angefangen haben, könnten Sie auch das verstehen.« Ob er damit andeuten wollte, dass er im Zuge des Verhörs gefoltert wurde, wissen wir, wie gesagt, nicht. Laut Grimminger, der wie Schmorell von Ludwig Schmauß vernommen wurde, ließ sich der Ermittler durchaus zur Androhung körperlicher Gewalt hinreißen. Schmauß, Kriminalpolizist und seit 1938 bei der Gestapo, habe Grimminger gegenüber die Tatsache, dass er mit einer Jüdin verheiratet war, als Druckmittel eingesetzt. Es besteht zumindest die Möglichkeit, dass er auch Schmorell in Wort oder Tat hart anfasste, da dieser mit einer russischen Mutter nicht dem nationalsozialistischen Rasseideal entsprach.[21]

Christoph Probst wird nach seiner Verhaftung in der Innsbrucker Gebirgsjägerkaserne am 20. Februar 1943 ebenfalls in
das Wittelsbacher Palais nach München überstellt und das erste
Mal vernommen. Da bei Hans Scholls Festnahme sein nie ver-
öffentlichter Flugblatttext gefunden worden war, befindet er
sich von Anfang an in einer aussichtslosen Lage. Als Ehemann
und Vater von drei kleinen Kindern beteuert er dennoch seine
Unschuld. Er stellt sich als unpolitischen Menschen dar und
spielt seine Beziehungen zu den Scholls herunter, was natürlich im Widerspruch zu den Aussagen der Geschwister steht,
die seine Beteiligung schon zugegeben, wenn auch kleiner
gemacht haben.

Einen Tag nach seiner Verhaftung verfasst Christoph Probst
einen verzweifelten Brief an den Präsidenten des Volksgerichtshofs Roland Freisler: »Ich befand mich in der Nacht, als ich den
Entwurf schrieb, in einer furchtbaren seelischen Depression,
die ihren allgemeinen Ursprung in den Ereignissen an der Ostfront, im besonderen aber in der schweren Erkrankung meiner
Frau hatte. Mein Nervensystem war derartig angespannt, dass
ich in der Nacht meine Nerven irgendwie abreagieren musste.
Ich schrieb deshalb ohne tief darüber nachzudenken meine
Gedanken nieder.« Dass daraus ein Flugblatt werden könnte,
habe er nicht angenommen.

Die Verteidigungsstrategie Probsts scheint aus heutiger Perspektive clever. Sich auf eine psychische Ausnahmesituation zu
berufen, einen Nervenzusammenbruch oder eine psychische
Erkrankung nahezulegen hätte heutzutage womöglich für mil-
dernde Umstände gesorgt, zumal es eine familiäre Vorbelastung
durch seinen Vater gab, der bekanntermaßen psychisch krank
gewesen war. In der Zeit des Nationalsozialismus rührte diese
Erklärung freilich keinen.

Kurt Huber hat sich für eine zweigleisige Verteidigungsstrategie entschieden. Einerseits will er seine grundsätzliche

Loyalität zum Nationalsozialismus unterstreichen, andererseits übt er Kritik an der nachteiligen Entwicklung, die der Staat seit Kriegsbeginn in seinen Augen genommen hat. Das ist nicht nur Strategie, das ist teilweise auch ernst gemeint. Huber scheint wirklich zu glauben, seine Ausführungen würden an höhere Stellen gelangen und dort Gehör finden. Seinem Selbstbild als Professor und politischer Kopf entsprechend, lässt er es sich nicht nehmen, die aus seiner Sicht vernünftigen Argumente anzuführen: Anstatt die deutsche Wehrkraft zu stärken, habe sie unter einer inkompetenten Führung zu leiden, statt sich aller Volksteile zu versichern, spalte der Staat die kirchlich organisierten Menschen ab, statt die Freiheit der Forschung zu gewährleisten, betreibe der Staat parteipolitische Vetternwirtschaft an der Universität und statt den Bolschewismus zu bekämpfen, entwickele sich Deutschland selbst in einen an den Bolschewismus erinnernden autoritären Staat mit »linken« Tendenzen wie etwa der Planwirtschaft und der totalen Machtausübung in Bereichen wie Kirche und Religion. Natürlich hilft Huber diese Argumentation nicht, im Gegenteil: Nachdem der Wunschverteidiger Hubers von dessen angeblichen »Beleidigungen« Hitlers erfahren hat, legt er kurzerhand das Mandat nieder.[22]

Prozesse

Zwischen der Verhaftung der Geschwister Scholl und Christoph Probsts und der Verhandlung vor dem Volksgerichtshof liegen nur vier Tage. Nur hundert Stunden dauert es, bis der nationalsozialistische Staat die Aktivisten der Weißen Rose verhaftet, verhört, vor Gericht gezerrt und zum Tode verurteilt hat.

Von Rechtstaatlichkeit ist das natürlich weit entfernt. Roland Freisler, der notorische Präsident des Volksgerichtshofs, ist darauf sogar stolz. In der zweiten Verhandlung gegen die Weiße Rose wird er das Strafgesetzbuch in die Hand nehmen und es theatralisch zu Boden schleudern, damit jeder sehen kann, was er von Recht und Gesetz hält.

Der rotbemäntelte Jurist hatte es zu diesem Zeitpunkt längst zu filmischen Ehren gebracht. Seine Auftritte, bei denen er wie ein Schmierenkomödiant gestikulierte, schäumte und geiferte, waren legendär. Er wurde 1893 in Celle geboren und meldete sich im Ersten Weltkrieg als Jurastudent freiwillig an die Front. Er geriet in russische Kriegsgefangenschaft und wurde nach Sibirien verschleppt, wo er sich den Bolschewisten anschloss. Nach seiner Rückkehr studierte er weiter, wandte sich 1920 vom Kommunismus ab und trat nationalistischen Gruppierungen bei. Er wurde Anwalt und Mitglied des hessisch-nassauischen Landtags für eine völkische Partei. Ab 1925 war er NSDAP-Mitglied und verteidigte angeklagte Parteigenossen. Sein frühes Engagement für die nationalsozialistische Sache wurde nach der Machtübernahme 1933 mit einem Posten im preußischen Justizministerium belohnt. Freisler war maßgeblich dafür verantwortlich, dass im NS-Staat die Rechte des Richters immer weiter gefasst wurden. Mit Kriegsbeginn half er dabei, dass die juristische Verfolgung von Abweichlern immer effizienter wurde. Im August 1942 ernannte ihn Hitler zum Präsidenten des Volksgerichtshofs, der nach dem Reichstagsbrand als politisches Gericht für die Fälle von Hochverrat, Landesverrat, schwerer Wehrmittelbeschädigung, Feindbegünstigung, Spionage und Wehrkraftzersetzung eingerichtet worden war. Der Volksgerichtshof war erste und letzte Instanz. Über ihm stand nur noch Adolf Hitler. Eine Möglichkeit der Berufung gab es nicht, einzig das Gnadengesuch an den »Führer«. Die Zahl der Todesurteile stieg nach Freislers Berufung sprunghaft. Nach der Weißen Rose wird er auch die Attentäter vom 20. Juli 1944 in einem Schauprozess aburteilen. Freisler selbst konnte sich der Gerechtigkeit entziehen. Er kam am 3. Februar 1945 bei einem Bombenangriff auf Berlin ums Leben.

»Der Saal war dicht besetzt. Man sah überall angespannte Gesichter. Ich glaubte festzustellen, dass die meisten bleich waren vor Angst. Vor jener Angst, die sich vom Richtertisch her ausbreitete. Die Haltung der Angeklagten machte wohl nicht nur mir einen tiefen Eindruck. Da standen Menschen, die ganz offensichtlich von ihrem Ideal erfüllt waren. Ihre Antworten auf die teilweise unverschämten Fragen des Vorsitzenden, der sich in der ganzen Verhandlung nur als Ankläger aufspielte und nicht als Richter zeigte, waren ruhig, gefaßt, klar und tapfer.«[23] Augenzeugenberichte wie dieser des Gerichtsreferendars Leo Samberger haben uns ein Bild vom Prozess gegen Hans und Sophie Scholl sowie Christoph Probst vermittelt, das freilich von verschiedenen Schleiern der Erinnerung verfälscht sein dürfte.

Die Verhandlung dauert nur dreieinhalb Stunden. Es geht nicht darum, ein gerechtes Urteil zu finden, sondern darum, den Staat zu schützen und die Bevölkerung abzuschrecken. Die Anklagepunkte lauten auf landesverräterische Feindbegünstigung, Vorbereitung zum Hochverrat und Wehrkraftzersetzung. Pflichtverteidiger gibt es zwar, sie spielen jedoch keine Rolle. Wie es sich für einen Schauprozess gehört, sind nur Menschen zugelassen, die dem NS-Staat in sichtbaren Positionen dienen. Ob die Menschen im Saal wirklich blass waren vor Angst, wie der Zeitzeuge berichtet, muss dahingestellt bleiben. Allerdings konnte Freisler selbst bei seinen Parteigenossen Angst und Schrecken verbreiten. Genauso ungesichert sind Aussagen über das Verhalten der Angeklagten, die wir aus anderen Quellen kennen. Die aufrechte Haltung, die kühne Stirn gegenüber dem keifenden und schreienden Freisler, das trotzige »Heute hängt ihr uns, und morgen werdet es ihr sein« – wir wissen nicht, ob diese Zeugnisse stimmen.[24] Doch wir würden uns wünschen, dass es so abgelaufen ist.

Als einzige Angehörige sind die Eltern der Geschwister Scholl und ihr Bruder Werner bei diesem unwürdigen Spektakel dabei. Sie müssen miterleben, dass die Angeklagten im nationalsozialistischen Rechtssystem keine Chance haben. Als Vater Robert Scholl sieht, dass der Anwalt seiner Kinder keine nennenswerte Gegenwehr gegen das harte Strafmaß an den Tag legt, will er selbst das Wort ergreifen. Doch schon auf dem Weg zur Richterbank wird er von einem Gestapobeamten ergriffen und aus dem Saal gezerrt. Immerhin erfährt er dann noch ein bisschen Menschlichkeit. Ein Gerichtsreferendar tritt an ihn heran und rät ihm, sofort ein Gnadengesuch einzureichen. Scholl geht direkt in die Kanzlei des bayerischen Generalstaatsanwalts. Der zeigt sich gnädig und lässt ihn das Gesuch seiner eigenen Sekretärin in die Schreibmaschine diktieren, bringt das Schreiben dann noch eigenhändig seinem Vorgesetzten, dem Oberreichsanwalt. Dieser lässt sich zwar nicht darauf ein, Robert Scholl persönlich anzuhören, aber übergibt ihm wenigstens eine Besucherkarte für das Gefängnis Stadelheim. Um vierzehn Uhr ist die Verhandlung vorbei. Die Zeit drängt. Was den Angehörigen der Verurteilten noch nicht klar ist – der Zeitpunkt der Hinrichtung steht bereits fest.

Der Henker

Über tausend Menschen wurden in der NS-Zeit in Stadelheim hingerichtet. Das Gefängnis im Münchner Stadtteil Giesing war (und ist) eines der größten Deutschlands, erbaut im späten 19. Jahrhundert auf dem Gelände eines Bauernhofs. Es wurde eine von elf (später zweiundzwanzig) zentralen Hinrichtungs-

stätten im »Dritten Reich«. Früher war die Todesstrafe am Ort
der Verurteilung vollzogen worden, doch nach Hitlers Anordnung, die nur noch das Fallbeil als Tötungsmethode für Zivi-
listen zuließ, zentralisierte und »professionalisierte« das Reich
das Töten. Zum Tod durch Erhängen wurden Beschuldigte erst
ab 1942 verurteilt, Erschießen war den Kriegsgerichten, also
den Militärs, vorbehalten.

Der zuständige Henker für Stadelheim war Johann Reichhart
aus Wörth an der Donau. Sein Arbeitsgebiet umfasste Dresden,
Stuttgart, München und Weimar, später auch Wien und Frankfurt. Er kam aus einer Familie mit entsprechender Berufstradi-
tion und hatte diese Tätigkeit schon vor dem »Dritten Reich«
ausgeübt. In den dreißiger Jahren hatte er ein neues Leben als
Gemüsehändler in Den Haag begonnen, doch weil dort sein
Vorleben als Henker bekannt wurde und ihm ein Neuanfang
verwehrt blieb, kehrte er nach Deutschland zurück und trat
eine Festanstellung als Scharfrichter an. Insgesamt starben
durch ihn allein unter der Guillotine zweitausendneunhun-
derteinundfünfzig Menschen, darunter zweihundertfünfzig
Frauen. Bei den Nürnberger Prozessen lernte er den Amerika-
ner John C. Woods im Umgang mit dem Galgen an und beauf-
sichtigte die Hinrichtung der Hauptkriegsverbrecher. Nach dem
Krieg sprach er sich gegen die Wiedereinführung der Todesstrafe aus. Reichhart war inzwischen ein einsamer und kranker Mann mit starken psychischen Beschwerden.[25]

Nach der Verhandlung werden die Geschwister Scholl und
Christoph Probst ins Gefängnis Stadelheim gebracht. Christoph Probst schreibt ein Bittgesuch. Darin stellt er fest, »dass
ich in Bezug auf die verräterischen Handlungen mich nicht mit
Hans und Sophie Scholl identifizieren lassen kann. Ich wollte
nie eine Handlung unternehmen, die dazu geeignet wäre, mit
Gewalt die Verfassung des Reiches zu ändern, einen organi-
satorischen Zusammenhalt herzustellen, die Wehrmacht zur

Erfüllung ihrer Pflicht untauglich zu machen, oder die Massen durch Schriften oder Schlagworte zu beeinflussen. Ich habe auch weder durch finanzielle Unterstützung, noch durch Materialbeschaffung, noch durch Anfertigung oder Verbreitung von Schriften, oder Anwerben dazu geeigneter Leute, jemals ein solches Unternehmen unterstützt, wie ja auch diesbezüglich kein Beweismaterial gegen mich vorliegt. … Die einzige Schrift die ich in einem psychotischen Depressionszustand während meines Aufenthaltes in Tegernsee abfasste, wie ich in meiner Vernehmung zu schildern versuchte, sollte keinem propagandistischen Zweck dienen. Sie bedeutete für mich eine Abreaktion.«[26] Hier kommt es noch einmal, das Argument der psychischen Belastung. Er gebrauchte für sich dieselbe Sprache, die einst für seinen Vater verwendet wurde.

Dann bittet er um die Taufe. Christoph Probst war nicht getauft worden, weil ihn seine Eltern selbst über seinen Glauben entscheiden lassen wollten. An einen solchen Moment hatten sie dabei sicher nicht gedacht. Probst empfängt die Weihe auf dem Boden kniend in seiner Todeszelle. Danach ist noch Zeit für Abschiedsbriefe. Seiner Mutter schreibt er: »Eben erfahre ich, daß ich nun noch eine Stunde Zeit habe. Wenn ich keinen Brief mehr schreiben kann, grüße alle Lieben von mir. Sag ihnen, daß mein Sterben leicht und freudig war. Ich denke an meine herrlichen Kinderjahre, an meine herrlichen Ehejahre. Durch alles hindurch schimmert Dein liebes Angesicht. Wie sorgsam und liebreich warst Du immer.« Auf der Rückseite notiert er: »Jetzt hast Du ja drei neue kleine Christel.« Seine Kinder.[27]

Die Mutter Probsts erinnerte sich später, wie sie an diesem fürchterlichen Tag der Zeit hinterherläuft. Ein Anwalt versichert ihr, dass zwischen dem Todesurteil und der Vollstreckung mindestens fünf Wochen liegen, in denen sie sich um eine Begnadigung bemühen könne. Sie fasst Hoffnung und verbringt die nächsten Stunden am Telefon. Als sie mit der Armeeeinheit ihres Sohnes verbunden ist, hört sie, wie jemand im Hintergrund sagt, am Apparat sei die Mutter desjenigen, der am morgigen Tag hingerichtet werde. Sie ruft entsetzt im Gefängnis Stadelheim an. Sie werde doch ihr Kind noch einmal sehen können? Man gibt ihr keine Auskunft. Dann fällt ihr ein Bekannter ein, der einen SS-Obergruppenführer kennt. Vielleicht kann der helfen. Nach langen Bemühungen erreicht sie ihn. Es ist der Rektor des Internats, auf dem Christoph Probst eine Zeit lang Schüler war. Er verspricht, den SS-Mann anzurufen. Um zehn Uhr abends ruft er sie zurück. Die Hinrichtung habe bereits stattgefunden.

Die Überrumpelung der Angehörigen war Teil des zynischen Vorgehens des NS-Staates. Nur keinen Protest riskieren. Die Geschwister Inge, Elisabeth und Werner und die Eltern Lina und Robert Scholl erfahren von der Hinrichtung ebenfalls erst im Nachhinein. Doch zumindest die Eltern haben sich von Hans und Sophie noch verabschieden können. Von diesem Moment gibt es nur eine Quelle, die Erzählung Inge Scholls, die freilich bei diesem letzten Treffen nicht dabei gewesen ist.

Abschied

Zwischen sechzehn und siebzehn Uhr am 22. Februar können die Eltern Scholl ihre Kinder im Besucherraum sehen. Erst tritt ihnen ein blasser, abgemagerter Sohn im Drillich entgegen. Er beugt sich über die Barriere zum Besucherraum und reicht ihnen die Hand. Sein Gesicht ist abgezehrt, aber er scheint mit sich im Reinen zu sein. Seine Mutter bietet ihm Süßigkeiten an. Er lehnt ab. Sie fragt ihn, ob er Hass verspüre. »Ich habe keinen Hass, ich habe alles, alles unter mir«, versichert er. Er trägt seinen Eltern Grüße auf, auch an seine Freundin Gisela. Dann kehrt er aufrecht in seine Zelle zurück. Auf dem Gang begegnet er dem Wärter seiner Schwester und dankt ihm dafür, dass er Sophie gut behandelt habe.

Dann wird Sophie vorgeführt. Sie trägt ihre eigene Kleidung, ihre Schritte sind bedächtig. Lächelnd nimmt sie die Süßigkeiten entgegen. »Ach ja, gerne, ich habe ja noch gar nicht Mittag gegessen.« Ihre Mutter nimmt noch wahr, wie frisch und rosig Sophies Haut aussieht. »Nun wirst du also gar nicht mehr zur Tür herein kommen«, sagt sie. »Ach, die paar Jährchen, Mutter.« Sie ist erleichtert, dass ihre Eltern so gut durchhalten. »Wir haben alles, alles auf uns genommen«, sagt sie, und: »Das wird Wellen schlagen.« Wie erlöst, wendet sie sich ab. Da ruft ihr die Mutter zu: »Gell, Sophie – Jesus!« Sophie dreht sich noch einmal um und erwidert mit fester Stimme: »Ja, aber du auch.« Sie geht lächelnd davon.[28] Wenn diese Schilderung wahrheitsgetreu ist, zeigt diese Abschiedsszene, dass sich die Geschwister auf ihre sichere Bindung an die Eltern bis zum Schluss verlassen konnten.

Eine Stunde später sind Sophie Scholl und Hans Scholl tot. Um zu erfahren, was ihnen in ihren letzten Minuten widerfahren ist, muss sich die Familie an die dürren Worte der Akten zu diesem vermeintlichen Verwaltungsvorgang halten. Im Hinrichtungsprotokoll werden Uhrzeit, Zeugen und die ordnungsmäße Tötung im besten Amtsdeutsch nach Berlin vermeldet: »Die Fallschwertmaschine war, durch einen schwarzen Vorhang verdeckt, verwendungsfähig aufgestellt. … Von der Übergabe bis zum Fall des Beiles vergingen 06 Sekunden. … nach der Abnahme von der Fallschwertmaschine wurden der Körper und das Haupt der Verurteilten in einen bereitgestellten Sarg gelegt und dem Polizeipräsidium München zur Verbringung in den Perlacher Friedhof übergeben.« Der Beamte, der dies aufschrieb, hat nur eine subjektive Beobachtung angefügt. »Die Verurteilte wirkte ruhig und gefasst.«[29]

Laut den Angaben des Gefängnispfarrers ruft Hans Scholl, der zwei Minuten nach seiner Schwester stirbt, bei seinem Gang zum Schafott noch: »Es lebe die Freiheit!« Minuten später stirbt Christoph Probst in der Holzbaracke von Stadelheim, in der das Fallbeil steht. Das Protokoll hält fest: »Ohne Vorkommnisse«.

Am 24. Februar schreien es dann rote Plakate von allen Münchner Litfaßsäulen: »Wegen Hochverrats wurden zum Tode verurteilt: der 24jährige Christoph Probst, der 25jährige Hans Scholl, die 21jährige Sophie Scholl. Das Urteil wurde bereits vollstreckt.« Die Eltern Scholl erhalten am selben Tag von der Friedhofsverwaltung eine Zahlungsaufforderung: einhundertfünfzig Reichsmark für das Gräberfeld 73 im Perlacher Forst.

Jubel im Auditorium

Nach dem Eingeständnis der Niederlage von Stalingrad und der aufrührerischen Szene bei der Jubiläumsfeier der Ludwig-Maximilians-Universität hatten die jungen Leute der Weißen Rose, vielleicht etwas betriebsblind, das Risiko ihrer Aktionen gesteigert, weil sie glaubten, hoffen zu dürfen, dass die Münchner Studierenden auf ihrer Seite seien. Die Verhaftung und Hinrichtung zeigte dann schnell, wie es um die Solidarität der Kommilitonen wirklich stand. Die Studentenführung rief zwei Tage nach ihrem Tod die Münchner Kommilitonen zu einer »Treuekundgebung« für Hitler und NS-Staat auf. Im großen Vorlesungssaal, dem Auditorium Maximum, überboten sich die Opportunisten und überzeugten Nationalsozialisten gegenseitig damit, die Mitglieder der Weißen Rose als Einzelgänger darzustellen und als Verbrecher zu verunglimpfen. Der Gaustudentenführer nannte sie »ehrlose und niederträchtige Gesellen«.[30] Hunderte Studierende johlten und trampelten

Beifall für die Denunziation des Hausmeisters Jakob Schmid. Der ließ sich den Jubel mit zum Hitlergruß nach oben gerecktem Arm gerne gefallen.

Der zweite Prozess

Zwei Monate später, am 19. April 1943, findet der zweite Prozess gegen die Weiße Rose statt. Diesmal sitzen Alexander Schmorell, Kurt Huber und Willi Graf sowie weitere elf Personen auf der Anklagebank, darunter die Geschwister Hans und Susanne Hirzel, der »Finanzier« Eugen Grimminger, Heinz Bollinger, Willi Grafs Unterstützer aus Saarbrücker Tagen, Falk Harnack, der erhoffte Kontaktmann zum militärischen Widerstand und zum Ausland, sowie Franz Joseph Müller, Heinrich Guter, Traute Lafrenz, Gisela Schertling und Katharina Schüddekopf.

Der Ausgang des ersten Prozesses stellte den Angehörigen das Ausmaß der Gefahr klar vor Augen. Die Familie Schmorell richtete schon vor der Verhandlung Gnadengesuche an Heinrich Himmler, den Reichsführer SS. Ein Teil der Familie der Stiefmutter Alexander Schmorells waren treue Parteisoldaten und trugen goldene Parteiabzeichen der NSDAP. Auf ihrem Einfluss ruhte die ganze Hoffnung der Familie. Sie baten Himmler darum, Alexander Schmorell die Chance zu geben, in einer von ihm »zu bestimmenden Form freiwillig sein Leben für Deutschland zu opfern, falls seine Tat todeswürdig sein sollte«. Der Staat sollte den Verschwörer lieber an die Front schicken, als ihn zum Tod durch das Fallbeil zu verurteilen. Doch Himmler wollte davon nichts wissen und antwortete brüsk: »Ich geben Ihnen sehr gern einmal Einblick in die Untersuchungsakten, damit Sie feststellen können, dass die verwerfliche Tat des Alexander Schmorell, die sicherlich zum großen Teil auf seinen russischen Blutanteil zurückzuführen ist, auch ihre gerechte Strafe verdient.«[31]

Wieder ist Freisler aus Berlin angereist. Auch diese Verhandlung findet auf besonderen Wunsch des Gauleiters Giesler in München statt. Diesmal dauert sie vierzehn Stunden. Die Anklage gegen Schmorell lautet auf die Autorenschaft, Herstellung, Verbreitung und Mitfinanzierung der Flugblätter. Seine Motivation sei einzig und allein in seiner russischen Identität zu suchen. Schmorells eigentliche Motive, die Flugblätter zu verfassen, allen voran der Massenmord an den Juden, werden unterschlagen.

Die Anklagepunkte gegen Huber, Graf, Hans Hirzel, Müller und Grimminger: in einem hochverräterischen Unternehmen mit Gewalt die Verfassung des Reiches ändern zu wollen, sich für diesen Zweck organisiert zu haben, in der Absicht, die Wehrmacht zu schädigen und das Deutsche Reich gegen Angriffe von außen und innen zu schwächen, die Massen durch Schriften beeinflusst und den Willen des Deutschen Volkes zur wehrhaften Selbstbehauptung zersetzt zu haben.[32]

Der Prozess beginnt um neun Uhr morgens. Clara Huber, die schon seit Wochen ebenfalls inhaftiert, aber nicht über den anstehenden Prozess informiert worden ist, merkt, dass an diesem Tag etwas anders ist: Das Gestapogefängnis ist wie leergefegt, und sie darf sich zum ersten Mal ohne Wachposten im Innenhof bewegen.

Im Saal 216 im Justizpalast sitzen die Beklagten derweilen nebeneinander auf einer Anklagebank und werden nacheinander zu ihren Taten befragt. Drei der vier Beisitzer sind Gruppenführer der SA und SS. Auch sonst ist der Saal gesteckt voll mit Uniformierten. Gauleiter Giesler und der Reichsstatthalter, kommandierende Generäle der Wehrmacht und der Luftwaffe geben sich die Ehre. Ein Trupp Offiziersanwärter ist abkommandiert worden zuzuhören – zur Abschreckung. Im

Gegensatz zum ersten Prozess bekommen die Zuhörer tatsächlich auch Wortmeldungen der Angeklagten zu hören und werden nicht nur mit Freislers Schauspielkünsten beglückt. Dass er einen leibhaften deutschen Professor vor sich hat, scheint Freisler besonders zu motivieren.

Hubers politisches Bekenntnis

Huber hatte sein politisches Bekenntnis bereits zu den Akten gegeben. Darin prangerte er die »Linksentwicklung« des Staates an, insbesondere die Einschränkung der persönlichen Freiheitsrechte, der Denkfreiheit, Gewissensfreiheit, Handlungsfreiheit. Der berechtigte Kampf gegen den russischen Bolschewismus habe den Preis der »Bolschewisierung« Deutschlands gekostet, der Staat habe sich in einen totalitären verwandelt. Auch wenn er dem Führerprinzip grundsätzlich zustimme, müsse das germanische Führertum doch zugleich auf der unantastbaren Freiheit jedes Volksgliedes aufbauen. Wie das gehen soll, sagte Huber nicht. Ob auch Nicht-Germanen von Bürgerrechten profitieren dürften, auch nicht.

In manchen Formulierungen wird deutlich, wie verschraubt und in sich widersprüchlich Hubers politische Haltung war: »Nicht der Wille des Führers ist Gesetz, sondern der Führerwille ist Ausdruck des Gesetzes, er untersteht der Bindung durch das Gesetz und durch die Volksvertretung. Er ist wählbar und absetzbar. Der germanische Führerstaat ist kein autoritärer Machtstaat, zu dem sich der heutige Deutsche Staat in seiner Form entwickelt, die mit der Forderung persönlicher Freiheit nicht mehr zu vereinen ist. Hier liegen meine innersten Konflikte.« Diese heute nur schwer nachvollziehbare, weil inkongruente Position versuchte Huber dahingehend zu erläutern, dass ein germanischer Führerstaat die »sittlichen Kräfte« jedes

Einzelnen im Volk stärke, während der Führerstaat Hitlerscher Prägung die sittliche Substanz des Volkes schwäche. Das zeige sich auch in der Wissenschaft. Eine weltanschaulich gebundene Wissenschaftskultur habe einen Niveauverlust und einen Mangel geeigneten Nachwuchses nach sich gezogen.

Dann baute sich Huber selbst eine Brücke: Die nationalsozialistische Weltanschauung sei nicht so geschlossen und einheitlich, wie sie sich immer gebe. Er stimme mit *ursprünglichen* Forderungen überein, »wie dem Führerprinzip, der Betonung der Volksgemeinschaft, der Hervorhebung des germanisch rassischen Standpunkts, mit Erziehungsforderungen wie derjenigen der Leibesertüchtigung, der Charaktererziehung, der deutschen Volkstumsbildung«, aber er müsse sich gegen die sozialistischen Züge im Nationalsozialismus wenden, gegen geistige Nivellierung und die Betonung der materialistischen Lebensauffassung.

Mit seinen Aktionen im Widerstand sei es ihm nicht um Revolution gegangen, sondern um Rückführung des Staates »zur gegenwartnahen Erfüllung der echten germanischen Führung, vom drohenden Massenstaat zurück zum ständisch aufgebauten Volksstaat!« Eine echte germanische Führung nach ständischem Modell? Auch das ist in sich widersprüchlich.[33]

Bei Roland Freisler darf er für solche Ausführungen nicht auf Sympathie hoffen. In der Verhandlung gestikuliert, schreit und tobt der rotberobte Derwisch und brüllt, als eine Angeklagte Kurt Huber als Professor bezeichnet: »Ich kenne keinen Professor Huber, auch keinen Dr. Huber, nur einen Angeklagten Huber. Dieser verdient gar nicht, ein Deutscher zu sein. Er ist ein Lump!« Nach jeder Attacke schüttet er ein Glas Wasser hinunter.

Der Verteidiger Hubers versucht noch, mit dem Pfund der wissenschaftlichen Verdienste seines Mandanten zu wuchern. Vergebens. Nach vierzehn Stunden Verhandlung fordert Staatsanwalt Bischoff für Schmorell, Huber, Graf und Grimminger die Todesstrafe, für die anderen Gefängnis und Zuchthaus von ein bis zehn Jahren. Es folgen die Schlussplädoyers. Nach einem Bericht von Falk Harnack stehen Schmorell und Graf zu ihren Taten. Sie hätten »aus dem Glauben an ein besseres Deutschland« gehandelt.[34] Huber, Schmorell und Graf werden wegen Sabotage der Rüstung, umstürzlerischem Verhalten, Führerbeschimpfung, Feindbegünstigung und Zersetzung der Wehrkraft zum Tode verurteilt. Die anderen Angeklagten, mit Ausnahme von Falk Harnack, der freigesprochen wird, müssen ins Gefängnis. Grimminger wegen Hochverrats für zehn Jahre, Bauer und Bollinger wegen Kenntnis und Nichtanzeige des Hochverrats und wegen Abhörens fremder Radiosender sieben Jahre. Hirzel und Müller, als »unreife Burschen von Staatsfeinden verführt«, werden wegen hochverräterischer Propaganda zu fünf Jahren Gefängnis verurteilt, Guter zu achtzehn Monaten, Schertling, Lafrenz und Schüddekopf erhalten ein Jahr Gefängnisstrafe. Susanne Hirzel muss wegen »unverzeihlicher Gutgläubigkeit« für ein halbes Jahr ins Gefängnis, da sie vom Inhalt der Flugblätter, die sie selbst verteilt hat, nichts gewusst habe.

Dann erteilt Freisler noch einmal Kurt Huber das Wort. Ob aus Respekt vor seiner sozialen Position oder aus Neugierde auf die Argumente des Intellektuellen, ist nicht klar. Huber hält eine Verteidigungsrede, die von den überlebenden Mitangeklagten als eine Art Ehrenrettung verstanden wird und die heute als wichtiges Dokument des deutschen Widerstands gilt. Er hat sie sorgfältig in seiner Gefängniszelle vorbereitet. Er fühle sich als deutscher Staatsbürger und deutscher Hochschullehrer nicht nur berechtigt, sondern verpflichtet, am politischen Geschehen teilzunehmen. Sein legitimes Anliegen sei gewesen, durch »das schlichte Wort« den Studierenden vor Augen zu führen, dass der Rechtsstaat stark beschädigt sei.

Hubers unerhörtes Plädoyer lautet: Ordnung, Sicherheit und Vertrauen müssen in den Staat zurückkehren, die Herrschaft der bloßen Macht über das Recht müsse beendet werden. In ganz Europa sei das Recht auf freie Selbstbestimmung unterdrückt, genauso wie die Möglichkeit der Volksgruppen, ihre »rassische und völkische« Eigenart zu bewahren. Er stellt noch einmal, wie schon bei seiner Verteidigung, die »wahre« Volksgemeinschaft« der degenerierten Volksgemeinschaft im NS-Staat gegenüber. In einer wahren Volksgemeinschaft herrschten Vertrauen untereinander, keine Angst vor dem Nachbarn, freie Meinungsäußerung. Zum Schluss appelliert er an das Gericht, die Stimme des Gewissens sprechen zu lassen und anzuerkennen, dass die Gruppe uneigennützig und idealistisch gehandelt habe. Er ruft zur Umkehr, zu Leben und Freiheit für das deutsche Volk auf und wendet sich noch einmal direkt an Freisler: »Sie haben mir den Rang und die Rechte des Professors und den ›summa cum laude‹ erarbeiteten Doktorhut genommen und mich dem niedrigsten Verbrecher gleichgestellt. Die innere Würde des Hochschullehrers, des offenen, mutigen Bekenners seiner Welt- und Staatsanschauung kann mir kein Hochverratsverfahren rauben.« Er schließt mit einem Zitat aus dem patriotischen Gedicht »Fichte an jeden Deutschen« von Albert Matthai: »Und handeln sollst du so, als hinge / von dir und deinem Tun allein / das Schicksal ab der deutschen Dinge, / und die Verantwortung wär' dein.«[35]

Auffällig ist, dass zwischen den als Hauptinitiatoren befundenen Angeklagten Hans Scholl und Alexander Schmorell und den weniger belasteten Angeklagten wie Probst, Huber und Graf in der Härte der Strafe kein Unterschied gemacht wurde. Auch Sophie Scholl hatte keinen Frauenbonus erhalten, obwohl sie entgegen ihrer eigenen Aussagen nicht an der Formulierung der Flugblätter beteiligt gewesen war. Probst hatte keines der kursierenden Flugblätter mitgetextet und war nachts nicht auf den Straßen unterwegs gewesen, um Parolen an Wände zu schreiben, da die Gruppe ihn wegen seiner jungen Familie schützen wollte. Doch Freisler neigte nicht zur Differenzierung. So empfindlich war der NS-Staat, dass er schon beim geringsten Rumoren hart durchgreifen musste. Das gerade erst eingestandene Debakel von Stalingrad hatte sicher auch dazu beigetragen, dass jede etwaige Milde von vorneherein ausgeschlossen war. Zu groß war die Angst, dass angesichts des nun absehbaren militärischen Scheiterns Hitlerdeutschlands die Bevölkerung ins Grübeln kommen könnte.

Die Todeskandidaten nehmen auch diesmal laut Aussagen der Überlebenden ihr Urteil gefasst entgegen und lassen sich von den Tiraden Freislers nicht einschüchtern. Falk Harnack schilderte später, Freisler habe sich kaum unter Kontrolle gehabt. Vor allem die Aussage Schmorells, er könne weder auf russische noch auf deutsche Soldaten schießen, habe Freisler vor Wut schier explodieren lassen. Nach der Verhandlung werden die Verurteilten ins Gefängnis Neudeck gebracht. Clara Huber und Hubers Schwestern dürfen nach Hause, nachdem sie unterschrieben haben, dass sie nichts über ihre Haft erzählen und kein Gnadengesuch für ihren Todeskandidaten einreichen würden. Andernfalls müssen sie lebenslänglich in ein Konzentrationslager. Doch sie erhalten die Erlaubnis, Huber zwanzig Minuten lang zu sprechen.

So sieht Clara Huber ihren Mann nach sieben Wochen Trennung zum ersten Mal wieder. Er steht noch ganz unter dem Schock der Verhandlung und wiederholt, er habe für die deutsche Ehre gehandelt. Noch zwei Mal darf sie ihren Mann sehen, denn im Gegensatz zum ersten Prozess lässt sich das Justizministerium diesmal mit dem Vollstreckungsbefehl Zeit. Am 23. April und am 17. Mai besucht Clara Huber ihren Mann. Er sieht schlecht aus. Sie, die inzwischen von Spenden aus dem Freundeskreis leben muss, bringt ihm Rotwein in die Zelle.

Er blüht auf, als er ihr erzählt, dass er wieder arbeiten könne. Anfangs waren ihm Bücher und Papier verweigert worden. Ein Gnadengesuch des Verteidigers scheitert. Clara Huber muss sich auf Anraten des Anwalts um einen Platz auf dem Friedhof kümmern. Auch auf ein ordentliches Begräbnis haben Gegner des Nationalsozialismus kein Anrecht.

Auch der Stuttgarter Verlag Cotta versucht, noch eine sogenannte Arbeitsbegnadigung für Kurt Huber zu erwirken. Das makabre Argument lautet, man müsse einen international bekannten und für die deutsche Kultur überragend wichtigen Wissenschaftler am Leben erhalten, damit er seine Arbeit noch zu Ende bringen könne. Er sei für die Volksmusikforschung so wichtig, wie die Gebrüder Grimm es für das Gebiet der Märchen gewesen seien. Das Gnadengesuch zählt minutiös auf, welche Bücher von Huber noch zu erwarten seien, wenn man ihn leben ließe.

Das Gnadengesuch wird am 14. Mai 1943 abgelehnt. Huber und Schmorell verfassen ihre Abschiedsbriefe. Schmorell schreibt in seinem letzten Brief an seine Eltern: »… ich gehe hinüber in dem Bewusstsein, meiner tiefen Überzeugung und der Wahrheit gedient zu haben. Dies alles lässt mich mit ruhigen Gewissen der nahen Todesstunde entgegensehen.«[35] Er erhält vor seinem Tod das Heilige Abendmahl durch einen russisch-orthodoxen Geistlichen. Dieser erinnert sich später, Alexander Schmorell habe ihm zum Schluss gesagt, er sei davon überzeugt, durch seine Tat seine Lebensaufgabe erfüllt zu haben. Er wisse nicht, was er auf dieser Welt jetzt noch zu tun hätte. Die für siebzehn Uhr vorgesehene Vollstreckung des Todesurteils wird noch einmal um zwanzig Minuten verschoben, da sich drei SS-Offiziere als Zeugen der Hinrichtung angemeldet haben. Sie lassen sich noch in aller Ruhe die Funktionsweise des Fallbeils erklären.

Auch Kurt Huber nutzt die letzten Stunden für Abschiedsbriefe. Er schreibt an die Tochter Birgit: »Du liebes Kind, dein blondes Haupt hab ich als letztes sacht geküsst …« An den Sohn Wolfgang: »Sag unsrem tapfern Buben, wenn er frägt, ich sei für unser Vaterland gefallen …« An die Frau: »Ich habe dir ein schwarzes Kleid geschenkt … Ach, dass du dieses Kleid nun tragen musst, um mit den Kindern unserer Lieb und Lust an einem aufgeworfnen Grab zu beten!«[36]

Seine Familie solle sich mit ihm freuen, dass er fürs Vaterland sterben dürfe. Auch wenn uns dieses Gefühl heute fremd ist, für Kurt Huber, den Patrioten, der am Ersten Weltkrieg nicht teilnehmen durfte und der bis zum Schluss an die Größe des Vaterlandes und an die Wehrmacht glaubte, war es das nicht. Er gehe nun in die wahre Freiheit. Der Schlusssatz: »Liebste! Einen letzten tapferen Schluck des edlen Portweins trinke ich auf Euer Wohl und auf das Wohl unseres geliebten Vaterlandes!«

Die Familie Huber erfährt von seinem Tod am 15. Juli 1943 spätabends. Sie beerdigen ihn am nächsten Tag nach achtzehn Uhr auf dem Münchner Waldfriedhof. Am Grab singen Clara Huber und ihre Schwägerin sein Lieblingsvolkslied, das vom Abschied des Tiroler Freiheitskämpfers Andreas Hofer handelt: »Ach Himmel, es ist verspielt!«

Willi Grafs langer Weg

Für Willi Graf hat sich der NS-Staat eine besondere Schikane einfallen lassen. In seiner ersten Vernehmung am 19. Februar 1943 versucht er, alles abzustreiten. Seine Bekanntschaft mit Hans Scholl, ihre Treffen seien rein schöngeistiger Natur gewesen, sagt er aus. Er und Hans Scholl hätten sich nahegestanden, weil sie sich auch in religiösen Fragen gut verstünden. Sie hätten allenfalls ein bisschen über die Zeitumstände gemeckert, aber gewiss nichts Hochverräterisches besprochen. Von Flugblättern habe er nichts gewusst. Er sei sich sicher, dass ihn bei einer Gegenüberstellung mit Scholl dieser entlasten würde – dabei bleibt er auch bei seiner zweiten Vernehmung am 26. Februar, ohne zu wissen, dass seine Freunde Hans und Sophie Scholl sowie Christoph Probst zu diesem Zeitpunkt bereits tot sind.

Er wird Schmorell gegenübergestellt und mit dessen Aussagen konfrontiert. Daraufhin sagt er aus, Hans Scholl sei tatsächlich demokratisch eingestellt gewesen, während er selbst einer autoritären Staatsform den Vorzug gebe. Er sei am Prozess der Vervielfältigung der Flugblätter beteiligt gewesen, habe geholfen, sie in der Nacht vom 28. Januar 1943 auf den Münchner Straßen auszulegen, auch sei er bei den nächtlichen Malaktionen dabei gewesen. Doch der Tragweite der Aktionen sei er sich nicht bewusst gewesen, der Gedanke, die Wehrkraft damit zu untergraben, habe ihm ferngelegen. Er sei »vollkommen unter dem Einfluss des Scholl und zum Teil auch des Schmorell« gestanden.[37] Als die Ermittler ihm auf den Zahn fühlen, gibt er zu, dass die Verhältnisse zwischen Kirche und NS-Staat ihn beschäftigt hätten, doch abgesehen von diesem »Missfallen« sei er von Scholl überredet und beeinflusst worden und nur »aus Gutmütigkeit« und aus »Dankbarkeit« Scholl gegenüber, in dem er einen geistig höherstehenden Menschen gesehen habe, mit dabei gewesen. Auf Namen von Kameraden angesprochen, leugnet er beharrlich deren Beteiligung.

Willi Grafs Lage ist besonders prekär, da er in der Weißen Rose für die Anwerbung weiterer Mitstreiter zuständig gewesen ist. In seiner Hand liegt das Leben derjenigen, die er zum Mitmachen hatte bewegen wollen. Die aktenkundigen Reisen zu diesem Zweck wollen erklärt werden. Graf sagt, er habe in den Städten, in die er reise, an Fechtturnieren teilnehmen wollen, doch diese Antwort befriedigt die Gestapomänner

nicht, und so muss er schließlich einräumen, dass er Mittels-
männer für die Verbreitung der Flugblätter gesucht habe. Unter
anderem sei er deswegen zu Heinz Bollinger nach Freiburg
gereist, doch dieser habe sich nicht an den Aktionen beteiligen
wollen. Das Ermittlungsinteresse der Gestapo ist klar: so viele
Mitwisser und Unterstützer der Weißen Rose wie möglich aus
dem Beschuldigten herauspressen. Deshalb wird Willi Graf als
Einziger nach seiner Verurteilung am 19. April 1943 noch über
Monate hinweg verhört. Immer wieder werden ihm Personen
genannt, zu deren Beteiligung er sich äußern soll. Doch er
bleibt standhaft und erreicht, dass wegen seiner Aussagen niemand vor Gericht kommt.

In seinen Briefen aus dem Gefängnis, die ihm nur vierzehn-
tägig erlaubt waren, erhalten wir zumindest einen gefilterten
Einblick in seine Situation. Er schreibt seinen Familienangehörigen, er mache sich Vorwürfe darüber, welches Unglück er
ihnen bringe, und bitte sie, ihm Kraft zu wünschen, denn er
habe keine Hoffnung und mit allem abgeschlossen.[38] Im Mai,
nach fast drei Monaten in der Hand der Gestapo, sieht er den
Tod als Beginn eines neuen Lebens. »Euch aber bleibt alles Leid
und der Schmerz …«[39] Immer wieder bekräftigt er, er hoffe nur,
dass er stark bleiben werde. Ein Trost ist ihm der Besuch der
Eltern und Schwestern Anfang Juli. Er weiß nun, dass sie an
die »Sinnhaftigkeit dieser Ereignisse« glauben, an die »Fügung
Gottes«. Es ist ihm, wie bereits oben geschildert, besonders
wichtig, dass sein Vater, dessen Einstellung zum Nationalsozialismus ängstlich-opportunistisch war, die Beteiligung des Sohnes an der Verschwörung zumindest nicht als Dummerjungen-
streich abtut. Mit der Zeit werden seine Briefe immer frommer,
bis er sich im September in der Nachfolge Jesu sieht. »Wir
wollen versuchen, dieses Kreuz nicht nur einfach zu ertragen, sondern zu lieben und immer vollkommener zu leben im
Vertrauen auf Gottes Ratschluß. … So berühren einen die all-

täglichen Dinge nicht mehr so stark, wie sie auch ausschauen mögen. ... Aber die Liebe zu Deutschland wächst von Tag zu Tag und ich nehme schmerzvollen Anteil an seinem Geschick und seinen großen Wunden.«[40]

Jeder Brief kann jetzt der letzte sein, und so werden die Abschiedsformeln immer ausführlicher und endgültiger. Am 9. Oktober scheint Willi Graf das kommende Ende zu fühlen. Er schreibt in weltabgewandter Innerlichkeit. Und tatsächlich, am 12. Oktober ist ihm nur noch ein letzter Brief an die Angehörigen erlaubt. Wieder betont er, sein größter Kummer sei es, dass er seiner Familie Schmerzen bereiten musste. Er bittet seine Eltern um Verzeihung für das Leid und die Enttäuschung, die er ihnen bereitet habe. Er habe oft und gerade zuletzt im Gefängnis bereut, was er ihnen angetan habe. Er bedankt sich für ihre Fürsorge und Liebe. Sein allerletzter Gruß geht an seine Schwester Anneliese. »Und Du mögest dafür sorgen, dass dieses Andenken in der Familie, den Verwandten und Freunden lebendig und bewusst bleibt.«[41]

Das Überleben der Familien

Das Leid der Überlebenden war vielgestaltig. Sie trauerten um ihre Angehörigen und mussten gleichzeitig um ihr eigenes Leben fürchten, denn sie wurden unter Sippenhaft gestellt, das heißt vom Staat für die politischen Ansichten ihrer Familienmitglieder in Haftung genommen. Sie wurden gedemütigt, drangsaliert und standen oftmals vor dem finanziellen Abgrund. Ihre Umwelt mied sie, sie verloren Geschäftspartner und selbst nach dem Krieg blieben sie die Angehörigen von »Hochverrätern«, denn selbstverständlich änderte die deutsche

Gesellschaft nach dem 8. Mai 1945 nicht schlagartig ihre Gesinnung. Die familiäre Nähe zu jemandem, der hingerichtet worden war, verlieh ihnen auch in der Nachkriegsgesellschaft noch lange Jahre eine besondere, oft isolierende Stellung.

Clara Huber etwa blieb auch nach dem Tod ihres Mannes im Visier der Gestapo. Bereits Mitte August wurde sie erneut vorgeladen. Weil sie nicht wusste, wohin sie ihren kleinen Sohn zur Betreuung geben sollte, nahm sie ihn mit, was die Sekretärin bösartig kommentierte, sie habe ihn wohl mitgebracht, damit sie nicht eingesperrt werden könne. Ein Gestapomann konfrontierte sie damit, dass die Flugblätter ihres Mannes von den Engländern über Deutschland abgeworfen worden waren, und fragte sie, ob sie jetzt einsehe, welchen Schaden ihr Mann angerichtet habe.

Neben solchen Vorladungen, die eine enorme psychische Belastung gewesen sein dürften, lässt der nationalsozialistische Staat keine Gelegenheit aus, die Angehörigen der Weißen Rose zu demütigen. Als Clara Huber beispielsweise die Sachen ihres Mannes in seinem letzten Gefängnis Stadelheim abholen wollte, erhielt sie die Auskunft, sie würden einbehalten als Kompensation für die Kosten, die der Staat für die Hinrichtung ihres Mannes habe tragen müssen. Eine Rente, um die Kurt Huber für seine Familie gebeten hatte, erhielt sie selbstverständlich nicht. »Wir hätten sterben und verderben können, wären nicht Verwandte und Freunde, Bekannte und Unbekannte uns in rührender Weise zu Hilfe gekommen.«[42] Clara Huber und die drei Kinder mussten von dem leben, was loyale Menschen in ihrem Bekanntenkreis für sie sammelten. Ein wichtiger Helfer in dieser Situation war der Student Hans Leipelt, ein Mitstreiter der Weißen Rose in Ulm, der jedoch am 8. Oktober 1943 verhaftet und am 29. Januar 1945 hingerichtet wurde.

Bis zum Kriegsende stand die Familie Huber unter Bewachung. Später erhielt sie vom bayerischen Staat sogenannte

Überbrückungsgelder, die von der amerikanischen Besatzungsmacht aufgestockt wurden. In den fünfziger Jahren entschloss
sich der Staat, den Angehörigen der Widerstandskämpfer Ent-
schädigungen zuzusprechen. Erst zehn Jahre nach seinem
Tod erlebte Clara Huber, dass die Münchner Universität ihrem
Mann die aberkannten Doktor- und Professorentitel wieder
zusprach. Die braun gefärbte Universität hatte Huber, wie wir
gesehen haben, bei der Verhaftung sofort seiner akademischen
Ehren beraubt und ließ sich nach 1945 ordentlich Zeit, diese
vorauseilende Handlung rückgängig zu machen. Dass den Verantwortlichen dieser Schritt so schwerfiel, kann angesichts der
personellen Kontinuitäten nicht verwundern.

Der soziale Tod war, abgesehen von dem persönlichen Verlust, wohl das Schlimmste für die Angehörigen. Clara Huber
hat später versichert, das Geschehen habe ihre Kinder nicht
beeinträchtigt. Sie seien nicht gehänselt worden. Allerdings
wurde Wolfgang Huber gleich am zweiten Schultag von einem
Mitschüler in der Gräfelfinger Grundschule mit den Worten
begrüßt: »Dein Vater ist doch geköpft worden!«[43] Genau dieses Detail hatte die Mutter ihren Kindern über den Tod des
Vaters verschweigen wollen. Sie selbst musste jedoch immer
wieder hören, ihr Mann sei ein Hoch- und Landesverräter
gewesen, Aussagen, die sie schwer gekränkt haben. »Ich persönlich jedenfalls sehe diese Diskriminierung als nachträgliche
Schmach für meinen Mann; denn gerade ihm, der seine nationale Gesinnung hoch hielt – noch höher als die ihn sein Leben
lang auszeichnende und in vielen Auslandsreisen bewiesene
Weltoffenheit – kann man guten Gewissens diesen Vorwurf
nicht machen«, schrieb Clara Huber noch über vierzig Jahre
später empört.[44]

Die Eltern von Willi Graf mussten, wie wir gesehen haben,
monatelang um das Leben ihres Sohnes bangen. Während seiner langen Haft setzten sie sich für ihn ein, der Vater versuchte

mit seiner politischen Loyalität zu überzeugen. Da er sich der angestammten Heimat zugehörig fühlte, hatte er sich während der Abtrennung des Saarlands von Deutschland in der 1934 gegründeten Partei »Deutsche Front« engagiert. Zudem sammelte er Stimmen nationalsozialistischer Funktionäre, die ihm den »rückhaltlosen« Einsatz für das Reich attestierten. Diese bestätigte nationale Gesinnung warf er jetzt für ein Gnadengesuch in die Waagschale. Er wies darauf hin, dass er seinen Sohn im »deutschen Geist« erzogen habe, weshalb es diesem auch unmöglich gewesen sei, seinem Volk untreu zu werden. Das war keine bloße Rhetorik. Willi Graf hatte vier Wochen vor seiner Hinrichtung an seine Familie geschrieben: »Aber die Liebe zu Deutschland wächst von Tag zu Tag, und ich nehme schmerzvollen Anteil an seinem Geschick und seinen großen Wunden.«

Es muss nicht betont werden, dass die Deutschlandliebe des Vaters und des Sohnes zwei ganz verschiedene Bilder des Vaterlandes meinten. Der Ältere hätte seine Form des Patriotismus niemals mit Widerstandsaktivitäten vereinbaren können. Dass er bis zum 19. April 1943 mit Frau und Töchtern inhaftiert wurde, muss für ihn mit seinem Loyalitätsbegriff unvereinbar geblieben sein. Anneliese Knoop-Graf berichtete Jahrzehnte später, dass ihr Vater trotz des harten Schicksals seines Sohnes diese Dissonanz schwer ertrug. In einem Brief aus dem Gefängnis schrieb er an seine Tochter: »Für mich ist es der einzige Trost, dass ich von alledem, das vorgefallen sein mag, nichts weiß und noch weniger als nur die geringste Ahnung hatte. Wir müssen aber darunter schwer leiden. Mutter und ich mussten nun bald sechzig Jahre alt werden, um noch mit dem Gefängnis bekannt zu werden, ein Ort, den wir doch nur vom Hörensagen gekannt haben. Ich weiß noch gar nicht, wie ich mich in der Öffentlichkeit damit zurechtfinden soll.« Im Fall der Familie Graf war diese Befürchtung wenigstens unberechtigt. Anders als die

Familie Scholl musste sie nach der Ermordung ihres Sohnes nicht auch noch soziale Stigmatisierung erleben. »Das soziale Netz unserer Eltern war so sicher, dass sie keinerlei Repressalien ausgesetzt waren«, erinnert Anneliese Knoop-Graf.[46]

Weitaus härter traf es Herta Probst, die nach der Verhaftung und Hinrichtung ihres Mannes mit drei kleinen Kindern unvermittelt alleine dastand, das jüngste erst wenige Wochen alt. Auch sie hatte vom Tod ihres Mannes erst im Nachhinein erfahren. Ihr Vater Harald Dohrn musste ihr die Nachricht überbringen und versuchte, sie damit zu trösten, Christoph Probst sei an der »richtigen« Front gefallen. Herta Probst lag zu diesem Zeitpunkt immer noch im Krankenhaus in Tegernsee und kämpfte mit den Folgen des Kindbettfiebers. Sie hatte mit Hilfe von Robert Scholl noch ein Telegramm absetzen können mit einem Gnadengesuch: »Schließe mich fuer meinen Mann dem Gnadengesuch Scholl an. Ich bin schwer krank – schriftliches Gesuch folgt – Frau Christof Probst.«[47] Doch die Ereignisse hatten sich längst überschlagen und müssen für sie in ihrem Zustand wie unwirklich gewesen sein.

Nach Kriegsende 1945 lebte Herta Probst mit ihren Kindern wieder einige Jahre in Ruhpolding, wo sie 1947 Helmut Siebler heiratete. Mit ihm zog sie nach Villingen. Ihre Kinder kamen zwischenzeitlich in ein Heim, das Zusammenleben mit ihrem neuen Mann war offenbar nicht möglich. Herta Probst musste im Laufe ihres Lebens viele Schicksalsschläge verkraften: Ende April 1945 wurde, wie bereits erwähnt, auch ihr Vater Harald Dohrn in München hingerichtet. Ihre Tochter Katharina, die kurz vor der Hinrichtung ihres Mannes geboren war, starb mit sechzehn Jahren, auch einen ihrer beiden Söhne hat sie überlebt. Wie sie all diese Schicksalsschläge verkraftet hat, darüber haben wir keine Erkenntnisse – die Familie Probst hat es weitestmöglich vermieden, mit ihrer Geschichte in die Öffentlichkeit zu treten.

Christoph Probsts Schwiegermutter Elise schwebte als Jüdin in akuter Lebensgefahr und musste untertauchen. Sie verdankte ihr Überleben, wie bereits beschrieben, einer mutigen katholischen Familie, die sie bis Kriegsende versteckte.

Die Schmorells wurden in Gestapohaft genommen. Nach ihrer Entlassung mieden auch sie die Öffentlichkeit so weit als möglich, nachdem sie ihrer russischen Vergangenheit wegen ohnehin gelegentliche Anfeindungen erlebt hatten. Die Orthopädiepraxis des Vaters wurde künftig vermehrt von Gleichgesinnten frequentiert.

Die Familie Scholl blieb nach der Beerdigung von Sophie und Hans nur vier Tage auf freiem Fuß. Am 27. Februar 1943 holte sie die Gestapo. Nur Werner Scholl blieb frei, wenn man das so nennen möchte, denn er musste zurück an die Front. Der Rest der Familie hoffte, man wolle sie lediglich verhören, doch weil sie unter Sippenhaft gestellt wurden, mussten sie monatelang in Haft bleiben. Zwei Monate saßen sie in engen Zellen, Holzpritschen zum Schlafen, ein Eimer als Toilette, alle vier Wochen eine Dusche. »Sie haben uns verhältnismäßig gut behandelt. Nur warum wir festgenommen wurden, das konnte uns keiner sagen«, erzählte die Schwester Elisabeth Scholl später in einem Zeitungsinterview.[48] Dann erkrankte sie an einer chronischen Blasenentzündung und kam frei. Ihre Schwester Inge und die Mutter Lina Scholl blieben fünf Monate lang arretiert, der Vater wegen angeblichen Abhörens von Feindsendern sogar neuneinhalb Monate. Die Familienmitglieder wurden die meiste Zeit in unterschiedlichen Zellen und zwischenzeitlich sogar in unterschiedlichen Gefängnissen festgehalten. Da Robert und Inge Scholl jedoch erlaubt wurde, ihre Arbeit als Buchprüfer fortzusetzen, konnten sie zwischen den Steuerunterlagen heimlich Briefe austauschen. Dass sie in dieser harten Zeit in Kontakt blieben, rettete ihnen nach Angaben Inge Scholls das Leben – unmittelbar nach der Beerdigung der

Geschwister hatte Vater Robert Scholl noch vorgeschlagen, die Hinterbliebenen sollten sich gemeinschaftlich die Pulsadern öffnen.[49]

Die Ächtung der Gesellschaft war nicht nur für die spürbar, die hinter Schloss und Riegel saßen. Auch Elisabeth Scholl, die nach vergleichsweise kurzer Haft ihr ziviles Leben fortsetzen durfte, spürte, was es bedeutete, mit vermeintlichen Hochverrätern verwandt zu sein. Ehemalige Mitschülerinnen wechselten die Straßenseite oder verwehrten ihr den Zutritt zu ihren Häusern, weil sie nicht mit ihr gesehen werden wollten. Andere warteten schon darauf, dass die Wohnung der Scholls frei würde, damit sie selbst einziehen könnten. Händler bedienten sie nicht aus Rücksicht auf die andere Kundschaft. Anwälte, die Elisabeth Scholl für ihre Angehörigen engagieren wollte, winkten ab. Eines Tages war sie alleine in der Wohnung, als eine Frau klingelte und sie mit den Worten ansprach: »Ich wollt' halt bloß mal jemand aus der Familie von Geköpften sehen.« Neben solchen verletzenden und verstörenden Reaktionen gab es für die Familie aber auch Unterstützung aus dem Freundeskreis.[50]

Das Schicksal von Werner Scholl sollte die Familie noch lange Jahre beschäftigen. Er war Anfang Mai 1944 in den Prypjatsümpfen verschollen, einer Flusslandschaft im Süden von Weißrussland. Nach langem Warten wurde der Familie mitgeteilt, dass er vermutlich von Partisanen entführt und erschossen worden war. Ein Brief eines Kameraden aus der 2. Sanitätskompanie 35. Infanterie-Division, der sie im Januar 1947 erreichte, gab genaueren Aufschluss. Guido Fink schrieb, Werner Scholl habe nach der Hinrichtung seiner Geschwister einen schweren Stand gehabt. Ihm hing in der Truppe ohnehin schon der Ruf des Akademikers und Andersdenkenden an, man habe ihm die bürgerliche Erziehung auch in der Uniform angesehen. Nun stand er unter besonderer Beobachtung, ob er nicht

doch an den Aktionen der Weißen Rose beteiligt gewesen war.
Außerdem sei er schwer depressiv gewesen. Er zog sich mehr
und mehr zurück und verbrachte viel Zeit allein in der Natur.
Obwohl es sich bei seiner Division um Sanitätssoldaten handelte, seien sie damals in dem größten Sumpfgebiet Europas zu
schweren Erdarbeiten eingesetzt worden. Eines Tages sei Werner einfach weg gewesen. Das Gerücht ging um, er habe sich
bei einem Abendspaziergang auf die russische Seite geschlagen.
Der Letzte, der ihn sah, berichtete, Werner Scholl sei mit einer
Gitarre in der Hand in ein russisches Dorf gewandert, vermutlich um mit den Bewohnern Kartoffelschnaps zu trinken.[51] Ob
er tatsächlich desertierte oder von Partisanen entführt worden
war, sollte sich nie klären lassen. Im Jahr 1961 schrieb Robert
Scholl an das Rote Kreuz, die Organisation könne die Suche
nach seinem verlorenen Sohn nun einstellen.

Unterschiedliche Verarbeitungsformen

Die Belastungen durch die Entscheidung ihrer Angehörigen,
sich im Widerstand zu engagieren, waren für die Familien uner-
messlich. Nach dem Ende des nationalsozialistischen Regimes
kamen andere, nicht minder belastende Erfahrungen auf sie
zu: die erinnerungspolitischen Konjunkturen im Umgang mit
der Zeit des Nationalsozialismus, der Verlust der Kontrolle über
das Andenken an die eigenen Familienangehörigen, die unterschiedlichen Sichtweisen in den Familien der Angehörigen und
nicht zuletzt Neid und Rivalitäten um das offizielle Gedenken.
Es ist eine ernüchternde Erkenntnis, dass für die Familien der
Aktivisten die Verletzungen, die sie sich auch selbst gegenseitig
zugefügt haben, bis heute nicht verheilen.

Bereits kurz nach Kriegsende nahm Inge Scholl, die Schwester von Sophie und Hans, die Erinnerung an die Weiße Rose in

die Hand. Sie begann bereits in der Haft mit den Skizzen. Vielleicht war es ihr persönlich besonders wichtig, sich mit dem Erbe ihrer Geschwister zu befassen, vielleicht war sie auch aufgrund ihrer exponierten Stellung dazu besonders befähigt. Inge Scholl ist bald selbst zur Person der Zeitgeschichte geworden. Sie gründete und leitete von 1947 bis 1974 die Ulmer Volkshochschule, eine der ersten deutschen Volkshochschulen, und war Mitbegründerin der Ulmer Hochschule für Gestaltung. Sie engagierte sich in der Friedensbewegung und gehörte im Jahr 1985 zu den Demonstranten, die vor dem amerikanischen Raketendepot in Mutlangen wegen einer Sitzblockade angeklagt und verurteilt wurden. Ihre Stimme hatte Gewicht, deshalb schlugen die Grünen sie sogar als Bundespräsidentin vor, konnten sie jedoch nicht zu einer Kandidatur überreden. Sie heiratete 1952 Otto »Otl« Aicher, der schon während der NS-Zeit eine wichtige Rolle in der Familie Scholl gespielt und sie in ihrem Übertritt zum katholischen Glauben bestärkt hatte, und bekam mit ihm fünf Kinder.

Inge Aicher-Scholl, wie sie nach der Eheschließung mit Otl Aicher hieß, sammelte Dokumente über ihre Geschwister und die Aktionen der Weißen Rose und entschied nicht ohne eine Prise Selbstherrlichkeit, wer welche Dokumente wann einsehen durfte. Schlussendlich, nach ihrem Tod im Jahr 1998, kam der Nachlass an das Münchner Institut für Zeitgeschichte, wo jedoch nach wie vor manches für die Öffentlichkeit gesperrt ist. Inzwischen gibt es sogar Schulen, die nach ihr benannt sind.

Weltruhm erlangte Inge Scholl als Autorin und gewissermaßen »Erfinderin« der Weißen Rose, denn mit ihrem Buchtitel »Die Weiße Rose«, geschrieben 1947, erschienen 1952, prägte sie zugleich den Namen der Widerstandsgruppe, die sich ja zu ihrer aktiven Zeit so nicht genannt hatte, sondern den Ausdruck lediglich als Losung unter die ersten vier Flugblätter gesetzt hatte. Damit hat Inge Scholl der Erinnerung an den Münchner Widerstand einen Dienst erwiesen, der nicht hoch genug veranschlagt werden kann. Nachträgliche Versuche, die Gruppe umzubenennen, wie zuletzt durch den Bilderstürmer Zankel (»Scholl-Schmorell-Kreis«), muten bemüht an, denn sie verkennen, dass sich das Gedächtnis an die Gruppe schon lange verselbständigt hat, wie das im Übrigen im kollektiven Erinnern immer der Fall ist.

Aber nicht nur mit der Losung »Weiße Rose« als Synonym für die Gruppe der Münchner Studierenden verhalf Inge Scholl ihnen zu einer fast einmaligen Stellung im Diskurs zum Widerstand. Indem sie die Geschichten der Protagonisten zu Heiligenviten formte, »zu ahistorischen, überzeitlichen Erzählungen über den Glauben, nicht über den Widerstand«, wurde ihr Buch zu genau dem, was der Zeitgeist verlangte.[52] Auch Inge Scholls eigene Hinwendung zum katholischen Glauben spiegelte ein Bedürfnis der Nachkriegsgesellschaft nach Rückkehr zu alten Werten. Das Buch wurde ein Welterfolg und Kassenschlager (was nicht allen Angehörigen der anderen Aktivisten gefiel). Es erreichte sechzehn Neuauflagen und zahlreiche Übersetzungen, hat Generationen von Leserinnen und Lesern geprägt und das Erinnern an die Widerstandsgruppe maßgeblich beeinflusst.

Dass sich über die Jahre hinweg leider das Bild verfestigt hat, die Weiße Rose habe in erster Linie aus den Geschwistern Scholl bestanden, ist nicht zuletzt auf diese Publikation zurückzuführen. Auch wenn Inge Scholl in Überarbeitungen und mit der Hinzunahme von Augenzeugenberichten die Einseitigkeit etwas korrigiert hat, wurden diese nachträglichen Änderungen in die verbreitete Erinnerung an die Widerstandsgruppe kaum aufgenommen. Die Ungleichgewichtung der Gruppe wird in der jüngsten Vergangenheit sogar noch stärker. Die Ikonographie der Sophie Scholl durch Filme, zahlreiche Bücher und zuletzt eine *graphic novel*, die Vereinfachungen in den sozialen Medien – Wolfgang Huber, der Sohn Kurt Hubers, fürchtet, Sophie Scholl wird eines Tages als Einzige der Weißen Rose übrig bleiben.[53]

Willentlich oder nicht: Durch ihr Bemühen, das Erbe ihrer Geschwister zu bewahren, hat Inge Scholl nicht unwesentlich dazu beigetragen, dass zwischen der Familie Scholl und den meisten Angehörigen der anderen Familien heute ein tiefer Graben verläuft.

Den Kummer über die stiefmütterliche Behandlung der Aktivisten, die nicht Scholl hießen, drückte Angelika Probst, die Schwester Christoph Probsts, frühzeitig in einem Brief an Inge Scholl vom 7. März 1953 aus: »Ist es nicht so, dass unter diesem Titel die andern Beteiligten in ihrer Persönlichkeit und Eigenart genauso hätten bedacht werden müssen wie Deine Geschwister? Hat nicht jeder etwas ganz Besonderes zum Werden der Weißen Rose beigetragen, was nicht unterschlagen werden darf?« Auch die anderen Angehörigen seien betroffen davon, dass ihnen das Buch erst nach seinem Erscheinen vorgelegt worden sei und dass sie »einfach hinnehmen mussten«, was über ihre Lieben darin stehe beziehungsweise nicht darin stehe. »Du bist ganz von Deinen Geschwistern ausgegangen und hast ein schönes, aber unvollständiges Bild von dem ganzen Geschehen geschaffen. Gewiss wäre es richtig gewesen, das in einem ergänzenden Vor- oder Nachwort zu erwähnen.« Und, so fährt Angelika Probst in ihrem Brief an Inge Scholl fort, man könne auch die »schicksalhafte Verflochtenheit zumindest dieser drei (Hans Scholl, Christoph Probst, Alexander Schmorell) »nicht einfach auseinandernehmen«. Sie appellierte an die Schwester der Scholls, auch zu dem Teil der Ereignisse zu stehen, der zum Tod Christoph Probsts geführt hatte – nämlich die Tatsache, dass er aufgrund des Flugblattentwurfs in der Manteltasche von Hans Scholl als Mitverschwörer überführt werden konnte: »Wenn die Weiße Rose schon in die Geschichte eingeht, dann sollte sie es in voller Blüte tun, bei der man alle Blätter sieht.«[54]

Die Antwort von Inge Scholl ließ lange auf sich warten, sie kam erst fünf Monate später. Ihr sei es nicht darum gegangen, Einzelne herauszustellen, verteidigt sie ihre Darstellung, sondern um eine politische Sache. »Diese wurde von den Sechsen nicht als eine Gruppe von 6 Personen (jede Person ein Rosenblatt) aufgefasst, sondern als geistige und politische Bewegung. Ich glaube, auch unseren Toten war das Private weniger wichtig als ihr Tun für die Gesamtheit. (Ich wehre mich auch heute noch dagegen, dass die Personen gefeiert werden, ehe man verstehen will, was sie gewollt haben). Insofern habe ich die Schilderung der Kindheit und Jugend meiner Geschwister nur als Modell sehen können für eine politische Entwicklung vieler junger Menschen, die erst an das Dritte Reich glaubten, dann aber erwachten.«[55]

Inge Scholls Vorpreschen ohne Rücksprache und Einbeziehung der anderen Hinterbliebenen hatte eine inhaltliche und eine gruppendynamische Dimension. Nicht nur kamen die Beteiligten, die nicht Scholl hießen, zu kurz, nicht nur gab sie den Geschehnissen eine durch die eigene Konversion zum katholischen Glauben gefärbte Sichtweise, das Buch »Die Weiße Rose« trug auch dazu bei, dass die Sicht der anderen Familien unterbelichtet blieb. Zwar gab es einige Anläufe, diesem dominanten Bild der Weißen Rose andere Erinnerungen entgegenzusetzen, doch diese alternativen Ansätze standen für immer im Schatten des großen Erfolges der Scholl-Sachverwalterin, der aufgrund von Inge Scholls dominanter Persönlichkeit und öffentlicher Wirksamkeit eben schwer zu überflügeln war.

Interessanterweise wurde der Kampf um die Erinnerung zunächst unter den Schwestern der Protagonisten ausgefochten. Inge Scholl sprach für die Familie Scholl, Angelika

Probst für die Familie Probst, Anneliese Graf für die Familie
Graf. Angelika Probst kümmerte sich gemeinsam mit Herta
Blaul, der Ehefrau von Alexander Schmorells Halbbruder Erich,
auch um das Andenken an Alexander Schmorell, mit dem sie
eine Zeit lang befreundet gewesen war. Im Fall Kurt Hubers
übernahm dessen Witwe Clara die Deutungshoheit über das
Geschehen. Die Historikerin Christine Hikel ist deshalb zu dem
Urteil gekommen, dass der Widerstand mehr eine Angelegenheit der Männer, die Erinnerung jedoch eine Angelegenheit
der Frauen war.[56] Während Letzterem sicher zuzustimmen ist –
was unter anderem mit der bürgerlichen weiblichen Schreib-
praxis zu tun hat –, würde ich der ersten Beobachtung nicht
zustimmen. Nicht nur haben zahlreiche Widerstandskämpfe-
rinnen im kollektiven Gedächtnis nicht denselben Stellenwert
erhalten wie die Männer, sondern zugleich scheint der Widerstand gegen den frauenfeindlichen Nationalsozialismus auch
eine Möglichkeit der weiblichen Befreiung von geschlechtsspe-
zifischen Zumutungen gewesen zu sein.

Die Kluft zwischen den Familien vertiefte sich im Lauf der
Jahrzehnte immer weiter und resultierte schlussendlich in zwei
Konkurrenzinstitutionen, der Weiße Rose Stiftung und dem
Weisse Rose Institut, auf die auch die Loyalitäten der Nachfahren aufgeteilt wurden. Wer sich heute mit den verschiedenen Familien zusammen an einen Tisch setzen wollte, müsste
viel Geduld aufbringen, denn die Gräben verlaufen inzwischen
sogar in der dritten Generation. Die Chancen für ein gemeinsames Gespräch stehen nicht gut, wie auch die Autorin feststellen konnte. Müssen die Familien tatsächlich einmal alle
gemeinsam an einer Veranstaltung teilnehmen, dann halten
sie Abstand zueinander.

Markus Schmorell, ein Neffe von Alexander Schmorell, Jahrgang 1951, weiß um die Widersprüchlichkeit dieser Situation,
denn eine der großen Stärken der Weißen Rose war in seinen

Augen ihre Fähigkeit, sich gegenseitig in ihrer Verschiedenheit zu tolerieren. Alexander Schmorell und Hans Scholl seien sehr unterschiedliche Temperamente gewesen und hätten sich dadurch ergänzt. Sein Onkel sei sehr begeisterungsfähig und tatkräftig und daher vor allem auch für die praktischen Aspekte der Widerstandsaktionen prädestiniert gewesen, während der enge Freund Hans Scholl eher von einer geistigen und politischen Mission getrieben worden sei. Dem wäre hinzuzufügen: Christoph Probst brachte meines Erachtens eine besondere Empathiefähigkeit und Empfindsamkeit ein, während Willi Graf in seiner Verschwiegenheit der richtige Mann für die Kontaktanbahnung mit potentiellen Unterstützern war. Die Unterschiede der Akteure hätten sich, so Markus Schmorell, in unterschiedlichen Dosierungen erhalten – nach dem Ende des »Dritten Reichs« übernahm der Vater der Scholls, Robert Scholl, den politischen Auftrag der Kinder und mischte sich in deren Namen in die westdeutsche Nachkriegspolitik ein, so wie das auch Inge Scholl tat. Hugo Schmorell, der Vater von Alexander Schmorell, hielt sich lieber bedeckt und konzentrierte sich auf seine Arbeit als Orthopäde.[57]

Auch die Familie Huber blieb eher zurückhaltend, während sich Anneliese Knoop-Graf aktiv um das Erbe ihres Bruders kümmerte. Die Witwe und die Kinder Christoph Probsts traten hingegen nicht an die Öffentlichkeit – unterschiedliche Verarbeitungsweisen des schweren Schicksals der Angehörigen der Weißen Rose. Offenbar kann auch das Bewusstsein, eine deutsche Familiengeschichte auf der Seite der Gerechten und Aufrechten gemeinsam zu haben, die Nachfahren weder einen noch trösten. Das Trauma wog zu schwer. Bei allen Unterschieden im Umgang mit dem Erbe der Weißen Rose wird deutlich, dass die Geschichte von damals die Familien bis heute beschäftigt und sogar bis in die Namensgebung verfolgt (ein Enkel von Christoph Probst wurde ebenfalls Christoph

genannt, eine Nichte von Alexander Schmorell heißt Alexa).
Allerdings beantworten die Familien die Frage, ob sie ihre
berühmten Vorfahren individuell, familiengeschichtlich oder
kollektiv erinnern wollen und ob sie versuchen, auch die kollektive Erinnerung zu steuern und zu kontrollieren, für sich
durchaus unterschiedlich.

Und ihr Geist lebt trotzdem weiter

Die Inhaftierten hatten gehofft, dass ihre Aktionen auch noch
nach ihrem Tod Wellen schlagen würden. Das war ihr klarer
Auftrag an die Nachwelt: Tragt unsere Botschaft weiter. Willi
Graf nahm seiner Schwester Anneliese das Versprechen ab:
»Gegenüber meinen Freunden sollst Du bestimmt sein, mein
Andenken und mein Wollen aufrecht zu erhalten. Sage ihnen
allen meinen letzten Gruß. Sie sollen weitertragen, was wir
begonnen haben.«[58]

Zunächst ging es also darum, die Aktionen der Weißen Rose
fortzusetzen. Im März 1943, kurz nach dem Tod der ersten drei
Aktivisten, verteilte eine Gruppe um Ruth Andreas-Friedrich
Flugblätter der Weißen Rose in Berlin. Sie wurden nach dem
Krieg »Onkel-Erich-Gruppe« genannt, weil »Onkel Erich« ihr
Warnruf war. Auch im Münchner Raum tauchten im Sommer
1943 wieder die Flugblätter der Weißen Rose auf. Hans Leipelt
und Marie-Luise Jahn schrieben das letzte Flugblatt ab und
vervielfältigten es nach der Hinrichtung der Freunde mit dem
Zusatz »Und ihr Geist lebt trotzdem weiter«. Sie fuhren nach
Hamburg und berichteten Freunden von den Tumulten bei
der Münchner Universitätsfeier, von den Prozessen und Hin-
richtungen. Sie beschlossen, dem britischen Rundfunk einen

Bericht zuzuspielen, jedoch war man bei der BBC schon informiert. Auch andere Kleingruppen und einzelne Widerständler hissten bis zum Kriegsende immer wieder im Namen der Weißen Rose die Fahne des Widerstands.

Über Umwege gelangte die Nachricht ins Ausland, nach Skandinavien, Großbritannien, Russland, wo die Geschichte des Münchner Kreises für die Propaganda aufgegriffen wurde. Die britische Luftwaffe warf Flugblätter der Weißen Rose über Deutschland ab. Die Nachdrucke segelten unter anderem über Köln, Wilhelmshaven, Frankfurt, Bielefeld, Aachen, Hamburg und dem Ruhrgebiet aus den Bombern millionenfach zu Boden. Thomas Mann sprach in der BBC über die »herrlichen« jungen Leute. Exilantenzeitungen griffen das Thema auf und verbreiteten Hoffnung auf mehr Widerstandspotential in Deutschland. Die ersten Schriftsteller setzten sich an die Schreibmaschine und schmückten die Ereignisse um die Weiße Rose aus, wie zum Beispiel Alfred Neumann in seinem Roman »Es waren ihrer sechs«.

Doch welchen Erinnerungsauftrag erhielt die Nachkriegsgesellschaft von der Weißen Rose? Was strahlte von der Gruppe nach 1945 aus, und mit welchen wechselnden Bedürfnissen der Gegenwartsdeutung gingen die Deutschen mit dieser Geschichte seither um?

Die junge Bundesrepublik und auch die DDR beanspruchten die Aktivisten für nationale Interessen und übergeordnete Ideale wie Demokratie, Völkerverständigung, bürgerliche Freiheitsrechte und Antifaschismus. Dies als Vereinnahmung abzutun ginge an der Sache vorbei. Kollektives Gedenken wird immer von Interessen geleitet, sonst gäbe es keinen Anlass zu erinnern, und diese Interessen wandeln sich mit der Zeit. Nach dem Krieg und dem Ende des »Tausendjährigen Reiches« hatten die Deutschen allen Anlass, positive Aspekte und Anknüpfungspunkte in der Vergangenheit zu suchen.

Die Erinnerung an die Weiße Rose war in der Nachkriegszeit eng verknüpft mit der Hoffnung auf moralische Entlastung und Erneuerung: Da gab es welche, die blieben aufrecht
und sauber, also waren nicht alle Deutschen pauschal zu verurteilen, so die gute Botschaft. Dass die jungen Menschen ihre
Taten mit dem Leben bezahlen mussten, war dabei ein weiteres Moment der Entlastung: Wenn Widerstand nur unter
Lebensgefahr, mit der Haltung eines Märtyrers möglich gewesen war, durfte man dies nicht von allzu vielen Deutschen
erwarten. Vielleicht musste man sogar ein bisschen naiv oder
fast schon übermenschlich mutig sein, um sich einer Widerstandsgruppe wie der Weißen Rose anzuschließen, so die gängige Interpretation, wie sie etwa in einem Artikel des Heraus-
gebers der »Süddeutschen Zeitung« aufscheint: »Wenn es
ihnen an Klugheit im Sinn der Welt gebrach, so besaßen sie
doch eine höhere: Nur ihr Lebensopfer konnte für diejenigen
draußen, deren Blick nicht von Hass verdunkelt ist, im grell
leuchtenden Blitz des Fallbeils offenbaren, was in zahllosen
Deutschen während jener schrecklichen Zeit vorging.«[59] Wie
Anneliese Knoop-Graf geschrieben hat, erfüllte das Gedächtnis der Weißen Rose nach dem Krieg zwei Aufgaben: Zu beweisen, dass es das »andere« Deutschland gegeben hatte, dass
nicht alle Deutschen Nationalsozialisten gewesen waren, und
zu beweisen, dass dieser Dissens einen hohen Preis einforderte,
nämlich den Tod.

Die Erinnerung an die Weiße Rose wies aber auch in die
Zukunft: Auf dem Boden, den die Widerständler mit ihren
Aktionen bereitet hatten, ließen sich christlich-abendländische Werte, das Hohelied der Familie, der Hochkultur und bildungsbürgerlichen Moral züchten. Natürlich war diese Logik
zu einfach – auch bildungsbürgerliche Familienmenschen
und Christen hatten sich in der Zeit des Nationalsozialismus
als KZ-Kommandanten und Einsatzgruppenleiter hervorgetan.

Hochkultur, Bildung, Wissenschaft feiten nicht vor der Teilnahme an sadistischen Menschenversuchen und Völkermord.

Die Wiederauferstehung der Weißen Rose im kollektiven Gedächtnis der Nachkriegsgesellschaft setzte früh ein. Anders als bei den Attentätern vom 20. Juli blieb an den Münchner Aktivisten weder ein Blutgeruch noch die böse Unterstellung des militärischen Verrats hängen. Da sie gewaltlos gehandelt hatten, weder dem als kommunistisch verdächtigen Arbeiterwiderstand angehörten noch als Soldaten ihren Fahneneid verletzt hatten (sie wurden in erster Linie als Studenten und nicht als Soldaten wahrgenommen), sondern »nur« ihrem Gewissen gefolgt waren, fiel es leichter, sie in die christlich-abendländische Erneuerung der Gesellschaft nach dem Zweiten Weltkrieg einzubeziehen als andere Widerständler. »Die Weiße Rose war ein Widerstandskreis, dessen Vermächtnis in den Jahren nach 1945 für mehr als ein Jahrzehnt Strahlkraft entwickelte: kulturelle Selbstbestimmung der Einzelperson aus christlich gefestigtem Gemeinschaftsgeist. […] Es war ein kultureller Bestandteil der späten 1940er und der frühen 1950er Jahre. Darin unterscheidet sich diese Tradition vom militärischen Widerstand, weil dieser von den verstockten, unbußfertigen Deutschen bis in die 1970er Jahre hinein noch als Hochverrat denunziert wurde«, konstatiert auch der Historiker Anselm Doering-Manteuffel.[60]

Schon am 4. November 1945 fand die erste öffentliche Gedenkveranstaltung in den Münchner Kammerspielen statt. Politische Amtsträger und Prominenz bekundeten bei dieser Gelegenheit ihren Stolz auf die »todesmutigen jungen Menschen«, die versucht hatten, »das deutsche Volk aus seiner Lethargie zu wecken«. Hauptredner war Romano Guardini, der eng mit Inge Scholl kooperierte und später auch mit ihr gemeinsam publizierte. Der Theologe verkörperte eine Vergangenheit in der katholischen Jugendbewegung und einen

christlichen Humanismus, »der in der Nachkriegszeit das Exis-
tenzrecht der Einzelperson mit dem Gebot der Gemeinschaft
unmittelbar verpflichtend zusammenband«.[61] Er selbst zählte
sich zum Sympathisantenkreis der Weißen Rose, auch wenn er
ihre Mitglieder nicht persönlich gekannt hatte. In seiner Rede,
die in hoher Auflage nachgedruckt und an Studierende verteilt wurde, war allerdings wenig über die Aktivisten selbst zu
erfahren, dafür umso mehr über die Ehre Deutschlands und
den Stellenwert der Universität. Auffallend ist, dass Guardini
bereits in dieser frühen Erinnerung an die Weiße Rose die Formulierung »die Geschwister Scholl und ihre Freunde« verwendet, womit er die anderen Mitstreiter marginalisierte. Es
ist eher unwahrscheinlich, dass dies willentlich geschah, ging
es ihm in seiner Rede doch weniger um die Personen selbst als
darum, aus dem Geschehen an der Münchner Universität eine
christlich-humanistische Parabel für die Nachgeborenen zu for-
mulieren.

Man beschloss, in der Ludwig-Maximilians-Universität ein
Mahnmal zu errichten, das erste von mehreren an diesem Ort.
Die marmorne Gedenktafel wurde schon anderthalb Jahre
nach Kriegsende, am 2. November 1946, eingeweiht, sechs
Jahre später ein Bronzerelief ebenfalls im Hauptgebäude instal-
liert. Die ganze Universität wurde zum Hauptort der Geschichte
gemacht, die Vorplätze der Hörsaalgebäude, auf denen große
Brunnen stehen, wurden im September 1946 nach den
Geschwistern Scholl und nach Professor Kurt Huber benannt.
Einen solchen zentralen Erinnerungsort aufzubauen war für
die Etablierung des Gedächtnisses der Weißen Rose sicher klug.
Aber es war zugleich auch eine inhaltliche Schwerpunktset-
zung – auf dem »studentischen« Widerstand. Die Anbindung
des Gedenkens an die Universität begünstigte zudem ein Narrativ, das die Geschichte der Weißen Rose von hinten aufrollte.
Der dramatische Schlussakt hat, wie oben bereits angemerkt,

die Erinnerung an die Weiße Rose in einem geradezu sakralen Standbild der Selbstopferung eingefroren. (Wegen der Wiedererkennbarkeit setzt auch die Umschlagsgestaltung für dieses Buch auf diese Bildtradition. Die Entscheidung dafür fiel in dem Bewusstsein, dass damit wiederum dieser verkürzten Interpretation Vorschub geleistet wird.)

Neben Straßenbenennungen wurden seit den fünfziger Jahren Schulbenennungen zu einer wichtigen Form der Erinnerung, schienen die jungen Leute und ihre mutigen Taten die Bedeutung von Pädagogik und Bildung doch aufs Schönste zu belegen. Darin stimmten übrigens West und Ost überein: Die Fama der Studierenden, die mit Bibel beziehungsweise klassischer Kultur gewappnet gegen Tyrannei und das Böse schlechthin kämpften, war wie gemacht für die demokratische beziehungsweise antifaschistische Erziehung der kommenden Generationen. Erst in der Phase der Verhärtung des Systemkonflikts war die DDR-Regierung nicht mehr ganz so begeistert von den Flugblattaktivisten, vor allem, als Studenten im sozialistischen Bruderstaat zu eben demselben Mittel des Protestes griffen.

Im Angesicht des ungeheuerlichen Werteverfalls im Zweiten Weltkrieg (der Holocaust war in der Nachkriegszeit noch kein Thema) konnte aus der Sicht vor allem der katholischen Intelligenz die Weiße Rose dazu dienen, dem neuen Staat eine christlich-humanistische Grundlage zu geben. Ricarda Huch war eine der Ersten, die Dokumente und Interviews mit Angehörigen für eine Darstellung der Geschichte des Münchner Widerstands sammelte und ab 1946 in Aufsätzen veröffentlichte.[62] Sie war überzeugt, dass es sich bei diesem Widerstand gegen den Nationalsozialismus um eine christliche Bewegung gehandelt habe und schrieb unter diesen Vorzeichen ein Gedenkbuch als Mahnmal für künftige Generationen.

Auch in ihrem Fall war die Deutung der jungen Leute als eine Art Katalysator der Reinwaschung oder der Sühne für die gesamte deutsche Bevölkerung problematisch. Dies geht, wie Anneliese Knoop-Graf mit Recht beanstandet, in Richtung einer Entpolitisierung des Widerstands, denn die Idee des Sühneopfers erspart den Nachgeborenen die inhaltliche Auseinandersetzung mit den Ursachen und den Nachwirkungen des Nationalsozialismus.[63] Doch der Opfermythos, das Bild der in ihrem Glauben verwurzelten Märtyrer, war für lange Zeit nicht mehr aus der Welt zu bringen. Die Studenten waren da schon zu hölzernen Ikonen geworden. Das Allgemeingültige ihres Widerstands sollte erinnert werden, nicht ihre persönliche Geschichte mit allem Licht und Schatten.

Willy Brandt, damals noch Regierender Bürgermeister von Berlin, wiederholte im Jahr 1960 in einem Brief an den Vater der Geschwister Scholl die typischen Formulierungen seiner Zeit: Die jungen Leute hätten sich »tapfer und selbstlos« für Deutschland eingesetzt. Ihr »Opfergang« sei für ihn selbst und für viele Deutsche eine »ständige Verpflichtung und Mahnung, zu allen Zeiten gegen die Diktatur und die Unfreiheit zu kämpfen, in welchem Gewande sie auch auftreten mögen. Das Opfer, das Ihre Kinder dem Vaterlande gebracht haben, wird als Zeugnis edlen Menschentums auch künftigen Generationen ein leuchtendes Vorbild sein.«[64] Wenn von Selbstlosigkeit und Opfergang die Rede war, klangen christliche Werte und moralische Tugenden an, die in der Nachkriegszeit als Garanten der »Gesundung« und »Demokratisierung« der Deutschen galten.

Es lag auch nahe, die Jugend der Protagonisten zu betonen. Diese »Verjugendlichung« des Widerstands, die Schulbenennungen, die bis heute andauern, und pädagogischen Bemühungen, die Klassenausflüge zur Gedenkstätte, die Lehrerprojekte, die Wanderausstellungen, Gedächtnisreden an den Universitäten haben einen klar nachvollziehbaren Hintergedanken: pädagogische Vorbilder für die Jugend zu schaffen.

Allerdings erscheinen die Akteure der Weißen Rose aus heutiger Sicht allzu jugendlich nicht: Was Arbeitsdienste, Kriegsdienste, Fronteinsatz, Bildung, Verantwortlichkeit und Schicksalsschläge ihnen abverlangt haben, machte sie wesentlich reifer als heutige Jugendliche. Christoph Probst war im Übrigen dreifacher Vater, als er hingerichtet wurde.

Missbrauch

Ein Tiefpunkt der Erinnerung an die Weiße Rose war sicherlich eine Feierstunde im Jahr 1968, die Münchner Studenten in Anwesenheit der Angehörigen zum Anlass für eine sicherlich berechtigte, aber in diesem Rahmen unpassende Abrechnung mit der »braunen Universität« nahmen. Auch Christian Petrys Studie »Studenten aufs Schafott. Die Weiße Rose und ihr Scheitern«, die ebenfalls im Jahr 1968 erschien, diskreditierte das Gedächtnis der Gruppe. Er sprach den idealistischen Motiven der Weißen Rose jede Legitimation und Wirksamkeit ab, die Studierenden seien von älteren, bürgerlichen »Mentoren« in die Irre geleitet worden.

Es zeigte sich, dass die Weiße Rose immer wieder nutzbare Bezugspunkte bot – für Linke, für Rechte und nicht zuletzt für die Kirchen. Alexander Schmorell wurde am 4. Februar 2012 in der Münchner Kathedralkirche von der russisch-orthodoxen Kirche im Ausland in den Heiligenstand versetzt. Der Gedenktag des »heiligen Alexander von München« ist der 13. Juli. Auch die evangelische und die katholische Kirche buhlen um ihre »Märtyrer« aus dem Kreis der Widerständler. Im katholischen Milieu wird immer wieder das Gerücht verbreitet, die Geschwister Scholl hätten eine Stunde vor ihrer Hinrichtung um eine Konversion gebeten. Die Last-Minute-Taufe von Christoph Probst, die vor dem Hintergrund seines unmittelbar bevorstehenden Todes gesehen werden muss, wurde als Argument benutzt, ihn unter die »Zeugen für Christus« zu zählen. Für Menschen, die sich der verzagten und opportunistischen Rolle der Amtskirchen im Nationalsozialismus und ihres schmählich späten Interesses an der Weißen Rose erinnern, sind diese Deutungen nicht sehr überzeugend. Schließlich verbot der Bischof von Freiburg noch Anfang den fünfziger Jahren den Studierenden, an einer Gedenkfeier für die Weiße Rose teilzunehmen. Das würde nur Unruhe stiften.

Tote können sich nicht wehren. Im Jahr 2012 schmückte sich die rechtspopulistische, antiislamische Partei »Die Freiheit« unter Mitwirkung der 91-jährigen Susanne Hirzel, die in Ulm an Aktionen der Gruppe beteiligt gewesen war, mit dem Namen »Weiße Rose«. Ein Jahr später regte der AStA der Technischen Universität Berlin unter der Überschrift »Studierende als Staatsfeinde« den geschmacklosen und weit hergeholten Vergleich zwischen der Weißen Rose und der RAF an. Vor der Formel, es habe sich in beiden Fällen um Kinder der Mittelschicht im Kampf gegen »den Staat« gehandelt, rettete die Verantwortlichen anscheinend keinerlei historische Sensibilität.

Der Widerstandsgruppe aus München wird nunmehr seit über siebzig Jahren mindestens einmal jährlich – am Hinrichtungstag der ersten Verurteilten – gedacht. Es wurden Preise in ihrem Namen ausgelobt, Briefmarken gedruckt, zahllose Denkmäler errichtet, Dramen und Hörspiele geschrieben. Die erinnerungspolitische Dimension des Gedächtnisses der Weißen Rose seit den vierziger Jahren ließe sich leicht als eine Aneinanderreihung von Missverständnissen und unlauteren Vereinnahmungen für tagespolitische Zwecke lesen. Die Fehlentwicklungen der Weiße-Rose-Erinnerung sind beklagenswert und müssen auch im Einzelfall widerlegt werden. Immerhin kann heute, nach 75 Jahren, keiner mehr ernsthaft behaupten, die Widerstandsaktionen seien sinnlos gewesen. Nein, das »Dritte

Reich« wurde nicht durch Flugblätter und Wandparolen beendet. Es brauchte die totale Kapitulation, um Verbrechen von
dieser unvorstellbaren Dimension begegnen zu können, und es
brauchte dann auch noch Jahrzehnte bis in die späten siebziger
Jahre, bis sich die deutsche Bevölkerung in der Lage fühlte,
sich mit dem Hauptverbrechen, der Shoah, auseinanderzusetzen. Diese erinnerungspolitischen Aufgaben den fünf Freunden und ihrem Professor aufzuhalsen wäre geradezu absurd.

Es ging der Weißen Rose zuvörderst darum, ihre Mitmenschen aufzurütteln, zur »sittlichen Einsicht« (Huber) zu bringen, damit sie ihre Moral nicht verlören. Christoph Probst formulierte es so: Jemand müsse »das Menschliche« hochhalten,
damit es sich eines Tages wieder durchsetzen könne. »Wir müssen dieses Nein riskieren gegen eine Macht, die sich anma-
ßend gegen das Innerste und Eigenste des Menschen stellt und
die Widerstrebenden ausrotten will. Wir müssen es tun, um
des Lebens willen – diese Verantwortung kann uns niemand
abnehmen.«[65] Denn sie wussten, wie es Reinhard Mey in seinem schönen Lied »Sei wachsam« ausgedrückt hat: »Freiheit
nutzt sich ab, wenn man sie nicht nutzt.«

Aber die Ambitionen der jungen Widerständler gingen weiter; sie waren im Begriff, sich mit anderen Widerstandsgruppen
zu vernetzen, es gibt Hinweise darauf, dass sie sich gedanklich
sogar mit der Ermordung Hitlers beschäftigten, und sie dachten
konkret über ein Deutschland nach dem Nationalsozialismus
nach. Sie planten eine Zukunft, die christlichen, sozialistischen
und liberalen Wertmaßstäben gerecht werden sollte. Ihre politische Agenda reichte vom Recht auf individuelles Glück bis
hin zur europäischen Vereinigung. Damit waren sie eine ganz
und gar vollwertige Widerstandskraft im »Dritten Reich«, auch
wenn sie nicht (mehr) bis zum Letzten kamen, dem Tyrannen-
mord. Noch in der Stunde des Todes waren sie von ihrem Auftrag erfüllt. Vor dieser historischen Größe und visionären Kraft

wirken Spekulationen, die Mitglieder der Weißen Rose hätten sich mit Aufputschmitteln in eine Art Risikorausch gesteigert, oder Relativierungen, sie hätten ja doch nichts ausrichten können, nicht nur substanzlos, sondern geradezu kleinkariert.

Die Botschaft

Aktuelle gesellschaftspolitische Probleme wie der immer gewalttätigere Ausländerhass, der notorische Anti-Islamismus, aber auch die alarmierende Demokratiemüdigkeit und der unreflektierte neue Nationalismus sind heutige Koordinaten für die Erinnerung an die Weiße Rose. In dieser Darstellung der Weißen Rose standen die persönliche Entwicklung und die Herleitung der Widerständigkeit aus dem eigenen Leben der Aktivisten im Mittelpunkt. Die Auseinandersetzung mit dem Nationalsozialismus entzündete sich nämlich dort, wie Anneliese Knoop-Graf es ausgedrückt hat, »wo die jungen Menschen Einschränkungen in ihrer Jugendkultur hinnehmen mussten: Erst nach und nach bezog sich die Widerständigkeit auch auf grundsätzliche Themen wie ›Antisemitismus‹, ›Verletzung der Menschenwürde‹, ›Amoralität des Krieges‹, ›Vergötzung von Rasse und Volk‹.«[66]

Wenn wir diese Motivation der Beteiligten ernst nehmen, dann rücken heute vor allem jene Bereiche in den Vordergrund, die in unserer Zeit ein selbstbestimmtes Leben beschränken, die eigene Urteilsfähigkeit und innere Autonomie bedrohen. Wenn ich, Jahrgang 1962, heute über die Zeit der Weißen Rose nachdenke, steht das unter dem Vorzeichen meiner Generationenlage – als Nutznießerin der Demokratisierung von Bildung und Kultur, der grundlegenden Erziehungsreformen in Familie und Schule, der Proteste gegen autoritäre und obrigkeitsstaatliche Traditionen, der Aufklärung über den

Holocaust, als Zeitgenossin der beschleunigten Individualisierung. Ich würde heute das Wort Jugendkultur durch den Begriff des »eigenen Lebens« (Ulrich Beck) ersetzen. Die jungen Leute wurden in ihrem bündischen oder katholischen Jugendengagement eingeschränkt und sogar mit Gefängnis bedroht, doch die Einmischung des Staates in die Biographien ging erheblich weiter, wie wir gesehen haben. Ihre gesamte Sozialisation war ideologisch vorgeformt, die Wahl des Berufsziels war von Pragmatismus geprägt, das Studium selbst trat gegenüber den Forderungen des Staates in den Hintergrund. Lernen und Ausbildung mussten sich hinter Erntedienst, Kriegshilfsdienst oder Fronteinsatz einreihen. Arzt wurde man nicht in erster Linie im Hörsaal und am Seziertisch, sondern auf dem Truppenverbandsplatz und im Lazarett. Das Frauenstudium wurde als Zeitverschwendung betrachtet, als Drückebergerei vor dem Dienst am Volk.

Daran gemessen haben wir heute (nicht nur) in der Jugend einen großen Spielraum. Wir können uns freuen über die gewachsenen Möglichkeiten der geistigen und persönlichen Entwicklung allein schon aufgrund der Tatsache, dass der Staat heute in weit geringerem Maße junge Menschen zum Dienst »am Volk« aufruft. Sogar der Militärdienst ist freiwillig. Das Studium ist kostenfrei, eine akademische Bildung können sich wesentlich mehr Familien leisten als damals. Auch was jemand studiert, ist für junge Frauen und Männer viel offener geworden.

Aber es gibt auch gegenläufige Entwicklungen, die den jungen Leuten der Weißen Rose heute vermutlich weniger gefallen würden. Die Akteure konnten sich damals weit über ihre eigentlichen Fächergrenzen hinaus für Literatur, Philosophie, Astronomie, bildende Kunst, Musik, Theologie begeistern. Die Vorlesungen bei Professor Kurt Huber wurden aus reiner Neugierde besucht, dafür gab es keine »credit points«. Obwohl sie nächtelang in ihren Literaturzirkeln zusammensaßen, waren die Münchner Studierenden aber keine »Nerds«. Sie waren vielmehr an einer das Leben umfassenden ganzheitlichen Weltsicht interessiert, sie haben auch gefeiert, sind zu Konzerten gegangen, auf Berge gestiegen und gereist.

Wenn wir dieses Leben mit dem Leben heutiger Studierender vergleichen, drängt sich das Bild einer versunkenen Welt auf. Die Zeit für Ausbildung und Persönlichkeitsentwicklung wird inzwischen immer stärker genormt und durchorganisiert. Im Vordergrund steht heute die Optimierung des Lebenslaufes. Studierende setzen immer noch viel Energie in das Lernen und auch in gesellschaftspolitisch wichtige Projektarbeit in den Semesterferien – allerdings geht es dabei eher nicht um Bildung der Persönlichkeit, sondern um Chancen auf dem Arbeitsmarkt, um die geforderten »Schlüsselqualifikationen«. Die Intelligenz, der Wissenserwerb und die soziale Kompetenz werden ebenso wie der Körper, wie Gesundheit und Schönheit, im Hinblick auf ihren späteren Marktwert in der Arbeitswelt trainiert und instrumentalisiert. Die Sozialisationsziele haben sich verschoben von der Entfaltung der moralischen und persönlichen Qualitäten, der kritischen Urteilsfähigkeit, Empathie und Autonomie hin zu Effizienzsteigerung im Wettbewerb.

Ein weiterer fundamentaler Unterschied zu damals ist die Einstellung zum Kollektiv. Die Freunde wurden schon in der Familie dazu erzogen, sich um andere zu kümmern. Sie erfuhren von früh an einen engen Zusammenhalt im Geschwisterkreis, aber sie haben gleichzeitig eine liberale, an der Reformpädagogik orientierte Erziehung erlebt, die vor allem das Individuum fördern wollte. Sie organisierten sich freiwillig oder auch gezwungenermaßen in Jugendverbänden, wo sie mit ihrem familiär geprägten Individualismus und mit dem darwinistischen Menschenbild der NS-Ideologie in Widerspruch gerieten. Einen starken Halt wiederum erhielten sie in

Freundeskreisen. So hat sich ihr Leben in einem ständigen Spannungsverhältnis zwischen Individualität und Gemeinschaft entfaltet. Freundschaft war eine der Hauptressourcen ihres gefährlichen Engagements, dazu kamen enge, aber auch konfliktreiche Bindungen an Familienmitglieder sowie ältere Freunde und intellektuelle Begleiter. Unter den extremen Bedingungen der Verhöre standen sie in tiefer Loyalität zueinander.

Auch in diesem Punkt drängt sich der Eindruck einer verlorenen Welt auf. Die Mitglieder der Weißen Rose wären vermutlich begeistert von den Möglichkeiten der Kommunikation und Vernetzung, die das Internet mit den sozialen Medien heute bietet. Allerdings würden ihnen wohl auch die gleichzeitig nachlassenden sozialen Fähigkeiten auffallen: die geringere Bereitschaft, andere Meinungen stehen zu lassen und Widersprüche zu ertragen; Unlust oder Zeitmangel, sich zuerst den Überblick über die Tatsachen zu verschaffen, bevor man sich eine Meinung bildet; eine Tendenz, sich körperlich und geistig den Logiken der Dienstleistungsgesellschaft zu unterwerfen, was mitunter bedeutet, nettes Aussehen und liebe Umgangsformen wichtiger zu nehmen als persönliches Profil und einen kritischen Geist. Das Freundschaftsmedium schlechthin, Facebook, fördert ebenso viel Oberflächlichkeit und Unverbindlichkeit wie Bindung an neue Menschen und Aufklärung.

Ein dritter bedenkenswerter Aspekt der Geschichte der Weißen Rose, aber auch des Widerstands allgemein, ist der hohe Frauenanteil. Bekannt und berühmt geworden ist vielleicht nur Sophie Scholl, aber die Zahlen der mutigen Frauen im Nationalsozialismus sind Legion. Sie sind häufig gemeinsam mit ihren Männern oder Brüdern aufgetreten. Sie waren auch meist in Gemeinschaften abgesichert wie etwa als Zeugen Jehovas, Ordensschwestern oder Kommunistinnen. Doch das Gleiche lässt sich für fast alle männlichen Widerstandskämpfer behaupten. Die These des männlich geprägten Widerstandes, aus dem das eine junge Mädchen herausragt, stimmt also nicht. Diese Erkenntnis lässt uns nach den Konjunkturen von Geschlechterstereotypien fragen. Was würde eine Sophie Scholl, die es sich verbat, als primär fühlendes Wesen behandelt zu werden, zu den heute wieder fröhlich grassierenden polaren Geschlechterbildern sagen? Was dazu, dass die helfenden Berufe immer noch weit über achtzig Prozent der Berufswünsche von Frauen ausmachen? Die Geschichte der Münchner Widerstandsgruppe, aber auch ihrer Ableger in Hamburg, Ulm, Freiburg, Berlin und anderswo sowie die vieler ähnlich operierenden Aktionszirkel legt nahe, dass der Versuch des NS-Staates, Frauen und Männer auf geschlechtsspezifische Sphären zu verpflichten, so wie das Gauleiter Giesler bei der Vierhundertsiebzig-Jahr-Feier der Münchner Universität auf aggressive Weise demonstriert hat, andersdenkende Frauen und Männer zur Zusammenarbeit und Solidarität motiviert hat. Das geschlechtergerechtere Aufwachsen junger Frauen wie Sophie Scholl vor 1933 war eine weitere Ressource für innere Autonomie und Widerständigkeit nach 1933. Diese Ressource wird von jungen Frauen momentan viel zu selten genutzt.

Eine weitere und ganz wesentliche Botschaft der Weißen Rose für unsere Zeit liegt für mich in der Art ihrer Familienbeziehungen. Der detaillierte Blick auf ihre Entwicklungsverläufe hat gezeigt, dass die Studierenden keineswegs aus gesättigten und selbstzufriedenen bürgerlichen Elternhäusern kamen und dort, quasi mit der Muttermilch, ihre Ration Widerständigkeit aufgenommen haben. In allen Fällen waren die Koordinaten brüchig, Ehen zerrüttet, Elternteile tot oder ins soziale Abseits gestellt, das Verhältnis zwischen den Generationen oder unter Geschwistern konfliktreich, das Paradies der Kindheit weit entrückt. Sie wuchsen mithin in sehr modernen Familienkonstellationen auf. Es sieht so aus, als hätten Brüche und Verwerfungen zu ihren Entwicklungsaufgaben gehört. Heute gestalten sich Eltern-Kind-Beziehungen manches Mal umgekehrt – viel positive Verstärkung, viel Harmoniebedürfnis, aber weniger Konflikttoleranz. Die Elternhäuser der Weißen Rose schufen in einer Mischung von autoritativen und reformpädagogischen Erziehungsstilen Rahmenbedingungen, in denen Reflexion, Selbstreflexion, Fertigkeiten, Empathiefähigkeit, Verantwortung füreinander gedeihen konnten. Die aufrechte Gesinnung wurde jedoch nicht beim gemeinsamen Mittagessen mit der Schöpfkelle verteilt, sondern in harten Kämpfen im Elternhaus errungen. Die einen entschieden sich erst einmal gegen den Willen des Vaters für Hitler, der andere entschied sich gegen den Wunsch des Vaters dafür, bei den nationalsozialistischen Jugendorganisationen nicht mitzumachen. Die Entwicklungskämpfe in der Pubertät bescherten den Jugendlichen nicht nur die Erfahrung der eigenen Wirksamkeit, der inneren Autonomie, sondern auch der bleibenden Bindung, die für Autonomie die Voraussetzung schafft, denn sonst würde aus Autonomie Anomie.

Mir erscheinen die erfolgreich abgeschlossenen Adoleszenskrisen, die Reibungs- und Konfliktfähigkeit und die positiven Bewältigungsmöglichkeiten der Krisen bei dauerhafter sicherer Bindung in den Familien als ein Schlüssel zu ihrer inneren Autonomie. Die Eltern und Geschwister der Weißen Rose waren ihre ersten und ihre letzten Verbündeten im Leben. Sie kämpften aber nicht mit ihnen gemeinsam gegen Hitler. Sie hatten gar keine Ahnung davon, was die jungen Leute in aller Heimlichkeit trieben. Aber sie waren zur Stelle, als sie vor den Volksgerichtshof gestellt, abgeurteilt und hingerichtet wurden. Auch in diesem Punkt hat sich viel verändert. Eltern sind heute in aller Regel zugewandter, noch bemühter, noch offen liebesfähiger als früher, sie sind aber auch häufig kontrollierender und wollen ihren Kindern möglichst jede negative Emotion ersparen. Es ist die Frage, ob die Elternschaft auf Augenhöhe, die den Kindern keinen Widerstand zur Reibung mehr bietet, die beste Grundlage für ein späteres eigenverantwortliches Handeln auch in Hinblick auf das Große und Ganze ist.

Damit soll nicht übersehen werden, dass die (damals) typisch bürgerlichen Sozialisationsinhalte wie die Ausbildung musischer Fähigkeiten, der klassische Lektürekanon, Sport sowie die dazu gehörigen Tugenden wie Geschwisterliebe, Hilfsbereitschaft, Fleiß, Zielstrebigkeit und nicht zuletzt das elitäre bürgerliche Bewusstsein, zum Anführen geboren zu sein, das vor allem die Scholl-Kinder mitbrachten, einen wichtigen Anteil dabei hatten, dass sich die Gruppe fand, verständigen konnte und in der psychischen Extremsituation Freiraum und Möglichkeiten für Rückzug und Erholung fand. Sophie Scholl im Arbeitsdienst, Christoph Probst beim Militär – die jungen Leute wären ohne ihre Bücher, das Wandern und Skifahren, die Konzerte und das Musizieren kaum über diese Zeit gekommen. Gleichzeitig waren die Bildungshintergründe ein Auswahlkriterium bei ihrer Suche nach Gleichgesinnten. Sie eröffneten die wertvollen Außenbeziehungen zu Gleichaltrigen und Älteren, die Familiensoziologie nennt das *peer sozialisation*, sowie die Befähigung, sich in reflektive Disziplinen wie die Philosophie einzuarbeiten. Die Religion leistete ebenfalls Hilfestellung bei der Suche nach Begründungszusammenhängen und bei der Formulierung aufrüttelnder Argumente für den Widerstand. Sie war keine unhinterfragte Sinnstifterin, sondern zunächst vor allem ein intellektuelles Projekt, bei dem mit moralischen Fragen gerungen wurde, auch zum Verhalten der Amtskirchen im Nationalsozialismus. Erst ganz am Schluss ihres Lebens bot der Glaube manchem in der Gruppe einen wichtigen emotionalen Halt.

Die eingangs vorgestellten Ergebnisse der psychologischen Widerstandsforschung lassen sich also in vielerlei Hinsicht auch auf die Weiße Rose herunterbrechen. Die Protagonisten kamen nicht auf der Grundlage eines plötzlichen Entschlusses oder eines Schlüsselerlebnisses zu ihren Handlungen, sondern brauchten Zeit, sich dahin zu entwickeln. Frühe Zusammenstöße mit dem NS-System in den Jugendorganisationen haben den Prozess angestoßen. Auf ihrem Weg in den Widerstand halfen alternative Politik- und Welterklärungen, über die sie verfügten, außenstehende Unterstützer, ein oder zwei Anführer, die den Anfang machten und die Richtung vorgaben. Erklärungsversuche, die den Anstoß zum Widerstand in Faktoren von außen suchen, etwa den Informationen über den Holocaust oder den Fronterfahrungen im Osten, haben hingegen weniger Erkenntniswert – schließlich konnten viele Deutschen vieles wissen, wenn sie nur wollten, wie die historische Forschung inzwischen klargestellt hat, und auch Fronterfahrungen machten viele. Widerstand geleistet haben hingegen nur ganz wenige.

Im Nachgang der Geschichte der Weißen Rose ist immer wieder bezweifelt worden, ob ihre Aktionen überhaupt sinnvoll waren. Was konnten schon ein paar Tausend Flugblätter und einige Wandparolen gegen einen NS-Staat ausrichten, der versuchte, seinen Machtanspruch über die halbe Erdkugel auszudehnen? Die Wirkung der Widerstandsgruppe in der Nachkriegszeit bis heute ist darauf Antwort genug. Die Protagonisten der Weißen Rose haben, wenn auch bei Weitem nicht als Einzige, gezeigt, dass ganz normale Deutsche zu Widerspruch fähig waren, dass sie sich dem Terror und der Unmenschlichkeit des Nationalsozialismus widersetzten. Die jungen Leute und Kurt Huber haben gezeigt, wie weit innere Autonomie, Empathie, moralische Sensibilität und nicht zuletzt das Beharren auf der persönlichen Freiheit tragen konnten.

Wer Nachkommen der Aktivisten fragt, was für sie das wichtigste Erbe der Gruppe ist, erhält unterschiedliche Antworten.

Zwei seien hier erwähnt: Für Professor Wolfgang Huber, den Sohn von Kurt Huber, ist es vor allem die Hellhörigkeit – Hellhörigkeit für die Einschränkungen der persönlichen Freiheit und der Staatsbürgerrechte. Er findet, die heutigen Versuche, die Pressefreiheit einzuschränken oder die Medien als »Lügenpresse« mundtot zu machen, sind erneut Anlass zur Hellhörigkeit. Markus Schmorell, dem Neffen von Alexander Schmorell, beeindruckt besonders die Verbindung von Lebensfreude und politischem Mut – die Tatsache, dass die Aktivisten der Weißen Rose trotz ihres schönen Lebens in den Widerstand gingen.

So liegt die Botschaft der Weißen Rose in meinen Augen heute in erster Linie darin, das Recht auf das eigene Leben zu verteidigen. Oder, um Christoph Probst zu zitieren: »Das Leben des Einzelnen ist immer eingebettet in den Zustand der Welt, wenngleich es seine eigenen Gesetze und Strebungen hat. Was nun, wenn diese Welt immer tiefer ins Unheil gleitet? Diese Vorstellung ist mit der des jungen, blühenden Lebens nicht vereinbar.«[67]

Epilog

In dieser Darstellung standen die fünf jungen Leute und Kurt Huber im Mittelpunkt, weil sie den inneren Zirkel der Weißen Rose ausgemacht haben und – mehr oder weniger intensiv – »inhaltlich« und nicht »nur« logistisch an den Flugblattaktionen beteiligt waren. Doch es ist wichtig zu betonen, dass die Kreise um die Weiße Rose größer waren. Deshalb sollen die Schicksale einiger weiterer, nicht so bekannter Beteiligter am Ende dieses Buches stehen.

Heinz und Willi Bollinger kamen aus Saarbrücken und kannten Willi Graf vom Bund Neudeutschland. Graf trat im Winter 1942/43 mit ihnen in Kontakt. Heinz Bollinger, der zu diesem Zeitpunkt in Freiburg Philosophie studierte und ebenfalls in Diskussionskreisen über die Widerstandsmöglichkeiten diskutierte, waren die Aktionen der Weißen Rose jedoch zu heikel und lehnte eine Teilnahme ab. Dennoch wurde er am 5. März 1943 in Freiburg verhaftet, nach München ins Gestapogefängnis gebracht und im zweiten Weiße-Rose-Prozess wegen Kenntnis von hochverräterischen Umtrieben und Abhören von Rundfunknachrichten zu sieben Jahren Zuchthaus verurteilt. Kurz vor dem Einmarsch der Alliierten wurde er entlassen. Er wurde nach dem Krieg Professor für Psychologie an der Pädagogischen Hochschule Lörrach und starb 1990. Anders als sein Bruder beteiligte sich Willi Bollinger aktiv am Widerstand der Weißen Rose: Er besorgte Waffen und fälschte für Willi Graf Urlaubs- und Militärpassierscheine. Er wurde ebenfalls verhaftet, seine Mitwirkung blieb jedoch unerkannt, sodass er lediglich wegen Nichtanzeige eines hochverräterischen Unternehmens zu drei Monaten Gefängnis verurteilt wurde. Nach dem Krieg arbeitete er als Chemiker und starb 1973.

Manfred Eickemeyer war eine der Informationsquellen der Weißen Rose über die Verbrechen der Deutschen im besetzten Polen. Der Architekt stellte sein Atelier als Versteck und Treffpunkt für die konspirativen Treffen der Gruppe zur Verfügung. Er wurde verhaftet und angeklagt, weil er den Hochverrat nicht angezeigt hatte, jedoch aus Mangel an Beweisen freigesprochen. Er starb 1978 in München.

Hubert Furtwängler, weitläufig mit dem Dirigenten Wilhelm Furtwängler verwandt, studierte ebenfalls Medizin in München und sang mit Willi Graf im Bach-Chor. Er famulierte gemeinsam mit Alexander Schmorell und war bei dem gemeinsamen Einsatz an der Ostfront dabei, wo er von den Flugblattaktion der Weißen Rose erfuhr. Er beteiligte sich nicht aktiv, war aber solidarisch und deckte die Freunde, wenn sie nicht zum Appell in der Studentenkompanie erschienen. Obwohl sein Name in den Verhören genannt wurde, kam er ungeschoren davon. Nach seiner Entlassung aus der Kriegsgefangenschaft arbeitete er als Kinderarzt in München und schrieb Bücher. Er starb 2011.

Wilhelm Geyer war Künstler und zeitweise Mieter des Ateliers von Manfred Eickemeyer. Er gehörte zu den wichtigsten Vertretern des expressiven Realismus, seine Kunst galt in der NS-Zeit als »entartet«. Wegen seiner persönlichen Beziehungen zu den Aktivisten kam er 1943 ebenfalls in Gestapohaft und vor Gericht, wurde jedoch freigesprochen. Er lebte bis 1968.

Eugen Grimminger war ein Freund Robert Scholls und unterstützte dessen Kinder Hans und Sophie und ihre Freunde mit Spenden. Am 2. März 1943 wurde er verhaftet und im zweiten Prozess gegen die Weiße Rose wegen Unterstützung zum Hochverrat zu zehn Jahren Zuchthaus verurteilt. Ihm konnte nicht nachgewiesen werden, dass er wusste, wofür seine Geldspenden ausgegeben worden waren. Seine jüdische Frau Jenny wurde in Auschwitz ermordet. Grimminger wurde nach dem Zweiten Weltkrieg Präsident des Landesverbandes landwirtschaftlicher Genossenschaften in Württemberg und starb 1986 im Alter von dreiundneunzig Jahren.

Otmar Hammerstein, Bekannter von Willi Graf aus dem Bach-Chor, wusste von den Verfassern der Flugblätter. Nach deren Verhaftung ließ er sich nach Amsterdam versetzen, wo er Kontakt zu einem anderen Widerstandsnetz aufnahm. Im Mai 1943 wurde er von der Gestapo Amsterdam vernommen, gab jedoch außer seiner Anwesenheit bei Treffen im Atelier Eickemeyer nichts preis. Im September 1944 ging Hammerstein in den Untergrund. Er arbeitet heute noch als Psychotherapeut.

Falk Harnack, Dramaturg und Bruder des Widerstandskämpfers Arvid Harnack, sollte der Weißen Rose einen Kontakt zum militärischen Widerstand in Berlin vermitteln. Nach seiner Verhaftung und dem Freispruch im zweiten Weiße-Rose-Prozess (er konnte ein Führungszeugnis eines Generals vorlegen), kehrte er zu seiner Nachrichtenkompagnie in Griechenland zurück. Von dort wurde er am 20. Dezember 1943 entlassen und sollte in ein Lager der SS gebracht werden, doch es gelang ihm die Flucht. Harnack schloss sich griechischen Partisanen an. Nach dem Krieg wurde er Dramaturg am Bayerischen Staatsschauspiel und führte bei zahlreichen Filmen Regie. Er starb 1991 in Berlin.

Susanne Hirzel und Hans Hirzel gehörten zur Ulmer Gruppe, die gemeinsam mit *Franz J. Müller* das fünfte Flugblatt verteilen halfen. Sie kannten die Scholls aus Ulm, auch sie hatten Konflikte mit der Hitlerjugend. Das Vervielfältigungsgerät, das Sophie Scholl für sie besorgt hatte, warf Hans Hirzel jedoch aus Angst vor Entdeckung in die Donau, ohne dass es benutzt worden wäre. Alle drei wurden vom Volksgerichtshof zu Haftstrafen verurteilt. Nach 1945 arbeitete Susanne Hirzel, die nach ihrer Heirat den Namen Zeller annahm, als Cellolehrerin. Wie ihr Bruder Hans unterstützte sie die rechtskonservative Partei »Die Republikaner«. Sie lebte zuletzt in Stuttgart und kämpfte gegen die angebliche Islamisierung Deutschlands. Susanne Zeller starb 2012. Ihr jüngerer Bruder arbeitete nach dem Krieg am Institut für Sozialforschung und bei den »Frankfurter Heften«, wurde CDU-Mitglied, wechselte 1993 zu den »Republikanern«, trat 2001 wieder aus und wurde parteiloser Stadtverordneter, der eine schwarz-gelbe Koalition in Wiesbaden unterstützte. Hans Hirzel schrieb für die rechte Wochenzeitung »Junge Freiheit«. Er starb 2006. Müller studierte nach dem Krieg Jura. Er war ein Gründungsmitglied der Weißen Rose Stiftung und sprach regelmäßig als Zeitzeuge vor Schulklassen. Er starb 2015 im Alter von neunzig Jahren in München.

Hermann Krings, ebenfalls Mitglied des Bundes Neudeutschland, war ein alter Bekannter von Willi Graf. Wegen der Gefahr, in die er sich begab, riet Krings ihm von den Widerstandsaktionen ab. Er fand im März 1943 den Vervielfältigungsapparat in der Wohnung der Geschwister Scholl in der Mandlstraße, den die Gestapo erfolglos gesucht hatte, und verbrannte ihn. Er wurde von der Gestapo befragt, konnte die Ermittler jedoch davon überzeugen, dass er in die Flugblattaktionen nicht eingeweiht gewesen war. Er starb 2004 in München.

Heinz Kucharski war eine zentrale Figur der Hamburger »Außen-stelle« der Weißen Rose. Er hatte über Traute Lafrenz das dritte Flugblatt aus München erhalten. Gemeinsam mit anderen Mit-gliedern der Gruppe, wie *Margaretha (Greta) Rothe, Hannelore Willbrandt*, dem Mediziner *Albert Suhr* und *Reinhold Meyer*, ver-breitete er das Flugblatt in Hamburg. Er wurde am 9. Novem-ber 1943, die anderen in den folgenden Tagen verhaftet. Vom 17. bis 20. April 1945 führte der Volksgerichtshof noch vier Pro-zesse gegen die Mitglieder der Weißen Rose in Hamburg, obwohl einige der Angeklagten schon von den Alliierten aus ihren Gefängnissen befreit worden waren. Heinz Kucharski wurde zum Tode verurteilt, konnte aber beim Gefangenen-transport fliehen. Nach 1945 arbeitete der Kommunist als Ver-lagslektor und als Indologe am Museum für Völkerkunde zu Leipzig. Er war ein als »IM Lektor« getarnter Spitzel der Stasi und spionierte Künstler aus. Kucharski starb 2010 in der Nähe von Leipzig. Reinhold Meyer erkrankte und verstarb in der Haft, Greta Rothe starb ebenfalls kurz nach der Befreiung in einem Hamburger Lazarett. Hannelore Willbrandt wurde nach einer Odyssee durch diverse Haftanstalten schlussendlich von den Amerikanern aus einem Gefängnis in Bayreuth befreit. Sie heiratete ein Mitglied der Widerstandsgruppe »Rote Kapelle« und zog als KPD-Mitglied in die Sowjetische Besat-zungszone. In zweiter Ehe nannte sie sich Hannelore Ploog, promovierte über Aldous Huxley und forschte über den anti-faschistischen Widerstand. Sie starb 2003 bei Berlin. Albert Suhr entkam der Zuchthausstrafe durch die Befreiung Deutsch-lands durch die Alliierten. Nach dem Krieg lebte er als Arzt in Hamburg. 1964 kam er wegen Unzurechnungsfähigkeit in die Psychiatrie, nachdem in seiner Praxis zwei Frauen nach ver-pfuschten Schwangerschaftsabbrüchen verblutet waren. Er starb im Juli 1996.

Traute Lafrenz-Page dürfte eine der letzten noch lebenden Beteiligten der Weißen Rose sein. Zwei Jahre lang saß sie wegen ihrer Aktivitäten in der Münchner und der Hamburger Weißen Rose in Haft. Sie emigrierte 1947 in die USA, beendete dort ihr Medizinstudium, heiratete den Arzt Vernon Page und wurde Leiterin einer heilpädagogischen Stätte für behinderte Kinder. Im Alter von neunzig Jahren erhielt sie 2009 stellvertretend für alle Aktivisten der Weißen Rose von der Jüdischen Gemeinde in Hamburg die Herbert-Weichmann-Medaille verliehen. Sie lebt in South Carolina.

Hans Leipelt und *Marie-Luise Jahn* studierten am Chemischen Institut der Ludwig-Maximilians-Universität. Sie tippten das sechste Flugblatt ab, schrieben darüber »Und ihr Geist lebt trotzdem weiter!« und brachten es in Umlauf. Die Schwester von Hans Leipelt, *Maria Leipelt*, half in Hamburg bei der Verteilung der Flugblätter. Sie sammelten auch Geld für die Witwe von Kurt Huber, wurden denunziert und am 8. Oktober 1943 (Leipelt) beziehungsweise am 18. Oktober 1943 verhaftet. Sie standen am 13. Oktober 1944 in Donauwörth als Hochverräter wegen des Hörens ausländischer Rundfunksender, der Wehrkraftzersetzung und der »Feindbegünstigung« vor dem Volksgerichtshof. Leipelt wurde zum Tode verurteilt, Marie-Luise Jahn zu zwölf Jahren Zuchthaus. Hans Leipelt starb am 29. Januar 1945 unter dem Fallbeil. Marie-Luise Jahn saß bis zum Kriegsende im Frauengefängnis Aichach ein. Sie studierte nach dem Krieg Medizin und lebte bis zu ihrem Tod im Jahr 2010 in Bad Tölz. Sie wurde zweiundneunzig Jahre alt.

Gisela Schertling wurde wegen »Nichtanzeige eines hochverräterischen Unternehmens« zu einem Jahr Gefängnis verurteilt. Diese Strafe verbüßte sie im Gefängnis München-Stadelheim bis 1944. Nach Kriegsende schloss sie ihr Studium ab und wurde Religionslehrerin und Organistin. Sie arbeitete in Thüringen, ehe sie im September 1973 in die Friedenskirchgemeinde Wildau wechselte. Seit 1963 war sie in der DDR offiziell als »Verfolgte des Naziregimes« anerkannt. Sie starb im Alter von zweiundsiebzig Jahren.

Anmerkungen

Einleitung

1 Die Originaltexte in Faksimile sind unter anderem auf den Webseiten des Bundesarchivs, der Bundeszentrale für politische Bildung und der Weiße Rose Stiftung zu finden.

2 Einen Überblick über die Weiße-Rose-Forschung bietet Christopher Beckmann, »Neue Literatur zum Widerstand der ›Weißen Rose‹«, in: *Historisch-Politische Mitteilungen*, Bd. 21, H. 1, Oktober 2014, S. 409–427.

3 Inge Scholl, *Die Weiße Rose*, Frankfurt/M. 2013, Erstauflage 1952.

4 Michael Pauen/Harald Welzer, *Autonomie. Eine Verteidigung*, Frankfurt/M. 2015, S. 11f.

5 Andreas Wirsching, *Grenze und Größe. Zum Problem der Entscheidung im Nationalsozialismus* (Weiße-Rose-Gedächtnisvorlesung, gehalten am 27. Januar 2015 in München), https://www.uni-muenchen.de/aktuelles/weisse_rose/index.html.

Teil I

1 Zit. bei Harald Steffahn, *Die Weiße Rose, mit Selbstzeugnissen und Bilddokumenten*, Reinbek 1992, S. 152.

2 Brief von Angelika Probst an Inge Scholl, IfZ Nachlass Scholl ED 474, Bd. 20.

3 Brief an Lisa Remppis, 30.5.1942, in: Hans Scholl und Sophie Scholl, *Briefe und Aufzeichnungen*, München 2003, S. 256.

4 Hans Scholls Protokoll der Vernehmung in: Ulrich Chaussy/Gerd R. Ueberschär (Hg.), »*Es lebe die Freiheit*«. *Die Geschichte der Weißen Rose und ihrer Mitglieder in Dokumenten und Berichten*, Frankfurt/M. 2013, S. 295.

5 Wolfgang Huber, *Kurt Huber vor dem Volksgerichtshof. Zum zweiten Prozess gegen die Weiße Rose*, Essen 2009, S. 67.

6 Hans Scholl, Vernehmungsprotokoll, in: Chaussy/Ueberschär, *Es lebe die Freiheit*, S. 295.

7 Inge Scholl, *Die weiße Rose*, S. 16.

8 Ebd., S. 17.

9 Brief an Otl Aicher am 14.1.1945, IfZ Nachlass Scholl ED 474, Bd. 33.

10 Die Moralpsychologie hat zu zeigen versucht, dass unterschiedliche Entwicklungsphasen mit unterschiedlichen moralischen Fähigkeiten einhergehen. Da Erfahrung und Reflexion vonnöten sind, können komplexe moralische Entscheidungen erst ab einem bestimmten Alter getroffen werden. Ein

bekanntes Modell, das freilich auch vielfach kritisiert wurde, stammt von Lawrence Kohlberg. Der US-amerikanische Psychologe hat ein moralisches Stufenmodell vorgeschlagen: Danach lösen sich entwicklungspsychologisch verschiedene Stufen des Moralbewusstseins ab, egozentrische, konventionelle, instrumentelle und so weiter. In seinem Modell erreichen nur fünf Prozent der über Zwanzigjährigen eine moralische Reife, die ihnen erlaubt, auf der Grundlage von *abstrakten* Prinzipien, wie zum Beispiel der Unantastbarkeit der Würde des Menschen, richtig zu handeln. Lawrence Kohlberg: *Die Psychologie der Moralentwicklung*, Frankfurt/M. 1996.

11   Bernhard Claußen/Rainer Geißler (Hg.), *Die Politisierung des Menschen. Instanzen der politischen Sozialisation. Ein Handbuch*, Opladen 1996; zur NS-Zeit: Wolfgang Klafki, »Typische Faktorenkonstellationen für Identitätsbildungsprozesse von Kindern und Jugendlichen im Nationalsozialismus im Spiegel autobiographischer Berichte«, in: Christa Berg/Sieglind Ellger-Rüttgardt (Hg.), »*Du bist nichts, Dein Volk ist alles!« Forschungen zum Verhältnis von Pädagogik und Nationalsozialismus*, Weinheim 1991, S. 159–172; zur DDR: Dieter Geulen, *Politische Sozialisation in der DDR. Autobiographische Gruppengespräche mit Angehörigen der Intelligenz*, Opladen 1998.

12   Vgl. Gustav Keller, *Die Gewissensentwicklung der Geschwister Scholl. Eine moralpsychologische Betrachtung*, Herbolzheim 2014, S. 22.

13   Ann-Sophie Hemmingsen, *The Attractions of Jihadism. An identity approach to three Danish terrorism cases and the gallery of characters around them*, University of Copenhagen, online verfügbar unter: www.nyidanmark.dk/NR/rdonlyres/A3D4D315-DD58-45BB-B97C-86EB7D6E6BFF/0/the_attractions_of_jihadism.pdf (Zugriff am 8.11.2016).

14   Vgl. Maruta Herding/Joachim Langner/Michaela Glaser, *Junge Menschen und gewaltorientierter Islamismus – Forschungsbefunde zu Hinwendungs- und Radikalisierungsfaktoren*, Bundeszentrale für politische Bildung, online verfügbar unter: https://www.bpb.de/212082/faktoren-fuer-die-hinwendung-zum-gewaltorientierten-islamismus (Zugriff am 9.11.2016).

15   S. A. Haslam/D. R. Reicher, »When Prisoners Take Over the Prison: A Social Psychology of Resistance«, *Personality and Social Psychology Review*, 16, 2012, S. 154–179.

16   Francois Rochat/Andre Modigliani, »The Ordinary Quality of Resistance: From Milgram's Laboratory to the Village of Le Chambon«, *Journal of Social Issues*, Vol. 51, no 3., 1995, S.195–210.

17   Persönlicher Nachruf von Inge Scholl, IfZ Nachlass Scholl ED 474, Bd. 6,2.

18   Ebd.

19   Ebd.

20   Vgl. Barbara Beuys, *Sophie Scholl. Biographie*, München 2010, S. 46. Die Gespräche mit alten Forchtenbergern führte Regina Deck, Interview vom 19. Mai 2016.

21   Zit. nach Beuys, *Sophie Scholl*, S. 17.

22   Nachruf Inge Scholl, IfZ Nachlass Scholl ED 474, Bd. 6,2.

23   Robert Scholl, Brief vom 5.4.1948, IfZ Nachlass Scholl ED 474, Bd. 4–5.

24   Ebd.

25   Ebd.

26   Norbert Frei, *Der Führerstaat. Nationalsozialistische Herrschaft 1933 bis 1945*, München 2013, S. 47f.

27   Scholl, *Die Weiße Rose*, S. 14.

28   Reisetagebuch Hans Scholls, IfZ Nachlass Scholl ED 474, Bd. 2.

29   Ebd.

30   Ebd.

31   Otl Aicher, *Innenseiten des Krieges*, Frankfurt/M. 1998, S. 83.

32   Ulrich Herrmann, *Vom HJ-Führer zur Weißen Rose. Hans Scholl vor dem Stuttgarter Sondergericht 1937/38*, Weinheim 2012.

33   Lt. Verhandlungsprotokoll, zit. nach Robert M. Zoske, *Sehnsucht nach dem Lichte. Zur religiösen Entwicklung von Hans Scholl. Unveröffentlichte Gedichte, Briefe und Texte*, München 2014, S. 64 f.

34   Vernehmung Sophie Scholls vor der Gestapo, in: Chaussy/Ueberschär, *Es lebe die Freiheit*, S. 220.

35   Herrmann, *Vom HJ-Führer*, S. 41.

36   Brief vom 12.5.1933, IfZ Nachlass Scholl ED 474, Bd. 35.

37   Ebd.

38   Brief vom 20.6.1933, IfZ Nachlass Scholl ED 474, Bd. 35.

39   Herrmann, *Vom HJ-Führer* S. 53 f.

40   Tagebucheintrag vom 14.10.1941, IfZ Nachlass Scholl ED 474, Bd. 35.

41   Inge Scholls Vorarbeiten zu der Erinnerungsschrift an die Weiße Rose, IfZ Nachlass Scholl ED 474, Bd. 2.

42   Ebd.

43   Oswald Schaefer, Brief an die Robert Scholl vom 13.9.1951, Hamburg, IfZ Nachlass Scholl ED 474, Bd. 6,2.

44   Reflexionen über Knut Hamsun, IfZ Nachlass Scholl ED 474, Bd. 1.

45   Sophie Scholl an Fritz Hartnagel am 5.9.1939, in: Sophie Scholl/Fritz Hartnagel, *Damit wir uns nicht verlieren. Briefwechsel 1937–1943*, Frankfurt/M. 2005, S. 102.

46   Antwort vom 13.9.1939, ebd. S. 105.

47   Brief vom 23.9.1940, in: Sophie Scholl/Fritz Hartnagel, *Damit wir uns nicht verlieren*, S. 220.

48   Sophie Scholl/Fritz Hartnagel, *Damit wir uns nicht verlieren*, S. 79.

49   Brief vom 19.10.1939, ebd. S. 114.

50   Brief vom 14.12.1939, ebd. S. 127.

51   Brief vom 5.1.1940, ebd. S. 136f.

52   Brief vom 15.1.1940, ebd. S. 142.

53   Brief vom 15.3.1941, ebd. S. 281f.

54   Ebd.

55   Brief vom 31.1.1940, ebd. S. 147.

56   Brief an Fritz Hartnagel vom 22.3.1941, in: Hans Scholl und Sophie Scholl, *Briefe und Aufzeichnungen*, S. 210.

57   Brief an Lisa Remppis vom 1.5.1941, ebd. S. 222.

58   Im Original von Jacques Maritain: »Il faut avoir l'esprit dur et le cœur doux.«, Übersetzung: Man braucht einen klaren Geist und ein weiches Herz; Tagebuch, Krauchenwies, 10.4.1941, in: ebd. S. 211.

59   Brief an Fritz Hartnagel vom 17.6.1940, ebd. S. 182.

60   Ebd.

61   Brief vom 22.6.1940, ebd. S. 185f.

62   Vgl. Christiane Moll, *Alexander Schmorell – Christoph Probst. Gesammelte Briefe*, Berlin 2011, S. 32.

63   Ebd. S. 41.

64   Vernehmungsprotokoll Schmorell in: Chaussy/Ueberschär, *Es lebe die Freiheit*, S. 369.

65   Moll, *Schmorell/Probst*, S. 47.

66   Alexander Schmorell an Angelika Probst am 1.5.1937, ebd. S. 294.

67   Ebd.

68   Brief an Angelika Probst am 28.8.1937, ebd. S. 315.

69   Brief aus Schondorf vom 9.7.1936, BayHStA Nachlass Christoph Probst, 60 Briefe an die Stiefmutter Elise Probst, Bd. 15.

70   Ebd.

71   Jakob Knab, »Hermann Probst – der Vater. Familiäre Wurzeln von Christoph Probst«, in: Christoph-Probst-Gymnasium (Hg.), *... damit Deutschland weiterlebt! Christoph Probst (1919–1943)*, Gilching 2000, S. 195.

72   Gutachten vom 17.6.1936, Schondorf, Süddeutsches Landeserziehungsheim am Ammersee, BayHStA Sammlung Probst.

73   Brief vom 13.6.1936 an Elise Probst, BayHStA Nachlass Probst Bd. 15.

74   Die abstruse Argumentation: Die Weiße Rose habe sich in ihren Flugblättern »nur« gegen die Ermordung von dreihunderttausend polnischen Juden gestellt. Dass sie sich nicht generell auch gegen die Verfolgung der deutschen Juden ausgesprochen hätten, lege in seinen Augen nahe, dass sie womöglich sogar antisemitisch eingestellt gewesen seien. Sönke Zankel, *Mit Flugblättern gegen Hitler. Der Widerstandskreis um Hans Scholl und Alexander Schmorell*, Köln u. a. 2005, S. 500–503.

75   Brief an Elise Probst vom 9.7.1936, BayHStA Nachlass Probst, Bd. 5.

76   Brief an Angelika Probst undatiert von Juni/Juli 1941, BayHStA Nachlass Probst, Bd. 15.

77   Brief an Angelika Probst vom 27.11.1941, ebd.

78   Brief an Angelika Probst vom 28.4.1941, ebd. Bd. 12.

79   Brief vom 14.9.1942, ebd. Bd. 10.

80   Brief an Angelika Probst vom 4.7.1942, ebd. Bd. 12.

81   Brief an Angelika Probst vom 28.12.1942, ebd. Bd. 12.

82   Brief an Elise Probst vom 5.2.1943, ebd. Bd. 15.

83   Brief an Sophie Scholl vom 14.9.1942, ebd. Bd. 19.

84   Willi Graf, *Briefe und Aufzeichnungen*, Frankfurt/M. 1988, S. 199 f.

85   Anneliese Knoop-Graf, »Willi Graf. Ein Lebensbild (1964)«, in: Rolf-Ulrich Kunze/Bernhard Schäfers (Hg.), *Anneliese Knoop-Graf. Ausgewählte Aufsätze*, Konstanz 2006, S. 40.

86   Zit. nach Tatjana Blaha, *Willi Graf und die Weiße Rose. Eine Rezeptionsgeschichte*, München 2003, S. 38.

87   Peter Goergen, *Willi Graf. Ein Weg in den Widerstand*, St. Ingbert 2009, S. 19.

88   Selbstverfasster Lebenslauf in der Gestapohaft, in: Klaus Vielhaber, *Gewalt und Gewissen. Willi Graf und die »Weiße Rose«*, Würzburg 1963, S. 37.

89   Knoop-Graf, *Willi Graf. Ein Lebensbild*, S. 39.

90   Goergen, *Willi Graf*, S. 31.

91   Knoop-Graf, *Willi Graf. Ein Lebensbild*, S. 18.

92   Anneliese Knoop-Graf, »Die Widerstandskämpfer der ›Weißen Rose‹ – Zeugen der Freiheit«, in: Kunze/Schäfers, Anneliese Knoop-Graf, S. 120.

93   Zit. nach Michael Kißener, »Willi Graf. Von der Prägung eines widerständigen Katholiken (1933–1939)«, in: ders./Bernhard Schäfers (Hg.), ›Weiter-

tragen‹. Studien zur ›Weißen Rose‹. Festschrift für Anneliese Knoop-Graf zum 80. Geburtstag, Konstanz 2001, S. 11–24.

94 Goergen, *Willi Graf,* S. 53.

95 Kißener, *Willi Graf,* S. 19.

96 Interview mit Anneliese Knoop-Graf, zit. nach Goergen, Willi Graf, S. 49.

97 Ebd.

98 Clara Huber, »Rückblick auf vier Jahrzehnte«, in: dies. (Hg.), *Kurt Huber zum Gedächtnis. Bildnis eines Menschen, Denkers und Forschers. Dargestellt von seinen Freunden,* Regensburg 1947, S. 11–24, hier: S. 18.

99 Vortragsabend von Wolfgang Huber zur Weißen Rose am 4.11.2011, online verfügbar unter: www.youtube.com/watch?v=RZZBkjeMIcA.

100 Vgl. Rosemarie Schumann, *Leidenschaft und Leidensweg. Kurt Huber im Widerspruch zum Nationalsozialismus,* Düsseldorf 2007, S. 46.

101 Das Berliner Phonogramm-Archiv gehört heute zur Musikethnologie im Ethnologischen Museum in Berlin. In der weltbekannten Einrichtung werden seit der Kaiserzeit Tonaufnahmen, vor allem auch Aufnahmen traditioneller Musikstücke, aus aller Welt gesammelt. Die frühen Aufnahmen gehören zum »memory of the world«. Hornbostel galt im »Dritten Reich« als »Halbjude« und musste emigrieren.

102 Clara Huber, »Kurt Hubers Schicksalsweg«, in: dies., *Kurt Huber zum Gedächtnis,* S. 9f.

103 Ebd. S. 33.

104 Josef Focht, *Kurt Huber und das Volkslied,* Vorlesung an der Universität München vom 29. Juni 2011, online verfügbar unter: epub.ub.uni-muenchen.de/13575/1/Focht 20120819.pdf.

105 Clara Huber, »Rückblick auf vier Jahrzehnte«, S. 18.

Teil II

1 Brief vom 11.8.1941, in: Hans Scholl und Sophie Scholl, *Briefe und Aufzeichnungen,* S. 230.

2 Brief von Hans Scholl an Rose Nägele vom 2.5.1941, in: ebd. S. 68.

3 Brief von Hans Scholl an Carl Muth, vom 22.12.1941, in: ebd. S. 94.

4 Brief von Willi Graf an Marita Herfeldt vom 18.12.1941, in: Willi Graf, *Briefe und Aufzeichnungen,* S. 136.

5 Brief von Hans Scholl an die Eltern vom 29.5.1940, in: Hans Scholl und Sophie Scholl, *Briefe und Aufzeichnungen,* S. 42.

6 Brief von Hans Scholl an Inge Scholl vom 1.8.1940, in: ebd. S. 47.

7 Brief von Alexander Schmorell an Angelika Knoop vom 20.12.1941, in: Moll, *Schmorell/Probst,* S. 448.

8 Online verfügbar unter: https://www.uibk.ac.at/theol/leseraum/texte/599.html.

9 Moll, *Schmorell/Probst,* S. 148.

10 Vielhaber, *Gewalt und Gewissen,* S. 64.

11 Brief von Christoph Probst an Hans Scholl vom 18.10.1942, in: Moll, *Schmorell/Probst,* S. 802.

12 Knoop-Graf, »Willi Graf. Ein Lebensbild«, S. 42.

13 Bundesarchiv BArch ZC 13267, Bd. 6.

14 Ebd.

15 Vgl. Zankel, *Mit Flugblättern gegen Hitler*, S. 288.

16 Vgl. auch Barbara Schüler, *»Im Geiste der Gemordeten …«. Die »Weiße Rose« und ihre Wirkung in der Nachkriegszeit*, Paderborn u.a. 2000, S. 211–212.

17 Zit. nach Zankel, *Mit Flugblättern gegen Hitler*, S. 173.

18 Ebd. S. 181.

19 Brief von Kurt Huber an Irma von Müller vom 22.9.1942, zit. nach Rosemarie Schumann, *Leidenschaft und Leidensweg*, S. 400f.

20 Zit. nach Rosemarie Schumann, *Leidenschaft und Leidensweg*, S. 412.

21 Zur Einschätzung der politischen Bildung junger Menschen siehe auch Bundeszentrale für politische Bildung, *Jugendbildung*, online verfügbar unter: http://www.bpb.de/gesellschaft/kultur/politische-bildung/193383/jugendbildung?p=all.

22 Brief an Hans Scholl vom 18.10.1942, BayHStA Nachlass Probst, Bd. 20.

23 Tim Schanetzky, *»Kanonen statt Butter«. Wirtschaft und Konsum im Dritten Reich*, München 2015, S. 224.

24 Er stand zum Beispiel in einem Briefwechsel mit den Inhabern des Damenbekleidungsgeschäftes Bach, in dem er auch Persönliches aus seinem Leben erzählte. IfZ Nachlass Inge Scholl ED 474, Bd. 4–5.

25 BayHStA Nachlass Probst, Bd. 12.

26 Zur Euthanasieaktion im Gottlob-Weißer-Haus siehe Gedenkstätte http://www.memorialmuseums.org/denkmaeler/view/1133/Gedenkstein-f%C3%BCr-die-Opfer-der-%C2%BBEuthanasie%C2%AB-Aktion-in-Schw%C3%A4bisch-Hall.

27 Wolfgang Frühwald, *»Eine Mauer um uns baue …«. Lektüre als Widerstand.* Vortrag beim Symposon der Weiße Rose Stiftung e.V. am 14. Dezember 2010 im Literaturhaus München, online verfügbar unter: http://www.weisse-rose-stiftung.de/images/pdf/Weisse-Rose-Muenchen 1412101.pdf?PHPSESSID=bt05stikh75ve1tvlnimdtdhn5.

28 Scholl/Hartnagel, *Damit wir uns nicht verlieren*, S. 446.

29 Hans Scholl und Sophie Scholl, *Briefe und Aufzeichnungen*, S. 258.

30 Frühwald, *Eine Mauer um uns baue*.

31 Ebd.

32 Detlef Bald, *»Der christliche Hintergrund der Weißen Rose in frühen Zeugnissen. Die Beispiele Ricarda Huch und Romano Guardini«*, in: Ders./Jakob Knab (Hg.), *Die Stärkeren im Geiste. Zum christlichen Widerstand der Weißen Rose*, Essen 2012, S. 65–84; vgl. auch Margot Käßmann (Hg.), *Gott will Taten sehen. Christlicher Widerstand gegen Hitler*, München 2013.

33 Anthony D. Kauders, *Democratization and the Jews. Munich, 1945–1965*, Lincoln u. London, 2004.

34 Bald, Der christliche Hintergrund, S. 62.

35 Tagebuch vom November/Dezember 1941, in: Hans Scholl und Sophie Scholl, *Briefe und Aufzeichnungen*, S. 197.

36 Ebd.

37 Brief vom 18.11.1942, in: ebd. S. 280.

38 Sophie Scholl an Fritz Hartnagel, in: Scholl/Hartnagel, *Damit wir uns nicht verlieren*, S. 443.

39 Brief undatiert (vermutlich vom 3.1.1943), in: ebd. S. 444.

40 Zoske, *Sehnsucht nach dem Lichte*.

41 Die Faksimile der Flugblätter sind unter anderem auf der Homepage der Bundeszentrale für politische Bildung und als Weblink unter dem Wikipedia-Artikel »Weiße Rose« abrufbar. Gedruckt finden sie sich z. B. bei Chaussy/Ueberschärf, *Es lebe die Freiheit.*

42 Notiz von Hans Scholl, IfZ Nachlass Scholl ED 474, Bd. 61.

43 Martin Broszat, »Resistenz und Widerstand. Eine Zwischenbilanz des Forschungsprojekts«, in: Ders./Elke Fröhlich/Anton Grossmann (Hg.): *Bayern in der NS-Zeit. Band IV. Herrschaft und Gesellschaft im Konflikt*, Teil C, München 1981, S. 691–709.

44 Faksimile des Abschiedsbriefs von Ludwig Mitterer auf www.br.de/radio/bayern2/bayern/bayernchronik/pfarrer-ludwig-mitterer-zenting-niederbayern-122~_image-13, 2.11.2015.

45 Instruktiv für den ersten Überblick: Tobias Winter, »Der Diskurs um den Widerstandsbegriff im Dritten Reich. Widerstand im Dritten Reich – eine Vorbetrachtung«, online verfügbar unter: http://www.zukunft-braucht-erinnerung.de/der-diskurs-um-widerstand-im-dritten-reich/#_ftn10. Zum christlichen Widerstand siehe u. a. Hans Günter Hockerts/Hans Maier (Hg.), *Christlicher Widerstand im Dritten Reich*, Annweiler 2003; eine wichtige Übersicht bieten: Hans Mommsen, *Widerstand und politische Kultur in Deutschland und Österreich*, Wien 1994, und Peter Steinbach/Johannes Tuchel (Hg.), *Widerstand gegen die nationalsozialistische Diktatur 1933–1945*, Bonn 2004.

46 Peter Hüttenberger, »Vorüberlegungen zum ›Widerstandsbegriff‹«, in: Jürgen Kocka (Hg.), *Theorien in der Praxis des Historikers. Forschungsbeispiele und ihre Diskussion.* Göttingen 1977, S. 117–139, hier: S. 126.

47 Ebd. S. 127.

48 Vgl. auch Detlev Peuckert, »Als Widerstand würden wir in dieser langen Skala abweichenden Verhaltens dann jene Verhaltensformen bezeichnen, in denen das NS-Regime als Ganzes abgelehnt wurde und Maßnahmen zur Vorbereitung des Sturzes des NS-Regimes im Rahmen der Handlungsmöglichkeiten des jeweils einzelnen Subjektes getroffen wurden.« Zitiert aus: Ders.: *Volksgenossen und Gemeinschaftsfremde. Anpassung, Ausmerze und Aufbegehren unter dem Nationalsozialismus*, Köln 1982, S. 97.

49 Zit. nach Wolfgang Huber, *Kurt Huber vor dem Volksgerichtshof*, S. 68 f.

50 Brief an Anneliese Knoop-Graf vom 1.2.1942, in: Willi Graf, *Briefe und Aufzeichnungen*, S. 48.

51 Notiz vom 16.1.1942, in: ebd. S. 330.

52 Brief an Anneliese Knoop-Graf vom 30.12.1941, in: ebd. S. 49.

53 Tagebucheintrag vom 26.7.1942, in: ebd. S. 44.

54 Johannes Tuchel, *Neues von der »Weißen Rose«? Kritische Überlegungen zu Detlef Bald: »Die Weiße Rose. Von der Front in den Widerstand«*, Berlin 2003.

55 Brief von Alexander Schmorell an Margaret Knittel vom Januar 1943, in: Moll, *Schmorell/Probst*, S. 520.

56 Brief von Willi Graf an Walter Kastner vom 8.1.1942, in: Willi Graf, *Briefe und Aufzeichnungen*, S. 171f.

57 Brief von Sophie Scholl an den Vater vom 22.9.1942, in: Hans Scholl und Sophie Scholl, *Briefe und Aufzeichnungen*, S. 270.

58 Ebd. S. 272.

59 Anneliese Knoop-Graf, »Hochverräter?«, in: Kunze/Schäfers, *Anneliese Knoop-Graf. Ausgewählte Aufsätze*, S. 150.

60   Willi Graf, *Briefe und Aufzeichnungen*, S. 291.

61   Zankel, *Mit Flugblättern gegen Hitler*, S. 500–503.

62   Um eine schnelle und effiziente strafrechtliche Verfolgung politischer Kritik zu erreichen, wurden Sondergerichte eingerichtet. Laut Kriminalstatistik von 1933 wurden dreitausendsiebenhundertvierundvierzig Verstöße gegen das Heimtückegesetz geahndet.

63   Oskar Maria Graf, *An manchen Tagen. Reden, Gedanken und Zeitbetrachtungen*, München und Leipzig 1994, Bd. 12, S. 15.

64   Zit. nach Markus Roth, *Verfolgung, Terror und Widerstand im Dritten Reich*, München 2015, S. 163.

65   Ebd. S. 186.

66   Ebd. S. 187.

67   Zankel, *Mit Flugblättern gegen Hitler*, S. 405–415.

68   Erinnerung von Willi Bollinger, in: Viehaber, *Gewalt und Gewissen*, S. 99.

69   Brief an Fritz Hartnagel vom 7.11.1942, in: Hans Scholl und Sophie Scholl, *Briefe und Aufzeichnungen*, S. 278 f.

70   Zit. nach Anneliese Knoop-Graf, »Studenten gegen Hitler«, in: Kunze/Schäfers, *Anneliese Knoop-Graf. Ausgewählte Aufsätze*, S. 71.

71   Hans Scholl und Sophie Scholl, *Briefe und Aufzeichnungen*, S. 245.

72   Scholl, *Die weiße Rose*, S.133.

73   Brief vom 5.2.1943, BayHStaA Nachlass Probst, Bd. 15.

74   Brief vom Januar 1943, in: Moll, *Schmorell/Probst*, S. 520.

75   Scholl/Hartnagel, *Damit wir uns nicht verlieren*, S. 289.

76   Scholl, *Die Weiße Rose*, S. 131 f.

77   Zit. nach Zankel, *Mit Flugblättern gegen Hitler*, S 360.

78   Petra Umlauf, *Die Studentinnen an der Universität München, 1926–1945 – Auslese, Beschränkung, Indienstnahme, Reaktionen*, Berlin und Boston 2016.

79   Vernehmungsprotokoll Kurt Huber in: Chaussy/Ueberschär, *Es lebe die Freiheit*, S. 464.

80   Vgl. Zankel, *Mit Flugblättern gegen Hitler*, S. 389 f.

81   Zit. nach ebd. S. 387.

82   Vernehmungsprotokoll Hans Scholl in: Chaussy/Ueberschär, *Es lebe die Freiheit*, S. 273.

Teil III

1   Christine Hikel, *Sophies Schwester. Inge Scholl und die Weiße Rose*, München 2013, S. 32.

2   Nach dem Krieg wurde Richard Harder übrigens als Mitläufer eingestuft, eine Zeit lang aus der Professorenschaft ausgeschlossen, durfte jedoch 1952 als Lehrstuhlinhaber für Griechisch an der Westfälischen Wilhelm-Universität in Münster seine Lehrtätigkeit wieder aufnehmen. Er starb 1957 in Zürich.

3   Aussage Robert Mohrs in: Scholl, *Die Weiße Rose*, S. 171–180.

4   Vgl. Faksimile *Völkischer Beobachter* vom 20.2.1943, in: Kurt-Huber-Gymnasium (Hg.), *Kurt Huber, Stationen seines Lebens in Dokumenten und Bildern*, Gräfelfing 1983, S. 61.

5   Zit. nach Zankel, *Mit Flugblättern gegen Hitler*, S. 423.

6   Vgl. Interview in »Die Widerständigen. Also machen wir das weiter«, Doku-
     mentarfilm von Katrin Seybold und Ula Stöckl (2015).
7   Kurt-Huber-Gymnasium, *Kurt Huber*, S. 72.
8   Ebd.
9   Vernehmungen von Sophie Scholl in: Chaussy/Ueberschär, *Es lebe die Freiheit*,
     S. 220.
10   Ebd. S. 224.
11   Vgl. ebd., S. 182 f.
12   Bundesarchiv Akte Gisela Schertling ZC 13267 Bd. 15/1.
13   Vernehmungen von Hans Scholl in: Chaussy/Ueberschär, *Es lebe die Freiheit*,
     S. 267.
14   Ebd. S. 279.
15   Ebd. S. 281.
16   Vernehmungen Sophie Scholl in: ebd., S. 230 f.
17   Ebd. 231.
18   Ebd. 254.
19   Brief von Oswald Schaefer an Robert Scholl vom 13.9.1951, IfZ Nachlass
     Inge Scholl ED 474, Bd. 6,2.
20   Scholl, *Die Weiße Rose*, S. 175.
21   Vgl. Moll, Schmorell/Probst, S. 266 f.
22   Kurt Hubers Verhörprotokolle und politisches Bekenntnis, in: Chaussy/
     Ueberschär, *Es lebe die Freiheit*, S. 451–492.
23   Zit. nach Inge Scholl, Die weiße Rose, S. 184.
24   Laut Erinnerungsbericht von Robert Mohr, in: Inge Scholl, *Die weiße Rose*,
     S. 178.
25   Die Guillotine, mit der die Aktivisten der Weißen Rose getötet wurden, ist
     im Jahr 2014 im Bayerischen Nationalmuseum aufgetaucht. Über ihre wei-
     tere Verwendung als Museumsstück wird noch diskutiert. Zum Lebenslauf
     von Johann Reichhart siehe Roland Ernst, »Der Vollstrecker«, *Frankfurter
     Allgemeine Zeitung* vom 25.1.2014.
26   Bittgesuch Christoph Probsts, BayHStA Nachlass Probst, Bd. 20.
27   Brief an Herta Probst vom 22.2.1943, ebd.
28   Bericht von Inge Scholl, IfZ Nachlass Scholl ED 474, Bd. 6.
29   Hinrichtungsprotokoll von Sophie Scholl online verfügbar unter:
     www.bundesarchiv.de/oeffentlichkeitsarbeit/bilder_dokumente/03388/
     index-27.html.de.
30   Michael C. Schneider/Winfried Süß, *Keine Volksgenossen. Der Widerstand der
     Weißen Rose*, München 1993, S. 38.
31   Moll, *Schmorell/Probst*, S. 271.
32   Anklageschrift gegen Kurt Huber, Willi Graf, Hans Hirzel, Franz Josef
     Müller und Eugen Grimminger, in: Huber, *Kurt Huber vor dem Volksgerichts-
     hof*, S. 171 f.
33   Politisches Bekenntnis von Kurt Huber in: Chaussy/Ueberschär, *Es lebe die
     Freiheit*, S. 485–492.
34   Scholl, *Die Weiße Rose*, S. 159.
35   Die Rede wurde von seiner Frau auf Grundlage von Notizen rekonstruiert,
     Huber, *Kurt Hubers Schicksalsweg*, S. 27 f.
36   Brief vom 13.7.1943, in Moll, *Schmorell/Probst*, S. 530.
37   Huber, *Kurt Huber zum Gedächtnis*, S. 27 f. und S. 33 f.

38   Vernehmungen Willi Graf in: Chaussy/Ueberschär, *Es lebe die Freiheit*, S. 416.

39   Brief vom 8.3.1943, in: Graf, *Briefe und Aufzeichnungen*, S. 185.

40   Brief vom 8.5.1943, in: ebd. S. 187.

41   Brief vom 10.9.1943, in: ebd. S. 194

42   Letzter Gruß Willi Grafs vom 12.10.1943, vom Gefängnisgeistlichen auf drei Notizzettel stenografiert, in: ebd. S. 199.

43   Huber, *Rückblick auf vier Jahrzehnte*, S. 39.

44   Persönliche Auskunft von Wolfgang Huber am 26. September 2016.

45   Huber, *Rückblick auf vier Jahrzehnte*, S. 19.

46   Anneliese Knoop-Graf, »… aber die Liebe zu Deutschland wächst von Tag zu Tag. Widerstand aus Patriotismus«, in: Kunze/Schäfers, *Anneliese Knoop-Graf*, S. 241 f.

47   Zit. nach Moll, *Schmorell/Probst*, S. 251.

48   Willi Böhmer, »Die Zelle spült Erinnerungen hoch«, *Südwestpresse* vom 18.7.2007.

49   Inge Aicher-Scholl, *Sippenhaft. Nachrichten und Botschaften der Familie in der Gestapo-Haft nach der Hinrichtung von Hans und Sophie Scholl*, Frankfurt/M. 1993, S. 25.

50   Ebd., S. 20.

51   IfZ Nachlass Scholl ED 474, Bd. 3.

52   Hikel, *Sophies Schwester* S. 37.

53   Persönliche Auskunft durch Wolfgang Huber am 26. September 2016.

54   IfZ ED 474 Nachlass Scholl, Bd. 20.

55   Ebd.

56   Hikel, *Sophies Schwester*, S. 62.

57   Laut persönlicher Auskunft von Markus Schmorell am 22. September 2016.

58   Knoop-Graf, *Widerstand aus Patriotismus*, S. 248.

59   Franz Josef Schöningh, »Sechs Tote bitten die Welt um Gerechtigkeit«, *Süddeutsche Zeitung* (Sonderdruck) vom 1.11.1946, zit. nach Hikel, *Sophies Schwester*, S. 51.

60   Anselm Doering-Manteuffel, *Das kulturelle Vermächtnis der Weißen Rose*, Vortrag 9. November 2015 in Weingarten (Privatbesitz).

61   Ebd.

62   Ricarda Huch, *In einem Gedenkbuch zu sammeln …, Bilder deutscher Widerstandskämpfer*, hrsg. und eingeleitet von Wolfgang Matthias Schwiedrzik, Leipzig 1997.

63   Anneliese Knoop-Graf, »Probleme mit der Vergangenheit«, in: Kunze/Schäfers, *Anneliese Knoop-Graf*, S. 170 f.

64   Brief vom 28.12.1960, IfZ Nachlass Scholl ED 474, Bd. 4.

65   Zit. nach Knoop-Graf, *Studenten gegen Hitler*, S. 71.

66   Knoop-Graf, *Widerstand aus Patriotismus*, S. 243.

67   Brief an Elise vom 5.2.43, BayHSta Nachlass Probst 15.

Ausgewählte Quellenbestände und Literatur

Archive

Bayerisches Hauptstaatsarchiv
Nachlass Christoph Probst
Nachlass Alexander Schmorell
(Nachlass Willi Graf war zum Zeitpunkt der Recherche zu diesem Buch
in der Inventarisierung und nicht zugänglich)
Bundesarchiv
Gestapo- und Prozessakten gegen die Angehörigen der Widerstands-
gruppe Die Weiße Rose ZC 13267
Institut für Zeitgeschichte
Nachlass Inge Scholl ED 474

Literatur

Otl Aicher, *Innenseiten des Krieges*, Frankfurt/M. 1998.

Inge Aicher-Scholl, *Sippenhaft. Nachrichten und Botschaften der Familie in der Gestapo-Haft nach der Hinrichtung von Hans und Sophie Scholl*, Frankfurt/M. 1993.

Thomas Altmeyer, »Widerstand gegen das NS-Regime. Stand und Perspektiven der Forschung«, in: Studienkreis Deutscher Widerstand, 1933–1945 (Hrsg.): *Widerstand gegen den Nationalsozialismus. Perspektiven der Vermittlung*, Frankfurt am Main 2007, S. 24–42.

Detlef Bald, »Der christliche Hintergrund der Weißen Rose in frühen Zeugnissen. Die Beispiele Ricarda Huch und Romano Guardini«, in: Ders./Jakob Knab (Hg.), *Die Stärkeren im Geiste. Zum christlichen Widerstand der Weißen Rose*, Essen 2012, S. 65–84.

Ders., *Die »Weiße Rose«. Von der Front in den Widerstand*, Berlin 2004.

Christopher Beckmann, »Neue Literatur zum Widerstand der ›Weißen Rose‹«, in: *Historisch-Politische Mitteilungen*, Bd. 21, H. 1, Oktober 2014, S. 409–427.

Christa Berg/Sieglind Ellger-Rüttgardt (Hg.), ›*Du bist nichts, Dein Volk ist alles!*‹ *Forschungen zum Verhältnis von Pädagogik und Nationalsozialismus*, Weinheim 1991.

Barbara Beuys, *Sophie Scholl. Biographie*, München 2011.

Tatjana Blaha, *Willi Graf und die Weiße Rose. Eine Rezeptionsgeschichte*, München 2003.

Wilfried Breyvogel, »Jugendwiderstand im Nationalsozialismus. Ein Überblick«, in: Gerhard Ringshausen (Hg.), *Perspektiven des Widerstands. Der Widerstand im Dritten Reich und seine didaktische Erschließung*. Pfaffenweiler 1994, S. 52–73.

Martin Broszat, »Resistenz und Widerstand. Eine Zwischenbilanz des Forschungsprojekts«, in: Martin Broszat/Elke Fröhlich/ Anton Grossmann (Hg.), *Bayern in der NS-Zeit. Band IV. Herrschaft und Gesellschaft im Konflikt*, Teil C, München 1981, S. 691–709.

Christoph-Probst-Gymnasium (Hg.), … *damit Deutschland weiterlebt! Christoph Probst (1919–1943)*, Gilching 2000.

Ulrich Chaussy, *Keine Stunde Null … nirgends. Was aus den Gestapo-Verfolgern der Weißen Rose wurde; eine Spurensuche*, Ms. Bayerischer Rundfunk 2009.

Ders./Gerd R. Ueberschär, »*Es lebe die Freiheit!*«. *Die Geschichte der Weißen Rose und ihrer Mitglieder in Dokumenten und Berichten*, Frankfurt 2013.

Bernhard Claußen/Rainer Geißler (Hg.), *Die Politisierung des Menschen. Instanzen der politischen Sozialisation. Ein Handbuch*. Opladen 1996.

Gedenkstätte Deutscher Widerstand, *Die Weiße Rose*, Berlin 2014.

Anselm Doering-Manteuffel, *Das kulturelle Vermächtnis der Weißen Rose*, Vortrag in Weingarten vom 9. November 2015 (Privatbesitz).

Barbara Ellermeier, *Hans Scholl. Biographie*, München 2014.

Wolfgang Frühwald, »*Eine Mauer um uns baue …*«. *Lektüre als Widerstand*, Vortrag beim Symposion der Weiße Rose-Stiftung e. V. im Literaturhaus München vom 14. Dezember 2010.

Dieter Geulen, *Politische Sozialisation in der DDR. Autobiographische Gruppengespräche mit Angehörigen der Intelligenz*, Opladen 1998.

Peter Goergen, *Willi Graf. Ein Weg in den Widerstand*, St. Ingbert 2009.

Klaus Gotto/Hans Günter Hockerts/Konrad Repgen, »Nationalsozialistische Herausforderung und kirchliche Antwort. Eine Bilanz«, in: Klaus Gotto/Konrad Repgen, (Hg.), *Kirche, Katholiken und Nationalsozialismus*, Mainz 1980, S. 101–118.

Steve Haslam/Alex Reicher, »When Prisoners Take Over the Prison: A Social Psychology of Resistance«, in: *Personality and Social Psychology Review*, Bd. 16, 2012, S. 154–179.

Ulrich Hermann, *Vom HJ-Führer zur Weißen Rose. Hans Scholl vor dem Stuttgarter Sondergericht 1937/38*, Weinheim/Basel 2012.

Christine Hikel, *Sophies Schwester. Inge Scholl und die Weiße Rose*, Oldenbourg 2013.

Eckard Holler, »Hans und Sophie Scholl zwischen Hitlerjugend und dj.1.11«, in: *Puls 22, Dokumentationsschrift der Jugendbewegung*, November 1999, S. 27–52.

Clara Huber (Hg.), *Kurt Huber zum Gedächtnis. Bildnis eines Menschen, Denkers und Forschers*, Regensburg 1947.

Diess. (Hg.), *Kurt Hubert zum Gedächtnis. »… der Tod … war nicht vergebens«*, München 1986.

Wolfang Huber, *Kurt Huber vor dem Volksgerichtshof. Zum zweiten Prozess gegen die Weiße Rose*, Essen 2009.

Kurt-Huber-Gymnasium (Hg.), *Kurt Huber. Stationen seines Lebens in Dokumenten und Bildern*, Gräfelfing 1983.

Peter Hüttenberger, »Vorüberlegungen zum ›Widerstandsbegriff‹«, in: Jürgen Kocka (Hg.), *Theorien in der Praxis des Historikers. Forschungsbeispiele und ihre Diskussion*, Göttingen 1977, S. 117–139.

Gustav Keller, *Die Gewissensentwicklung der Geschwister Scholl. Eine moralpsychologische Betrachtung*, Herbolzheim 2014.

Ian Kershaw, »›Widerstand ohne Volk?‹ Dissens und Widerstand im Dritten Reich«, in: Jürgen Schmädeke/Peter Steinbach (Hg.), *Der Widerstand gegen den Nationalsozialismus. Die Deutsche Gesellschaft und der Widerstand gegen Hitler*, München 1986, S. 779–798.

Michael Kißener/Bernhard Schäfers (Hg.), *›Weitertragen‹. Studien zur ›Weißen Rose‹. Festschrift für Anneliese Knoop-Graf zum 80. Geburtstag*, Konstanz 2001.

Jakob Knab, »Hermann Probst – der Vater. Familiäre Wurzeln von Christoph Probst«, in: Christoph-Probst-Gymnasium (Hg.), *… damit Deutschland weiterlebt! Christoph Probst (1919–1943)*, Gilching 2000.

Anneliese Knoop-Graf/Inge Jens (Hg.), *Willi Graf. Briefe und Aufzeichnungen*, Frankfurt/M. 1988.

Kulturinitiative Freiburg (Hg.), *Die Weiße Rose. Gesichter einer Freundschaft*, Freiburg 2004.

Rolf-Ulrich Kunze/Bernhard Schäfers (Hg.), *Anneliese Knoop-Graf. Ausgewählte Aufsätze*, Konstanz 2006.

Dieter Langewiesche, »Was heißt ›Widerstand gegen den Nationalsozialismus?‹«, in: Dieter Holger Fischer (Hg.), *1933 in Gesellschaft und Wissenschaft. Band 1 – Gesellschaft*, Hamburg 1983, S. 143–159.

Rudolf Lill/Michael Kißener, *Hochverrat? Die Weiße Rose und ihr Umfeld*, Konstanz 1993.

Lawrence Kohlberg: *Die Psychologie der Moralentwicklung*, Frankfurt/M. 1996.

Richard Löwenthal, »Widerstand im totalen Staat«, in: Richard Löwenthal/Patrik Mühlen (Hg.), *Widerstand und Verweigerung in Deutschland 1933 bis 1945*, Bonn 1984, S. 11–24.

Christiane Moll (Hg.), *Alexander Schmorell/Christoph Probst. Gesammelte Briefe*, Berlin 2011.

Gerhard Paul/Klaus-Michael Mallmann, *Milieus und Widerstand. Eine Verhaltensgeschichte der Gesellschaft im Nationalsozialismus*, Bonn 1995.

Detlev Peukert, *Volksgenossen und Gemeinschaftsfremde. Anpassung, Ausmerze und Aufbegehren unter dem Nationalsozialismus*, Köln 1982. .

Francois Rochat/Andre Modigliani, »The Ordinary Quality of Resistance: From Milgram's Laboratory to the Village of Le Chambon«, in: *Journal of Social Issues*, Vol. 51, Nr. 3., 1995, S. 195–210.

Markus Roth, »*Ihr wisst, wollt es aber nicht wissen.« Verfolgung, Terror und Widerstand im Dritten Reich*, München 2015.

Bruno Schmitt, *Der Widerstand Jugendlicher im Nationalsozialismus. Unter besonderer Berücksichtigung sozialer und politischer Bindungen*, Hamburg 1999.

Michael C. Schneider/Winfried Süß, *Keine Volksgenossen. Der Widerstand der Weißen Rose*, München 1993.

Hans Scholl/Sophie Scholl, *Briefe und Aufzeichnungen*, hgg. von Inge Jens, Frankfurt/M. 1988.

Inge Scholl, *Die Weiße Rose*, Frankfurt/M. 2013 (Erstausgabe 1952).

Sophie Scholl/Fritz Hartnagel, *Damit wir uns nicht verlieren. Briefwechsel 1937–1943*, hgg. v. Thomas Hartnagel, Frankfurt/M. 2005.

Barbara Schüler, ›*Im Geiste der Gemordeten ...*‹. *Die »Weiße Rose« und ihre Wirkung in der Nachkriegszeit*, Paderborn u.a. 2000.

Rosemarie Schumann, *Leidenschaft und Leidensweg. Kurt Huber im Widerspruch zum Nationalsozialismus*, Düsseldorf 2007.

Peter Steinbach/Johannes Tuchel (Hg.), *Widerstand gegen den Nationalsozialismus*, Bonn 1994.

Harald Steffahn, *Die Weiße Rose. Mit Selbstzeugnissen und Bilddokumenten*, Hamburg 1992.

Dietmar Süß/Winfried Süß (Hg.), *Das »Dritte Reich«. Eine Einführung*, München 2008.

Klaus Tenfelde, »Soziale Grundlagen von Resistenz und Widerstand«, in: Jürgen Schmädeke/Peter Steinbach (Hg.), *Der Widerstand gegen den Nationalsozialismus, Die Deutsche Gesellschaft und der Widerstand gegen Hitler*, München 1986, S. 799–812.

Johannes Tuchel, *Neues von der »Weißen Rose«? Kritische Überlegungen zu Detlef Bald: »Die Weiße Rose. Von der Front in den Widerstand«*, Berlin 2003.

Klaus Vielhaber, *Gewalt und Gewissen. Willi Graf und die ›Weiße Rose‹. Eine Dokumentation*, Freiburg 1964.

Andreas Wirsching, *Grenze und Größe. Zum Problem der Entscheidung im Nationalsozialismus*, Weiße-Rose-Gedächtnisvorlesung, gehalten in München am 27. Januar 2015.

Sönke Zankel, *Mit Flugblättern gegen Hitler. Der Widerstandskreis um Hans Scholl und Alexander Schmorell*, Köln u.a. 2008.

Robert M. Zoske, *Sehnsucht nach dem Lichte. Zur religiösen Entwicklung von Hans Scholl. Unveröffentlichte Gedichte, Briefe, Texte*, München 2014.

Danksagung

Ich bedanke mich bei
Hildegard Kronawitter (Weiße Rose Stiftung)
Michael Kaufmann (Weisse Rose Institut)
Renate Deck
Christiane Moll
Wolfgang Huber
Markus Schmorell

Personenregister

Bildnachweis